21세기 한국문학의 길찾기와 소통의 미학

21세기 한국문학의 길찾기와 소통의 미학

류해춘 지음

도서
출판 지성人

저자약력

류해춘 柳海春

경남 합천 출생
거창고, 경북대(문학박사)
성결대학교 교수, 인문대학장
한국시조학회장, 한국문학언어학회장
(사)한국문인협회(평론) 회원
(사)국제펜클럽(시) 회원
(사)한국선비문화센터 이사장(현)

| 시집 |

상아탑의 여운(공저, 1996)
아버지의 과수원(2024)

| 저서 |

장편서사가사의 연구(1995)
가사문학의 미학(2009)
시조문학의 정체성과 문화현상(2017)
우리 옛문학의 눈과 길(공저, 2019)
한국시가의 맥락과 소통(2019)
시조문학, 선비들의 여가문화와 사랑의 사회학(2023)
21세기 한국문학의 길찾기와 소통의 미학(2024)

21세기 한국문학의 길찾기와 소통의 미학

2024년 7월 26일 초판 1쇄 발행

저 자 **류해춘**
펴낸이 **엄승진**
편 집 **이상민**
펴낸곳 도서출판 **지성인**
주 소 서울 영등포구 여의도동 11-11 한서빌딩 1209호
메 일 Jsin0227@naver.com
연락처 T. **02-761-5915** F. 02-6747-1612

ISBN 979-11-89766-51-1 93810

정가 27,000원

※ 잘못 만들어진 책은 본사나 구입하신 곳에서 교환하여 드립니다.
※ 책은 저작권법에 의해 보호를 받는 도서이오니 일부 또는 전부의 무단 복제를 금합니다.

들어가며

21세기의 첫날이었다. 세상은 온통 디지털의 혁명과 함께 컴퓨터의 Y2K 또는 밀레니엄 버그(millennium bug) 등으로 시끄러웠다. 그 첫날은 비교적 차분하고 조용하게 지나갔다. 하지만 21세기의 시작과 더불어 디지털로 변하는 세상의 물결과 함께 인문학도인 우리는 새로운 변화를 추구해야만 했다. 당시나 지금이나 정보화와 인공지능의 과학기술을 활용하여 인문학을 전공하며 변화를 추구하는 일부의 학자들은 새로운 이론과 프로그램을 배우고 활용하는 단계에서 디지털과 정보화시대의 새로운 과학기술을 익혀서 글쓰기를 해야 했다.

우리 세대는 자연과 함께 성장하며 외부적인 환경변화를 물리량으로 표시하는 속도계와 온도계 그리고 타자기와 영상필름 등을 주로 사용하였다. 나는 아날로그(analogue)시대에 성장한 사람이다. 21세기를 시작할 때에는 공자孔子가 '사리事理를 의심하지 않는다.'라고 주장했던 사십을 갓 넘은 불혹不惑의 나이였다. 그때는 공자孔子가 자서전에서 주장한 '쉰 살에 천명天命을 알았다.'라는 천명天命이라는 공자孔子의 자서전에 쓰인 단어를 떠올리며, 10년이 흐르면 천명天命을 이해하는 삶을 살아가고 싶었다.

2010년이 되자 디지털(digital)기술의 집합체로 만들어진 스마트폰(smartphone)이 대중화되었다. 스마트폰의 출현으로 수많은 분야로 나누어져 있던 디지털(digital)의 전자시장은 작은 모바일(mobile) 기기機器인 스마트폰에 모두 흡수되었다. 급격하게 변하는 전자시장의 변화를 체험하며 미래의 인문학과 과학기술을 함께 걱정하였다.

다시 10년이 지나면서 회갑回甲을 넘어섰다. 그때부터는 순리順理적으로 살아가는 이순耳順의 삶을 생각하면서, 디지털(digital)의 정보처리와 아날로그(analogue)의 산업기술이 서로 장점을 융합하면서 인류의 미래를 위한 기술로 발전하기를 희망하였다. 21세기 인공지능을 앞세운 과학기술과 정보통신의 세계는 디지털(digital)의 정보처리와 아날로그(analogue)가 지닌 기술산업의 장점을 함께 모아서 융합해야 한다. 이러한 과거와 현재를 아우르는 새로운 문화의 혁명으로 미래의 인류사회는 널리 홍익인간의 정신을 실천하면서 지속하고 성장하는 인공지능으로 새로운 문화의 고속도로를 건설하였으면 한다.

세월은 화살과 같이 빠르게 흘러간다. 21세기가 시작되고 25년의 세월이 흘러서 대학에서 정년停年을 맞이하게 되었다. 새삼스럽게 과거의 보고서와 논문을 읽으면서 많은 상념에 잠기기도 했다. 글을 완성한 지 오랜 세월이 흘렀으니, 책으로 엮어서 발표하는 데는 많은 용기가 필요했다. 나는 21세기 디지털(digital)시대의 시작에 살짝 무늬를 걸치면서 디지털의 옷을 입으려고 노력하였다. 마음을 열어서 세상의 변화와 함께 디지털의 세계를 연구하고 싶었지만, 과학기술과 인공지능의 디지털 시대에 적응하는 전문가이면서 인문과학의 대학교수로 탈바꿈하기가 쉽지는 않았다.

그래서 20세기 대학원에서 전공한 한국의 고전문학과 현대사회의 문학에 관련된 보고서와 전공의 논문을 21세기가 되어서도 함께 작성하여 학계에 발표하였다. 책의 제목을 『21세기 한국문학의 길찾기와 소통의 미학』이라고 한 것은 시간이 흘러갈수록 한국인의 마음에서 멀어져가는 한글사랑과 한국문학을 통해서 과학기술과 인공지능을 접목하는 인재를 양성하는 작업을 정부가 정책적으로 추진했으면 하고, 또 동양의 한국문학이 다양한 대륙의 세계문학과도 경쟁하고 그 틈새를 넓혀서 노벨상을 수상하는 기쁨을 가졌으면 한다.

제1장의 「한글의 창제와 한글문학의 형성과 그 전개과정」이라는 글은 국립한글박물관에서 「한글문학의 형성과 전개과정」으로 발표하고 유튜브(YouTube)에 동영상으로 존재하는 온라인 한글문화 강좌의 내용을 문어체로 수정하면서 20세기 한글문학의 개괄적인 흐름을 추가한 내용이다. 제2장의 「한국문학의 새로운 길찾기와 그 정체성」에서는 한국문학을 새로운 시각으로 탐색하면서 「신라노래의 새로운 형식과 한국시가의 정체성」, 「영남지역 가사의 위상과 그 현대화」, 「동학가사에 나타난 근대의식과 남녀평등」, 「동학사상에 나타난 보국안민의 의미와 수사학」 등의 논문을 실었다. 제3장의 「민족문학과 세계문학의 소통」에서는 한국문학이 노벨문학상의 수상을 기원하면서 「한국문학과 튀르키예 문학에 나타난 동서양의 문화갈등」, 「21세기 구술문화에 나타난 우스갯소리」, 「고전시가와 대중문화의 아름다운 공감」, 「코로나19와 한국시의 질병에 대한 자아성찰」 등의 논문을 실었다. 제4장의 「한국인문학과 문화콘텐츠와의 융합」에서는 인문학과 한국문화콘텐츠의 소통을 희망하면서 「컴퓨터 매개커뮤니케이션의 활용과 한국의 고전문학」, 「인문학 지식정보화의 현황과 그 발전방향」, 「21세기초 한국대학의 인문교육 현황과 그 전망」, 「문화콘텐츠 산업의 정책방향과 인력양성」 등의 글을 실었다. 이 책에 실린 인문학과 문화콘텐츠에 관련된 논문은 대개 2000년 전후에 발표했으며, 한국문학의 지역화와 세계화에 관련된 논문들은 대개 2020년 전

후에 발표하고 작성한 글들임을 밝혀둔다.

대학에서 고전문학을 전공하면서 아날로그(analogue)의 삶을 살아가던 나에게 새로운 디지털(digital)의 세계를 소개하고 안내해준 이 분야의 선각자들에게 진심으로 감사한다. 10편이 넘는 논문의 중에서 한 편의 글은 전공이 다른 공저자와 함께 쓴 논문인데, 인문학과 사회과학의 전공을 융합한다는 관점에서, 저자의 동의를 얻어서 새롭게 학문을 탐구하는 방법이라는 생각으로 이 책에 소개하였다.

사람이 살아가는 세상은 언제 어디서나 아날로그(analogue)의 책임성과 성실성 그리고 디지털(digital)의 창의성과 효율성이 함께 경쟁하며 존재하는 것이다. 앞으로는 (사)한국선비문화센터의 발전을 위해서 사회의 변화에 잘 적응하며 현대사회의 올바른 선비와 새로운 인재상을 정립하기 위해 노력하면서 건강하게 살아가고자 한다.

다양한 원고를 정리하여 책으로 묶으려니, 가까이에서 응원해준 출판사 사장님과 고마운 사람들이 생각난다. 올해 8월은 대학에서 정년 停年을 맞이하는 달이다. 부끄럽지만 이 책으로 지금까지 나를 위해서 희생하셨던 부모님과 형제들, 나에게 배움을 주셨던 스승님, 그리고 학창 시절을 함께 했던 친구들, 그리고 사랑하는 우리 가족들에게 항상 감사와 고마움을 표시하면서 그 도움을 오래도록 간직하고자 한다.

7월 10일
송파서실에서 **류 해 춘**

목차

들어가며

Ⅰ. 한글의 창제와 한글문학의 형성과 그 전개과정

한글의 창제와 한글문학의 형성과 그 전개과정

1. 훈민정음과 한글문학 … 16
2. 15세기 훈민정음의 창제와 사대부들의 한글문학 … 19
3. 16~17세기, 사대부의 한글문학과 그 미학 … 27
4. 18~19세기, 서민들의 한글문학과 근대의식 … 43
5. 15~19세기, 한글문학의 지속과 발전 … 51
6. 20세기, 시민과 민중들의 한글문학과 민족정신 … 53
7. 민족통일의 정신과 영원한 한글문학 … 61

Ⅱ. 한국문학의 새로운 길찾기와 정체성

신라노래의 새로운 형식과 한국시가의 정체성

1. 신라노래의 형식과 한국시가의 전통 … 68
2. 신라노래인 단형시로서의 향가와 그 정형성 … 73
3. 신라노래인 분연시 향가의 지속과 그 흐름 … 77
4. 신라노래인 장시의 맥락과 그 발전 … 85
5. 한국시가의 형식과 그 정체성 … 87

영남지역 가사의 위상과 그 현대화

1. 영남지역과 가사의 형성 ··· 91
2. 사대부가사와 경세제민 ··· 97
3. 내방가사와 여성생활 ··· 107
4. 동학가사와 근대의식 ··· 116
5. 가사의 전통계승과 현대화 ··· 121

동학가사에 나타난 근대의식과 남녀평등

1. 동학가사와 근대정신 ··· 128
2. 새로운 민족국가의 수립과 민중의식 ··· 131
3. 외국세력을 배척하는 실마리로서의 자주독립 ··· 134
4. 동학농민운동의 미래를 열어주는 참여정치 ··· 138
5. 근대국가의 여명을 밝혀주는 남녀평등 ··· 143
6. 동학가사의 만민평등과 민주국가의 건설 ··· 150

동학사상에 나타난 보국안민의 의미와 수사학

1. 동학사상과 그 실현정책 ··· 153
2. 국가사회 정책으로서 보국안민의 명제 ··· 159
3. 보국안민의 명제와 은유의 수사학 ··· 165
4. 보국안민의 명제와 환유의 수사학 ··· 176
5. 보국안민과 동학농민운동의 제폭구민 ··· 186

III. 민족문학과 세계문학의 소통

한국문학과 튀르키예 문학에 나타난 동서양의 문화갈등
1. 한국문학과 튀르키예의 노벨문학상 … 190
2. 액자소설과 김동리의 「무녀도」 … 193
3. 다성소설과 오르한 파묵의 「내 이름은 빨강」 … 197
4. 세계문학의 주변부에서 중심부로 … 202
5. 한국문학과 튀르키예 문학의 미래 … 206

21세기 구술문화에 나타난 우스갯소리
1. 구술문화와 우스갯소리 … 208
2. 사회긍정으로서의 담론 … 210
3. 사회부정으로서의 담론 … 218
4. 대중매체 공간의 구술문화 … 226

고전시가와 대중문화의 아름다운 공감
1. 전통문화와 대중문화 … 228
2. 고전시가, 현대시로의 변화와 공감 … 230
3. 고전시가와 대중매체의 소통 … 245
4. 고전문학을 대중화하는 새로운 방법 … 250

코로나19와 한국시의 질병에 대한 자아성찰

1. 새로운 사회로의 변화와 코로나19 ··· 253
2. 고려가요 「처용가」와 열병신의 퇴치 ··· 256
3. 현대시의 나타난 질병과 그 인식양상 ··· 261
4. 코로나19와 한국시의 자아성찰 ··· 275

Ⅳ. 한국인문학과 문화콘텐츠의 융합

컴퓨터 매개커뮤니케이션의 활용과 한국의 고전문학

1. 정보화시대와 한국문학 ··· 280
2. 고전문학 자료의 정보화 작업 ··· 283
3. 고전문학 연구에서 CMC의 활용 ··· 289
4. 정보화시대, 문학연구의 방향 ··· 300

인문학 지식정보화의 현황과 그 발전방향

1. 인문학과 지식정보화 ··· 303
2. 인문학의 지식정보화 현황 ··· 305
3. 인문학 지식정보화의 추진방향 ··· 309
4. 학술자료의 디지털화 현황과 문제점 ··· 315

21세기초 한국대학의 인문교육 현황과 그 전망

1. 위기의 인문교육 ··· 321
2. 인문학자의 연구환경 ··· 322
3. 인문학 정체성의 원인과 그 본질 ··· 324
4. 학습자의 문제 ··· 326
5. 21세기 인문교육의 전망 ··· 329

문화콘텐츠 산업의 정책방향과 인력양성

1. 문화콘텐츠와 국가경쟁력 ··· 332
2. 문화산업의 인력양성과 그 정책 ··· 334
3. 연구모형과 독립변수의 설정 ··· 341
4. 실증분석과 독립변수의 상관성 ··· 344
5. 문화콘텐츠의 창의성과 경제발전 ··· 348

참고문헌 ··· 351
찾아보기 ··· 361

I

한글의 창제와 한글문학의 형성과 그 전개과정

한글의 창제와 한글문학의 형성과 그 전개과정

1. 훈민정음과 한글문학

우리 민족의 글자인 한글은 15세기 훈민정음訓民正音의 창제로 시작되었으며, '가장 크고 바른 글'이라는 의미를 지니고 있다. 그래서 한글문학이란 1443년 훈민정음의 창제와 함께 한글로 우리 민족의 사상과 감정을 표현한 문학을 의미한다.

넓은 의미에서 한글은 우리 민족과 겨레의 말과 글이라는 뜻을 내포하고 있다. 우리 겨레의 고유한 문자는 오랜 세월 동안 표기가 없어서 입말口語의 형태로 전해져 왔다. 훈민정음이라는 한글이 창제되기 전까지는 동아시아의 공용어인 한자漢字 외에는 우리의 고유한 문자가 없어서 우리의 말글을 표기해서 붙들어 놓은 문자文字의 기록은 그렇게 많지 않다. 특히 15세기 훈민정음訓民正音이 만들어지기 전까지는 한글이라 불리는 우리의 문자가 어떠한 것인지 알 수 있는 기록은 거의 없다. 훈민정음이 만들어지고 나서부터 우리 민족은 국문으로 된 한글문학과 한문으로 된 한문문학漢文文學이 서로 상대가 되는 문학으로 인식하기 시작했으며, 15세기 훈민정음이 만들어지자 「용비어천가龍飛御天歌」를 선두로 하여 국문문학國文文學인 한글문학을 창작하기 시작하였다.

한글문학은 '한글'과 '문학'이라는 두 개의 단어를 결합한 것이다. 구어체로서 우리말을 표기한 한자漢字의 차자표기는 향찰鄕札과 구결口訣, 그리고 이두吏讀 등이 있다. 하지만 온전하게 우리의 말을 우리의 글로 표기한 문자는 15세기 훈민정음, 즉 한글이 처음이라 할 수 있다. 그러므로 『삼국유사』에 전해오는 향찰로 표기된 신라의 문학인 향가를 한글문학의 연구자료로 함께 논의하기보다는, 여기서는 훈민정음을 창제(1443)하고 반포(1446)한 이후부터의 한글로 기록한 문학을 한글문학이라고 부르고 한글문학의 형성과 그 전개과정을 검토하고자 한다.

15세기 중반에 훈민정음이 반포된 이후부터 21세기 초반인 오늘날까지 약 600년 동안은 새로 태어난 훈민정음 즉 한글이 한자漢字와 한문漢文의 틈바구니를 비집고 들어가 제자리를 찾아가는 기간이었다고 할 수 있다. 공식적인 문자생활이라면 한자漢字로만 해야 한다고 생각했던 양반사대부들의 생각은 19세기 말기부터 밀려오는 문자개혁과 신문물의 수용을 내세운 개화파 지도층의 갑오개혁(1894)으로 힘없이 무너지게 되었다. 15세기 이후부터 순수한 겨레의 언어인 한글과 동아시아의 공용어인 한자가 서로 경쟁하면서 문자생활을 하던 시대는 크게 두 시기로 나누어진다.

첫째의 시기는 한자漢字와 한문漢文이 절대적인 위치를 차지하며 국가의 공용어로서 절대적인 위치를 지녔던 19세기까지의 기간이며, 둘째 시기는 1894년 갑오개혁으로 과거제도의 폐지와 함께 국한문혼용의 어문정책을 채택하여 국가가 공식적으로 한글을 민족의 공용문자로 사용한 21세기 현재까지이다. 이러한 정책으로 한글은 점차 민족의 공용어로서 기지개를 펼치기 시작했으며, 한글이 한문漢文을 제치고 그 활용도가 앞서기 시작했으며 결정적으로, 한글이 우위를 차지한 시기는 20세기의 중반기인 1945년 8월 15일 대한민국이 일제강점기로부터 독립하여 대한민국을 건립한 시기부터라고 할 수 있다.

오늘날 한글은 현대의 한국어로 한민족 언어의 표기에 쓰이는 문자로, 남한과 북한에서 공용문자의 지위를 가지고 있다. 훈민정음이 창제된 15세기부터 19세기까지는 한글이 공식적인 언어로 사용된 경우보다는 주로 비공식적인 언어로 주로 사용되었다. 공식적인 관료의 선발제도인 과거제도가 갑오개혁까지 한문漢文으로 시행되어 한문이 절대적인 우위를 지킬 수 있었던 기간이며, 갑오개혁 이후부터는 우리의 한글이 국가의 공용문자로 채택되어 점차 한글이 우위를 차지하게 된 시기이다.

갑오개혁 이전의 첫째 시기에는 한문漢文을 진서(眞書, 참된 글)라고 부르며 우리의 한글을 언문(諺文, 속된 글)이라 부르면서 한자를 공용어로 사용하면서 한문학漢文學을 주된 표기수단의 문자로 여기면서 중요하게 생각했고, 한글문학을 부차적인 표기수단의 문자로 생각하던 시기였다. 다음 시기의 시작인 1894년에는 갑오개혁으로 법률과 칙령으로 국한문혼용이 국가의 공용문자로 채택되었다. 그리고 1896년 독립협회에서 한글전용의 신문인 『독립신문』을 창간하면서 20세기가 다가오자, 과거제도를 중심으로 성행했던 한문학을 구시대의 유물로 인식하였고, 한자의 사용이 줄어들면서 한글문학의 시대가 본격적으로 펼쳐지기 시작하는 시기가 되었다. 결국, 15세기부터 19세기까지는 한글문학이 싹이 터서 형성되면서 겨레의 문학이 지금의 공용문자인 한글로 확대되면서 한글문학이 우리 겨레의 민족문학으로 자리를 잡아가던 시기라고 부를 수 있고, 1894년 갑오개혁 이후부터는 온전하게 한글문학이 이루어져 우리의 민족문학이 한글문학으로 통일이 되면서 현재까지 지속하는 시기라고 할 수 있다. 즉, 15세기부터 19세기까지 우리 민족은 동아시아 공용문자인 뜻글자인 한문漢文과 함께 겨레의 말인 훈민정음訓民正音, 즉 소리글자인 한글을 함께 표기수단으로 사용하였다.

갑오개혁과 20세기 한국의 독립과 광복이라는 새로운 세상을 맞이하여 우리 민족은 한글을 국가의 공식문자로 채택하였다. 이 시기부터 우리 민족은 소리글자인 한글이라는 문자를 사용하여 자유롭게 의사소통을 하면서 한글문학의 새로운 세상을 열어가기 시작하였다. 이 시기부터 우리 민족은 처음으로 우리말과 글인 한글과 한글문학을 본격적으로 연구하며 갈고 닦는 일을 시작하였다.

이 글에서는 훈민정음이 창제된 15세기 이후부터 현재까지 창작한 한글문학의 형성과 그 변화의 과정을 1)15세기 한글의 창제와 사대부들의 한글문학, 2)16~17세기 사대부들의 한글문학과 그 미학, 3)18~19세기 서민들의 한글문학과 그 미학 등으로 시대를 구분하여 한글문학의 형성과 그 전개과정을 검토하고자 한다. 그리고 한글문학을 훈민정음의 창제(1443)와 함께 지어진 「용비어천가龍飛御天歌」를 시작으로 하여, 19세기까지 한글문학의 형성과 그 전개과정을 검토한 후에, 20세기까지 창작되고 전개된 한글문학의 역사적 흐름을 개괄적으로 살펴보고자 한다.

2. 15세기 훈민정음의 창제와 사대부들의 한글문학

한글은 우리의 말을 소리대로 고스란히 적을 수 있는 소리글자인 표음문자이다. 세종대왕은 1443년 집현전集賢殿 학자들과 함께 우리 민족이 사용할 새로운 문자인 소리글자를 창제하고, 이 문자의 명칭을 '백성을 가르치는 바른 소리'라는 뜻의 훈민정음訓民正音이라고 명명하였다. 세종대왕이 훈민정음을 창제한 후부터 우리 민족의 말과 글은 온전한 문자를 가지고 기록하기 시작하였다.

한글은 조선시대에 훈민정음訓民正音, 정음正音, 언문諺文, 언서諺書, 반절$_{切}$ 등의 이름으로 명명命名되었다. 19세기 말에는 민족주의 정신의 성장으로 '나라의 글'이라는 뜻을 의미하는 국문國文이라는 이름을 사용하였다. 그러다가 1910년 일제강점기를 전후하여 '한글'이라는 이름이 등장했으며, 이것이 오늘날 '한글'을 가리키는 명칭이 되었다고 한다. 국운이 쇠하여 1911년 국어國語라는 말을 쓰지 못하게 되자, 주시경周時經은 한글학회의 전신인 국어연구학회의 이름을 『배달말글몯음』으로 바꾸었다가, 1913년에 다시 한글학회의 뜻인 『한글모』로 바꾸면서 비로소 '한글'이라는 명칭을 공식적으로 사용하기 시작하였다. '한글'의 의미에 대해서는 일반적으로 '크다, 많다'를 의미하는 고어古語 '하다'에서 유래했다는 주장이 많이 퍼져 있다. 이처럼 '한글'의 의미와 그 명칭에 대한 유래와 작명자에 대하여서는 다양한 견해가 있다. 지금도 북한에서는 자국을 표현하는 단어로 '한韓'을 회피하고 있어서 '조선글'이라고 한다. 하지만 1927년 2월에는 한글학회의 전신인 조선어학회는 회원들의 동인지로 창간한 『한글』이라는 기관지를 펴내면서, 『한글』이라는 명칭을 사용하여서, 그 이름이 널리 퍼지고 유행하게 되었다.

15세기 훈민정음의 창제와 반포는 새로운 문자를 통한 세종과 사대부들의 경세제민經世濟民이라 할 수 있다. 우리 민족은 한글인 훈민정음을 통해서 한글문학의 새로운 역사를 시작하고 개척하였다. 15세기 훈민정음을 창제한 후, 처음으로 한글로 창작한 「용비어천가」를 시작으로, 우리 민족에게는 새로운 한글문학의 시대가 열리게 되었다.

이때부터 우리 민족은 한글문학과 한문학漢文學 즉, 한문문학漢文文學을 서로 상대가 되는 문학으로 인식하기 시작하였다. 훈민정음의 창제는 자주정신과 민본정신을 반영한, 새로운 시대의 문학인 한글문학의 시대를 열었다. 이글에서는 훈민정음의 창제(1443)와 함께, 우리 민족의 사상과 감정을 한글로 기록한 문학을 한글문학이라고 명명하면서 한글문학의 형성과 그 전개과정을 살펴보고자 한다.

2.1. 한글문학의 시작, 「용비어천가」와 「월인천강지곡」

조선을 세운 신흥 사대부들은 백성들의 삶과 생활에 관심의 눈을 돌렸다. 그들은 옛 시대를 청산하고 새로운 시대를 경영하고 건설하는 논리를 '경세제민經世濟民'으로 제시하였다. 이 논리는 '세상을 경영하여 백성을 어려움에서 구제한다.'라는 경제의 의미를 지니고 있다. 이러한 경영의 철학에서 자연스럽게 백성과 함께하는 훈민정책訓民政策이 나오게 되었다. 15세기 중엽에는 선비들이 세종대왕과 함께 학문을 연구하는 집현전에서 우리 민족의 새로운 문자를 창제하여 우리의 말을 글로 고스란히 적을 수 있는 참으로 뛰어나고 놀라운 표음문자인 소리글자를 만들어 내게 되었다. 그리고 세종대왕은 이 문자를 훈민정음訓民正音이라 이름하여 백성들을 깨우치는 올바른 소리라고 선포하였다. 새로운 글자의 이름을 이렇게 명명한 것은 조선의 학자이면서 정치가인 선비들이 가졌던 경세제민과 민본정신의 반영이라고 할 수 있다.

1443년 훈민정음의 창제로, 한글문학의 15세기는 변화와 개혁의 시기를 맞이하였다. 1443년에 창제되고 1446년에 반포된 이 글자로 말미암아 우리 민족은 우리들의 삶을 완벽하게 표현할 수 있는 글자를 지니게 되었다. 이 글자의 창제는 우리 민족의 삶과 의식을 근원적으로 돌려놓게 하는 계기가 되었다. 새로운 글자를 만든 일이 얼마나 엄청난 사실인지 훈민정음을 창제할 당시에는 누구도 예측하지 못하였을 것이다. 새로운 글자의 제작을 주도한 세종 임금과 그의 일에 협력한 집현전의 신진학자들도 이 글자가 우리 백성들의 운명에 끼칠 영향을 예상하지는 못하였을 것이다. 우리는 세종대왕이 훈민정음을 세상에 반포한 1446년을 우리 민족의 새 글과 새 역사를 여는 새로운 시대의 장으로 길이 기억하여도 좋을 것이다.

훈민정음이 창제됨으로써 우리 민족은 우리의 말로 우리의 삶과 생활을 완벽하게 기록하는 문자를 가지게 되었다. 이 문자는 배우기가 너무나 쉬워서 하층의 백성들일지라도 정신만 차리면 '하루아침'에 익혀 쓸 수 있는 문자이다.

그래서 먹고 사는 일에 허덕이는 백성들도 마음만 먹으면 자신들의 삶과 경험에서 얻은 지혜를 문자로 적어서 남길 수 있게 되었고 다른 사람들의 생활이나 지혜를 배우거나 비판할 수 있게 되었다. 이러한 현상은 새로운 문자를 통한 경세제민이라 할 수 있다.

한글창제(1443)라는 이 사건은 우리 민족에게 새로운 한글문학의 시작을 알리는 서막이었다. 1446년 음력 9월에 반포한 훈민정음은 한글 사용의 실험을 주관했던 기관인 정음청正音廳 또는 언문청諺文廳을 통해 천천히 보급되고 차츰 확산하게 되었다. 세종대왕은 한글을 반포하면서 "모든 사람으로 하여금 쉽게 익혀서 날마다 쓰기에 편안하게 하고자 할 따름이니라."라고 하였다.

한글이 만들어지자 조정에서는 놀라운 의욕과 신념으로 한글문학의 창작을 실험하였다. 세종대왕은 집현전의 학자들과 대신들에게 『용비어천가』(1445)를 짓게 하였고, 왕자인 수양대군에게 『석보상절』(1446)을 짓게 하고, 『석보상절』을 읽고 감동한 세종대왕은 『월인천강지곡』(1447)이라는 악장문학樂章文學을 한글을 이용하여 직접 창작하였다.

한글이 아무리 배우기 쉬워도 15세기 당시에 바로 한글문학의 창작은 쉬운 일이 아니었다. 이 시기 한글문학의 창작을 시험하는 단계에서 가장 효과적인 방법은 이미 적혀 있는 한문의 책들을 번역하는 작업이었다. 그래서 나라에서는 문학의 책인 두보(杜甫, 712~770)의 『분류두공부시언해(分類杜工部詩諺解, 1481)』등을 번역하여 한글문학의 효용성을 실험하기도 하였다. 조선을 건국한 후 이 시기까지도 조정에서는 고려의 전통을 혁신하여 새로운 문화의 시대를 창조하고 새로운 체제를 수립하겠다는 일련의 작업을 활발하게 시행하면서 한글로 사대부들에게 두보杜甫의 한시漢詩를 번역하게 하여 사대부들인 식자층에게 보급하기도 하였다.

한글을 창제한 후 15세기 말까지 한글의 쓰임은 조정과 왕실을 중심으로 하여 점차 지배계층인 사대부계층으로부터 천천히 조금씩 백성들에게 펴져 나가게 되었다. 이 시기에 나라에서는 사대부들과 임금과 왕세자 등이 나서서 한글을 시험하는 악장문학인 『용비어천가』와 『월인천강지곡』등의 한글문학을 창작하기도 하였다.

2.2. 한글로 기록된 고려가요와 한글악장

1493년에 편찬한 『악학궤범樂學軌範』에는 한글을 사용하여 기록한 고려가요와 조선 초기에 지어진 한글로 된 악장을 기록하고 있다. 조선을 건국하고 세월이 흘러 문화적으로 안정을 유지하자, 조선의 임금들은 세종世宗때부터 고려의 문화유산을 정리하면서 새로운 문화의 창조와 변화를 추구하는 일련의 작업을 활발하게 수행하였다. 성종成宗 24년에 편찬하여 음악의 악장을 정리한 『악학궤범』은 한글로 표기한 문학의 자료를 함께 실어두고 있어 한글문학에 관심을 지닌 연구자는 그 책을 주목할 수밖에 없다.

궁중에 쓰이는 음악의 전례典禮와 의식儀式을 정비하는 책으로 편찬한 『악학궤범』, 『시용향악보時用鄕樂譜』등은 한글을 활용한 문화유산의 정리사업으로 한글문학에도 두 가지의 커다란 의미를 제공하여 준다.

조선초기의 궁중에서 사용하였던 음악과 노래들을 한글로 편찬한 『악학궤범樂學軌範』이라는 책은 1493년 성종成宗의 시대에 편찬하였다.

먼저, 세종 때부터 진행한 궁중의 예악禮樂과 의식儀式의 정비 작업으로 간행된 이 책에는 「동동」, 「처용」, 「정과정」, 「정읍」등의 고려가요가 한글문학의 모습으로 실려 있다. 그리고 노래의 악보와 노래의 가사를 싣고 있는 책인 『시용향악보時用鄕樂譜』와 『악장가사樂章歌詞』라는 책에도 고려의 궁중에서 쓰이던 노래들이 온전하게 전해오고 있다. 만약 15세기에 한글이 만들어지지 않았더라면 이러한 노래들도 그 이전의 구술문화처럼 허공으로 사라지고 말았을 것이라고 추론할 수 있다. 15세기 한글의 창제 이후에 뒤늦게 한글로 기록한 것이기는 하지만 우리는 한글로 기록한 고려가요를 보면서 고려시대에 존재했던 한글문학의 내용과 그 형식을 논의할 수 있다.

다음으로, 『악장가사』와 『불우헌집不憂軒集』 등에는 조선의 창업에 동참한 사대부들이 새로운 왕조의 번영과 창업의 송축을 기리는 한글로 된 악장들을 남겨 놓고 있다. 『악장가사』에 실려있는 한글로 된 악장은 5편이 있는데, 1398년 이전에 지어진 정도전의 「신도가新都歌」와 1414년에 하륜이 지은 「신도형승곡新都形勝曲」과 「도인송도곡都人頌禱曲」, 1443년 이전에 지어진 작가미상의 「감군은感君恩」과 「유림가儒林歌」등의 노래이다. 그리고 1472년에 지은 것으로 보이는 정극인의 불우헌집에 실려 있는 「불우헌가不憂軒歌」가 있다. 이 노래들은 새로운 수도인 한양을 찬양하는 앞의 세 노래와 작가가 임금의 은혜에 감사하며 왕업을 송축하는 뒤의 세 노래로 나누어진다.

조선의 건국으로 창작된 한글로 된 악장은 신라의 향가 이후에 순수한 우리말로 된 장르를 보유하지 못했던 우리의 현실에 비추어서 한글문학의 역사에 있어서 큰 의의를 지닌다고 할 수 있다. 조선의 건국으로 지어진 악장의 한글문학이 『악장가사』와 『불우헌집』에 한글로 남아 있다는 사실은 한글문학의 형식적 특징을 살펴보는 작업에 중요한 자료가 된다.

조선의 건국과 함께 사대부들이 한글로 악장을 지어서 조선의 창업과 수도인 한양을 찬양하는 노래를 남기고 있다는 점은 조선의 건국 초기인 15세기 조선건국의 시기에도 우리말로 된 한글문학의 형태가 꾸준히 창작되고 지속하여 왔음을 알 수 있다. 이 시기의 한글문학인 악장은 당시에 조선을 건국한 지배계층인 사대부가 중심이 되어 한글로 된 악장을 창작하여 조선건국의 창업을 찬양하고 한양을 송축하는 문학이 한글문학으로 전승되고 기록되어 있다는 점에서 시대적인 의미가 존재한다고 할 수 있다.

2.3. 15세기 사대부들의 한글문학, 시조와 가사

15세기의 사대부들은 고려시대부터 불러오던 악장과 경기체가의 형식을 깨뜨리고, 양반사대부의 시각으로 산수자연을 노래하기 시작한 시조와 가사를 창작하였다. 15세기의 작가들은 때마침 창제된 훈민정음 덕분에 자신의 문학이 한글로 기록되어 문헌에 정착되는 행운을 누리는 영광을 안았다. 이 시기의 한글문학은 관료출신인 사대부들이 주도했다.

한글을 창제하고 반포한 후부터 15세기 말까지의 반세기 동안에는 왕실을 중심으로 많은 한문의 전적典籍들을 한글로 번역하는 작업을 수행하였다. 이러한 번역의 작업을 거치면서 한글의 쓰임은 왕실을 중심으로 하여 가까운 사대부들의 사회로부터 천천히 백성들의 생활에도 퍼지게 되었다. 그래서 15세기는 우리 민족이 비로소 참다운 한글문학을 생산할 수 있는 역량을 준비하면서 한글문학의 시대를 개척하는 시기였다. 이 시기에는 사대부들이 우리 문학사에서 훈민정음을 사용하여 온전한 한글문학을 창작하고 한글로 기록하는 커다란 발자취를 남기게 되었다.

이 시기에는 15세기 이전의 고려시대에 창작한 사대부들의 시조와 가사의 노래들도 15세기 한글의 창제로 한글문학으로 『악학궤범』에 소개되고 편찬됨으로써 우리의 한글문학으로 기록되었다. 세종 시절부터 본격적으로 진행된 궁중의 음악과 의식儀式의 정비작업은 성종 시절에 완성되었다. 궁중의 음악을 정비한 『악학궤범』은 고려시대에 사대부들이 창작한 고려의 노래인 「동동」과 「처용가」 그리고 「진작」 등을 한글로 표기하고 기록한 책으로 한국의 문학사에서도 중요한 가치를 지니고 있다.

이 시기에 조선조의 창업에 동참한 사대부들이 지은 시조와 가사는 『청구영언』, 『해동가요』, 『가곡원류』 등의 시조집과 정극인의 『불우헌집』 등에도 실려서 전해 온다. 여기서는 이러한 책에 실려 있는 중요한 작품을 살펴보기로 한다.

한국문학사에서 중요한 위치를 차지하고 있는 15세기 말기의 한글문학으로서는 맹사성(孟思誠, 1360~1438)의 시조인 「강호사시가江湖四時歌」, 황희(黃喜, 1363~1452)의 시조인 「사시가四時歌」, 정극인(丁克仁, 1401~1481)의 가사인 「상춘곡賞春曲」 등이 있다. 15세기의 사대부들인 이들은 한글문학이 고려의 경기체가에서 조선의 시조와 가사로 변혁하는데 선구적인 업적을 남기고 있다.

훈민정음을 창제한 15세기부터 궁중의 관료들과 사대부들은 시조와 가사라는 한글문학을 창작하면서 우리 문학의 변화와 개혁에 앞장을 서서 훌륭한 작품을 남기고 있다. 이 시기에 우리 말과 글로 이루어진 시조와 가사라는 한글문학은 사대부들의 정서와 사상에 적합하여 문학사의 주요한 갈래로 정착하였다.

3. 16~17세기, 사대부의 한글문학과 그 미학

　15세기에 한글문학인 시조와 가사를 개척하면서 창작하였던 사대부들이 16세기와 17세기에는 한글문학의 주된 작가층으로 등장하였다. 16~17세기의 한글문학은 왕권과 경쟁을 다투던 지배계층인 사대부들이 경세제민과 산수자연의 주제를 한글문학인 시조와 가사의 갈래를 통하여 왕성하게 창작하였다.

　15세기는 역성혁명이 성공한 후에 조선이 건국되고 임금의 절대적 권리를 확보하려는 왕실과 유교적 통치철학의 원칙을 왕권의 위에 두려는 사대부들과의 사이에서 권력다툼이 진행된 시기였다고 할 수 있다. 조선을 건국하기까지 혁명을 계획하고 수행하는 과정에서는 모두가 같은 동지요 대등한 협력자의 관계였다고 하더라도, 그 가운데 한 사람이 임금으로 추대되고 난 다음부터는 임금과 신하라는 명백한 군신의 관계로 바뀌게 된다. 그리하면 임금과 신하의 관계라는 새로운 질서가 정립되어 가게 된다.

　이러한 틈바구니에서 세종(1397~1450, 재위기간 1418~1450)과 성종(1457~1495, 재위기간 1469~1494)임금은 앞의 임금들이 획득한 왕권 우위를 바탕으로 사대부들을 조정하면서 치적을 올린 임금들로서 왕권과 신권의 조화를 보인 임금이라고 할 수 있다. 다시 말하자면 안정이 보장된 왕권은 스스로 자제하고, 자제된 왕권으로부터 대폭 허용된 사대부의 권력을 사용하는 상태를 유지함으로써 두 힘이 잠시나마 균형을 이루어 번영을 이루었던 시기라 할 수 있다.

　왕권과 신권이 균형을 이루던 시기에 한글이 창제되었고, 예악이 정비되었다. 중세의 국가인 조선의 사회에서 왕권과 신권의 균형은 쉽게 깨어질 수 있었다. 그래서 왕권과 신권의 대립과 경쟁은 지속되었다. 이 싸움이 계속될수록 논리의 무장이 강화된 쪽은 유교정치를 표방하며 신권을 주장한 사대부들이었다. 이에 신권과 왕권의 균형을 추구하며 편찬된 법전이 『경국대전』이라 할 수 있다. 이 책은 조선초기부터 편찬하기 시작하여 성종 때에 완성한 법전이라고 할 수 있다. 조선을 건국한 후에 신흥 사대부들은 이전까지 존재했던 우리나라의 법제도가 명확한 준칙조차 없는 관습법이라서 권문세가와 관료들의 농단으로 백성들의 재산과 생명을 보호하지 못했고, 단지 유력자의 이익만을 옹호하고 있다고 주장했다. 『경국대전經國大典』은 조선이 유교적인 법으로 다스려지는 나라, 즉 유교적 법치국가로 가는데 길잡이가 된 법전이다.

    1485년 『경국대전』의 반포는 조선전기의 특징 중의 하나인 성문법의 체제를 구축했음을 의미한다. 즉 다시 말해서 고려의 중세적 귀족사회와는 다른 조선의 양반사대부 관료체제가 조선전기에 정비되었음을 보여준다. 『경국대전』의 반포와 함께 양반 관료체제의 정비는 국왕을 정점으로 하면서 중앙집권적 관료제를 밑받침으로 하는 통치규범의 확립을 의미한다. 조선의 사대부들은 중앙집권의 관료체제를 바탕으로 국가를 통치하는 지배체제로서 왕권과 신권이 서로 대립하고 갈등하면서 국가를 운영하는 정치제도를 선택하였다. 조선전기의 사대부들이 왕권을 견제하는데 사용한 정치적 논리는 조선건국의 이념이었던 유교였으며, 차츰 고려 말에 도입된 이론화된 성리학으로부터 새로운 경세제민의 정치이념을 끌어들였다.

    결국, 15세기는 사대부들과 왕권이 서로 갈등을 일으키면서 사대부들이 성리학의 이론을 바탕으로 왕권을 견제하여 조선을 지배하고 통치하는 권력의 중심부에 위치하게 되었다. 이런 시기인 15세기의 마지막 시기에 임금이 된 연산군燕山君은 사태를 제대로 파악하지도 못한 채 무모하게 절대 왕권을 휘둘렀다. 그러나 이미 무섭게 날카로워진 사대부들은 예치禮治와 민본정치의 실현을 주장하면서 중종반정(中宗反正, 1506)으로 무질서한 왕권을 몰아내면서 견제하였다.

  16세기에는 사대부들이 조선의 사회경제를 지배하면서 유교통치의 이상적인 시대를 맞이하여, 사대부들은 민본정치로 조선의 정치를 변화시키기 시작하였다. 사대부들은 조선이 건국한 이래로 늘 위협적이었던 왕권의 횡포를 연산군을 왕위에서 내침으로 변화를 시작하였다. 16세기가 시작하자 이렇게 찾아온 정치개혁政治改革과 중종반정中宗反正으로 연산군은 왕위에서 비참하게 물러나고 말았다. 하지만 이 시기의 백성들은 아직 자신들의 세계를 열어갈 민본정치를 시행할 능력을 갖추지 못하였고 생존에 급급하여 신분이 불완전한 상태로 머물러 있었다. 하지만 이 시기부터 조선의 사대부들은 모처럼의 안정과 질서를 누리면서 평화를 누리는 시대를 맞이하였다.

  16세기에 접어들자, 지배계층인 사대부의 사회에서는 한글의 사용이 이미 상당히 보급되어 있었고, 사대부들은 한글로써 다양하게 자신들의 삶을 표현하고 기록하여 역사의 주류로 등장하게 되었다. 이제 우리의 한글문학은 사대부들에 의해서 새로운 첫걸음을 내디디게 되었다.

3.1. 한글로 꽃피운 시조와 가사의 멋

  16~17세기의 한글문학은 지배층인 사대부들이 앞장서서 개척하였다. 이 시기의 사대부들은 한글문학인 시조와 가사를 활발하게 창작하면서, 자신들의 사상과 감정을 시조와 가사에 표현하여, 한글문학

의 위치를 더욱 확실하게 성장시키고 발전시키는 역할을 하였다. 하지만 이 시기의 백성들은 여전히 구술문화로 자신들의 삶을 노래하고 이야기하며 놀이하는 데에 머물러 있을 뿐 스스로 그들의 삶에서 얻은 느낌이나 생각을 글로 적어 나타낼 수 있는 환경을 갖출 수가 없었다. 쉽게 익히고 문자를 쓸 수 있는 한글이 만들어지고 반포되었다고 해도 백성들은 한글을 익히고 활용할 수 있는 자유와 자본과 시간이 그들에게 주어지지 않았다고 할 수 있다.

16세기에 접어들자 왕권과 사대부들의 권력다툼은 일시적으로 균형을 이루면서 새롭게 맞이한 이상적인 시대였다. 건국 이래로 위협적이었던 왕권은 1506년에 일어난 중종반정으로 새로운 도전이 불가능하도록 치명타를 입은 상태였다. 하지만 백성들은 자신들의 인권을 찾을 수 있는 여유를 갖지 못하고 피지배층으로서 일상생활을 연명하기 급급한 상황이었다. 이 시기 사대부들은 모처럼 안정과 평화로운 질서 안에서 왕권과 균형을 이루는 시대를 맞이하였다. 그리고 이 시기에 사대부들은 한글을 사용하여 자신들의 삶을 표현하고 기록하여 한글의 사용을 크게 확대하는 계기를 마련하였다고 할 수 있다. 하지만 사대부들은 한문漢文으로 문학작품을 창작하는 일을 자랑으로 생각하면서, 한글로서 문자 생활을 하는 일을 대수롭지 않은 일로 생각하여 일종의 여기餘技로 즐기는 일로 생각하기도 했다. 그러기에 한글문학을 창작한 사대부들이 한글로 문학을 창작하는 일을 자랑스럽게 생각하면서도 그 중요성을 깊이 깨닫고 있지는 않았다는 점도 고려하여야 한다. 그래서 사대부들은 과거제도의 시험에 사용되는 한문으로 문학을 창작하는 일에는 일종의 자부심과 자랑을 느끼면서도 한글로써 문학을 창작하는 일은 여가생활의 활용으로 즐기는 것이라는 의식을 지니고 있었다고 할 수 있다.

사대부들은 이 시기에 경세제민經世濟民의 철학을 실현하기 위해서 유교가 지닌 성리학의 이론만으로는 부족하고 그 이론을 넘어서는 복잡한 현실원칙이 있으며, 복잡한 그 현실을 제대로 다스리기 위해서는 산업구조의 변화를 추구하며 화폐경제의 이해와 농업기술의 변화가 필요하다고 생각하기 시작하였다. 조선의 정치체제와 사회제도가 완성되어 15세기 후반기까지 사대부들의 대립은 표면적으로 거의 나타나지 않았다. 하지만 연산군 4년(1498)에 세조의 왕위찬탈(1455)을 비유적으로 비난한 김종직(1431~1492)의 조의제문弔義帝文이 문제가 되어 신진사류가 훈구파에게 내몰려서 사형, 유배, 파직 등을 당하는 사림파 내부의 갈등이 표면적으로 나타났다. 무오사화(戊午史禍, 1498)가 일어나자 변화를 추구한 신진 사림파는 일부를 제외하고 모두 정권에서 배제되었다.

사림파士林派와 훈구파勳舊派의 권력 갈등을 체험한 16세기 이후의 사대부들은 시조와 가사를 통해서 현실사회의 갈등을 표현하면서 산수자연에 나타난 도학정신을 한글문학인 시조와 가사에 표현하기 시작하였다. 이시기의 사대부들은 사림파와 훈구파가 갈등하는 현실사회를 못마땅하게 여기면서 산수자연의 불변성에서 이상적인 생활세계를 추구하려는 사대부들을 중심으로 한글문학인 시조와 가사를 통해서 자신의 삶과 이상세계를 노래하였다. 이러한 선비들은 경세제민의 철학적 이상이 인간 세상에 있지 않고 산수자연에 내재한다고 깨달아서 산수자연과 함께 어울려 살아가는 상생의 녹색정신을 작품에 내세우고 있다.

이러한 유형의 작품에는 이황(1501~1570)의 「도산십이곡陶山十二曲, 1565년)」, 이이(李珥, 1537~1584)의 「고산구곡가高山九曲歌」, 윤선도(1587~1671)의 「어부사시사漁父四時詞」등의 작품이 있다. 여기서는 산수자연을 노래한 사대부시조의 대표적인 작품으로 이황(1501~1570)의 「도산십이곡陶山十二曲, 1565년)」 두 편을 살펴보기로 한다.

    이런들 어떠하며 저런들 어떠하리
    초야우생草野愚生이, 이렇다 어떠하리
    하물며 천석고황泉石膏肓을 고쳐 무엇하리
                                    ∴「도산십이곡」 전6곡, 기1

    청산靑山은 어찌하여 만고萬古에 푸르르며
    유수流水는 어찌하여 주야晝夜에 그치지안는가
    우리도 그치지마라 만고상청萬古常靑 하리라
                                    ∴「도산십이곡」 후6곡, 기5

  이 시조는 산수자연을 노래한 연시조로 자연과 함께 하는 유학자의 온유돈후溫柔敦厚한 삶과 사상의 아름다운 미학을 표현하고 있다. 온유돈후란 자연물을 통해 세계의 근원적 조화와 만남으로써 지니게 되는 부드럽고 따스한 정을 의미한다. 작가는 자연의 질서와 인간의 본성을 동일한 것으로 생각하여 인간만이 지구상에서 유일하다는 인간중심의 사고를 이 작품에서 극복하고자 한다. 시인은 산수자연에서 인간과 자연의 물아일체를 노래하고 있으며, 자연미를 발견하고 있는 이 시조는 인간과 자연을 평등하게 생각하는 선조들이 지닌 녹색정신의 상상력을 표현한 작품이다.
  이 작품의 녹색담론은 산수자연이 인간의 수단이나, 도구의 위치에서가 아니라, 인간의 정신만큼이나 높은 수준에서 사람과 자연이 함께 공생하는 중심에 존재하고 있다. 이러한 작가의식은 자연과 인간이 함께 공생해야 한다는 현대인의 녹색정신과도 서로 소통하며 공감할 수 있다.

또한 작가는 「도산십이곡발陶山十二曲跋」에서 말한 노래로 부르기에 적합한 우리 말의 리듬과 운율을 작품에 표현하고 있어, 한시漢詩의 정형성과 비교해도 한글로 창작한 시조문학의 우수성을 잘 보여주고 있다.

또, 16세기에는 황진이(1506~1567)의 애정을 주제로 하는 시조가 많은 사람들의 인기를 얻고 있어 주목을 받고 있다. 황진이는 기녀이지만 서경덕(1489~1546), 박연폭포 등과 함께 송도삼절松都三絶이라고 한다. 그녀는 애정을 노래하는 시조로 「동짓달 기나긴 밤에」, 「청산리 벽계수야」 등의 시조작품을 남기고 있다.

> 동짓달 기나긴 밤에 한 허리를 베어내어
> 춘풍 이불아래 서리서리 넣었다가
> 어론 님 오신 날 밤이 오면 굽이굽이 펴리라
> ∴ 황진이 「동짓달 기나긴 밤에」

이 시조는 겨울철의 긴 밤에 사랑하는 임이 없이 흘러가는 아쉬운 시간의 흐름을 초월하고자 하는 작가의 의지를 강렬하게 표현하고 있다. 이 시조에 나타난 시간의 흐름은 겨울에서 봄, 그리고 임과 함께 하는 밤으로 이어진다. 임과의 사랑을 위해서 화자는 겨울과 봄철의 비대칭적인 시간을 조정하기 위해서 활유법을 사용하여 구체적인 사물처럼 시간을 유연하게 조정하고 있다. 시인은 겨울철인 동짓달 긴 밤의 시간을 칼로 한 허리를 '뚝딱' 베어내어서 따뜻한 바람이 부는 봄철의 이불 속에 '서리서리' 곱게 집어넣어서 임과 함께 할 애정의 시간에 '굽이굽이' 펼칠 준비를 하고 있다.

여기서 화자는 겨울철의 긴 밤에 사랑하는 임이 없이 흘러가는 아쉬운 시간의 흐름을 초월하고자 하는 의지를 강렬하게 표현하고 있다. 이 시조에 나타난 시간의 흐름은 겨울에서 봄 그리고 임과 함께 하는 밤으로 이어진다. 임과의 사랑을 위해서 화자는 겨울과 봄철의 비대칭적인 시간을 조정하기 위해서 활유법을 사용하여 구체적인 사물처럼 시간을 유연하게 조정하고 있다. 작가는 겨울철의 동짓달 긴 밤의 시간을 칼로 한 허리를 뚝딱 베어내어서 따뜻한 바람이 부는 봄철의 이불 속에 '서리서리' 곱게 접어 넣어서 임과 함께 할 애정의 시간을 준비하고 있다. 사랑하는 임과 함께 보낼 '굽이굽이' 접어서 넣어둔 그 시간을 펼쳐낼 '밤'은 정확하게 지켜질 약속 사항이 아니라 영원히 오지도 않을 수 있는 희망 사항인 것이다.

이 시조에서 화자는 시간을 눈에 보이는 사물처럼, 베어내고 접어서 '서리서리' 넣고, '굽이굽이' 펼치는 마술사로서 애정의 홍보대사가 된다.

앞에서 살펴본 두 편의 시조는 16세기부터 현재까지 유행하고 있는 산수자연을 노래한 사대부시조와 애정을 노래하는 기녀시조의 대표적인 작품이다. 유학자인 이황의 시조는 성리학자가 산수자연의 불변하는 법칙을 즐기면서 온유돈후溫柔敦厚의 미학으로 읊고 있으며, 기녀인 황진이의 시조는 사랑하는 임과의 애정생활에서 추상적인 긴 밤의 시간을 칼로 벨 수 있는 구체적인 사물로 형상화하여 임에 대한 애틋한 사랑과 그리움을 절실하게 표현하고 있다. 이러한 측면에서 두 작품은 지금도 대중들의 사랑을 받고 있다.

다른 한편으로, 사대부들은 국가와 민족에 대한 걱정과 함께 백성들에게 교훈이 되는 경세제민의 문학작품을 창작하였다. 이러한 작품에는 주세붕(周世鵬, 1495~1554)의 「오륜가」와 허전(선조 때)의 「고공가」와 이원익(1547~1634)의 「고공답주인가」 등이 있다. 이처럼 이 시기의 사대부들은 한글문학으로 정형시인 시조의 창작과 함께 장시長詩인 가사의 창작을 활발하게 진행하여 다양한 갈래의 한글문학을 유행하게 하였다. 그리고 현실사회의 정치적인 상황을 노래한 가사문학의 대표적인 작가로는 정철(鄭澈, 1536~1593)과 박인로(朴仁老, 1561~1642)가 있다. 가사문학의 대가인 정철은 관동지역의 자연과 풍속을 읊은 「관동별곡關東別曲」과 현실정치의 치열함을 은유하고 있는 「사미인곡思美人曲」 그리고 「속미인곡續美人曲」 등의 가사를 창작하였다. 이들 작품 중에서 「사미인곡」과 「속미인곡」은 정치권력을 지향하는 사대부가 현실정치를 지배하는 정치적 힘의 원천인 임금에게 충성하고자 하는 마음을 솔직하고 담백하게 은유적으로 표현한 것이다.

여기서는 임금을 '해'나 '임'에 비유하여 '미인'으로 표현하면서 임금에게 사랑받고자 하는 애절한 마음을 간절하게 노래하고 있다. 봉건사회에서 절대자인 임금에게 사랑받고자 하는 간절한 마음을 표현하는 사대부들의 문학은 저절로 그 현실적 힘의 원천이며 으뜸이 되는 임금에 매달리고자 하는 속뜻을 지니는 주제를 표현하고 있다. 그들의 문학에는 힘의 상징인 임금을 '해'나 '임'에 견주어 그것들을 그리워하는 사랑으로 드러내기 일쑤였다. 여기서는 우리말의 대화체로 이루어진 「속미인곡」의 마지막 부분을 살펴보고자 한다.

> 어와 허사虛事로다 이 님이 어디 간고
> 잠결에 일어나 앉아 창을 열고 바라보니
> 어여쁜 그림자만 날 쫓을 뿐이로다
> 차라리 싀여지여 낙월落月이나 되야이셔
> 임 계신 창 밖에 번듯이 비최리라

각시님 달이야 카니와 궂은비나 되소서

∴「속미인곡」에서

정철의 「속미인곡」은 두 여인의 대화체로 작가의 분신인 화자들이, 사랑하는 남편을 그리워하는 형식을 빌려서, 태양과 같은 임금의 사랑을 그리워하는 간절한 마음을 보다 효과적인 기법으로 표현하고 있다. 이 작품은 순수한 우리말의 은유와 비유를 통해서 사랑하는 임에게 사랑을 인정받고자 하는 간절한 마음을 표현하고 있다. 화자의 진솔한 마음을 표현한 이 작품을 김만중(金萬重, 1637~1692)은 『서포만필』에서 동방의 이소離騷라고 부르며 칭찬하였다.

이 시기의 사대부들은 정형시인 시조와 장시인 가사를 함께 창작하여 한글문학의 갈래로서는 보기 드물게 오늘날까지 지속하는 갈래로 만들었다. 이처럼 16~17세기의 사대부들이 활발하게 창작한, 한글문학인 시조와 가사는 솔직하고 진솔한 묘사와 은유를 사용하여 한글문학의 우수성과 문화의 주체성을 잘 드러내고 있다. 요약하자면 16~17세기의 사대부가 활발하게 창작한 시조와 가사는 발전을 거듭하고 수용자층을 확대하기 시작하여, 18~19세기에는 서민들과 여성들이 함께 즐기면서 참여하는 장르로 성장하여 사설시조, 내방가사, 그리고 동학가사 등의 갈래로 발전하였다. 그중에서도 시조는 우리 민족의 한글 정형시로서 21세기에도 활발하게 지속하는 한글문학의 주된 갈래로 자리 잡고 있다.

3.2. 한글소설에 나타난 욕망의 성취와 실현과정

16~17세기의 사대부들이 새롭게 창작하여 유행시킨 한글문학의 갈래에는 소설이라는 갈래가 있다. 사대부들은 조선전기부터 한글문

학인 시조와 가사를 활발하게 창작하고 노래하였는데 비해서 한글소설은 조금 늦은 17세기부터 성행하였다. 그 이유는 조선의 사대부들이 한글로 지어진 소설을 정통문학으로 인정하지 않고 천시했던 원인에서도 찾을 수도 있다. 그러나 17세기에는 서민들의 자아각성과 함께 한글의 광범위한 보급으로 중인계층과 사대부 집안의 여성들이 새롭게 한글소설의 독자층으로 확대하게 되었다.

특히 중국에서 977년에 500여 권으로 편찬된 설화집인 「태평광기太平廣記」가 고려시대에 우리나라로 유입되어 사대부들에게 널리 읽혔다. 그리고 일연(1206~1286)의 「삼국유사」에는 역사와 소설의 줄거리를 요약한 듯한 삼국의 설화와 신화 등을 수록하고 있어 국문학의 서사문학인 소설의 생성과 변화에 대한 귀중한 문헌으로 존재하고 있다. 이러한 「삼국유사」와 「태평광기」가 편찬되어 15세기쯤에는 조선에서도 사대부들에 의해서 소설이 널리 읽혔다고 할 수 있다. 그러다가 세월이 흘러서 한국의 15세기에는 김시습(1435~1493)이 「금오신화金鰲新話」라는 뛰어난 한문 소설을 창작하였다. 이처럼 사대부들이 한문으로 소설을 즐기고 있었으므로 적어도 16세기 초에는 「설공찬전薛公瓚傳, (1511)」이 채수(蔡壽, 1449~1515)에 의해서 지어진 것이 확실하다고 할 수 있다. 이처럼 사대부들은 일찍부터 한문으로 된 소설을 즐기고 있었으므로, 한글이라는 새로운 문자를 사용하여 한글소설을 창작하는 일은 자연스러운 현상이 되었다.

17세기쯤에는 허균(許筠, 1569~1618)이 「홍길동전洪吉童傳」을 지었다. 허균은 「홍길동전」을 지어 자기를 따르는 사람들과 함께 나누어 읽었는데 나중에는 더욱 인기를 얻었다고 할 수 있다. 이 소설은 한글로 영웅적인 주인공의 투쟁과 그 성취의 과정을 마음껏 묘사하였기에 후대에 광범위하게 읽히면서 개작改作이 첨가되었다. 이 작품은 우리 겨레의 초창기 영웅소설로서 한글문학의 대표적인 소설이 되었다.「홍길동전洪吉童傳」을 근거로 하여 17세기에는 한글소설이 유행하여 독자들에게 많이 읽혔다고 할 수 있다.

다른 한편으로 한글은 임진왜란이라는 전쟁을 만나 백성들에게 널리 전해지고 정보를 제공하는 표현의 도구가 되었다. 임진왜란이 일어나자, 선조宣祖임금은 왜적에게 포로가 되거나 빌붙은 백성들에게 꾀를 써서 돌아 나오기를 권유하는「백성의게 니라는 글이라(1593)」라는 안내문을 지어 우리나라의 각 지역에 내다가 붙였다. 이 글은 한글을 조정에서 사용하여 전국적으로 확대하고 있음을 보여주는 증거가 되고 있다. 이처럼 17세기가 다가오자 한글을 사용하는 새로운 시대의 사회환경이 조성되자 독자들은 한글소설에 대해 새로운 욕구를 표출하며 그 관심을 지속하였다.

한글소설의 이야기는 주인공의 부단한 욕망성취와 그 실현과정을 서사화한 것이라 할 수 있다. 이 시기에 우리의 한글소설에 나타난 주인공의 욕망성취와 자아실현의 방법은 본질적으로 비슷하다고 할 수 있다. 고전소설의 이야기 구조는 대체로 주인공이 어렵고 힘든 고난을 극복하고 승리자가 되는 사건을 천의 얼굴처럼 다양하게 펼쳐내고 있다.

이 시기에 허균(許筠, 1569~1618)이 지은「홍길동전」은 영웅적인 주인공의 투쟁과 그 성취의 과정을 마음껏 묘사하였기에 후대에 광범위하게 읽히면서 개작이 첨가되고 다양하게 변모하였다. 홍길동전의 주제는 적서차별의 신분제도가 존재하는 부조리한 세상을 개혁하고 탐관오리를 징벌해야 한다는 견해를 제시함으로써 백성들에게 저항의식을 일깨워 준 작품이다. 이러한 영웅의 일생을 주된 이야기로 하는 이 작품은 후대의 영웅소설과 판소리계 소설에 많은 영향을 주었다.

17세기 막바지에는 김만중(金萬重, 1637~1692)이 한글의 중요성을 역설하면서 어머니를 위로하기 위하여 「구운몽九雲夢」을 창작하고, 가정과 사회의 도덕과 윤리를 진작시키기 위해서, 「사씨남정기謝氏南征記」라는 한글소설을 창작하였다. 이 작품들은 당시의 사회현실을 우의적으로 표현하면서 현실의 삶을 비판하는 방식을 취했는데 당시의 독자들에게 선풍적인 인기를 얻었다. 김만중이 지은 작품들은 당시의 사대부들에게도 사랑을 받는 한글소설로 선풍적인 인기를 누렸다고 한다.
  이 시기에 지어진 한글소설의 주인공은 가정과 사회, 그리고 신분과 국가를 초월하여 다양한 가치를 추구하고 작품 내에서 환상적으로 자아성취를 실현하고 있는 개성을 지니고 있다. 영웅소설에 나타난 주인공의 활약은 사회의 혼란과 국가의 위기를 슬기롭게 극복하는 주제와 밀접한 관련을 지니고 있다. 그리고 주인공들은 윤리와 도덕이 무너지는 사회현실과 국운쇠퇴라는 국난의 극복을 실현하기 위해서 노력하는 주제와 함께, 자신의 훌륭한 가문의 지속과 애정성취라는 주인공이 추구하는 이상의 실현을 사실적으로 표현하는 모습을 보여주고 있다. 이처럼 16~17세기의 한글소설은 작가들이 현실세계에서 일어나는 다양한 문제를 소설의 이야기로 진지하게 풀어내었으므로 재미있는 한글문학으로서의 교훈성과 예술성을 잘 드러내고 있다.
  이 시기에 김만중은 정철의 「사미인곡」과 「속미인곡」등의 작품들을 동방의 「이소離騷」라고 비평하여 그 가치를 더욱 높게 평가하고 있다. 우리말의 대화체로 이루어진 이 작품들을 김만중은 순수한 우리말로 된 최고의 문학작품이라고 평가했다. 그는 한글로 표현한 문학을 진정한 문학이라고 생각하여, 당시의 사대부들이 한문으로 표현한 문학만을 참된 문학이라고 인정하던 당시의 지배적인 견해를 비판하고 물리쳤다. 그리고 한글문학의 우수성을 주장함으로써 우리 문화의 독창성과 자주성을 함께 드러내고 있다. 그는 내용의 전달에 치중하는 한문문학漢文文學으로서는 우리 고유의 정서와 가락을 완벽하게 표현할 수 없으므로 우리말인 한글문학이 참되고 진정한 문학이라고 주장하였다.

이처럼 17세기에 다다르면 우리나라에서도 한글이 백성들과 부녀자들에게 널리 퍼짐으로써 한글소설이 유행하여 새로운 문화를 개척하는 변화를 추구하고 있었다. 임병양란의 전쟁으로 사람들의 의식이 바뀌어 가면서 한글은 여성들과 서민들의 문자로 다양한 계층의 사람들에게 보급되었다. 이 시기에 오면 궁중의 여인들뿐만 아니라 사대부가의 여성들에게도 널리 한글의 사용이 퍼져서 나갔다. 그리고 일반 서민의 여성들도 한글을 깨쳐서 사용하는 여성들이 적지 않았다고 할 수 있다.

이 시기에 편찬된 다양한 번역서들은 한글의 보급이 활발했음을 증명하고 있다. 15세기에는 「내훈(內訓, 1475)」을 편찬하여 궁중의 여성들에게 한글을 보급하였으며, 16세기에는 「내훈」 그리고 「소학小學」과 「삼강행실도三綱行實圖」 등을 번역하여 사대부의 여성들에게 한글을 가르쳤으며, 17세기에는 「농서農書」, 「잠서蠶書」, 「효경孝經」 등을 편찬하여 농사를 짓고, 상업에 종사하는 서민들까지도 한글을 읽고 쓰는 생활을 할 수 있게 되었다.

그래서 이 시기의 한글문학으로 남아 있는 중요한 작품은 일기日記, 편지便紙, 기행紀行, 행장行狀 등의 작품으로 남아 있다. 사대부들의 문화전통으로 생활의 체험을 기록하는 일이 널리 퍼졌다.

결국, 17세기에는 한글이 널리 보급되어서 백성들의 존재가 지배계층에게 뚜렷하게 인식되기 시작하였다. 이 시기의 막바지에는 김만중(金萬重, 1637~1692)이 한글문학의 독창성과 자주성의 중요성을 역설하면서 「구운몽」과 「사씨남정기」 등의 한글소설을 창작하였다. 이처럼 17세기 이후가 되면 소설과 시조와 가사 등의 영향으로 부녀자들과 백성들 사이에서 한글의 보급과 사용은 그 속도를 더하게 되었다. 이러한 시대적 변화는 18세기 이후에 한글문학이 번영하게 된 씨앗이 되었다.

이 시기의 한글소설은 주인공의 부단한 욕망의 성취와 실현과정을 서사화한 것이라 할 수 있다. 여기서는 고전소설에 나타나는 주인공의 가치추구와 자기실현을 통해서 궁극적으로 지향하는 것이 무엇인가를 살펴봄으로써 당대에 인기리에 창작되고 애독되었던 고전소설의 문학적 실현을 찾아보고자 한다.

고전소설에 수용된 주인공의 지향가치와 그 의미는 가정과 사회, 그리고 신분과 국가를 통하여 다양한 가치를 실현하고 있어 그 실현방식에 주목하여야 한다. 우리의 고전소설에서는 외형적으로 가정과 사회, 그리고 국가의 문제점을 변화시키고 개혁하려는 주제를 많이 다루고 있다.

영웅소설에 나타난 주인공의 활약은 사회의 혼란과 국가의 난세와 밀접한 관련성을 가지고 있는데, 주인공은 윤리도덕이 무너지는 사회현실과 국운쇠퇴의 현상을 극복하면서 애정성취나 명문거족의 유지라는 자신의 이상을 실현하는 모습을 보여주고 있다.

고전소설은 영웅인 주인공을 통해 욕망을 실현하는 궁극적인 의미는 주인공을 통해서 도덕적 당위가 무너진 무질서한 현실세계를 바로잡고 국가적인 태평성대를 이룰 수 있다는 당대인의 기대가치이자 자아실현의 현상을 표현하고 있다. 그리고 고전소설의 주인공에게 닥치는 가정생활의 고난과 그 극복의 과정은 주인공의 지향가치가 애정성취와 신분회복이라는 의지가 내재되어 있음을 함축하고 있다.

조선시대 애정소설에는 남녀의 성역할을 다르게 규정함으로써 일정한 패턴의 사랑 이야기를 다양하게 만들어 내고 있다. 남자와 여자의 사랑에 관련된 이야기에는 사랑에 대한 봉건사회의 관습이 반영되어 있기 마련이다. 첫눈에 사랑에 빠진 남녀는 현실에서 사랑을 제약하는 조건들을 해결하기 위해 남녀 모두가 쉽지 않은 다양한 노력으로 사랑을 성취하기 위해 최선을 다하였다. 애정소설에 동원된 애정의 여러 가지 고사故事와 비유적 표현들은 사랑을 성취하겠다는 남녀의 고민과 원망을 솔직하게 표현하고 있다. 조선시대 애정소설의 특징은 남녀의 사랑에 초점을 맞추기 위해 '자손계승'이라는 후사後嗣잇기의 이야기를 과감히 생략하고 애정의 솔직한 모습을 사실적으로 표현하고 있다. 소설에 나타난 사랑의 이야기에는 육체적인 사랑보다는 정신적인 사랑의 성취를 강조하여 사랑을 신분의 상승이나 애정성취의 고상한 정신으로 표현하고 있다.

하지만 조선 시대의 유교적 관습에서는 문학인 소설에서도 교훈적인 독법을 강조하고 있으며 애정소설의 독법 역시 교훈적인 내용으로 그 한정하고 있다는 생각을 지울 수가 없다. 이 시기의 작가들은 독자들이 애정소설을 '음란淫亂'한 내용으로 표현하여도 교훈적인 독서를 할 수 있다고 생각하였다. 이러한 이중적인 독서형태는 애정소설을 교훈적으로도 읽어내는 독특한 방식을 마련하였다. 애정소설에 자주 표현한 '기이奇異'라든가 '허망함', '망연자실' 등의 감정은 애정소설에 표현된 사랑이 현실에서는 이루기 어려운 것임을 깨달을 수밖에 없는 것이다. 이처럼 조선시대 애정을 주제로 한 한글소설은 사랑의 실패로 인한 허망함과 인생의 쓸쓸함을 느끼게 해주는 특수한 '감정교육'의 역할을 함께 수행했다고 할 수 있다.

우리의 인생에서도 애정은 삶에 있어서 매우 중요한 것이기는 하지만, 우리 삶의 전부는 아니며 삶에서 가장 중요한 것은 아니라고 할 수 있다. 애정에 관한 욕망이 다른 가치들을 무시하거나 압도할 경우, 그것은 필연적으로 사회적 규범들과 충돌을 일으키며 결국 우리의 삶을 파탄으로 초래할 수 있다. 이 시기에 애정을 주제로 한 한글소설에서 중요한 것은 성적 욕망과 다름이 없는 '애정'이라는 가치와 다른 가치들이 지닌 사회규범이 서로 균형을 유지하고, '나'와 '공동체'의 조화로운 관계를 새롭게 모색하는 일이라 할 수 있다.

4. 18~19세기, 서민들의 한글문학과 근대의식

18~19세기에는 여성에게도 한글이 널리 보급되었다. 이러한 영향으로 현실사회를 관찰하는 시각도 변화하여 백성들은 실학사상에 기반을 둔 사실주의를 받아들이고 신분제도의 변화를 모색하였다. 피지배층으로 살아온 백성들이 상류층 양반사대부들의 권위를 의심하면서 자신들의 가치를 발견하기 시작한 것은 임진왜란(1592)과 병자호란(1636)을 체험하면서 시작하였다고 할 수 있다.

먼저, 이 두 전란으로 백성들은 민족의 저력이 상층의 지배층이 아니라 하층민의 자신들로부터 솟아나고 있다는 것을 확신하게 되었다. 두 전란을 겪으면서 사대부 지배계층에 대한 존경과 권위가 백성들의 마음속에서 흔들리게 되었는데, 18세기에 들어와서부터는 백성들의 각성된 의식이 서민 자신들의 주체적인 문화로 철학, 예술, 문학 등에서 사실주의의 형태로 나타났다. 다음으로, 18~19세기에는 상품화폐경제의 성장과 이앙법의 보급으로 초기 자본주의가 싹이 튼 시기였다. 이 시기에는 화폐의 위력으로 상업의 길이 열려서 서민들도 화폐경제의 영향으로 돈을 모으기 시작했다. 서민의 백성들이 자본의 위력을 체감하기 시작하여, 가난하면서도 거드름을 피우는 사대부들을 속으로는 우습게 생각하기 시작하였다. 셋째는 이 시기에는 서민과 여성들이 한글로 시조와 가사를 창작하여 한글문학의 주된 창작계층이 되었다.

이 시기에는 한글이 비교적 널리 보급되어 백성들과 아녀자들도 한글로 만들어져 나온 시조와 가사 그리고 판소리 등의 값진 문학의 세계를 경험하고 지식을 소유하여 자아를 각성하게 되었다. 이 시기부터는 서민의 문학으로 사설시조와 판소리 그리고 탈춤 등이 민중들의 사랑을 받아 대대적으로 유행하기 시작하였다.

4.1. 사설시조의 자유분방함과 대화체의 수용

18~19세기에 들어서자 백성들은 급변하는 사회현상을 인식하고 자아 각성을 통해서 재물을 모으면서 한글을 사용하여 자아실현의 값진 문화에 눈을 뜸으로써 사람을 보는 눈이 달라지기 시작했다. 신분제가 흔들리면서 백성들은 양반으로의 신분 상승을 위해서 갖가지 방법을 동원했으며 금전으로 족보를 사서 사대부의 신분으로 상승하기도 하였다. 이러한 변화의 시기에 사대부들은 실사구시를 추구하는 철학인 실학사상으로 무장하여 새로운 시대를 준비하고 있었다. 이 시대는 겉으로는 유교의 성리철학을 지도이념으로 삼아 왕실을 중심으로 사대부계층의 사람들이 다스리는 조선왕조의 시대이었지만, 속으로는 서양의 문물을 받아들이면서 실학이라는 사상으로 화폐경제의 우수성을 인식하면서 자본의 중요성을 깨닫는 근대의식이 싹트는 시기였다.

이 시기에 한글문학은 어떻게 변화를 모색하였을까? 이 시기의 문학을 담당한 계층들은 16세기와 17세기에 즐겨 부르던 가사와 시조,

그리고 소설을 그대로 창작하고 있었다. 하지만 문학과 서민예술을 즐기는 백성들이 문학의 담당층으로 참여하기도 하였으며, 사대부 집안의 여성들과 중인계층의 가객들이 한글문학의 담당자로 범위를 넓혀가면서 이 시기의 문학은 커다란 변화를 추구하고 있었다.

　이 시기의 사설시조는 중인들과 서민들 그리고 전문가객층 등에 널리 보급되었고 여성들도 사설시조를 향유하는 계층으로 등장하였다. 시조를 전문적으로 연행하는 전문가객의 등장으로 사설시조는 다양하게 지어져서 연회의 현장에서 불리어지는 유희지향의 노래와 현실사회의 체험을 사실적으로 노래하는 대중성의 미학을 지닌 시조가 유행하기도 하였다.

　이처럼 18~19세기에는 한글이 널리 보급되어 여성들과 서민들도 한글문학인 사설시조를 즐기면서 창작하였다. 이 시기에는 이미 한글문학을 창작하고 노래한 계층이 사대부와 중인을 거쳐 서민들과 여성들에게까지 퍼져 나갔다고 할 수 있다. 여기서는 상행위를 매개로 한 대화체의 사설시조에 나타난 연행현장의 모습을 관찰하기 위해서 사설시조 한 편을 살펴보기로 하자.

　　　댁들에 연지臙脂라 분粉들 사오
　　　저 장사야 연지분臙脂粉 곱거든 사자
　　　곱든 비록 아니되 바르면 예 없든
　　　교태가 절로 나는 연지분臙脂粉이요
　　　진실로 그러할 것이면
　　　헌 속옷을 팔 만정 대엿말이나 사리라

　이 시기에 사설시조를 전문으로 연행하는 가객층은 연희의 현장인 연회석이나 놀이마당에서 현실의 상황을 연상하게 하는 대화체로 그 전경을 풍속화처럼 묘사하기도 하였다. 이러한 사설시조는 생활체험을 구어체로 묘사하고 사실적으로 노래하여 백성들도 즐기는 노래가 되었다.

대화체인 위의 사설시조는 '댁들에 ~ 사오'로 시작되는 상행위를 매개로 한 사설시조로 물건에 대한 거래를 통해 장사치와 여성 고객 사이에 성행위의 흥정을 연상시키는 입말로 된 구어체를 그대로 노출시켜 상행위의 묘사를 통해서 은유적으로 성행위를 연상하게 하는 풍속화의 기법을 사실적으로 보여주고 있다. 이러한 표현은 유교사상을 기저로 하고 있는 평시조와는 다르게 생활현장에서 경험한 상행위를 통해서 남녀의 자유로운 애정관계를 연상시키는 비유법으로 생동감을 지니고 있다.

이처럼 사설시조는 유교사상을 바탕으로 하고 있는 평시조와는 다르게 생활현장의 체험을 사실적으로 묘사하여 제멋대로의 자유분방함을 드러내고 있다. 이러한 구어체의 표현은 사설시조의 연행현장에서 상행위와 애정행위를 우리말로 가감 없이 자유롭게 표현한 것이다. 이렇게 사설시조에서는 구어체와 대화체를 수용하여 연행현장에서의 생활의 체험을 있는 그대로 묘사하는 사실주의의 기법을 활용하였다. 이러한 표현기법은 당시의 경제관과 애정관의 변화를 알리는 것으로 백성들이 봉건적 생업체계에서 일탈하여 시장경제의 체제를 인식하는 근대의식을 소유하고 있다는 증거라고 할 수 있다.

이 시기에 와서 한글문학으로 먼저 주목을 받는 작품은 사설시조辭說時調와 내방가사內房歌辭이다. 시조를 한시漢詩와 맞먹는 것이라는 자부심을 가지고 있었던 가객들이 등장하여 청구영언靑丘永言과 해동가요海東歌謠라는 책을 편찬하여 백성들에게 시조와 사설시조를 널리 즐기고 노래하게 하였으며, 17세기에 양반들이 주로 창작했던 사대부가사士大夫歌辭는 여성들이 창작의 주된 계층으로 등장하여 내방가사內房歌辭 또는 규방가사閨房歌詞라는 명칭으로 여성들이 체험한 삶의 현장과 놀이문화를 사실적으로 노래하여 수많은 작품을 남기고 있다.

  18~19세기 한글문학의 두드러진 특성은 우리 민족의 역사 이래로 지배층과 피지배층이 함께 한글문학인 시조와 가사를 즐기고 노래하면서 창작한 시기라 할 수 있다. 이러한 현상은 누구나 쉽게 읽고 표기할 수 있는 우리의 한글이 모든 국민에게 널리 보급된 덕분이었다. 우리의 글자인 훈민정음이 반포되고서 삼백 년이 지나자, 한글문학의 역사는 모든 계층의 국민이 즐기고 노래하며 창작하는 새로운 시대의 문을 활짝 열기 시작하였다.

4.2. 판소리계 소설에 나타난 근대정신

  18~19세기의 한글문학으로 중요한 위치를 차지하는 또 다른 갈래는 한글소설이다. 한글의 보급이 광범위하게 확대됨으로써 서민들과 여성들도 한글문학의 창작과 향유에 적극적으로 참여하였다. 이처럼 중인계층과 서민계층 그리고 사대부가의 여성들까지 한글소설의 창작과 향유에 능동적으로 참여함으로써 소설이 크게 성행하였다. 다양한 계층의 작가들에 의해서 입으로만 전해지던 이야기가 한글로 적히면서 다양한 소설로 지어지기 시작했다.

  이제 일반 백성들도 새롭게 형성된 하층문화인 판소리나 탈춤 등을 감상하며 새로운 문화를 경험하고 체험하는 기회를 가지게 되었다. 판소리계 소설은 조선후기 서민 예술로서 인기가 있는 판소리를 소설화한 것이다. 대화체인 구어체에 기초를 하고 있는 판소리계 소설의 언어는 작품이 매우 발랄하고 생동감이 있는 노랫말로 한글소설의 대중화에도 크게 기여를 하였다.

　이 시기의 작품으로 근대의식의 맹아로 주목을 받고 있는 작품은 「춘향전」, 「흥부전」, 「심청전」, 「토끼전」 등의 판소리계 소설의 작품이 있다. 하층문학으로 성장한 판소리계 소설은 중세의 봉건 질서에 대항하면서 신분을 타파하려는 민중의식을 표출하거나 지배층의 부정과 부패에 저항하는 양상을 보여주고 있다. 한편으로 판소리계 소설에서는 활발한 경제활동의 중요성을 강조하는 주제를 등장시켜 근대의식이 싹트는 모습을 함께 보여주고 있다.

　「춘향전」에서 춘향은 봉건사회에 존재하는 양반과 기녀의 계급의식을 뛰어넘어 변학도로 상징되는 지배질서와 그 권력에 저항하고 있다. 하지만 춘향전에서 옥중의 춘향과 암행어사인 이도령의 화해는 예각화된 계급갈등을 급속하게 마무리하는 역할을 한다는 점에서 계급타파라는 근대의식으로 주제를 부각만 시키고 그 해결책을 제시하지 못한다는 한계를 지니고 있다.

　하지만 이몽룡의 한시漢詩에서는 정치인의 부정과 부패를 강렬하게 비판하면서 저항하는 민중의식을 표현하고 있어 정의사회를 구현하려는 근대적인 정치의식을 보여주고 있다.

금준미주천인혈金樽美酒 千人血　　금동이의 좋은 술은 천인의 피요
옥반가효만성고玉盤佳肴 萬成膏　　옥반위의 맛있는 안주는 만 백성의 기름이라
촉루낙시민루락燭淚落時 民淚落　　촛불 눈물이 떨어질 때 백성 눈물 떨어지며
가성고처원성고歌聲高處 怨聲高　　노래 소리 높은 곳에 원망소리 또한 높도다

　이 시는 이몽룡이 암행어사가 되어 변학도의 생일잔치에 찾아가 권력자인 변학도의 부정과 부패를 질타하는 내용이다. 비판의 주제는

"정치인이 먹는 항아리의 술은 백성들의 피 이며, 권력자가 먹는 술상차림의 안주는 백성들의 피와 땀으로 된 기름이고, 촛불의 눈물이 떨어질 때, 백성의 눈물도 떨어지며, 노랫소리가 높은 곳에 백성들의 원망 소리가 높다."라며 봉건사회의 정치를 비판하는 근대의 저항정신을 노래하고 있다.

「토끼전」에서는 별주부 또는 용궁으로 대표되는 봉건지배 질서와 토끼 혹은 육지로 대표되는 서민들의 발랄한 생활이 서로 갈등을 일으키고 있다. 토끼로 대표되는 서민들의 의식이 성장하여 지배계층인 용왕과의 갈등을 풍자하며 지배계층을 희롱하는 상황으로 이야기를 전개하고 있다. 토끼전에 나타난 이러한 서민들의 재치와 지배층에 대한 풍자는 권력에 대한 저항의 모습을 표현하고 있는 근대정신이다.

「심청전」에 등장하는 인물들은 대부분 봉건지배 질서에 충실한 인물이지만 뺑덕어미가 유일하게 주부로서의 역할과 가부장의 권위에 도전하는 인물로 설정되어 있다. 하지만 뺑덕어미가 개인의 욕구충족과 함께 이야기에서 갑자기 사라짐으로써 새로운 도시민의 깍쟁이 모습을 사실적으로 보여주지 못해서 아쉬운 점이라 할 수 있다.

그리고 「흥부전」의 놀부는 자신의 욕구충족을 위해서 기존의 질서인 형제간의 우애를 부정하면서 경제적인 부를 획득하기 위해서 노력하는 모습을 보여주고 있어 새로운 인물이다. 하층민의 다양한 삶과 새로운 부자 계층의 등장이라는 모습을 사실적으로 드러내고 있는 이 이야기도 환상적인 결론을 지니면서 근대의식의 맹아라는 측면에서 그 의의를 지닌다고 할 수 있다.

이처럼 판소리계 소설은 가면극과 함께 조선후기 서민문학으로서 현실비판과 저항정신을 주제로 하고 있다. 탈춤과 판소리에서는 방자나 말뚝이 등이 작품에 등장하여 체제에 저항하면서 지배문화를 해체하면서 전복시킴으로써 현실을 비꼬고 웃음을 유발하는 것이 특징이다. 판소리계 소설은 방자, 기녀 춘향, 뺑덕어미, 놀부, 토끼 등의 하층계급을 비유한 인물들이 신분을 초월한 현실비판과 저항정신을 통해서 인간성을 옹호하는 근대의식을 주장하여 주목을 받고 있다.

이 시기의 한글문학으로는 직업연예인인 광대에 의해서 전승된 탈춤이 있다. 이들은 광대 혹은 사당패라고 불리면서 멸시와 천대를 받으며 지독히 괴로운 삶을 살아가야 했다. 이러한 작품에는 하회별신굿, 봉산탈춤, 양주 별산대놀이, 오광대, 야류 등의 탈춤이 광대 혹은 사당패라고 불리는 하층민에 의해서 그 명맥을 유지하였다. 이렇게 불행한 처지에서 생활한 하층민인 광대와 사당패들에 의해서도 우리의 탈춤인 가면극은 전승되었다. 조선후기의 탈춤과 판소리는 21세기 현대사회에 와서는 서민들의 작품으로 근대의식을 지닌 문학이라는 새로운 가치를 발견하여 창극, 영화, 오페라, 마당놀이 등의 문화콘텐츠로 계승하여 보존하고 있다.

이처럼 18~19세기에는 일반 백성들에게까지 널리 한글이 보급되었다. 광범위한 한글의 보급은 사설시조와 내방가사 그리고 판소리계 소설 등의 서민문학을 유행시키는 원동력이 되었다. 이 시기에 누구나 쉽게 읽고, 쉽게 글로 적을 수 있는 우리의 한글이 널리 보급되어 한글문학은 서서히 문단의 주류로 부상하기 시작하였다. 이 시기에 오면서 우리 민족의 역사에 처음으로 한글문학은 모든 계층의 백성들이 즐겁게 노래하며 창작하는 문학으로 부상되었다.

그리하여 한글은 세종대왕이 훈민정음訓民正音을 창제(1443)하고 300여 년이 지나서 19세기 말기가 되자, 국가에서 갑오개혁(1894)을 단행하여 한글이 국가의 공식문자가 되었고, 한글문학은 우리 민족의 주된 문학으로 성장하는 쾌거를 이루었다. 1894년 갑오개혁으로 한글문학은 새로운 역사의 문을 열기 시작하여, 20세기에는 한글문학이 한문문학을 극복하고 우리 민족을 대표하는 민족문학으로 성장하였다. 21세기인 오늘날에 이르기까지 남북한은 공용어인 공식문자로 한글을 채택하여 활발하게 한글문학을 창작하여 새로운 한글문학의 역사를 펼쳐내고 있다.

5. 15~19세기, 한글문학의 지속과 발전

15세기 세종대왕이 만든 훈민정음(訓民正音)을 21세기 현재에 남한에서는 '한글', '국어', '한국어' 등이라고 부르고 있으며, 북한에서는 '조선글', '조선말', '조선어' 등으로 부르고 있다. 여기서는 현재 남북한에서 이야기하는 이러한 명칭을 종합하여 한글이라 부르고자 한다. 남한은 1933년에 조선어학회가 '한글맞춤법 통일안'에서 표준말을 '대체로 현재 중류사회에서 쓰는 서울말로 한다.'라고 정하였으며, 1988년에는 문교부가 표준어標準語를 '교양있는 사람들이 두루 쓰는 현대 서울말로 정함을 원칙으로 한다.'라고 규정하여 국가의 공식문자로 사용하고 있다. 북한에서는 표준어를 1966년부터 주체사상의 대두로 인하여 서울말과의 차이를 두기 위해서 문화어文化語라고 변경하여 현재까지 부르고 있다. 1945년에는 일제강점기에서 독립하면서 남북으로 분단은 되었지만, 21세기인 오늘날에 이르기까지 남한의 대한민국과 북한의 조선민주주의인민공화국은 공용어이며 공식문자로 한글을 채택하여 활발하게 한글문학을 창작하여 새로운 한글문학의 역사를 펼쳐내고 있다.

우리 겨레의 문학인 한글문학은 1443년 세종대왕의 훈민정음 창제에서 비롯되었다. 세종대왕은 집현전의 학자인 사대부들에게 1445년에 「용비어천가」를 창작하여 발표하게 하였다. 1446년에 반포한 훈민정음 즉 한글은 우리 민족의 문자생활을 변화시키고 한글문학을 형성시킨 원동력이라 할 수 있다. 우리의 겨레말을 온전하게 표기할 소리글자인 한글의 창제는 그동안 한문으로 문자생활을 지속해온 우리 민족의 삶과 정신세계를 근본적으로 바꾸는 계기가 되었다.

세종대왕이 주도한 한글의 창제가 우리 민족의 삶과 우리 민족이 체험한 문화생활의 변화에 끼칠 엄청난 영향력을 당시 훈민정음을 창제하는 일을 주도한 세종대왕과 그 작업에 동참한 학자들도 한문을 뿌리치고 한글이 미래에 우리 민족의 공용어인 공식문자가 되리라는 사실을 예상하지 못하였을 것이다.

15세기에서 17세기까지는 지배층인 사대부들이 한글문학인 악장과 시조와 가사 등을 활발하게 창작하였다. 시조는 한글문학의 정형시로서 우리 겨레의 대표적인 갈래가 되어 현재까지 창작되고 있으며, 가사는 서정장시로서 다양한 변화를 거쳐 오늘날까지 면면이 계승되고 있다.

17세기에 새롭게 유행한 한글소설은 주인공의 부단한 욕망성취와 그 실현과정을 서사화한 내용이 대부분이다. 한글소설의 이야기에는 백성들로 하여금 부조리한 현실을 개혁하고자 하는 의지와 부패한 지배층에 저항하는 의식을 일깨워주는 작품이 있는가 하면, 주인공들이 자아실현과 가치추구를 수행하면서 현실에서 이루기 어려운 다양한 상상의 이야기를 독자들에게 체험하게 하여 대리만족의 쾌감을 환상적으로 제공하고 있는 내용도 있다.

18~19세기에는 백성들의 한글문학인 사설시조와 판소리계 소설이 성행하였다. 이 시기에는 하층민의 문학을 전문적으로 연행하는 가객

계층의 등장으로 사설시조와 판소리계 소설이 널리 보급되어 백성들에게도 익숙한 한글문학이 되었다.

  이 시기 사설시조는 형식의 파괴와 파격을 통해서 생활현장의 체험을 진솔하게 묘사하여 자유분방한 미의식을 드러내고 있다. 이 시기에 판소리의 사설이 한글로 정착하면서 형성되기 시작한 판소리계 소설은 하층민들의 소망을 대변하면서 부당한 권력을 비판하고 저항정신을 묘사하여 근대 서민의식을 깨우치고 있다. 1894년 갑오개혁으로 한글은 한문을 제치고 국가의 공식문자로 채택되는 쾌거를 이루었으며 20세기 초기에 불어 닥친 일제의 강점기로 한글 탄압의 수난을 받기도 하였다.

  하지만 1945년 해방을 맞이하여 남북한 모두 한글을 공식문자로 채택하여 오늘날까지 우리 민족은 국가의 공용어로 한글을 채택하여 한글문학을 잘 가꾸고 있다. 우리 민족의 말과 글에는 5,000년 동안 축적된 우리 삶과 정신문화의 전통이 고스란히 담겨 있다. 앞으로도 우리 겨레는 한글과 한글문학을 지속적으로 발전시키면서 세계사의 주역으로 성장해야 할 것이다.

6. 20세기, 시민과 민중들의 한글문학과 민족정신

  19세기까지는 우리나라의 공용어인 공식문자가 한문이었는데, 1894년 갑오개혁이 일어나자 국가의 공용어인 공식문자가 한글로 통일되기 시작하여 오늘날에 이르러 남북한 모두가 한글을 국가의 공식문자로 채택하여 문자의 통일을 이루었다. 늦었지마는 대한민국에서는 20세기에 우리 겨레의 한글문학 시대가 활짝 열렸다. 20세기의 한글문학 시기는 대한민국의 광복 전후를 기준으로 그 시기를 나누어 살펴볼 수 있다. 그래서 앞의 시기를 '광복투쟁의 시기와 시민들의 한글문학'이라 하고 뒤의 시기를 '남북분단의 시기와 민중들의 한글문학'으로 나누어 살펴볼 필요가 있다.

15세기에 반포된 한글의 힘으로 20세기가 가까워지자 한글문학은 더욱 힘차게 성장을 하였다. 한글의 창제라는 뛰어난 업적에 힘입어 수백 년 동안 한글문학은 새롭게 자라다가 다시 근대화라는 새로운 세상을 맞이하였다. 20세기의 근대화는 사람은 혈통이나 신분에 의하여 고귀하고 비천한 것으로 갈라지는 것이 아니라 인간은 모두가 평등하다는 것과 우리 겨레와 민족이 자주적이고 독창적으로 삶을 살아왔으므로 자주독립의 국가라는 깨우침을 포함하고 있었다. 한글은 갑오개혁(1894)을 맞이하여 거대한 변화를 체험한다. 그 변화는 갑오개혁으로 과거제도가 폐지되면서 국가의 공용어인 공식문자로 한글이 채택되었다는 사실이다. 한글이 우리나라의 공식적인 표기문자가 되고, 한자漢字를 병행하면서 새로운 문자를 사용하는 시대가 열렸다.

하지만 20세기가 펼쳐지자 서구의 문물제도를 신속하게 받아들인 일본 제국주의자들이 악마의 손길로 다가와서 온 겨레가 일본의 헛된 꿈을 키우는 희생양이 되었다. 희망에 찬 20세기를 맞이하였으나, 한반도가 1910년부터 불행하게도 거의 반세기를 일본 제국주의자들의 손에 맡겨져서 일본이 우리나라를 강점하는 비참한 상황에 놓이게 되었다. 일본의 강점기가 한반도에서 시작된 것이었다. 그러나 일본의 잔악한 통치 아래서도 우리 민족은 좌절하지 않고 자주독립을 위해서 투쟁하고 싸워서 일본을 물리치고, 우리의 한글을 지키면서 1945년 광복을 맞이할 수 있었다.

이후에도 우리는 20세기 초에 빚어진 역사의 빚을 깨끗하게 청산하지 못하고, 조국분단의 문제를 만나 남과 북이 온갖 시련과 고통을 겪으며 지금까지 분단된 채로 살아오고 있다. 그나마 현재 우리 겨레는 말과 글이 통일되어 있으니, 우리 민족의 통일도 얼마 지나지 않으면 실현될 것이라는 희망을 지니고 있다.

그 이유는 남한과 북한이 우리 민족을 하나로 동아리를 짓게 만드는 한글과 한글문학으로 언어와 문화생활을 함께 하고 있으며, 한 민족의 국가인 남한과 북한을 통일하겠다는 민중들의 논의가 성숙하였기 때문이라 할 수 있다.

6.1. 광복투쟁의 시기와 시민들의 한글문학

이 시기는 겨레의 구성원 모두가 한글로써 문학을 창작하게 되었다. 근대화는 신분제도의 불평등이 허물어지고, 자주독립의 의식이 표면화되면서, 우리의 문자인 한글의 애호정신과 그 사랑이 확산하면서 시작되었다. 2차 동학농민운동이 일어난 갑오년(1894)은 정부가 갑오개혁을 단행하여 신분제도를 타파하고 정치제도의 쇄신을 공표하고 한글을 정부의 공식문자로 채택하였으므로 근대화가 구체적으로 실현되기 시작한 시기이다.

개화계몽의 시기이기도 한 이 시기의 한글문학은 전통적인 문학양식의 기법을 받아들이면서 새로운 변화를 수용하고 있어서 형식상으로는 진통을 심하게 겪은 전환기의 문학이라 할 수 있다. 최남선(1890~1957)은 개화가사나 개화시조가 유지하고 있었던 형식의 고정성을 벗어난 신체시와 창가의 형식을 모색하여 의성어와 의태어를 사용한 국문체의 시적 가능성을 확인하였다. 다음으로 이인직(1862~1916)은 고소설과 다른 새로운 소설의 양식인 「혈의 누」를 1906년 만세보에 연재하여서 신소설을 창작하였다. 이광수(1892~1950)는 1917년 매일신보에 「무정」이라는 장편소설을 발표하여 자유연애와 개화를 통한 문명건설이라는 사회문제를 문학으로 형상화하였다.

일제강점기 시절(1910년 8월 29일~1945년 8월 15일)에 우리나라 사람들은 일본에 의해 한글을 쓰지 못하도록 탄압받았다. 그러나 선조들은 독립운동의 일환으로 우리의 한글을 보호하고, 보급하고자 목숨을 내걸고 한글을 지켰다. 대한민국은 매년 8월 15일을 우리나라가 일제강점으로 해방된 날로 광복절이라고 부르는 국경일로 삼고 있다. 일제강점기 한글과 우리말을 위해 노력한 사람 중 가장 널리 알려진 인물은 주시경(1876~1914)선생이다. 그는 우리의 말과 글의 소중함을 일깨우며, 국어 문법에 대한 책을 펴낸 것은 물론 1908년 8월 31일 봉원사에서 30여 명의 국어강습소 졸업생과 국어 연구에 뜻이 있는 사람을 모아『국어연구학회』라는 모임을 만든다. 하지만 1910년 일제가 국권을 침탈하며 우리말의 연구가 어려워졌다.

그리고 일제강점기에는『국어』라는 말은 우리말이 아닌 일본어를 뜻하는 상황으로 변하게 되자, 국어연구학회는『한글모』(한글을 연구하는 모임)로 이름을 변경하여 활동하였다. 1913년『한글모』라는 모임을 통해『한글』이란 명칭과 그 표현이 알려지기 시작하였다. 하지만 이듬해 주시경 선생이 38세의 젊은 나이로 세상을 떠나게 되자,『한글모』의 활동은 점차 뜸해졌고, 1917년 중단이 되자, 주시경의 제자들이 우리의 말과 글인 한글의 불씨를 살려내기 위해서 1921년 '조선어연구회'를 만들었다.

조선어연구회는 1926년 한글날의 시작인『가갸날』을 제정하여 큰 발자취를 남겼나. 조선왕조실록에서『훈민정음』이 완성했다는 기록을 바탕으로 음력 9월 29일을 한글을 반포한 날로 삼아서 11월 4일에 그 기념식을 거행했고, 우리의 말과 글인 한글을 배울 때 '가갸거겨'하면서 배우는 것에 착안해서『가갸날』로 이름을 정했다. 이와 함께 조선어연구회는 1927년부터 잡지 『한글』을 간행했으며, 1929년에는 조선어사전편찬회를 구성하고 한글로 된 국어사전을 편찬하는 일을 시작하였다. 조선어연구회는 1931년 『조선어학회』로 이름을 바꾸었다. 이 학회는 1933년 한글맞춤법의 뿌리가 되는 『한글 맞춤법 통일안』을 발표하고. 그 이후에도 연이어 표준말 제정, 외래어 표기법 통일 등의 연구를 지속적으로 이어나갔다.

그리고 『가갸날』은 1928년 『한글날』로 명칭을 변경하였고, 조선어학회는 1949년에 『한글학회』로 이름을 바꾸어서 지금까지 우리의 말과 글인 한글을 연구하고 있다.

일본은 우리나라를 압박하기 위해 1936년 '조선사상범보호관찰령'을 공포한다. 3년 뒤 일본은 학교의 국어 과목을 없애고, 한글로 된 신문과 잡지를 폐간하기 시작하였다. 1941년 일본은 조선어학회의 활동이 민족의식을 고취시키고, 한글을 사용하는 금지규정을 어겼다는 이유로 1943년 4월까지 총 33명의 학자들을 체포해서 구금하였다. 그 결과로 한글을 연구하는 학자의 대부분이 일본의 경찰에 취조를 받거나 견디기 힘든 고문 등을 당하였다. 구속되었던 조선어학회 학자들은 1945년 8월 15일에 해방과 함께 풀려나게 되었다. 이와 같은 선조들의 노력으로 지켜낸 한글을 우리는 잘 보존하고 지켜나가야 하겠다. 여기서는 이 시기의 한글문학을 개괄적으로 살펴보고자 한다.

이 시기는 전통적인 문학과 서구에서 새롭게 받아들인 문학들이 서로 충돌하던 시기로 우리의 한글문학은 한문학을 대체하는 전환기의 상황으로 전개되었다.

3.1운동이 일어나 일제의 폭정에 저항하면서도 우리 민족은 나름대로 살아가는 길을 터득하게 되었다. 이 시기는 신문과 잡지들이 부쩍 늘어나면서 문학활동이 하나의 사회현상으로 나타나 문단文壇이라

는 단체가 형성되었다. 새 세대의 젊은이들은 한문학漢文學보다는 한글문학을 통하여 '짓밟히는 겨레의 얼을 지키고 빼앗긴 나라를 찾는 일에 기여하겠다.'라는 마음으로 문학의 창작활동을 하였다. 한글문학을 창작하는 활동은 더 이상의 여기餘技가 아니라 자신의 삶과 민족의 자주독립을 성취하는 치열한 삶의 길이 되었다.

1920년대부터 우리나라에 형성된 문단의 문학 활동은 계급주의 문학과 민족주의 문학의 두 가지 노선으로 대립하여 반목하는 상황을 연출하였다.

계급주의 문학은 신경향파에서 싹을 보이기 시작하여 카프(KAPF)에 의해 하나의 형태로 굳어지고 1930년대 중반에 카프(KAPF)의 해산과 함께 단체는 사라졌지만 그 정신은 현재까지 면면히 지속되고 있다. 민족주의 문학은 카프문학에 대항하여 민족주의 문학자들이 주창한 문학운동으로 계급위주의 이데올로기 문학에 반발하고 문학 활동에 민족의 개념이 중요함을 역설하고 민족의 문학을 만들려고 노력하였다. 이 시기의 민족문학은 민족의 전통과 유산에만 지나치게 집착한 나머지 당면한 현실의 고통을 외면하였고, 프로문학은 침략자인 일본에 맞서야 함에도 항상 반봉건의 문제를 함께 투쟁대상으로 설정하여 초점을 흐렸던 것이다. 하지만 이때의 프로문학과 민족문학의 논쟁은 한국문학사에서 지금까지 참여와 순수라는 또 다른 대립명제로 21세기까지 끊임없이 되풀이되고 있는 듯하다.

1930년대에는 신문이나 잡지가 늘어나 문화 활동의 기반이 확충되어 문학도 활발하게 창작되었다. 이 시기에는 카프가 해산되어 목적문학이 퇴조하고 순수문학이 발전하여 현실인식에 대한 주지주의의 경향을 보이고 있다. 소설에서는 새로운 기법의 등장으로 이상(1910~1937)의 「날개」와 박태원(1909~1986)의 「천변풍경」과 같은 사실주의 작품이 등장하였다. 시에서는 정치성을 이탈한 시문학파가 등장하였고, 근대화와 물질문명을 노래한 정지용의 주지주의의 시가 등장하였으며, 생명파는 시적 상상력의 역동적인 지향과 자신의 진실한 길을 주장하는 유치환을 중심으로 모더니티를 개척하였다.

1940년대는 청록파의 등장으로 1920년대 시문학파가 이루어놓은 토대를 바탕으로 조지훈(1920~1968), 박목월(1915~1978), 박두진(1916~1998) 등은 자연을 통해 새로운 세계를 개척한 특색이 있는 작품을 창작하였다. 그리고 식민지 현실의 비판적 인식이라는 관점 아래에서 이육사(1904~1944)와 윤동주(1917~1945)는 민족과 국가라는 절대개념을 통해 자기성찰을 하면서 저항 또는 주체정신의 성립의 가능성을 노래했다.

이러한 광복투쟁의 시기에 우리 민족은 한반도를 벗어나 다른 나라로 확산하면서 일본과 중국, 소련 등으로 흩어져 이주민의 한글문학을 창작하기도 하였다. 앞으로는 해외에 있는 동포들이 창작한 한글문학에 관한 연구가 본격적으로 이루어졌으면 한다.

6.2. 남북분단의 문학과 민중들의 한글문학

1945년 8월 15일, 우리 민족은 일제의 침략으로부터 벗어나 광복과 해방을 맞이한 해방공간이 시작되었다. 우리 민족의 해방과 광복은 선열들과 애국투사들의 끈질긴 저항의 결과로 얻어진 것이지만, 침략세력을 우리 민족이 스스로 격파하고 이루어진 것이 아니었다. 그래서 해방은 되었지만, 남한에는 미군이 북한에는 소련군이 점령하는 남북분단의 시기가 시작되었다. 남북으로 분단된 해방이 되자 우리의 문단은 좌우의 이념 논쟁이 다시 불붙게 되었다. 30년대 프로문학 운동가들은 즉각적으로 「조선문학건설본부」(1945.8.16.)를 만들고

「조선문학가동맹」(1945.9.17.)으로 개편하여 조직적으로 좌파 문학운동의 깃발을 내세웠고, 이에 맞서는 우파에서는 「대한문예협회」(1945.9.11.)와 「중앙문화협회」(1946.3.13.)를 결성하였다가 1947년 2월 「전국문화단체총연합회」를 결성하면서 결속을 강화하였다. 이 시기에는 좌우의 논쟁이 심하였는데 좌익에서는 사회주의를 바탕으로 문학의 현실참여를 내세웠고, 우익에서는 민족주의를 바탕으로 서로 융합이나 소통을 하려고 하지 않았다. 좌익계열의 문인들은 민족시의 확립을 사회주의 국가건설의 도구로 사용하였으며, 우익계열의 문인들은 문학의 순수성을 주장하는 순수문학론을 내세우며 서로 대립하였다. 조국의 남북분단을 비극으로 인식하지 않아 통일을 기원하는 작품을 창작하거나 모색하지는 않았다. 그러다가 1950년 6월 25일에 한반도에 전쟁이 일어났다.

한국전쟁은 민족분단이라는 역사적 비극을 초래하여 남북분단의 문학을 생성하였다.

전쟁의 시기에 시문학은 시적 정서와 인식을 구축한 새로운 시인의 등장으로 서정주(1915~2000)「국화옆에서」와 유치환(1908~1967)의 「바위」 등의 작품이 지어졌으며, 소설에서는 김동리(1913~1995)의 「무녀도」와 안수길(1911~1977)의 「북간도」등이 있다. 이들의 작품에는 사회의 부조리와 부조화를 비판하는 내용으로 현대사회를 비판하며 고발하고 있다.

분단 이후의 우리 문학은 넓은 의미에서 4.19 혁명이 일어나자 자유민주주의를 열망하며 다시 순수와 참여의 대립적으로 각 단체의 이데올로기를 지향하며, 크게는 김춘수(1922~2004)의 순수문학과 김수영(1921~1968)의 참여문학 나누어져 서로 갈등하고 대립하는 관계를 현재까지 유지하고 있다. 그리고 1970년대에 와서는 산업화시대를 맞이하여 민족문학의 이론을 바탕으로 저항의식을 드러내고 분단의 상황을 극복하려고 노력하였다. 한편으로 이 시기에는 인간 삶의 다양한 현실을 문학의 미학으로 승화시키는 작업을 모색하며 삶의 다양한 양상을 한글문학에 표출하였다.

그리고 21세기가 다가오자 발전하는 과학기술의 영향으로 현대인의 삶에서 놀이문화라는 장르의 발전과 함께 영화와 방송의 문화콘텐츠가 등장하여 우리의 삶의 뿌리와 제 모습을 문화콘텐츠라는 영상문화로 다양하게 변화하며 K~문화라는 새로운 영역의 개척으로 세계화의 현상을 뚜렷하게 보여주고 있다.

이처럼 남북분단 이후의 우리나라의 문인들은 한글문학으로 통일된 조국의 민주화와 세계 일류국가를 성취하는 대한민국이라는 두 가지의 염원을 성취하기 위해서 끊임없이 노력하고 있다.

7. 민족통일의 정신과 영원한 한글문학

한글문학은 훈민정음의 창제(1443)에서 비롯되었다. 세종대왕은 집현전의 학자인 사대부들에게 한글을 사용하여 「용비어천가」(1445)를 창작하게 하였다. 처음으로 한글로 창작한 「용비어천가」(1445)를 시작으로 우리 민족에게는 새로운 한글문학의 시대가 열리게 되었다. 이때부터 우리 민족은 한글문학과 한문학漢文學을 서로 상대가 되는 문학으로 인식하기 시작하였다.

그 이후에 세종 28년(1446)에 소헌왕후가 사망하자 수양대군은 충격을 받고 돌아가신 어머니의 명복을 빌기 위해 스스로 불교서적을 공부한 후에 한글로 석가모니의 일대기, 즉 석보釋譜를 지어 돌아가신 어머니에게 바쳤다. 이를 보고 세종이 수양대군에게 석보를 더욱 모든 사람이 볼 수 있도록 완성하게 하라는 명령을 내리자, 수양대군이 고승 신미(信眉, 1403~1480)와 함께 다른 불경들을 완성했는데 이것이 바로 『석보상절釋譜詳節』이다.

세종 29년(1447년)에 세종은 이 『석보상절釋譜詳節』을 읽어 보고 그 작품성에 감동하여, 「월인천강지곡」의 찬가를 직접 지었다고 한다. 이처럼 조정의 임금인 세종은 한글을 사용하여 '달이 온 우주 삼라만상에 비취는 노래'로서의 의미를 지닌 「월인천강지곡」을 지어서 백성들에게 한글문학의 존재를 과시하게 되었다.

조선초기에는 새로운 체제를 확립하기 위해서 성종 때에 악학궤범(1493)을 편찬하였는데 여기에는 우리 민족의 한글문학인 「동동」, 「처용」, 「정과정」 등의 고려가요가 실려 있어서 후대에까지 전해질 수 있었다. 한편 이 시기에 지배계층인 사대부들은 유교정신을 바탕으로 백성들의 경세제민에 힘을 쓰면서 한글문학인 시조와 가사를 창작하고 다듬어 자신들의 삶의 태도와 정신을 반영하였다. 조선전기 맹사성(1360~1438)의 「강호사시가」와 같은 시조는 한글문학의 정형시로서 민족의 대표적인 갈래가 되어 현재까지도 창작되고 있으며, 정극인(1401~1481)의 「상춘곡」과 같은 가사는 우리 민족의 서정장시로 다양한 변화를 거쳐 오늘날인 21세기에도 면면이 계승되고 있다.

조선후기에는 임병양란의 체험으로 실학파와 중인계층이 등장하여 한글문학의 향유계층을 더욱 확장하였다. 이 시기에는 신분제가 동요되어 지배계층에 비판적인 선비계층인 방외인과 실학파들이 문학과 사상을 주관하여 소설을 유행시키고 시조의 형식을 사설시조로 변화시켰으며 가사의 형식도 다양하게 변모하면서 여성들이 창작한 문학으로 수많은 내방가사를 유행시키게 되었다. 한글소설인 홍길동전은 허균(1569~1618)이 지은 것이므로 16세기에는 한글소설이 독자들에게 읽히기 시작하였다고 할 수 있다. 그리고 이 시기의 한글문학은 17세기를 거쳐서 조선 후기인 18~19세기에는 하층민의 갈래인 판소리와 가면극으로 이어져 연행문학으로 민중들과 함께 즐기면서 그 가치를 새롭게 첨가하여 대중예술을 특징을 지니면서 현재까지 보존되고 있다.

  19세기 말에는 한반도의 구성원 모두가 한글문학을 즐기면서 창작하는 시기가 되었다고 할 수 있다. 우리 민족의 근대화는 신분제도의 불평등을 허물어뜨리고, 독립과 자존의 의식을 표면화하며, 한글을 사랑하는 민족정신과 자주독립을 실천하면서 시작하였다. 2차 동학농민운동이 일어난 갑오년(1894)에는 정부가 갑오개혁을 단행하여 신분제도를 타파하고 정치제도의 쇄신을 공표하고 한글을 정부의 공식 문자로 채택하였으므로 우리 민족의 한글문학은 새로운 시발점을 구체적으로 실현하기 시작한 시기이다. 19세기 말에는 서구로부터 밀려오는 새로운 문물이 넘쳐나는 시기이기도 하였다. 이 시기의 한글문학은 전통적인 문학양식의 기법을 지속하면서 신문물인 신소설과 신체시 등의 양식과 전통문학의 양식이 혼재하는 갈등의 양상을 일으키고 있었다. 이시기의 한글문학은 서양으로부터 밀려오는 신문물의 영향을 받아들이면서 새로운 서구의 글쓰기 장르를 도입하여 새로운 변화를 수용하며, 형식상으로는 전통과 새로운 양식의 서구의 소설과 서정의 장르가 유입하여 글쓰기가 진통을 심하게 겪은 전환기의 문학이라 할 수 있다. 이 시기에는 동학가사인 『용담유사』가 이루어지기도 하였지만, 신소설, 신시, 신파극 등의 갈래가 등장하여 전통적인 한글문학의 장르를 물리치고 새로운 갈래와 장르로 그 변화를 주도하면서 한글문학의 근대화를 추진하였다.

  1919년 3.1운동이 일어나고 서구문화의 급속한 유입으로 한글문학은 새로운 계층인 도시의 시민층에 의해서 향유되기 시작하였다. 인쇄문화의 발달로 한글문학은 나름대로 새로운 길을 터득하게 되었다. 한글문학의 문인들은 신문과 잡지들이 부쩍 늘어나면서 문학 활동이 하나의 조직과 단체가 되어 '문단文壇'이라는 것을 형성하였다. 새 세대의 젊은이들이 문학을 통하여 짓밟히는 '겨레의 얼을 지키고 빼앗긴 나라를 찾는 일에 기여하겠다.'라는 마음으로 문학 활동을 하였다. 한글로 문학을 창작하는 일이 더 이상의 여기餘技가 아니라 자신의 삶을 성취하는 치열한 삶의 길이 되었다. 이 시기에는 우리나라의 문단의 창작활동도 계급주의 문학과 민족주의 문학의 두 가지 노선으로 대립적 상황을 연출하였다. 계급주의 문학은 신경향파에서 싹을 보이기 시작하여 '카프'에 의해 하나의 형태로 굳어지고 1930년대 중반에 카프의 해산과 함께 소멸되었지만 그 정신은 현재까지 면면히 지속하고 있다. 민족주의 문학은 카프문학에 대항하여 민족주의 문학자들이 주창한 문학운동으로 계급 위주의 이데올로기 문학에 반발하고 문학 활동에 민족의 개념이 중요함을 역설하고 민족의 문학을 만들려고 노력하였다. 이 시기의 민족문학은 민족의 전통과 유산에만 지나치게 집착한 나머지 당면한 현실의 고통을 외면하였고, 프로문학은 침략자인 일본에 맞서야 함에도 항상 반봉건의 문제를 함께 투쟁의 대상으로 설정하여 초점을 흐리게 하였다.

하지만 이때의 프로문학과 민족문학의 논쟁은 현재까지 한국문학사에서 통칭해서 '참여'와 '순수'라는 대립의 명제로 지금까지 끊임없이 되풀이되고 있다. 1940년대의 문학은 청록파의 등장으로 자연을 통해 새로운 세계를 개척하였고, 이육사와 윤동주의 시는 민족주체의 성립과 식민현실에 대한 저항의식을 통해 민족과 국가에 대한 자아를 성찰하는 시정신을 보여주고 있다. 광복 투쟁의 직후의 해방공간에서는 남한과 북한이 서로 분단되어서 좌익계열의 문인들은 민족시의 확립을 사회주의 국가건설의 도구로 사용하였으며, 우익계열의 문인들은 문학의 순수성을 주장하는 순수문학론으로 서로 대립하였다. 당시에는 조국의 남북분단을 비극으로 인식하지 않아 통일을 기원하는 한글문학의 작품은 거의 나타나지 않았다고 할 수 있다. 그러다가 1950년 6월 25일에 한반도에 전쟁이 일어났다.

 1950년 일어난 한국전쟁은 민족분단이라는 역사적 비극을 초래하여 남북분단의 문학을 생성하였다. 전쟁의 시기에 시문학은 시적 정서와 인식을 구축한 새로운 시인의 등장으로 서정주「국화 옆에서」와 유치환의「바위」등의 작품이 지어졌으며, 소설에서는 김동리의「무녀도」와 안수길의「북간도」등의 사회 부조화를 비판하는 작품이 창작되었다. 1960년대 문단에서는 한국전쟁의 상황을 극복하려는 문학과 4·19혁명과 자유민주주의를 열망하는 문학을 수행하였으며, 1970년대 문단에서는 민족문학론에 바탕을 두고 정치사회에 대한 비판의 의지와 분단상황을 극복하려는 의지를 표현하였다. 1980년대 이후의 민주화 시대를 맞이하여서는 한글문학의 속성을 살리면서 삶의 현실을 포괄하고자 하는 방향전환을 꾀하기도 하였다. 그리고는 남한과 북한이 분단의 상태로 21세기를 맞이하게 되었다.

 21세기는 예술의 갈래가 융합하는 문화의 시대이다. 21세기의 한류문화인 한글문학은 영상매체와 과학기술의 영향을 받고 있다. 과학기술의 급속한 발전은 한류문화 새로운 바람과 함께 영상과 방송을 위한 문화콘텐츠의 활성화로 스토리텔링과 빅데이터의 활용으로 인공지능의 시대를 예고하고 있다. 오늘날 인류는 구술문화인 인간의 자연지능과 영상문화인 컴퓨터의 인공지능이 서로 융합하는 새로운 문화콘텐츠의 시대를 열어가고 있다. 하지만 오늘날 한글문학과 한국문화의 큰 주제는 역사학자 아놀드 토인비(1889~1975)가 주장하고 설명했듯이 한국인의 사상인 홍익인간弘益人間의 정신을 바탕으로 민주주의와 자유정신을 새롭고 훌륭하게 표현하는 작업이라 할 수 있다.

(한글문학의 형성과 전개과정(YouTube. 2019. 참조)

II

한국문학의 새로운 길찾기와 정체성

신라노래의 새로운 형식과 한국시가의 정체성

1. 신라노래의 형식과 한국시가의 전통

한국문학에서 신라노래의 형식과 한국시가의 정체성을 논의하는 일은 매우 긴요한 과제이다. 하지만 현재까지 신라노래의 전통과 한국시가의 정체성을 형식의 측면에서 검토하고 연구하는 작업은 거의 이루어지지 않았다. 여기서는 신라노래의 개념을 향가를 포함한 신라시대의 민요民謠, 도솔가兜率歌, 사뇌가詞腦歌, 산화가散花歌, 한역가漢譯歌 등의 시가詩歌라는 뜻으로 사용하고자 한다.[1] 이 글에서는 향가를 포함한 신라노래가 지닌 형식을 바탕으로 고려시대와 조선시대를 거치면서 오늘날까지 이어진 시형식의 지속과 변모를 살펴보고자 한다.

지금까지 이 분야의 선학들과 연구자들은 지금까지 『삼국유사』, 『삼국사기』, 『균여전』 등에 나타난 신라노래의 자료를 가지고는 신라노래와 한국시가의 형식과 그 정체성을 연관시킬 수 있는 자료와 논리가 부족하다고 판단하여 이에 관한 논의 자체를 진행하지 않았다고 할 수 있다. 그리하여 신라노래의 연구는 대부분이 향찰의 어학적인

---

1) 정렬모, 『향가연구』, 사회과학원출판사, 1965, 9~13면.
2) 양주동, 『조선고가연구』, 박문서관, 1942, 참조.
   홍기문, 『향가해석』, 사회과학원, 1956, 참조.
   정렬모, 『향가연구』, 사회과학원출판사, 1965, 참조.
   김완진, 『향가해독법연구』, 서울대출판부, 1980, 참조.
   윤영옥, 『신라시가의 연구』, 형설출판사, 1980, 참조.
   최 철, 『향가의 문학적 해석』, 연세대학교출판부, 1990, 참조.
   류 열, 『향가연구』, 박이정, 2003, 참조.
   이외에도 다수의 논문과 책이 있음.

의미 분석을 중심으로 문학적인 해석을 위주로 이루어지고 있다. 그러나 이러한 연구를 바탕으로 하면서도 신라노래의 형식에 관한 논의는 다양하게 이루어져서 많은 업적을 남겼다.[2]

신라노래인 향가의 형식에 관한 논의는 『삼국유사』와 『균여전』에 나타난 25수의 향가작품에 관한 해석과 함께 4구체, 8구체, 10구체 등으로 그 형식을 분류하고 10구체의 향가를 대표적인 형식으로 설명하고 있다. 특히 양주동은 『삼국유사』와 『균여전』에 있는 향가의 개별 작품을 해석학적으로 분석하고 체계적인 연구를 수행하여 한국시가의 시어, 운율, 형태, 내용 등의 연구에 탁월한 업적을 남기고 있다.[3] 그리고 『균여전』에 나타난 삼구육명三句六名[4]이라는 향가의 형식을 바탕으로 많은 논의가 이루어져, 한국시가의 정체성을 규명하는 작업으로 이어지면서, 향가의 형식론에 학자들이 관심을 보이게 되었다. 『균여전』의 「역가현덕분譯歌現德分」에서 향가의 구조로 제시한 이 삼구육명의 논의는 신라의 향가문학이 삼장육구三章六句를 지닌 정형시인 시조時調의 기원이 되는 이론으로 이어지게 되었다.[5]

이러한 연구는 신라노래인 향가문학의 형식이 고려시대와 조선시대로 이어지면서 오늘날 시조문학이 지닌 정형성을 그대로 연결하는 논의로서도 주목을 받고 있다.

지금까지 신라노래의 형식에 관한 논의는 주로 향가문학이 지닌 개별 작품의 형식론인 4구체, 8구체, 10구체 등의 논의와 향가문학과 시조문학의 정형성과 관련한 개별 작품의 형식으로서 삼구육명에 관한

---

3) 양주동, 『조선고가연구』, 박문서관, 1942, 참조.
양주동, 『증정고가연구』, 일조각, 1965, 참조.
4) 『균여전(均如傳)』, 「역가현덕분(譯歌現德分)」, 詩構唐辭 磨琢於五言七字, 歌排鄉語 切磋於三句六名,
5) 홍기문, 『향가해석』, 사회과학원, 1956, 44~46면.
서원섭, 『시조문학연구』, 형설출판사, 1982, 62~67면.

연구가 중심이 되어 많은 논의가 이어졌다. 하지만 삼구육명에 관한 논의[6]는 많은 연구자들에 의해 언급되었고, 커다란 쟁점으로 부각되고 인식되었지만 명확한 결론을 도출해내기는 어려웠다고 할 수 있다.

이제는 한국시의 형식과 율격(律格)의 연구가 무엇보다도 신라노래의 줄과 행 그리고 장의 형식[7]을 운용하는 원칙을 3가지로 분류하고, 한국시의 형식과 그 정체성을 살펴보는 작업이 필요하다고 할 수 있다.

사뇌가라고도 불리는 향가가 중심이 되는 신라노래의 유형은 매우 다양하게 보인다. 하지만 신라노래의 형식적 요소가 되는 행(行)과 연(聯)을 구성하면서 운용하는 방식을 검토하여 보면, 신라노래의 유형은 크게 1) 정형성을 지닌 짧은 향가(鄕歌)로 행(行)이나 줄의 수가 10행까지 제한된 단형시(短型詩)의 형식이거나, 2)정형성을 지닌 노래가 연(聯)으로 이어진 노래인 분연시(分聯詩)의 형식으로 나누어지거나, 3)가사(歌辭)나 사부(辭賦)처럼 장시(長詩)의 형식을 지닌 긴 노래 등의 3가지 유형으로 정리할 수 있다.[8] 이러한 신라노래의 3가지 유형은 고려시대와 조선시대의 한국시가를 거쳐서 21세기인 현재까지도 한국시의 중요한 유형으로 그 맥락을 이어 오고 있다.

---

6) 조동일,『한국문학사통사』1권, 지식산업사, 128면 참조.
7) 이 글에서는 율격(律格)의 기본단위인 음보(音步)가 몇 개가 모여서 이루는 한국시의 형식인 행(行)과 줄과 그리고 시조 형식에서 뜻하는 장(章)의 의미를 동일한 개념으로 규정하여 사용하고자 한다. 율격의 기본단위는 음보인데, 음보는 몇 개의 음절(音節)이 모여서 한 음보를 이루는데, 한국말과 글에서 한 음보의 음절수는 2~7음절까지가 대부분이다. 한국시가의 율격은 대개 3음보와 4음보가 우세하다. 그리고 율격의 기본단위인 음보가 모여서 행(行)이 된다. 음보보다 더 큰 율격의 단위를 행(行)이나 줄이라고 부르고자 한다. 하지만 시조에서는 장(章)으로 부르는 경향이 오래도록 지속되어 관습적으로 지켜지고 있다. 3장(章) 6구(句) 12음보(音步)이며 45자(字) 내외의 정형시인 시조는 초장과 중장 그리고 종장의 각 행을 15자 내외의 4음보를 원칙으로 하고 있다.
8) 행(行)보다 더 큰 의미의 단위는 연(聯)이다. 몇 개의 연들이 모여서 한 연을 이루지만 한 연을 이룰 수 있는 행의 수에는 원칙적으로 제한이 없다. 특히 한국의 정형시인 시조는 규칙적으로 나타나는 행의 수가 3행(行)이거나 3장(章)을 원칙으로 하고 있다.

그래서 신라노래의 전통형식을 이어온 한국시가의 형식은 매우 다양하고 복잡하게 보이지만 비교적 간단하게 3가지 유형으로 정리할 수 있다. 신라노래와 한국시가의 형식과 그 지속은 줄의 수가 제한되어 정형성을 지니고 있는 단형시短型詩, 연聯의 수를 구분하고 나누어서 이어지는 분연시分聯詩, 그리고 사부辭賦나 가사歌辭처럼 장시長詩[9]의 형식을 지닌 긴 노래 등의 3가지로 분류할 수 있다.

 지금까지 연구자들은 신라노래와 그 잔존의 형태로서의 시가詩歌를 향가나 사뇌가라는 이름으로 축소하여 그 형식을 연구하고 있다. 이러한 명칭은 신라노래의 한 갈래인 향가나 사뇌가의 작품을 분석하고 연구하는 명칭으로 적합한 용어라고 할 수 있다. 하지만 이 글에서는 신라시대의 시가라는 의미로 고대사회인 신라시대에 지어진 향가鄕歌, 사뇌가詞腦歌, 민요民謠, 도솔가兜率歌, 한역가漢譯歌, 한시漢詩, 장가長歌 등의 다양한 명칭을 포괄할 수 있는 신라노래라는 명칭을 사용하고자 한다. 포괄적인 개념으로 신라노래라는 용어는 신라시대에 지어진 시가문학을 모두 지칭하는 용어라고 할 수 있다. 이 명칭은 새롭게 신라노래와 한국시가의 정체성을 분석하고 논의하는데 적절한 명칭이라서 선택하고자 한다. 이러한 용어의 선택은 신라노래의 형식을 재해석하고 새로운 시각으로 한국시가와 신라노래의 정체성을 분석하는 작업에도 적절한 방향이다.

 여기까지의 논의를 요약하자면, 향가를 중심으로 하는 신라노래의 형식은 매우 다양하게 보이지만 앞에서 제시한 것처럼 3가지의 유형으로 정리할 수 있다. 신라노래의 유형에는 1)『삼국유사』에 실린 문학

---

[9] 유해춘,『가사문학의 미학』, 보고사, 2009, 30~45면, 참조. 이 책에서 필자는 한국의 장시(長詩)를 포함하고 있는 한시(漢詩)와 가사(歌辭) 등의 갈래에서 서사시(敍事詩)와 서정장시(抒情長詩)의 유형을 추측하면서 서사성과 서정성을 논의하고 있다.

과 음악으로서 정형성을 지닌 비교적 짧은 형식의 단형시로 된 14편의 향가鄕歌이거나, 2)『균여전』에 실린 향가처럼 정형성을 지닌 노래가 연聯으로 이어진 분연시分聯詩의 노래[10]이거나, 3)『삼국유사』나『삼국사기』의 자료에서 확인할 수 있는 사부辭賦나 가사歌辭처럼 장시長詩의 형식을 지닌 긴 노래[11] 등의 유형이라고 할 수 있다.

이러한 신라노래의 형식을 바탕으로 오늘날 한국 현대시의 형식과 그 유형도 매우 다양하게 보이지만 간단하게 정리할 수 있다. 신라노래의 전통을 계승하고 있는 한국시의 유형은 1) 줄의 수가 제한되어 있는 짧은 단형시短型詩이거나, 2) 연을 구분하여 반복하는 분연시分聯詩이기도 하고, 3) 연의 수가 나누어지지 않은 장시長詩 등의 3가지 유형으로 시 형식을 나눌 수 있다.

여기에서는 신라노래의 이러한 유형이 고려시대의 노래와 조선시대의 노래를 관통하여 한국시가의 흐름에 주된 맥이 되는 현상과 그 정체성을 검토하여 살펴보고자 한다. 이러한 시각은 신라시대 이후에 지속적으로 나타나는 한국시가의 형식을 단형시, 분연시, 장시 등의 3가지 유형으로 분석하여, 한국시가의 유형과 그 정체성을 바람직하게 이해하고자 하는 작업이다.

....

[10] 신라 말에 한시(漢詩)로는 최치원의「오기」라는 5연으로 나누어진 한시가 있다. 그리고 분연시로서의 향가에는『장절공유사』라는 책에「도이장가」라는 4구체 2수의 분연체시가로 읽을 수 있는 향가가 있다.
[11]『삼국유사』,「월명사도솔가조」, 참조.
今俗謂, 此爲散花歌, 誤矣. 宣云兜率歌, 別有散花歌, 文多不載.

2. 신라노래인 단형시로서의 향가와 그 정형성

『삼국유사』에 실려서 전해 오는 향가는 한자의 음과 뜻을 빌려서 향찰鄕札로 표기한 신라의 짧은 단형시로서의 노래이다. 지금까지 향찰로 표기된 향가를 논의하고 연구하면서 끊임없이 제기되어온 가장 큰 문제는 향찰鄕札로 표기된 작품의 정확한 해석이다. 작품의 어학적 연구에 관한 논의는 아직도 이어지고 있으며 그 성과는 만족할 만한 것이라고 논단하기에는 거리가 있다.[12] 향가의 해석에서 그 의미의 정밀도는 원문의 90% 정도에도 미치지 못하는 형편이라고도 하지만, 그래도 향가의 문학적 해석과 문화적 연구는 지속[13]되어야 한다.

다음의 문제로는 신라노래인 향가의 명칭과 관련된 갈래와 장르의 논의였다. 일상적인 개념의 '향가'는 신라 사람들이 즐겨 창작하고 불렀던 우리나라의 노래라는 명칭으로 보통명사라 할 수 있다. 신라인들은 동아시아 사람들이 지은 한시漢詩나 외국에서 들어온 노래를 구별하기 위해서 순수한 우리말의 노래라는 의미의 보통명사로 '향가'라는 용어를 사용했다. 이처럼 신라시대에는 보통명사인 우리 고향의 노래, 우리 고국의 노래, 우리나라의 노래 등의 보통명사로 사용하였던 '향가'의 명칭이 19세기 말부터 연구자들이 '향가'라는 말을 사용하여 학술어로 정착시키면서 그 의미가 한정되어 '향가'와 '사뇌가' 등으로 고착되면서 그 명칭이 고유명사화가 되었다.

최근에 향가를 연구하는 연구자들도 대부분이 『삼국유사』에 실린 향찰 문자로 표기된 일련의 신라노래를 의미하는 고유명사로 향가라는 명칭[14]을 사용하고 있다. 이 글에서 사용하는 신라노래로서 단형

---

12) 김완진, 『향가와 고려가요』, 서울대출판부, 2000, 17면.
13) 황패강, 『향가문학의 이론과 해석』, 일지사, 2001, 35면 참조.

시의 짧은 향가는 『삼국유사』에 실려 있는 14편의 향가인 사뇌가詞腦歌를 의미하는 것이다. 하지만 『균여전』의 향가는 분연시인 11수의 향가를 함께 모아서 「보현십원가」라는 하나의 이름으로 부르고자 한다. 이러한 측면에서 두 문헌의 향가는 단형시의 향가와 분연시의 향가라는 큰 차이점을 지니고 있다.

향가를 연구하는 사람들은 전통적으로 『균여전』의 향가보다는, 많은 작가가 다양한 주제를 표현하고 있는 『삼국유사』의 작품에 많은 관심을 보였다. 그래서 향가의 연구자들은 단형시의 형식으로 4구체, 8구체 그리고 10구체의 형식을 지닌 『삼국유사』에 실려 있는 14편의 향가에 많은 관심을 기울이면서 연구를 수행했다. 이들 작품을 연구하면서 연구자들은 현재 문헌에 전하는 향가의 가장 이른 시기의 작품으로 「서동요」와 「혜성가」를, 늦은 시기의 작품으로 9세기 말에 노래된 「처용가(875~886)」를 근거로 하여, 삼국시대의 말기인 6세기부터 고려전기인 9세기까지 존재했던 갈래로 규정하기도 했다. 그리고 형식면에서 향가는 향찰로 표기된 『삼국유사』의 신라노래로 4구체, 8구체, 10구체로 이루어지는 정형성을 지닌 짧은 단형시의 노래라는 논리를 체계화하였다.

『삼국유사』에 수록된 신라시대의 짧은 단형시의 노래는 비교적 이른 시기의 「서동요」, 「헌화가」, 「풍요」, 「도솔가」를 비롯하여 「혜성가」, 「원왕생가」, 「모죽지랑가」, 「원가」, 「안민가」, 「도천수관음가」, 「우적가」, 「제망매가」, 「찬기파랑가」, 「처용가」 등의 14편의 노래가 있으며, 이외에도 가사가 전해오지는 않지만, 『삼국사기』에 소개된

---

14) 윤영옥, 『신라시가의 연구』, 형설출판사, 1980, 13면.
　　장덕순, 『한국문학사』, 동화문화사, 1990, 19면.
　　장진호, 『신라향가의 연구』, 형설출판사, 1994, 15~26면 참조.

「앵무」,「회소곡」,「물계자가」 등의 노래가 이 갈래에 속한다고 추정하고 있다.

다음은 신라의 짧은 노래의 전통을 이어받아, 고려시대에 유행한 단형시인 고려가요의 짧은 노래를 통시적으로 살펴보고자 한다. 고려시대에 지어진 시가의 형식을 하나로 정리하여 설명하기에는 많은 어려움이 있지만, 여기서는 고려가요가 지닌 형식의 특성을 단형시인가 분연시인가의 2가지의 유형으로 나누어 살펴보고자 한다. 고려시대의 노래 자료는 『악장가사』, 『악학궤범』, 『시용향악보』 등에 속해 있는 노래를 바탕으로 그 유형을 정리했다. 고려시대에 유행한 고려가요의 형식을 유형화할 수 있는 큰 기준은 「정과정곡」처럼 연으로 나누어지지 않은 짧은 노래와 「청산별곡」처럼 몇 연聯으로 나누어지는 긴 노래 등으로 구분할 수 있다.

먼저, 연을 구분하지 않은 단형시로서의 고려가요는 「정과정곡」, 「사모곡」, 「상저가」, 「유구곡」, 「이상곡」 등이 있다.[15] 이들의 노래는 의미상 한 단락으로 이루어진 노래도 있고 몇 단락으로 나눌 수 있는 작품도 있다. 고려가요에서 형식상으로 연을 구분하지 않고 단형시短型詩로 된 노래들은 신라노래인 향가에 나타난 짧은 단형시의 형식과 유사하여 그 형식을 지속하며 계승하고 있다고 할 수 있다.

이처럼 한국의 단형시는 신라시대와 고려시대를 거쳐서 지속하면서 이어져 왔다. 짧은 단형시의 전통을 지닌 향가는 고려시대를 거치면서 고려가요와 서로 융합하였고, 고려 말엽에 이르러서는 고려가요와 융합하여 시조時調라는 3행의 정형시를 탄생시켜서 한국의 전통시가에 새로운 전기를 마련하였다.

....

15) 이종출, 「고려속요의 형태적 고구」, 『고려가요연구』, 국어국문학회편, 1987, 65~77면.

그 이후 고려말기부터 신흥 사대부들이 사회의 주도적인 계층으로 성장하면서 신라노래의 짧은 형식을 이어받아 정형시로 자리를 잡은 시조를 우리 민족은 현재까지 지속적으로 계승하며 정형시로 창작하고 있다. 그리고 조선이 창건하자 양반과 사대부들은 시조를 한국의 정형시로 확고하게 정착시켰다. 15세기가 되자 조선의 사대부들은 시조의 주된 작가층이며 향유층이 되어 한국을 대표하는 정형시인 시조를 정착시키고 발전시켰다. 3행의 단형시에서 정형시로 성장한 시조는 고려 말부터 현재까지 한국의 정형시로서 전통의 시문학 가운데서도 가장 오래도록 우리 민족의 관심과 주목을 받는 갈래가 되었다.

　형식적인 측면에서는 짧은 신라노래의 형식인 『삼국유사』의 단형시인 향가가 「정과정곡」, 「사모곡」, 「상저가」, 「유구곡」, 「이상곡」 등의 단형시인 고려가요의 창작과 그 형성에 많은 영향을 주었다. 이러한 측면에서 짧은 고려가요는 고려 말에 신흥사대부들이 창작한 3행시인 시조에 영향을 주었으며 신라노래의 정형성을 계승하고 수용하여 정형시로 변하는 과정에서 그 매개체의 역할을 하였다고 할 수 있다. 이러한 과정을 거치면서 시조는 향가의 3구句 6명名의 구조를 계승하고 발전시켜서 새로운 3장章 6구句의 정형성을 겸비한 정형시의 갈래로 성장하게 되었다.16) 이렇게 정형시의 형식을 갖추게 된 시조는 21세기인 오늘날까지 한국의 대표적인 정형시로 많은 국민의 사랑을 받으면서 창작되고 있다.

　이처럼 한국의 정형시인 시조는 정형성을 지닌 짧은 신라노래인 향가의 형식과 그 내용을 계승하면서 발전하였다. 이렇게 신라의 향가

---

16) 서원섭, 『시조문학연구』, 형설출판사, 1977, 참조.
　　김학성, 「삼구육명의 해석」, 『한국문학사의 쟁점』, 집문당, 1986, 136면 참조.

와 고려가요의 형식을 계승한 시조는 한시漢詩의 절구絶句나 일본의 하이쿠, 서구의 소네트에 비견할 수 있는 한국의 대표적인 정형시로 세계적인 문학으로 성장하고 있다.

3. 신라노래인 분연시 향가의 지속과 그 흐름

균여(均如 923~973)가 지은 「보현십원가」는 11편으로 구성되고 있어, 신라노래의 분연시 전통을 보여주고 있다. 『균여전』의 「보현십원가」는 신라노래인 10구체 향가의 형식을 지니고 있으며, 11편으로 구성된 분연시의 형식으로 불교의 사상과 교리를 설명하고 있다. 주지하듯이 신라노래인 향가가 전해오는 주된 문헌으로는 『균여전』, 『삼국사기』, 『삼국유사』 등이 있다. 이들 문헌은 저자가 편찬한 동기와 그 목적에 상당한 차이가 있어서 신라노래의 내용과 형식도 상당히 다르게 실려 있다. 신라의 노래인 향가를 연구하는 사람들은 공통적으로 1281년경에 발간한 『삼국유사』를 주된 자료로 사용하고, 1075년에 발간한 『균여전』의 한역시를 향가해독을 위한 보조 자료로서 연구하는 경우가 많았다.

균여(923~973)는 신라 말기인 923년에 황해도 황주에서 출생하여 신라불교인 화엄종의 종통을 계승하고 통합한 승려로 고려 초기에 광종(925~975)의 개혁정치에 협조하여 958년에 실시한 과거제도에 승과僧科의 설치를 주도했으며, 제위보濟危寶를 통해서 굶주리고 병든 사람을 구제하였고, 향가를 통하여 대중을 교화하는 일에도 힘을 썼다. 그는 신라노래의 형식인 향가의 형식을 활용한 「보현십원가」를 창작하여 대중에게 실천하는 불교의 교리를 전파하였다. 1075년에 편찬한 그의 전기인 『균여전』에는 불교의 교리를 향찰식으로 표현한 신라노래, 즉 11연으로 구성된 분연시인 「보현십원가」가 실려 있다.

　김부식(1075~1151)이 편찬한 『삼국사기』는 신라노래의 이름과 그 창작배경에 관한 다양한 설화를 서술하고 있어 연구자들이 신라노래인 향가의 배경을 설명하는 자료로 활용하고 있다. 김부식은 역사를 중심으로 『삼국사기』를 1145년에 편찬하면서, 1281년에 편찬한 『삼국유사』와는 다르게, 신라노래의 노랫말 가사보다는 창작의 배경과 그 문화를 더 치밀하게 관찰하여 기록하고 있다. 그러므로 『삼국사기』에는 향가인 신라노래를 한시漢詩로 의역意譯하거나 신라노래의 제목을 간혹 실어서 그 당시의 신라노래가 지닌 역사적 배경을 전해주고 있다. 이러한 측면에서 연구자들은 『삼국사기』에 나타난 신라노래의 자료를 『삼국유사』의 향찰로 된 신라노래를 연구하는 역사의 자료로 많이 활용하고 있다.

　『균여전』의 「보현십원가」는 11연으로 연속하며 나누어져 있는 분연시로 된 향가이다. 이 작품은 신라노래가 지닌 분연시의 형식을 계승한 것이다. 여기서는 「보현십원가」가 11세기인 1075년에 혁연정赫連挺에 의해 편찬되어 현존하고 있다는 점을 주목하고자 한다. 11수의 분연시인 『균여전』의 향가작품인 「보현십원가」를 『삼국유사』에 실려 있는 향가인 단형시의 형태와 마찬가지로 신라노래의 중요한 시형식의 하나로 다루고자 한다. 여기서는 한국시가의 통시적인 측면에서는 11세기 『균여전』에 실려 있는 「보현십원가」를 중심으로 한국의 시가에 나타난 분연시의 지속과 그 흐름을 시대적으로 살펴보고자 한다. 이러한 시각은 한국의 시가에서 연을 구분한 신라노래의 지속성과 그 흐름을 살펴보는 하나의 과정이 될 것이다.[17] 신라노래인 향가의 형식은 『삼국유사』에 실려 있는 연을 구분하지 않은 짧은 단형시 형식의 향가와 『균여전』에 실려 있는 「보현십원가」처럼 연을 구분하여 11

연으로 창작한 분연시인 2가지 향가의 형식으로 분류할 수 있다.

『균여전』에 실려 있는 「보현십원가」의 분연시 형식을 신라노래의 다른 형식으로 수용하였을 때 신라노래는 단형시와 함께 분연시를 함께 향유하고 창작했다는 이론을 도출할 수 있다. 이러한 시각은 『삼국유사』의 향가와 『균여전』에 전해오는 향가의 유형과 그 차이점을 명확하게 구분할 수 있게 한다. 이러한 논리는 신라노래인 향가에서 단형시와 분연시의 시형식이 함께 공존했다는 사실을 인정하고 밝혀내는 새로운 시각이라 할 수 있다.[18]

이러한 시각으로 신라노래의 시형식을 살펴보면, 『균여전』의 분연시인 향가형식도 『삼국유사』의 단형시인 향가처럼 향가의 새로운 시형식이 되어 신라노래와 한국시가의 형식을 새롭게 살펴볼 수 있는 단서를 제공한다. 새로운 시각으로 신라노래의 형식을 찾아내는 논리는 『균여전』에 실려 있는 「보현십원가」처럼 향가가 연을 구분한 분연시의 노래와 『삼국유사』에 실려 있는 향가처럼 연을 나누지 않은 짧은 단형시의 노래로 구분하여 신라노래의 형식을 살펴보는 것이다. 이와 같이 단형시와 분연시의 시각으로 신라노래와 한국시가의 지속성을 분석하는 작업은 한국시가의 흐름과 그 정체성을 새로운 시각으로 살펴보는 연구이다.

균여(923~973)의 일생을 서술한 『균여전』은 1075년에 혁연정이 발간했으며, 1281년경에 일연(1206~1289)이 편찬한 『삼국유사』보다 200여 년이 앞선 향가의 자료라 할 수 있다. 『삼국유사』와 『균여전』

---

17) 『균여전(均如傳)』의 원래 제목은 『대화엄수좌원통양중대사균여전(大華嚴首座圓通兩重大師均如傳)』이다. 저자인 혁연 정(赫連 挺)은 1075년 균여(均如, 923~973)의 인품과 덕성을 알려줄 전기가 없음을 애석하게 생각하여 균여 대사가 입적한 후 100여년이 지난 뒤에 이 전기를 발간하였다. 이 전기에는 분연시로 된 11편의 향가인 「보현십원가(普賢十願歌)」와 그 한역시(漢譯詩)를 수록하고 있어 신라노래인 향가의 연구에 지대한 영향을 끼치고 있다.
18) 황패강, 『향가문학의 이론과 해석』, 일지사, 2001, 20면 참조.

은 신라노래의 해석과 그 이해에 있어서 서로 보완적 관계에 있는 것으로 널리 알려진 사실이다. 『삼국유사』를 편찬하기 훨씬 이전에 이미 향가에 관한 기록을 담고 있는 자료라는 시각에서는 『균여전』을 당연히 향가 해석의 핵심자료로 사용해야 할 것이다. 이 글에서는 일단 「보현십원가」에 표현된 분연시의 형식에 주목하여 신라노래와 한국시가에 나타난 분연시를 찾아내고 그 자료를 정리하여 한국시가의 지평을 넓히는 핵심자료로 『균여전』을 활용하고자 한다.

「보현십원가」는 균여가 불교의 대중화를 위하여 『화엄경華嚴經』의 「보현십행원普賢十行願」의 교리에 향가 한 수씩을 짝 맞추어 지은 분연시로서의 향가이다. 고려 4대 광종(光宗, 949~975) 시대에 창작한 것으로 추정되는 이 작품은 경남 합천陜川 해인사의 장판藏版으로 전하는 『균여전』에 향찰鄕札로 전해오고 있다.

이 노래는 『균여전』의 제7장인 「가행화세분歌行化世分」에 기록되어 있다. 제7장의 제목을 한글로 설명하여 풀이하자면 '노래를 불러서 세상을 교화시킴'이라는 의미를 지닌다. 「보현십원가」에는 각 작품의 서문과 향찰로 된 원문을 싣고 있다. 그 내용은 보현普賢보살이 구도자求道者인 선재동자善財童子에게 말해 주었다는 열 가지의 교리를 몸과 마음으로 실천하며 노래하는 것이다. 노래를 불러서 세상을 교화시키는 「보현십원가」에 실려 있는 각 연의 제목과 그 노래의 간단한 내용은 다음과 같다.

제1연은 「예경제불가禮敬諸佛歌」로 모든 부처님을 예배하고 공경하는 노래이며, 제2연은 「칭찬여래가稱讚如來歌」로 바다와 같은 여래의 부처님을 찬탄하는 노래이고, 제3연은 「광수공양가廣修供養歌」로 널리 공양하는 덕을 닦고 찬양하는 노래이다. 제4연은 「참회업장가懺悔業障歌」로 탐욕과 분노와 어리석음을 참회하는 노래이며, 제5연은 「수희

공덕가隨喜功德歌」로 남의 선행을 기뻐하며 따르는 노래이고, 제6연은 「청전법륜가請轉法輪歌」로 해탈한 자가 부처님의 설법이 뭇 중생들에게 내려지기를 바라는 노래이며, 제7연은 「청불주세가請佛住世歌」로 부처님의 법과 마음이 세상에 오래 머물기를 바라는 노래이다. 그리고 제8연은 「상수불학가常隨佛學歌」로 항상 불교의 교리를 열심히 배우겠다는 노래이며, 제9연은 「항순중생가恒順衆生歌」이니 언제나 중생을 따르겠다는 노래이고, 제10연은 「보개회향가普皆廻向歌」로 모든 것을 중생에게 돌린다는 노래이다. 그리고 제11연은 「총결무진가總結無盡歌」로 총체적으로 불교가 무궁무진하여 끝없이 노력하겠다는 의미로 끝을 맺는 노래이다.

이 작품은 서문序文에서 밝힌 바와 같이 '얕은 곳을 지나야 깊은 곳으로 갈 수 있고, 가까운 곳에서부터 시작해야 먼 곳에 다다를 수 있다는 불교의 교리'를 실천한 것이다. 이러한 내용은 당시의 불교가 추구하는 화엄華嚴사상의 실천과 서로 연결되어 있다. 불교의 교리만을 중요시하거나 실천만을 강조한 것이 아니라, 중생들이 이론과 실천을 함께 수행하는데 도움을 주고자 신라노래의 형식인 향가를 빌려서 「보현십원가」라는 작품을 창작한 것이다.

이처럼 「보현십원가普賢十願歌」는 신라 말에 태어나서 고려전기에 생존한 고승高僧 균여대사가 지은 신라노래의 형식을 지닌 향가이다. 작품의 모두를 11연의 사뇌가라고 부를 수 있는 「보현십원가」는 하나의 제목으로 연작된 향가의 분연시의 형태로 구성되어 『균여전均如傳』에 수록되어 있다. 이 작품의 창작 시기는 10세기 말로 추측되고, 균여대사가 세상을 떠난 지 100여 년이 지난 후 혁련정赫連挺이 지은 『균여전(1075)』에 실려 있다. 출판과 시대의 선후로만 살펴보면 『삼국유사』가 출판된 1281년~1283년보다는 거의 200년이나 일찍 간행된 것이다.

그러므로 간행된 순서로 보면 신라노래를 수록하고 있는 가장 오래된 출판물이 『균여전』이라 할 수 있다. 이런 점에서 『균여전』에 실려있는 「보현십원가普賢十願歌」의 10구체 향가 11연은 『삼국유사』의 향가 14편처럼 중요한 자료로 다시 평가받아야 마땅하다고 할 수 있다.

『균여전』의 제8장에는 「역가현덕분譯歌現德分」이 있는데, 이 장은 「보현십원가」의 노래를 한시漢詩로 번역하여 그 공덕을 드러낸다는 의미로 싣고 있는 글이다. 이 장에서는 7장의 사뇌가를 최행귀崔行歸가 한시漢詩로 번역하였는데, 향찰로 적힌 「보현십원가」 11수와 최행귀가 번역한 한역시漢譯詩들은 의미상 차이를 보이는 부분이 상당히 많이 존재한다. 그 이유는 한역시를 번역한 최행귀가 「보현십원가」의 근간이 되는 불교의 「보현행원품普賢行願品」을 더 중요하게 생각하여 한역시로 만들었기 때문이라 할 수 있다. 그러나 최행귀가 번역한 이 한역시는 향가인 신라노래를 어학적으로 해독하고 문학적으로 해석하고 연구하는데 가장 중요한 자료라는 측면에서 그 의미가 크다고 할 수 있다.

이처럼 「보현십원가」는 우리 시문학의 귀중한 문화유산이라 할 수 있는 신라노래로 사뇌가의 형식을 빌려와 11연이 한 편의 작품으로 이루어진 분연시의 시형식을 갖추고 있다. 그래서 「보현십원가」는 한국의 문학사에서 특별한 의의를 지닌 신라노래이면서 문헌상에 처음으로 등장하는 분연시로서 향가의 작품이라 할 수 있다. 현재까지 신라노래에 대한 학자들의 연구자료는 주로 『삼국유사』와 『삼국사기』 그리고 『균여전』의 자료를 바탕으로 이루어지고 있다. 그중에서도 신라노래의 연구는 이전자료의 부족으로 지나치게 『삼국유사』라는 텍스트에 지나치게 의존하고 있다. 이 책의 저자인 일연(一然, 1206~1289)은 한국의 설화 속에 전해 오는 신라노래를 수집하여 향찰로 표기한 신라노래를 싣고 있어 연구자들이 신라노래의 연구하는데 주된 자료로 사용하고 있다. 신라노래의 연구에서 『삼국유사』가 지니는 문헌적 가치의 중요성은 말할 필요조차 없다. 『삼국유사』는 이야기 중심의 설화집으로서 신라노래인 향가를 향찰식 표기법으로 기록하여 14수의 단형시인 향가를 싣고 있어 향가연구의 주된 자료집이라 할 수 있다. 하지만 『균여전』에서는 「보현십원가」라는 제목으로 불교의 교리를 11연으로 구분하여 노래하고 있는 분연시인 향가[19]를 싣고 있다. 이제 우리들은 이 작품이 현재까지 존재하는 향가문학의 자료 중에서 처음으로 연을 구분한 분연시의 향가라는 사실을 인정하고 향가의 형식을 보는 새로운 시각을 가져야 한다.

이러한 시각으로 신라노래인 향가를 살펴보면, 신라노래에서 연을 구분한 시가의 형태는 문헌상으로 「보현십원가」가 처음이자 최초라고 할 수 있다. 그 이후에는 고려 말의 고려가요인 「청산별곡」, 「서경별곡」 등의 분연시가 고려 말기에 등장한 주된 갈래의 하나로 부상을 하게 된다. 신라노래인 향가에서는 작품 전체가 하나의 연으로 된 짧은 노래의 형식인 향가가 14편으로 매우 우세하다고 할 수 있다. 『삼국유사』에 실린 4구체, 8구체, 10구체 향가는 신라노래가 지닌 짧은 노래의 형식의 모범을 잘 보여주고 있다. 하지만 신라시대의 노래와는 다르게 고려시대의 노래에서는 단연체인 짧은 노래보다는 연장체 혹은 분연시라고 하는 연聯이 계속되는 노래가 많이 전해오고 있다.

---

[19] 김부식(1075~1151)이 지은 『삼국사기(三國史記)』 「잡지(雜志)」에는 신라 말에 최치원(857~?)이 지은 「오기(五伎)」라는 명칭으로 금환(金丸), 월전(月顚), 대면(大面), 속독(束毒), 산예(狻猊) 등으로 연이 나누어진 5편의 한시가 있다. 그리고 1120년(예종 15) 예종이 지은 향찰표기(鄕札表記)의 가요인 「도이장가(悼二將歌)」라는 2수의 연장체 시가로 인식할 수 있는 향가가 있다. 이 노래는 신숭겸(申崇謙 ?~927)의 행적을 기록한 문헌 『평산신씨장절공유사(平山申氏壯節公遺事)』라는 책에는 그 제작동기에 관한 소상한 기록과 함께 작품이 전하고 있다.

분연시分聯詩는 나누어진 여러 개의 연聯이 연속으로 이어지는 형식인데 고려가요의 많은 노래가 이러한 형식을 취하고 있다. 이러한 전통을 계승한 고려시대의 경기체가로는 분연체인 「한림별곡」, 「관동별곡」, 「죽계별곡」 등의 작품이 여러 개의 연을 이어가는 연장체의 시가로 자리매김을 하고 있다.[20] 고려가요에서 연聯을 구분한 연장체聯章體의 노래들은 한 연을 노래하는 음악에 맞추어 거듭하는 연들을 이어가면서 노래하는 형식이므로 얼마든지 그 노래가 길어질 수 있다. 고려가요로서 연을 구분한 작품에는 「서경별곡」이 14연이며, 「동동」이 13연이고, 「정석가」가 10연이며, 「청산별곡」이 8연이고, 「만전춘」이 6연이며, 「쌍화점」은 4연이고, 「가시리」는 4연으로 되어 있다.[21] 결국, 고려가요를 가리켜 긴 노래 또는 연장체聯章體 시가라고 부르기도 하는 것은 연聯을 거듭하면서 그 길이가 길어지는 분연시의 특성을 지칭하는 말이라고 할 수 있다.

　이러한 분연시 혹은 연장체의 시가는 고려 말기의 「어부가」와 「오륜가」 등을 거치면서, 한글이 창제되어 문학은 악장으로서 「용비어천가」처럼 국가행사의 노래일 뿐만 아니라 집단이나 개인의 노래라는 인식으로 발전했으며, 조선 초기에는 신흥사대부들이 개척한 새로운 장르의 연시조를 등장하게 하였다.

　조선시대에 연을 구분한 시조의 노래로는 맹사성(1360~1438)의 「강호사시가」와 황희(1363~1452)의 「전원사시가」가 앞선 시기의 작품이다. 뒤를 이어서 주세붕(1495~1554)의 「오륜가」와 이황(1501~1570)

---

20) 정병욱, 『한국고전시가론』, 신구문화사, 2000, 111면.
21) 양주동, 『여요전주』, 을유문화사, 1947, 참조.
　　김형규, 『고가요주석』, 일조각, 1977, 참조.
　　박병채, 『고려가요의 어석연구』, 이우출판사, 1978, 참조.
　　이종출, 『고려속요의 형태적 고구』, 국어국문학회편, 1979, 90면.

의 「도산십이곡」 등이 창작되었다. 자연과 윤리를 노래하는 연시조는 이후에도 계속되어 정철(1536~1593)의 「훈민가」 16수, 고응척(1531~1606)의 「대학곡」 28수, 박선장(1555~1617)의 「오륜가」 8수, 박인로(1561~1642)의 「오륜가」 25수 등으로 연시조가 조선 후기까지 계속해서 이어져 오고 있다.[22]

이처럼 신라노래에서 나타난 연을 구별하기 시작한 시가의 형식과 그 전통은 고려시대의 고려가요를 거쳐 조선시대의 악장과 연시조에 이르기까지 계속해서 이어지고 있으며, 오늘날의 현대시에서도 중요한 창작의 기법으로 지속하며 계승되고 있다.

4. 신라노래인 장시의 맥락과 그 발전

신라노래를 수록하고 있는 우리의 문헌에는 우리글이나 향찰로 기록한 장시長詩나 긴 노래의 원문이 전해 오지 않고 있다. 하지만 『삼국유사』와 『삼국사기』의 기록을 자세하게 들추어보면, 한시漢詩나 가사부재歌詞不載의 신라노래에 대한 기록에 의거하여 신라시대에 존재했던 긴 노래인 장시長詩의 흔적을 추적할 수 있다.

신라시대에도 긴 노래가 창작되고 향유된 흔적으로는 『삼국유사』의 「월명사도솔가」조에 등장하는 '문장이 길어서 다 싣지 못한다.'라는 '문다부재文多不載'의 의미에서 긴 노래의 존재를 유추하여 해석할 수 있다. 『삼국유사』의 「월명사도솔가」조에는 "지금에 이를 이르

---

22) 심재완, 『역대시조전서』, 세종문화사, 1972, 참조.
　　정병욱, 『시조문학사전』, 신구문화사, 1979, 1~862면.
　　박을수, 『한국시조대사전』, 아세아문화사, 1992, 참조.
　　김흥규 외, 『고시조대전』, 고려대민족문화연구원, 2012, 참조.

러「산화가散花歌」라고 하는데 잘못된 것이며, 마땅히「도솔가兜率歌」라 해야 하며 별도로「산화가」가 있는데 문장이 길어서 게재하지 못한다."[23]라고 하고 있다. 이러한 기록에서「산화가」로 신라시대의 긴 노래는 한시의 사부辭賦처럼 길어진 장시로 된 시형식이라 할 수 있다.「산화가」에는 두 가지의 형식의 노래가 있었다.「도솔가」처럼 짧은 형식의 노래와 긴 형식의 노래가 존재하고 있었다고 추측할 수 있다. 『삼국유사』에 소개하지 않은 신라노래인「산화가」는 "그 노래의 길이가 긴 장시長詩의 형태라서 문헌에 싣지 못한다."라고 저자가 소개하고 있다.[24]

하지만 『삼국유사』와 『삼국사기』에는 진덕여왕 대에 지은 20줄의 장시長詩로 된 한시漢詩인「태평송太平頌」을 수록하고 있다. 이 시는 650년에 지어진 외교문서의 하나로, 그 내용은 당나라의 중국통일을 찬양하는 송頌의 형식으로 된 장시長詩이다. 이 노래는 시인이 느낀 감정을 사실적인 한자어漢字語로 표현하는 부賦의 방식을 유지하는 고시古詩의 형식이다.[25] 시인은 신라와 당나라의 정치적인 외교문서를 5언의 한시로 우회적으로 창작하였다. 이 작품은 7세기 중반에 한자어로 시경체의 형식을 빌려 5언 한시로 창작한 긴 노래의 형식을 지닌 장시長詩의 모습을 보여주고 있다. 이런 측면에서 7세기 신라의 문학에서는 장시의 형식이 자연스럽게 창작되었음을 짐작할 수 있다.

이러한 긴 노래의 흔적은 고려시대에 들어와서 더욱 발전하여 스님과 사대부들이 수용하여 가사의 형태로 발전하게 된다. 고려 말기의 가사에는 나옹화상(1320~1376)이 지었다는「서왕가西往歌」와 1371년(공

---
23) 일연,「월명사도솔가조」,『삼국유사』, 참조.
    今俗謂此爲散花歌, 誤矣. 宜云兜率歌, 別有散花歌, 文多不載.
24) 정렬모,『향가연구』, 사회과학원출판사, 1965, 16~17면.
25) 이구의,『신라한문학연구』, 아세아문화사, 2002, 28~29면 참조.

민왕20) 신득청申得清이 지었다는 「역대전리가歷代轉理歌」 등이 있다.[26] 앞의 두 작품은 연을 구분하지 않은 장시長詩의 형태로 가사의 발생을 고려 말기라고 주장하는 학설을 뒷받침해 주고 있다.

장시長詩의 형식으로 지어진 가사는 조선시대에 들어오자 정극인 (1401~1481)의 「상춘곡」이 등장한다.[27] 그 뒤를 이어서 16세기 말에는 정철의 「관동별곡」, 「사미인곡」, 「속미인곡」 등의 가사가 유행하여 긴 노래인 장시를 크게 유행시켰다.[28] 조선전기 사대부에 의해 활발하게 창작된 가사는 조선후기에는 서민이나 부녀자에게 전해져서 모든 국민이 함께 향유하고 수용하는 장르가 되었다.

17세기 이후에는 사대부들이 가사의 창작에 많이 동참하였으며, 더욱이 18세기부터는 서민과 여성들도 가사의 주된 작가로 부상하여 많은 사대부가사와 서민가사 그리고 여성들의 작품인 내방가사와 규방가사를 남기게 되었다. 특히 조선 후기에는 서민과 여성들도 연의 구분이 없는 긴 노래인 가사를 활발하게 창작하여 많은 작품을 남기고 있다. 현재까지도 경북지역에서는 일부의 여성들이 내방가사를 전승하고 보존하기 위해서 가사를 창작하면서 전통문화로 내방가사를 계승하여 발전시키고 있다.

5. 한국시가의 형식과 그 정체성

지금까지 신라노래와 한국시가의 정체성을 단형시, 분연시, 장시

---

26) 정재호, 『한국가사문학의 이해』, 고려대학교출판부, 1998, 74면 참조.
류해춘, 「영남지역 가사문학의 위상과 현대화의 과제」, 『국제언어문학』 47호, 2020, 107면 참조.
27) 류해춘, 「시조와 가사의 향유방식과 그 관련양상」, 『시조학논총』 44집, 2016, 165면.
28) 이상보, 「사대부와 가사」, 『가사연구』, 국어국문학회편, 1998, 43면 참조.

등의 형식으로 분류하고 그 맥락을 검토하여 보았다.

신라노래와 한국시가의 정체성에 관련된 연구의 내용을 정리하는 일은 한국문학사를 체계적으로 이해하는 하나의 과제라 할 수 있다. 학자들은 19세기 말부터 현재까지 신라노래인 향가와 한국시가의 정체성에 관한 수많은 저서와 논문으로 그 의의를 점검하고 있다. 신라노래와 한국시가의 흐름을 연구한 논의들은 일정하게 어느 부분에서는 타당하고 일리가 있다고 말할 수 있다. 그래서 이 글에서는 선학들이 연구한 논의들의 단점을 지적하고 보완하기보다는 그들의 생각과 논점을 통합하고 융합하는 방향으로 가설을 세우고 신라노래와 한국시가가 지닌 유형의 공통점을 찾아 분석하려고 노력하였다. 그 결과로 신라노래와 한국시가의 공통점은 단형시短型詩, 분연시分聯詩, 그리고 장시長詩 등의 유형이라는 시형식에서 새로운 유사점을 발견할 수 있었다.

여기서는 먼저 신라시가, 향가, 민요, 도솔가, 사뇌가 등으로 불리는 신라노래의 근본적인 형식을 3가지의 유형으로 분류하였다. 그 유형은 첫째로 단형시인 짧은 노래의 향가이며, 둘째로는 연을 구분하여 노래하는 분연시의 향가이고, 셋째로는 장시長詩의 형태로 연聯을 나누지 않은 긴 노래 등으로 나누었다. 이 글의 주된 내용은 신라노래와 한국시가의 흐름을 시형식의 유형으로 연결시켜서 단형시와 분연시 그리고 장시라는 3가지 유형의 시형식이 신라시대부터 오늘날인 현재까지 지속되고 있다는 추론을 바탕으로 그 논리를 전개하였다. 이러한 새로운 가설을 세우고 한국시가 문학에서 3가지 유형의 자료를 수집하여, 이러한 유형을 바탕으로 한국시가 문학의 지속성과 그 정체성을 통시적으로 분석하였다.

이러한 시각으로 신라노래의 유형을 분류하는 작업은 한국시가 문학의 역사와 흐름을 논리적으로 검토하는 것이며, 신라노래의 연구에서 중요한 전환점을 마련하는 일이라고 할 수 있다. 신라노래로서 연聯이 하나인 짧은 단형시인 신라노래는 4구체, 8구체, 10구체 등의 형식으로 『삼국유사』에 수록된 향가이다. 다음으로 분연시이면서 11연聯으로 나누어진 연장체 형식의 신라노래는 『균여전』에 실려 있는 「보현십원가」이다. 마지막으로 신라노래로서 연이 나누어지지 않으면서 긴 노래인 장시에 대한 기록은 '글자가 많아서 게재하지를 못하였다.'라고 설명해 놓은 월명사의 「도솔가」조에 나오는 「산화가」와 외교문서인 진덕여왕 시절에 창작한 한시 「태평송」 등에서 장시의 형태를 확인할 수 있었다.

　이러한 3가지의 유형은 신라노래에서만 나타나는 것이 아니라 고려시대와 조선시대에 나타난 시조와 가사 등의 한국시가 문학에서도 지속적으로 계승되고 있다. 첫째로 향가에서 나타난 단형시의 형식으로 줄 수가 제한되어 있는 짧은 노래는 고려시대의 고려가요, 그리고 조선시대의 시조 등에서 지속되고 있으며, 둘째로 분연시의 형식으로 연을 구분하여 연속적으로 노래하는 「보현십원가」의 향가는 고려시대의 고려가요와 조선시대의 연시조 등에서 그 전통을 이어오고 있다. 마지막으로 연을 나누지 않은 장시의 형식은 신라노래의 전통을 이어서 창작된 고려말기와 조선시대에 창작된 가사의 갈래로 이어지고 있다. 이처럼 신라노래에 나타난 단형시, 분연시, 장시 등의 유형은 신라노래에서만 존재하는 것이 아니라 고려말기와 조선시대의 한국시가 문학에서도 그대로 그 전통을 계승하며 지속되고 있다. 결국 단형시, 분연시, 장시 등으로 분류되는 한국시가 문학의 형식은 고대사회인 신라의 향가문학으로부터 21세기 현대시문학까지 계속해서 이어지며 한국시가의 정체성과 그 지속성을 보여주는 중요한 형식이라고 할 수 있다.

　이 글에서는 신라노래인 향가를 중심으로 단형시, 분연시, 그리고 장시 등의 3가지 유형을 도출하여, 각 유형의 변화와 지속을 한국시문학에서 찾아보고 그 정체성을 살펴보는 것을 목적으로 삼았다. 학계에서는 신라노래의 형식론을 향가의 개별작품의 형식인 4구체, 8구체, 10구체 등의 규명에 지나치게 치우쳐 있었다고 할 수 있다. 이러한 치우침을 극복하기 위해 이 논문은 신라노래인 향가가 지니고 있는 형식인 단형시, 분연시, 장시 등의 유형으로 분류하고 그 맥락을 검토하여 신라노래와 한국시문학에 스며있는 전통과 그 정체성의 흐름을 새롭게 살펴보고자 하였다.

　그래서 신라노래를 정형성이 강한 향가인 4구체 8구체 10구체 중심의 단형시短型詩, 『균여전』의 「보현십원가」처럼 연聯으로 나누어지는 분연시分聯詩, 그리고 산화가처럼 장시長詩의 형태를 띤 시형식으로 유형을 분류하고 한국시가 문학의 형식과 그 변모를 살펴보았다. 이 문제는 앞으로 신라노래의 형식이 어떻게 21세기 현대의 시문학에서도 계승되고 있는가를 검토하는 중요한 과제를 제공한다고 할 수 있다.

　이러한 시각은 신라노래의 흐름과 그 내용의 전개가 문헌의 부족으로 지나치게 향찰로 된 향가의 연구에서 벗어나지 못하고 있어 그러한 연구의 방향을 극복하고자 하는 고뇌의 한 표출이라고 할 수 있다. 필자는 이러한 시각으로 신라노래의 형식을 분류하고 그 시각으로 한국시가의 흐름과 그 변화를 살펴보는 작업이 현시점에서 필요하다고 생각하였다. 이러한 새로운 시각은 앞선 연구자들의 업적을 계승하고 발전시키고자 하는 작업으로 이루어졌음을 밝힌다. 앞으로는 더욱 다양하게 자료를 모으고 다양한 시각으로 연구를 지속해서 이 논의를 더욱 가다듬고 새로운 이론을 보완하여 정밀하게 체계화시키고자 한다.

영남지역 가사의 위상과 그 현대화

1. 영남지역과 가사의 형성

　영남을 읽으면 한국의 미래가 보인다. 이 정의는 영남지역의 역사와 문화를 이해하면, 한국 사회가 나아갈 미래의 역사와 문화를 예견할 수 있다는 주장이다. 한국문학에서도 영남지역의 문학은 신라시대에 향찰鄕札로 표기된 향가를 시작으로 하여, 고려시대에는 고려가요를 거쳐서, 조선시대에는 시조時調와 가사歌辭 등으로 그 중요한 맥락을 지속하면서, 우리 문학사의 핵심적인 위치를 차지하고 있다.

　오늘날까지 영남지역을 기반으로 성장한 가사歌辭의 올바른 이해와 현대적 계승을 위해서 국가와 영남지역의 각 지방단체는 더욱 많은 지원과 노력을 기울여서 문자로 기록된 가사의 콘텐츠를 소리와 문자가 병행하는 새로운 현대가사現代歌辭의 문화콘텐츠로 승화시켜서, 가사를 창작하고 낭송하며 노래하도록 후원하여야 한다. 우리의 전통문화인 가사가 아무리 훌륭한 멋과 가치를 지니고 있다고 하여도 우리가 계승하여 보존하지 못하면 사라질 것이다.

　가사는 700년 이상 전승된 전통문화이다. 오늘날 우리는 전통문화인 이 가사를 계승하면서 현대화하여 보존하고 발전시켜야 하는 과제를 안고 있다. 이 과제의 해결을 위해서 우리는 가사를 창작하고 낭송하는 전문작가들을 육성하면서, 가사를 즐기는 청중들과 애호자를 양성하여, 가사를 우리 민족의 문학으로 정착시켜야 한다. 14세기 형성기부터 20세기까지 왕성하게 창작된 가사는 영남지역에서 정착되고 그 뿌리를 내렸다. 14세기 형성기의 가사로는 영남지역 출신이 지은 나옹화상(1320~1376)의 「승원가」와 신득청(1332~1392)의 「역대전리가」 등이 있다. 14세기의 가사는 그때까지 훈민정음이 창제되기 이전의 작품이라 한자漢字를 빌려서 표현한 이두吏讀로 기록하거나 구술문화로 전승될 수밖에 없었다.

15~17세기에는 영남지역의 사대부들이 사대부가사를 통해서 한국의 가사 문학을 주도해왔으며, 18~19세기에는 그 주도권을 여성들이 이어받아 영남지역의 여성들이 내방가사를 창작하였다. 그리고 19세기 말에는 최제우가 동학가사를 창작하여 새로운 시대의 가사를 주도하였다. 21세기인 오늘날에도 영남지역의 여성들은 가사의 새로운 계승과 보존을 위하여 내방가사를 열심히 창작하고 경창대회를 통해서 그 역량을 뽐내고 있어 가사문학의 전통계승과 새로운 발전에 그 모범이 되고 있다.

앞으로 가사를 즐기고 향유하는 국민들과 현대가사를 창작하는 새로운 작가들이 없다면, 가사는 우리 시대에 사라지는 문학이 될 수 있다. 일본의 전통시가인 하이쿠가 세계적으로 알려져 그 위상을 뽐내며 자랑하고 있는 이유는 일본이 제도적인 장치로 많은 자원을 투자하여 하이쿠를 육성하고 보급하여 그 노래를 즐기고 향유하는 계층이 전 세계에 널리 퍼졌기 때문이다.

가사는 고려말기에 형성되어 조선시대에는 모든 계층의 백성들이 활발하게 창작한 우리 민족의 고유한 문학 갈래이다. 가사의 역사를 고찰하려면, 먼저 어느 시기에 누가 가사의 형식으로 이루어진 작품을 창작하였는지를 살펴보아야 한다. 가사歌辭는 장시의 형식을 빌리고 생활체험을 서술하는 이야기가 덧보태어져서, 시조時調보다 더 자세하게 개인의 정서나 감성을 서술하여 오랫동안 우리 민족의 사랑을 받아왔다.

  가사와 시조는 우리 선조들이 향유하였던 문학의 갈래로 우리 민족을 대표하는 갈래이다. 가사는 서정장시의 형식을 지니고 있으며, 시조는 짧은 정형시의 형식을 지니고 있다. 조선시대 시조와 가사는 이렇게 서로 차이를 지니고 있으나, 그 표현의 방법에서는 4음보 1행의 형식으로 시상을 전개하고 있어 비슷하다고 할 수 있다. 시조가 4음보 3행으로 창작된 정형시라면, 가사는 4음보 1행을 무제한으로 연속하는 서정장시의 형식을 지니고 있다.

  시조의 정서와 사상을 한 글자로 표현하여 흥興이라고 한다면, 가사의 내용을 한 글자로 표현하면 술述이라고 할 수 있다. 시조의 정서와 사상을 두 글자로 표현하여 감흥感興이라고 한다면, 가사의 정서와 사상을 두 글자로 표현하면 서술敍述이라 할 수 있다. 시조의 시형식을 세 글자로 표현하여 정형시定型詩라면, 가사의 시형식은 서정시抒情詩이면서 수필에 가까운 서정장시敍情長詩라고 할 수 있다. 그리고 내용적인 측면에서 우리 선조들은 시조와 가사를 네 글자로 요약하여 시조를 시절가조時節歌調라고 부르기도 했으며, 가사를 시사평론時事評論이라고도 명명하기도 하였다.[1]

  가사의 흐름과 그 전개를 살펴보려면 가사의 형성이 어떻게 이루어졌는가를 검토해야 한다. 지금까지 가사의 발생 시기에 대한 논의는 다양하지만 고려시대의 말기로 거슬러 올라갈 수 있다. 한국문학에서 가사는 사부辭賦, 초사楚辭 등의 한시체漢詩體에 현토懸吐를 하면서, 낭송하거나 음영하는 형식을 지닌 구술문화의 영향을 기초로 하고, 긴 민요의 형식을 수용하여 성장하고 발전하였다고 할 수 있다.

---

1) 류해춘, 「시조와 가사의 향유방식과 그 관련양상」, 『시조학논총』 44집, 2016, 165~195면 참조.

고려말기부터 가사는 구술문화나 이두吏讀나 향찰 등의 문자로 전승되다가 15세기 훈민정음의 창제 이후에 한글로 정착되었다. 14세기의 작품으로 이두吏讀 표기의 가능성을 보여주는 가사로는 나옹화상(1320~1376)의 「승원가」와 신득청(1332~1392)의 「역대전리가」가 그 좋은 본보기가 될 수 있다. 14세기의 가사는 그때까지 훈민정음이 창제되기 이전의 작품이라 한자漢字를 빌려서 표현한 이두로 기록하거나 구술문화로 전승될 수밖에 없었다. 15세기 한글의 창제 이후에 국문으로 기록된 가사에는 이두의 표기로 전해오는 「승원가」, 「역대전리가」와 구전으로 전하다가 시간이 흘러 한글로 기록된 「서왕가」와 「상춘곡」 등이 대표적인 작품이다. 수 세기의 시간이 흘러 이들 작품의 내용과 형식에서 변화가 일어났다고 하여도 우리는 작품의 그 역사적 기록이나 존재의 자체를 무시할 필요는 없다고 할 수 있다.

가사의 형성에 대해서는 고려말기 형성설[2]과 조선전기 형성설[3]이 제기되어 논란이 있었다. 고려말기 형성설은 나옹화상의 「서왕가」와 「승원가」와 신득청의 「역대전리가」 등이 지어져서 지금까지 전승되고 있는 사실에 근거를 둔다. 14세기의 작품인 「서왕가」와 「승원가」는 승려의 작품이고, 「역대전리가」는 사대부의 작품이다. 이처럼 가사문학의 형성기에 사대부와 승려가 창작한 고려말기의 작품들이 있어서, 이 작품을 다 함께 형성기의 가사로 인정하는 것이 무난한 논의라고 할 수 있다. 사대부인 신득청이 지은 사대부가사와 승려인 나옹화상이 불교가사는 시기적으로 가장 앞서는 작품이라고 할 수 있다.

---

1) 류해춘, 「시조와 가사의 향유방식과 그 관련양상」, 『시조학논총』 44집, 2016, 165~195면 참조.
2) 백철,이병기, 『국문학전사』, 신구문화사, 1957, 108~109면.
3) 조윤제, 『조선시가사강』, 박문출판사, 1937, 225면.
    조윤제, 『한국문학사』, 탐구당, 1985, 169~176면.

갈래의 형성을 위주로 하는 15세기 「상춘곡」의 발생설은 한글의 창제 이후에 가사가 한글로 기록되었다는 점을 강조한 것이라 할 수 있다. 가사의 15세기 발생설은 정극인(1401~1481)이 지은 「상춘곡」을 처음의 작품으로 여기는 것이다. 가사의 한글 표기와 그 갈래의 형성을 위주로 하는 15세기 발생설은 한글창제 이후에 가사가 한글로 기록되었다는 시점을 강조한 것이다. 현재 학계에서는 가사라는 갈래의 형성을 기준으로 하는 15세기보다는 구체적인 작품이 등장하는 고려말기인 14세기를 가사의 형성기라고 주장하는 학자들이 대부분[4] 이라 할 수 있다. 14세기의 작품에는 승려가 지은 「서왕가」와 「승원가」 등과 사대부가 지은 「역대전리가」가 포함되어 있다. 그래서 14세기 가사의 형성기에는 사대부계층과 승려계층이 함께 가사의 창작에 힘을 쏟았다고 할 수 있다.

15세기에 이르러서 가사는 사대부들이 주도하는 갈래가 되었다. 사대부들은 가사를 통해서 유학자의 자연미와 경세제민의 정신을 마음껏 과시하고 있다. 이 시기의 사대부들은 전원생활을 하면서 자연미의 발견을 노래하는 강호가도江湖歌道라는 녹색정신의 가사를 많이 창작하였다.[5]

15세기 이후에 시조와 가사를 창작한 작가들은 세종대왕의 한글창제(1443)로 이전의 작품보다 신속하게 한글이라는 소리글자로 기록되어 정착되는 행운을 누릴 수 있었다. 고려말기에 생성된 가사도 구비

---

4) 박성의, 『한국가사문학의이해』, 고려대학교출판부, 1998. 47~110 참조.
  서원섭, 『가사문학연구』, 형설출판사, 1978. 참조.
  김문기, 「가사문학발생고」, 『국어교육연구』 4, 1972. 91~116면
  조동일, 『한국문학통사』 2, 지식산업사, 1988, 196~205 참조.
  류연석, 『한국가사문학사』, 국학자료원, 1994, 79면.
  류해춘, 「16·17세기 사대부가사 연구」, 『가사문학의 미학』, 2009, 298면 참조.
5) 류해춘, 「15세기 자연시가에 나타난 녹색담론」, 『국학연구논총』 17집, 229~250면.

로 전승되다가 한글이나 이두吏讀로 기록된 후에 다시 국문으로 정착하였다. 한글이 창제되기 이전인 14세기에 이두로 표현된 가사로는 나옹화상(1320~1376)의 「승원가」와 신득청(1332~1392)의 「역대전리가」가 있어 형성기에 창작된 초기가사의 작품이라 할 수 있다.

  14세기에 이두로 지어진 「승원가」의 작가인 나옹화상과 「역대전리가」의 작가인 신득청은 경상도의 영덕盈德지역인 영해寧海에서 태어나 성장하였다. 현재 노계문학관이 자리를 잡은 영천永川과는 가까운 거리에 있다. 영남지역을 몇 개의 권역으로 나누었을 때 영덕지방은 안동문화권과 경주문화권에 가까운 신라문화권에 속하는 지역이라 할 수 있다. 나옹화상이 지은 「서왕가」는 1704년(숙종30년)에 경북 예천 용문사龍門寺에서 간행한 판본이 가장 오래되었다. 이 「서왕가」는 이두가 아닌 한글로 기록되어 다른 작품보다 더 주목을 받으며 가사의 효시로 널리 알려지게 되었다. 불교의 교리를 노래하는 나옹화상(1320~1376)이 지은 「승원가」와 「서왕가」는 나옹화상의 생몰연대와 관련해서 14세기 말기인 1376년 이전에 지어졌다고 할 수 있다. 한편 사대부이며 유학을 공부하는 선비인 신득청(1332~1392)은 1371년 「역대전리가」를 지어서 올바른 왕도를 세우기 위해서 공민왕에게 바쳤다고 한다.[6] 나옹화상의 「서왕가」는 구전되다가 18세기의 문헌에 정착한 한글로 된 가사이고, 신득청의 「역대전리가」와 나옹화상의 「승원가」는 이두형식으로 기록되어 전하고 있다. 14세기 말에 지어진 이들 작품은 한글이 제정되지 않아 한자를 차용한 이두吏讀의 문자로 표기되거나 구술문화로 전승될 수밖에 없었다. 그러므로 지금까지 10여 종의 이본으로 전하는 「서왕가」나 이두표기로 전하는 「승원가」와 「역

----

6) 정재호, 『한국사문학의 이해』, 고려대학교 출판부, 1998. 74면.

대전리가」의 내용이 부분적으로 약간의 차이는 있어도 그 전체적인 내용과 역사적 기록에는 큰 차이가 없다고 할 수 있다.

이처럼 초기가사의 작가들은 영남사람이면서 신라문화권에 속하는 영해寧海 지역 출신의 신득청과 나옹화상이다. 이러한 사실은 영남지역이 초기가사의 발생지요, 출발지라는 점을 명확하게 증명하고 있는 자료이다.[7]

나옹화상과 신득청은 14세기에 영덕지역에서 태어나고 고려말기인 공민왕(恭愍王, 1330~1374)과 우왕(禑王, 1365~1389)의 시절에 사상과 종교는 다르지만, 고려의 조정에서 추앙받았던 인물이다. 이러한 측면에서 가사의 출발지와 발생지는 영남지역이며 더 좁혀서는 경주와 안동을 배경으로 하는 신라문화권이 중심이라 할 수 있다.

2. 사대부가사와 경세제민

가사는 고려말기인 14세기 후반기에 형성되어, 16세기부터는 조선시대의 사대부들이 활발하게 창작한 우리 민족의 고유한 문학 갈래이다. 사대부가사의 형식은 3·4조 혹은 4·4조를 기본 율조律調로 하여 4음보 1행의 율격律格을 100행 내외로 연속할 수 있는 시가詩歌이다. 사대부가사란 이러한 가사의 형식적인 개념과 함께 조선시대의 지배계층인 사대부가 지은 가사를 의미한다.[8] 사대부가사는 양반가사라고 불리어지기도 했으나, 지금은 사대부가사라는 용어를 많이 사용하고 있다. 사대부들은 대체로 관직을 차지하고 있거나 관직을 차지할 수 있는 지배계층의 사회집단이라고 할 수 있다. 사대부들은 학문과 더

---

7) 이임수, 「'역대전리가'와 형성기의 가사문학고」, 『우리말글』 47호, 2009. 306면 참조.
8) 류해춘, 「16·17세기 사대부가사 연구」, 『가사문학의 미학』, 보고사, 2009. 306면. 참조.

불어 다양한 취미생활로 그림을 그리거나 시를 창작하는 생활을 하였다. 그리고 사대부들은 가사를 창작하여 시대적 어려움을 재현해내는 동시에 새롭게 나타난 복잡한 사회현실의 문제를 표현하기 시작하였다. 이 시기의 사대부들은 복잡한 사회현실의 문제를 시조나 한시漢詩로 나타내기도 했으나, 비교적 짧은 서정시를 통해서 자신들의 변화된 현실인식을 총체적으로 표현하기에는 역부족이었다고 할 수 있다. 그래서 이 시기의 사대부들은 당시 자신들이 경험하고 체험했던 복잡한 현실을 구체적으로 나타내기 위해 한문의 사부辭賦처럼 이미 존재하고 있었던 서정장시의 양식인 가사를 적극적으로 창작하였다.

영남지역 사대부들은 이 지역 출신인 14세기의 신득청과 나옹화상이 지은 가사 창작의 전통을 이어받아서, 15세기에도 사대부들이 가사를 창작하였다.[9]

16세기의 사대부가사는 집권층인 사대부의 풍류와 멋을 자연스럽게 표현하면서 경세제민의 사상과 생활체험을 표현하는데 적합한 문학의 양식으로 성장하고 발전하였다. 이 시기의 사대부가사는 사대부가 성리학적 이념을 표현하면서 전원으로 돌아와 선비의 풍류와 멋을 구현하며 경세제민을 표현하는 작품이 대부분이라 할 수 있다. 17세기의 사대부가사는 자연미를 발견하고 강호가도를 노래하는 작품을 상대적으로 많이 창작하고 있다. 그러나 사대부가사는 임병양란을 거치면서 그 성격이 다양하게 변모하기 시작하였다. 그 원인은 전쟁과 당쟁을 거치면서 새로운 사건들의 전개로 인해 소재의 선택범위가 폭넓게 되었고, 사대부들이 현실에 대한 새로운 인식이 싹트게 되었기 때문이라 할 수 있다.

....

9) 류해춘, 앞의 책, 2009, 365면. 참조.

그 변화의 중심에 서 있는 작가는 임진왜란에 참전한 노계 박인로 (1561~1642)로서 11편의 가사를 창작했고, 그는 초기의 실학정신을 바탕으로 경세제민의 사상을 표현하는 사실주의 문학을 개척하였다. 그의 작품에는 「태평사」, 「선상탄」, 「누항사」 등에서 전쟁체험과 생활체험을 사실적으로 표현하여 한국문학사에서 주목을 받고 있다.[10] 17세기 이전에 지어진 한국의 사대부가사는 60여 편이 되는데 그중에서 영남지역의 사대부가 지은 가사가 30편 이상을 차지하고 있다. 그 가사를 일람표로 만들어서 그 작품의 내용과 함께 제시하면 다음과 같다.

∴ 17세기 이전의 영남지역 사대부가사 ∴

작 가	작 품	창작연대	출 전 (배경지역)	주제(모티프)
신득청 1332~1392	역대전리가	1371	화해사전 영덕	도덕과 교화 (역사)
이인형 1436~1504	매창월가	1475경	매헌선생실기 진주	산수와 풍류 (자연)
조위 1454~1503	만분가	1503	잡동산이 김천, 순천	사모와 찬송 (유배)
이황 1501~1570	퇴계가 (환산별곡)		필사본 안동	산수와 풍류 (자연)
	금보가 (금부가)		필사본 안동	도덕과 교화 (교훈)
	상저가 (용저가)		필사본 안동	도덕과 교화 (교훈)
	도덕가 (권리가)		필사본 안동	도덕과 교화 (교훈)
	효우가		필사본 안동	도덕과 교화 (교훈)
조식 1501~1572	권선지로가		필사본 합천	도덕과 교화 (교훈)
고응척 1531~1605	도산가	1592	악부 구미, 안동	산수와 풍류 (자연)

10) 류해춘, 「임진왜란의 충격과 가사문학의 변모」, 『가사문학의 미학』, 2009, 457~487면.
류해춘, 「17세기 가사에 나타난 선비의 성격변화」, 『문학과언어』 12집, 1991.

작가	작품	연대	출전	주제
최현 1563~1640	용사음	1597전	인재속집 상주	비판과 우국 (전쟁)
	명월음	1597전	인재속집 상주	사모와 찬송 (임금)
백수회1574~1642	재일본장가	1600경	송담집 양산	비판과 우국 (조선)
안인수 (선조대)	안인수가	1600경	송담집	사모와 찬송 (고향)
박인로1561~1642	태평사	1598	노계집 영천	비판과 우국 (전쟁)
	선상탄	1605	노계집 부산	비판과 우국 (전쟁)
	사제곡	1611	노계집 남양주	산수와 풍류 (자연)
	누항사	1611	노계집 남양주	비판과 우국 (사회)
	소유정가	1617 경	필사본 대구	산수와 풍류 (자연)
	독락당	1619	노계집 경주	사모와 찬송 (인물)
	입암별곡	1629	필사본 포항	산수와 풍류 (자연)
	영남가	1629	노계집 영남	사모와 찬송 (인물)
	상사곡	1632	영양악증 상주	사모와 찬송 (인물)
	권주가	1632	영양악증 선산	산수와 풍류 (풍류)
	노계가	1636	노계집 영천	산수와 풍류 (자연)
김득연1555~1637	지수정가	1615 경	갈봉유고 등 안동	산수와 풍류 (자연)
조우인1561~1625	출새곡	1616	이재영언 서울	산수와 풍류 (기행)
	관동속별곡	1623 전	이재영언 관동	산수와 풍류 (기행)
	자도사	1623	이재영언 상주	사모와 찬송 (임금)
	매호별곡	1624	이재영언 상주	산수와 풍류 (자연)
채득기1605~1646	봉산곡	1638	우담별집 상주	산수와 풍류 (자연)
김충선1571~1642	모하당술회가	1642	필사본 대구	비판과 우국 (인물)

| 임유후 1601~1673 | 목동문답가 | 1661 | 필사본 울진 | 도덕과 교화 (교훈) |

 이런 측면에서 들여다보면 영남지역은 조선시대 경세제민을 표현하는 사대부가사의 주된 창작과 향유지역이었다고 할 수 있다. 앞의 표에 나타난 사대부가사의 주제와 그 내용은 '산수와 풍류', '도덕과 교화' 그리고 '사모와 찬송', '비판과 우국'의 4가지로 나누어진다. 이러한 내용은 사대부가 국가를 경영하는 철학인 경세제민을 표현하고 있는 내용과 관련성이 매우 깊은 내용이다. 이처럼 이 시기의 사대부가사는 인간사회와 산수자연을 소재로 하여 다양한 체험을 가사로 노래하면서 경세제민의 철학을 함께 노래하고 있다. 여기서는 사대부가사에 나타난 작품들의 내용과 형성 원인을 간략하게 살펴보기로 한다.

2.1. 산수와 풍류

 조선시대의 토지제도는 고려시대의 토지제도와 달리 고향을 근거지로 땅을 나누어주는 과전제도를 실시하였다. 조선시대의 사대부들은 정치의 현실에서 물러 나오면 고향을 생활근거지로 하여 전원생활을 하였다. 그들은 벼슬을 은퇴하면 고향으로 돌아와 자연을 감상하고 풍류를 즐기고 있었다. 사대부들이 산수와 자연을 감상하거나 일정한 지역으로 여행을 하는 사대부가사의 작품에는 '산수와 풍류'를 주제로 하는 내용이 많이 등장하고 있다. 사대부가사에는 사대부들이 벼슬을 그만두고 고향으로 돌아와 자연을 벗하며 심리적으로 한가롭게 살고자 하는 조선조 사대부들의 세계관을 잘 나타내고 있다.

 이러한 유형의 작품에는 「매창월가」, 「도산가」, 「사제곡」, 「소유정가」, 「입암별곡」, 「노계가」, 「지수정가」, 「출새곡」, 「관동속별곡」, 「매호별곡」, 「봉산곡」 등의 가사가 있다. 이들 가사에는 첫째로 정자나

누대를 중심으로 주위의 경치를 읊고 있는 작품이 많다. 누대를 중심으로 자연을 완상하는 작품으로는 「노계가」, 「소유정가」, 「지수정가」, 「봉산곡」 등이 있다. 다음에는 일정한 지역에 들어와서 그 주변의 산수와 자연을 완상하면서 유유자적하게 살아가는 「매창월가」, 「매호별곡」, 「도산가」, 「사제곡」, 「입암별곡」 등이 있다. 마지막으로는 공인의 몸으로 일정한 지역을 여행하고 관료의 신분으로 산수자연과 함께 풍류를 즐기는 「출새곡」, 「관동속별곡」 등의 작품이 있다.

이처럼 사대부들은 일상생활을 하면서 산수자연을 벗하며 자신들의 감회와 정서를 가사에 담아 노래하였다. 그리고 왕명을 받아 벼슬길에 오르면 그곳의 풍물과 자연을 노래하는 가사를 창작하기도 하였다. 이런 유형의 작품에는 모두가 산을 찾고 물을 즐기는 풍류의 정신을 담고 있으며 시인의 몸과 마음이 더 넓고 더 높게 자연과 동화되어 가는 과정을 표현하고 있다.

2.2. 사모와 찬송

사대부가사에는 임금이나 선인들의 업적을 찬양하고 찬송하는 작품이 있다. 조선시대에는 봉건사회의 유교사상이 지배하였던 사회였기에 임금에 대한 충성을 강조하고 선인들의 훌륭한 뜻을 따르고자 하는 '사모와 찬송'의 가사 작품이 많이 지어졌다. 유배가사에서는 정치인인 사대부가 유배생활의 불합리함을 비판하며 간신들의 이야기를 임금에게 고발하며 자신의 억울한 심정을 사대부가사로 표현하고 있다. 한편 사대부는 자신이 존경하는 선인들의 훌륭한 학문과 정치의 뜻을 따르고자 하는 내용의 작품도 '사모와 찬송'의 모티프를 애용하여 창작하고 있다.

이러한 유형의 작품에는 「만분가」, 「명월음」, 「자도사」, 「독락당」,

「영남가」 등의 작품이 있다. 먼저 왕에 대한 충성을 노래하고 있는 작품에는 「만분가」, 「자도사」, 「명월음」 등이 있으며, 선인들의 학문과 그 뜻을 사모하고 찬송하는 작품에는 「영남가」와 「독락당」 등의 작품이 있다. 조우인의 「자도사」는 유배가사로 정철의 「사미인곡」과 「속미인곡」의 영향[11]을 받아 지은 작품이다. 이러한 주제와 내용의 작품들은 선인이나 임금의 학문과 선정을 사모하고 찬양하는 시인의 감정을 표현하여 자아실현과 소원의 성취를 희망하고 있다.

2.3. 도덕과 교화

유학을 숭상하는 조선사회에서 사대부들은 소년과 백성들에게 학문수양의 방법과 삶의 윤리를 가사를 통하여 가르치기도 하였다. 이 시기 사대부가사의 대부분이 교훈적인 성격을 지니고 있으므로 여기서는 그 내용이 인륜의 교화와 도덕에 치중하고 있고 주제가 교훈적인 것을 '도덕과 교화'의 모티프에 포함시켜서 논의하고자 한다. 이 시기 영남에는 퇴계와 남명이라는 큰 유학자가 활동하였다. 사대부가사에는 퇴계와 남명이라는 큰 유학자가 있었기에 뒤따르는 사람들이 서로 작가와 작품을 뒤섞어서 창작하여 실제로 작가가 누구인지 혼란스럽지만, 지금은 작가에 대한 논란이 정리되어 가고 있다.[12] 이 시기에 지어진 작품의 작가가 혼란스러웠던 이유는 한글로 된 가사가 낭송이나 기록으로 전해오기만 했지, 특허권이나 지적재산권이라는 권리가 없는 전통사회에서 놀이문화의 한 유형으로 함께 공유하면서 전승되었기 때문이라 할 수 있다.

'도덕과 교화'를 노래하는 작품에는 「권선지로가」, 「금보가」, 「상저

---

11) 김영만, 「조우인의 가사집 이재영언」, 『어문학』 10, 1963, 79면.
12) 이동영, 「퇴계의 가사소작설 변정」, 『한국문학논총』 5, 1982, 39~57면.

가」, 「도덕가」, 「효우가」, 「목동문답가」 등의 작품이 있다. 이들 작품은 작가가 청자를 어린이로 설정하느냐 백성들로 설정하느냐에 따라서 작품의 유형을 분류할 수 있다.

먼저, 작가가 소년들을 깨우치고 가르치는 작품으로는 「금보가」, 「효우가」, 「목동문답가」 등이 있다. 이들 작품은 청자를 어린이나 아이들로 설정하여 성리학의 근원이 되는 도학을 닦아서 삶에서 올바른 길을 따라서 살아가자는 교훈을 설파하고 있다. 다음으로는 백성들을 가르치는 작품으로는 「권선지로가」, 「상저가」, 「도덕가」 등이 있다. 이 유형의 작품들은 작가가 청자를 자신과 비슷한 위치에 있는 인물로 설정하고 있다. 「도덕가」는 벗님이고, 「권선지로가」는 사람이며, 「도덕가」는 청자가 계장契長으로 되어 있어서, 작가가 일반 백성들을 가르치기 위해서 창작한 작품이라 할 수 있다.

16세기 영남에는 이황과 조식과 같은 뛰어난 성리학자들이 백성과 소년들에게 도학을 널리 전하면서, 경세제민을 실천하기 위해서 사대부가사를 지었다. 유학자인 사대부가사의 작가들은 16세기부터 소년과 백성들에게 유교의 덕목과 인륜을 가르치기 위하여 가사를 창작하여 유교 윤리를 전파하고 가르치는 교육사업에 활용하였다.

2.4. 비판과 우국

임진왜란은 동아시아에 존재했던 봉건사회의 질서를 변화시키는 데 큰 역할을 했다고 한다. 임진왜란을 체험하면서 사대부들은 전쟁의 경험을 생생하게 기록하는 가사를 창작하였다. 이러한 가사는 전쟁 체험을 실학정신으로 표현하여 작가의 개인체험을 사실적으로 노래하였다. 이러한 전쟁 체험의 변화된 현실은 임진왜란 이전에 지어졌던 관념적이며 사변적인 사대부가사가 그 표현양상이 변모하여 새롭게 경험론적인 현실현식을 보여주는 계기가 되었다. 사대부들의 현실에 대한 인식의 변화로 임진왜란을 거치면서 가사문학에는 '비판과 우국'이라는 현실을 비판하며 나라를 걱정하는 주제가 자주 등장하기 시작하였다.

전쟁을 체험한 사대부들은 전란의 피해로 국가의 존망을 걱정하면서, 기존에 자신들이 주장했던 정책에 대해 비판을 하면서 새로운 의식을 지니기 시작하였다. 다시 말하자면 전쟁의 후유증을 겪으면서 사대부들도 삶의 기본문제를 해결하기 위해서 현실적인 문제에 관심을 가지기 시작하였다. 일부 사대부들은 전쟁으로 인해 일어난 현실 사회의 무능과 부패의 문제를 해결하기 위해서 성리학의 이론에 대해 비판하면서 실사구시實事求是의 학문인 실학을 공부하기 시작했다. 이러한 영향으로 사대부가사에서는 사회현실을 비판하고 나라를 근심하는 현실적인 문제를 다루는 작품이 등장하게 되었다.

임진왜란을 거치면서 이러한 변화의 중심에 자리하고 있는 사대부가사로는 박인로의「누항사」,「선상탄」,「태평사」, 최현의「용사음」, 백수회의「재일본장가」, 안인수의「안인수가」, 김충선의「모하당술회가」 등이 있다.[13] 이들 작품에는 언론기자의 입장에서 전쟁의 상황을 현장에서 사실적으로 중계하고 묘사하는「용사음」,「태평사」,「선상탄」 등의 작품이 있고, 전쟁을 체험하면서 경험한 내용을 회고하면서 반성하는 내용을 서술하는「누항사」,「재일본장가」,「모하당술회가」 등의 작품이 있다.

이러한 작품에는 당시의 사대부가 현실의 어려운 상황을 체험하고

---

13) 정재호,「임진왜란과 가사」,『한국가사문학의 이해』, 고려대학교출판부, 1998, 371~412면 참조.
류해춘,「임진왜란의 충격과 가사문학의 변모」,『가사문학의 미학』, 보고사, 2009, 457~487면 참조.

국가와 민족을 위해서 맹목적으로 충성하는 것이 아니라 눈앞에서 펼쳐진 어려운 사회현실을 극복하고자 하는 경세제민의 사상을 표현하고 있다. 사대부들은 자신들이 체험한 임진왜란의 충격을 사실적으로 묘사하여, 조선시대의 체제모순을 비판하고 있다. 그리고 사대부들은 일본과의 전투에서 승리하는 모습을 표현하여 조국을 사랑하는 애국정신을 비판과 우국의 사대부가사를 통해서 나타내고 있다.

이처럼 임진왜란은 조선전기 사회가 내포하고 있었던 모순을 더욱 과감하게 드러내어 봉건사회의 질서를 뒤바꾸어 놓았다. 임진왜란 전후인, 16~17세기에 창작한 60여 편의 사대부가사 중에서 50%에 가까운 30여 편의 가사가 영남지역의 사대부에 의해 창작되었다. 이 시기 영남지역의 사대부가사를 자세히 들여다보면 한국 가사의 전체적인 흐름과 그 변화를 추론할 수 있다.

여기서는 15세기 이전에 지어진 영남지역의 가사와 16~17세기 사대부가사가 지닌 내용의 전승과 그 변화를 살펴보고자 한다. 15세기 이전에 지어진 사대부가사는 「역대전리가」와 「매창월가」가 있다. 14세기의 「역대전리가」는 '교화와 도덕'의 주제를 표현하고 있으며, 15세기의 「매창월가」는 '산수와 풍류'의 주제를 표현하고 있다.

16세기의 사대부가사는 15세기 이전의 사대부가사가 지니는 주제와 내용을 계승하고 있으며 '비판과 우국'의 주제와 '사모와 찬송'의 주제를 새롭게 등장시키고 있다. 17세기 사대부가사는 16세기에 이루어진 주제와 내용을 모두 계승하여 발전시키고 있다. 16세기에는 한국의 대유학자인 이황(1501~1570)과 조식(1501~1572)이 가사를 창작하여 '교화와 도덕'의 주제도 많이 유행했고, 한편 다른 사대부의 작가들은 '산수와 풍류'를 노래하는 가사를 많이 창작하기도 하였다.

사대부가사는 17세기까지가 그 전성기이며 사대부가 지닌 경세제민의 철학을 잘 드러내는 작품이 많이 창작된 시기라 할 수 있다. 16세기와 17세기에 걸쳐서 11편의 사대부가사를 창작한 박인로(1561~1642)는 「태평사」, 「선상탄」, 「누항사」 등의 작가가 체험한 전쟁의 상황을 사실적으로 표현하여, 이 시기 가사의 변화를 주도하였다. 특히 「누항사」에서는 임진왜란 이후에 사대부가 경험한 궁핍한 농촌 생활의 모습을 사실적으로 표현하여 작가가 체험한 경험론적 세계관과 관념적인 세계관을 함께 표현하고 있다. 임진왜란 이후에 사대부의 가난하고 궁핍한 생활을 해학적이며 풍자적으로 표현한 이 작품은 사대부들의 세계관이 임진왜란 후에는 관념론에서 경험론으로 변하고 있음을 보여주고 있는 증거라 할 수 있다.

17세기의 사대부가사는 사대부들의 변화된 경험론의 세계관인 실학정신을 다른 문학의 갈래보다도 한걸음 앞서서 수용하고 있다. 이러한 창작기법은 조선후기의 서민가사와 내방가사로 이어지고 있어 18세기 가사에 나타난 형식과 내용의 변화에 많은 영향을 미쳤다고 할 수 있다. 17세기까지 경세제민의 철학을 지니고 영남지역에서 성행한 사대부가사는 18세기부터는 영남지역의 여성들에게까지 전파되고 계승되어서 내방가사內房歌辭 또는 규방가사閨房歌詞라는 새로운 여성문학을 탄생하게 하였다.

3. 내방가사와 여성생활

조선시대는 유교 사회였다. 영남지역의 여성들은 영남의 양반사대부가 지향했던 유교 사회의 이념을 철저하게 실천하고 준수하며 생활하였다. 경세제민을 경영철학으로 내세운 사대부들은 조선시대 영남지역의 여성들에게 유교사회의 윤리도덕을 철저하게 준수하도록 하였다. 내방가사는 조선후기에 영남지역에서 생활한 사대부의 여성들이 주로 창작하고 여성들이 즐기고 창작한 여성문학이라 할 수 있다.

내방가사는 규방가사, 여성가사, 여류가사 등의 이름으로 명명되기도 한다. 여기서는 현재 영남지역에서 자주 사용되는 내방가사라는 용어를 사용하고자 한다. 내방가사에 나타난 영남지방의 부녀자들은 유교 사회의 도덕과 교훈를 노래하며 가문과 사회를 위해서 헌신하기도 하였지만, 실제 생활에서 체험한 억눌린 감정과 애처로운 마음을 반항적 입장에서 사실적으로 표출하기도 하였다.[14]

내방가사는 작가와 창작연대가 확실하게 밝혀진 작품이 많지 않음에도 불구하고 조선후기인 18~19세기에 나타난 사회문화의 산물이라는 것이 학계의 정설이다. 조선후기의 가사는 작가와 그 계층에 따라 사대부가사, 서민가사, 내방가사 등으로 그 갈래가 확실하게 나누어진다. 영남지역의 사대부 가문에서 성장한 여성들이 주로 창작했던 내방가사도 조선후기 사회문화의 현실과 관련을 맺으면서 다양하게 변화되는 새로운 모습을 보여주고 있다.[15]

조선후기 내방가사는 사대부 여성들을 가사의 작가로 부상시켰을 뿐만 아니라 사대부의 여성들이 지녔던 관념의 세계에다가 여성들의 생활과 그 체험을 덧보태서 표현한 여성문학이다. 내방가사의 작가가 반드시 여자인 것만은 아니다. 남자가 지은 작품도 작가가 잊혀진 상태로 내방가사에 편입될 수 있어서 내방가사는 향유자와 수용자를 중심으로 이해하는 것이 바람직하다고 할 수 있다. 사대부 가문에서 성장한 여성들은 내방가사를 배우고 익히면서 올바른 행실에 대한 윤리

---

14) 권영철, 『규방가사각론』, 형설출판사, 1986, 9면.
15) 류해춘, 『가사문학의 미학』, 보고사, 2009, 15~17면.

와 교양을 얻으면서 국문을 익히고 사회의 지식을 배웠으며 문장력을 가다듬었다.

하지만 내방가사의 생성과 그 기원을 추적하는 것은 쉬운 일이 아니다. 16세기에 허난설헌(許蘭雪軒, 1563~1589)이 지었다는 「규원가閨怨歌」와 「봉선화가鳳仙花歌」를 선구적인 작품이라고 인정할 수 있으나, 17세기의 내방가사와 서로 전승의 관계가 연결되지 않고 있다.[16] 17세기에는 어떤 내방가사의 작품들이 존재했는지 파악할 수 없다. 하지만 영남지방의 내방가사가 18세기에 두루 지어졌다는 사실은 다양한 작가의 작품으로 증명할 수 있다.

안동권씨가 지은 「반됴화전가」는 1746년[17]에 창작되었고, 「절명사」는 1748년에 전의이씨[18]에 의해서 지어졌으며, 연안이씨가 지은 「쌍벽가」는 1794년에 창작[19]되었으므로 영남지역의 여러 마을에서는 18세기에 내방가사가 두루 존재하고 있었음을 알 수 있다. 이들 가사에는 18세기 부녀자들이 가사를 창작하고 노래하던 관습이 담겨져 있어 여성문학으로서 중요한 위치를 차지하고 있다.

여기서는 영남지역에서 유행한 내방가사의 유형을 나누고 특성을 살펴보고자 한다. 18세기 이후에 지어진 많은 내방가사에도 작가와 연대가 밝혀진 작품은 그리 많지 않다. 내방가사의 대표적인 유형으로는 시집가는 일을 앞둔 딸에게 시집살이의 교훈을 가르치는 '계녀가류 가사'와 여성들의 놀이문화를 즐기는 '화전가류 가사' 그리고 여성들의 신세를 한탄하는 '탄식가류의 가사' 등 3가지의 유형으로 많

------

16) 이혜순, 「규원가·봉선화가의 작가고」, 『백영정병욱교수환갑기념논총』, 1982, 341~352면.
17) 이원주, 「잡록과 반조화전가에 대하여」, 『한국학논집』 7, 1980, 37~51면.
18) 홍재휴, 「전의이씨 유문고」, 『국어교육논지』, 대구교육대학, 1973, 9~27면.
19) 권영철, 「쌍벽가 연구」, 『상산 이재수박사환력기념논문집』, 1972.

이 나누고 있다. 이 글에서는 계녀가류 가사를 도덕교훈의 가사[20]라고 부르고자 하며, 탄식가류 가사를 신변탄식의 가사[21]라고 하고, 화전가류 가사를 놀이문화의 가사[22] 등으로 부르고자 한다. 이들 세 유형의 가사는 서로 다른 형식과 내용을 지니고 있을 뿐만 아니라 각각 다른 문학적 기능을 담당하였던 것으로 보인다.

내방가사를 창작하고 담당한 작가들은 여성교육을 위하여 딸에게 유교적 덕목을 전달하는 어머니가 많았으며, 그들은 조선후기 봉건사회에서 남성보다는 많은 노동을 하면서 생활해야 하는 여성으로서 자신들의 신세를 한탄하고 탄식하는 여성이기도 하였고, 종종 가사노동에서 벗어난 여가생활로 자기계발과 화전놀이를 즐기며 지냈던 여성이기도 하였다. 세 가지의 유형에 등장하는 내방가사의 향유층은 각각 다른 사람이 아니라 조선후기를 살았던 전체 여성 모두를 대표한다고 할 수 있다.

3.1. 도덕교훈의 가사

도덕교훈의 가사는 내방가사의 한 갈래로 시집가는 딸이나 여성들에게 교훈이 되는 도덕이나 시집살이의 규범을 가르칠 목적으로 지어진 가사를 말한다. 가사의 제목은 「계녀가」, 「계녀사」, 「계아가」, 「경계가」, 「여아경계가」, 「교녀가」, 「교훈가」, 「여자유행가」, 「규중가」, 「규중행실가」, 「훈계가」, 「귀녀가」, 「경계초」, 「여자행신법」, 「복선화음가」, 「훈시가」, 「규문전회록」, 「행실교훈가」 등으로 다양하다. 도덕교훈의 가사는 여성에게 유교의 규범을 주지시키려는 남성들의 의도와

---

20) 이정옥, 『내방가사 현상연구』, 역락, 2017, 107면 참조.
21) 권영철, 『규방가사 각론』, 형설출판사, 1986, 14면.
22) 류해춘, 「규방가사에 나타난 놀이문화와 경제활동」, 『국학연구론총』 15집, 2015, 81~109면.

도 서로 일치하여, 일찍이 18세기부터 유행한 내방가사의 유형이다.

이 가사의 담당층인 사대부 가문의 여성에는 18세기 이후에 정계에서 실각한 영남의 사족과 남인 계열의 가문에서 성장하거나 남인 계열의 가문으로 출가한 여성의 인물들이 많다. 이들은 새롭게 '가문을 일으켜 세워야 한다.'라는 막중한 책임과 그 의무를 부여받았다. 사대부의 남성들은 이러한 의무와 책임의 메시지를 도덕과 교훈을 강조하는 내방가사를 통해서 여성에게 교육하며 전승시키려고 했다. 18세기 이후 향촌의 사족들에게 주어지는 가문결속의 현상에는 급변하는 정치와 경제의 상황 속에서 향촌에서 거주하는 사족들의 입지를 강화하면서, 가족윤리와 가문윤리를 강화[23]하려는 역사적 맥락과도 연관성을 지니고 있다.

18~19세기에는 도덕교훈의 가사인 계녀가류의 가사가 성행하였으나, 한편으로는 문학적 소재를 다양한 삶의 체험에서 표현하고 묘사한 신변탄식의 가사인 「자탄가」, 「노처녀가」, 「백발가」 등의 작품이 함께 유행하기 시작했다. 이처럼 영남지역의 내방가사는 그 형식도 정제되었으며 표현과 그 묘사도 우수하여, 간혹 씨족공동체가 공동으로 창작한 내방가사의 작품이 등장하기 시작하였다. 19세기에는 소설과 산문의 성행으로 서사문학의 비중이 크게 성장하여 내방가사에도 교훈의 내용을 강하게 드러내는 서사적인 작품이 자주 등장하게 되었다. 가정에서 여성의 역할과 위상을 인식한 사대부 남성들은 가문의 부흥을 위해서 여성교육이 필요함을 통감하였다. 그리하여 도덕교훈의 가사인 계녀가류의 가사는 여성의 교화라는 가부장의 사회에서 가

---

[23] 김창원, 「18~19세기 향촌사족의 가문 결속과 가사의 소통」, 『19세기 시가문학의 탐구』, 집문당, 1995, 307면 참조.

문의 부흥이라는 창작의 동기에서 형성되고 성행하였으나, 세월이 흘러갈수록 남성에 의한 여성의 교화가 아닌, 여성에 의한 여성의 교화가 주가 되는 내방가사로 발전하여 성행하게 되었다. 이처럼 도덕교훈의 가사는 남성이 지배하는 사회에서 처음에는 남성들에 의해서 출발한 것으로 추측할 수 있다. 하지만 점차로 여성들이 여성들을 교육하는 내용으로 확장하면서 내방가사는 다양하게 전승되기 시작하였다.

그 이후에 여성들은 내방가사를 독자적인 문학의 양식으로 발전시켜 자신들의 경험과 소망의 성취를 표현하기 시작하였다. 18~19세기 영남지방에서 유행한 여성들의 내방가사는 비슷한 사회경제의 기반을 갖춘 다수의 여성들에 의해 집단으로 향유되는 문화생활이라는 점에서 여성의식의 개별성보다는 여성공동체의 전형성을 잘 보여주는 여성문학이라 할 수 있다. 18세기부터 영남지역에서 활발한 창작과 함께 널리 보급된 내방가사는 남성의 사대부가사를 모방하면서 내면화시키던 단계에서 벗어나 본격적으로 자신들의 권리와 가치관을 주장하는 자아실현의 단계로까지 나아가기 시작하였다.

3.2. 신변탄식의 가사

내방가사를 학습한 사대부가의 여성들은 도덕교훈의 가사인 계녀가류를 기반으로 유교의 윤리를 배우고 공부하여 여성들의 윤리와 체험, 그리고 서사적인 이야기를 표현하였다. 도덕교훈의 가사인 계녀가류의 내방가사가 성행하자, 여성의 도덕성과 윤리성의 강화가 이루어져 남성들은 여성들이 가사를 창작하고 학습하는 일을 장려하기도 하였다고 한다. 그래서 여성들은 놀이문화의 가사인 화전가류의 가사와 신변탄식의 가사인 탄식류의 가사를 마음껏 지을 수 있었다. 신변탄식의 가사인 탄식가류의 가사는 자신의 신세를 한탄하는 내용으로 이루어져 있다. 봉건사회의 가족제도에서 여성의 가사노동은 여성들의 삶의 대부분을 차지하고 있었다. 조선시대의 여성들은 오랜 세월 동안 유교 사회의 체제가 지닌 가부장의 질서 속에서 인고의 세월을 체험하며 살아가야 했다.

신변탄식의 가사에는 노동으로 인해 고통을 받는 여성들의 삶이 형상화되어 있다. 여성들은 과중한 노동으로 인한 삶의 고통을 탄식하며 여자로 태어난 자신의 신세를 한탄하기도 하였다. 이런 유형의 가사에는 「규원가」, 「노처녀가」, 「자탄가」, 「노탄가」, 「백발가」, 「청춘과부가」, 「한별곡」, 「이별가」, 「여탄가」 등의 작품이 있다. 이런 유형의 가사는 봉건사회를 극복하려는 여성들에 의한 문화의 개혁과 혁명[24]이라고도 할 수 있다.

내방가사에 나타난 여성들의 삶과 관련된 탄식은 여성들이 자신의 삶을 주체적으로 살아가기 위한 생활인의 모습으로 자긍심을 표출하는 내용으로 표현하고 있는 경우가 많다. 내방가사 속에 등장한 여성의 신변탄식은 여성 스스로가 노동을 통해 경제적 현실을 극복해가는 여성의 자아성취를 보여주는 담론으로 이어진다. 여기서 등장하는 여성들은 자신의 신세를 한탄하면서 자신의 새로운 삶을 개척해나가는 생활인으로서의 노동하는 여성의 모습을 보여주는 자리가 된다. 이렇게 노동하는 여성과 생활하는 여성은 인간으로서의 자립성과 주체성을 함께 지니게 된 것이다.

19세기 이전에 지어진 대부분의 내방가사에는 서술자와 주인공이 서로 일치하여 서술자의 실제적 경험을 기반으로 한 서술 시점을 보여주는 작품이 많았다. 하지만 19세기에 지어진 신변탄식의 가사에

---

24) 이정옥, 『내방가사 현장 연구』, 역락, 2017, 24~25면.

서는 『덴동어미 화전가』처럼 서술자와 주인공의 부분적인 분리가 일어나기 시작하였다. 이러한 기법을 통해서 내방가사는 전지적 시점의 사용과 함께 장면 중심의 묘사, 희극적 묘사, 액자적 구조 등의 다양한 서술방식을 지닌 작품을 등장시켜 주목을 받고 있다.

3.3. 놀이문화 가사

다음으로 화전가류의 내방가사인 놀이문화의 가사에는 놀이의 현장에서 풍류 생활을 즐기면서 여성의 삶에 나타난 즐거운 놀이문화와 함께 여유로운 인생을 표현하고 있다. 이 시기의 여성들은 일 년에 한두 번 정도의 즐겼던 놀이나 모임을 통해서 여성으로서 억압되고 규범화된 생활에서 자유로워졌다. 이러한 놀이문화의 현장에서 많은 화전가류의 내방가사가 창작되어 전승되기도 하였다. 사대부가의 여성들은 명절이나 문중(門中)의 화수회에서 동족의 남성들과 여성이 함께 어울려서 풍류나 대동놀이를 즐기면서 연출하기도 하였다.

이러한 유형의 가사에는 「화전가」, 「화수가」, 「윷놀이가사」, 「화조가」, 「선유가」, 기행가사 등의 작품이 있다. 여성들은 놀이문화의 가사를 부르면서 놀이의 현장에서 일상생활을 벗어나 개인적인 카타르시스를 경험하고, 집단의식을 고취시키면서 고달픈 현실을 견뎌내고 새로운 미래를 약속하였다. 이것이 영남지역 내방가사에 나타난 놀이문화가 주는 정서적 메커니즘의 효용이라고 할 수 있다.

조선시대 화전놀이는 자유롭고 자발적인 활동이며 재미와 즐거움의 원천이라고 할 수 있다. 여성들이 가지는 놀이문화는 매우 드문 기회이면서 문중의 어른들이 허락한 공식적인 놀이의 자리였다. 여성의 놀이인 화전놀이에는 구경꾼과 같은 단순한 객체적인 인물을 인정하지 않았다. 놀이에 참석하는 사람은 모두가 놀이의 주체라고 할 수 있다.

사대부 여성들도 놀이를 하는 순간만큼은 자신을 구속하는 일상의 규칙과 의무에서 해방되었다. 기분의 전환을 위해서 일상의 질서를 벗어나 자유롭게 노는 '놀이' 그 자체를 위해서 놀이가 존재하는 것이다.[25] 놀이는 근본적으로 탈질서를 추구하고 있어서 놀이에 임하는 사람들은 가볍고 즐거운 마음으로 놀이에 몰두할 수 있었다. 여성들은 화전놀이에서 놀이 그 자체를 마음껏 즐기고 누리는 모습을 보여주고 있다. 화전놀이에서 양반사대부의 여성들은 의도적으로 동참자를 불러들이는 수법을 활용하여 함께 화전놀이에 참석한 동참자를 동류항으로 묶어서 동류의식과 공동체 의식을 함께 드러내고 있다.

이러한 경험을 거치면서 화자는 개인의 정서를 표현하는 것이 아니라 집단의 정서를 표현하게 된다. 사대부가사의 화자가 개인의 정서를 표현하는 화자인 '나'의 표명에 중점을 두었다면, 내방가사의 화자는 '집단'에 기반을 두고 여성들의 강한 결속력과 감성을 공감하는 '우리'의 정신을 표현하는데 중심을 두고 있다.[26]

이처럼 여성놀이를 창작의 기반으로 하는 놀이문화의 가사인 화전가류 가사의 서술특징은 여성들의 협동과 그 연대를 통해서 돈독한 공동체 의식의 형성에 있다. 여성놀이에 참석한 여성들은 사대부의 여성이라는 동일한 신분을 지녔으며 생활의 수준과 교육의 정도가 거의 비슷하다고 할 수 있다. 이들은 동성의 문중이나 동족촌의 부녀자들인 경우가 많았다.

도덕교훈의 가사인 계녀가류의 가사는 여성들의 행동규범에 관한 덕목을 교훈적으로 가르치고 있으며, 신변탄식의 가사인 탄식가류의 가사에는 가부장제도인 유교사회의 모순 속에서 여자로 태어나 고생

....
25) 로제이카이와, 『놀이와 인간』, 문예출판사, 1994, 29면.
26) 류해춘, 「규방가사에 나타난 놀이문화와 경제활동」, 『국학연구론총』 15집, 86면.

하는 신세를 한탄하고 있고, 놀이문화의 가사인 화전가류의 가사에서는 여성들의 여가생활에서 이루어지는 놀이문화의 즐거움을 노래하고 있다.

19세기 말기와 20세기 초창기의 새롭게 수입된 근대 신문학의 갈래와 새로운 인쇄문화인 종이책에게 주도권을 내어준 두루말이, 둘둘말이 등의 이름으로 창작되었던 내방가사는 오늘날에 와서는 점차 사라져가는 전통문화로서 인식되기 시작하였다. 20세기 이후에 지어진 내방가사에는 일제강점기를 맞이하여 일본에 저항하며 변화를 꾀하는 작품도 있었지만, 그 문학적 형상화의 특성을 살리지 못하고, 전통문화의 다른 갈래들인 시조, 한시, 소설 등과 함께 차츰 사라지기 시작했다.

해방을 맞이하고 내방가사가 다시 많이 창작되기도 하였으나, 1950년대 한국전쟁을 체험하면서 내방가사의 창작은 급격하게 감소하기 시작하였다. 하지만 현재에도 영남지방의 일부 지역에서는 내방가사를 짓는 창작대회를 해마다 개최하고 서로 가사를 필사하면서 전승하고 계승하는 것을 볼 수 있다. 현재 안동을 비롯한 영남지역의 부녀자들은 내방가사의 새로운 보존을 위해서 지속적으로 노력하고 있어 가사의 현대화에 상당히 고무적이라 할 수 있다.

4. 동학가사와 근대의식

동학東學은 1860년 최제우(1824~1864)가 세운 사상이자 종교이다. 동학은 서양에서 들어온 과학기술의 발전에 충격을 받아 다가오는 서양의 패권주의를 동양의 정신과 사상으로 극복하고자 했다. 19세기 말의 조선에서는 봉건체제가 지닌 지배층의 부패와 그 모순이 절정에

달했으며, 1860년 영국과 프랑스의 연합군이 중국의 텐진과 베이징을 점령한 사건은 조선사회의 존립과 양이洋夷에 대한 공포를 가중시켰다. 서양에서 들어온 기독교基督敎는 포교의 금지와 박해에도 불구하고, 그 신도의 수가 점점 늘어나면서 민중 속으로 들어가서 세력을 확장하고 있었다.

이에 위기를 느낀 동양의 일본과 중국 그리고 한국에서는 서학西學으로 대표되는 기독교와 천주교에 맞서기 위한 사상으로 유교와 불교, 그리고 도교를 포괄하여 동도서기東道西器라는 정신으로 무장하기 시작하였다. 이러한 시기에 1860년 경상도의 경주지역에서 최제우는 민족의 자주정신과 민권의식을 바탕으로 부패한 봉건사회로부터 혼란에 빠진 민생을 구제하고자 동학東學을 세우면서 동학가사를 창작했다.

동학을 창건한 최제우는 동학의 사상과 종교로서의 교리를 전파하여 몽매한 백성들을 깨우치기 위하여 동학가사를 창작하고 종교포덕의 수단으로 삼았다. 최제우는 당시에 서학이라고 지칭되던 기독교와 천주교에 대항하기 위하여 자기가 창건한 새로운 종교의 이름을 동학이라고 했다. 최제우를 따르는 많은 동학농민들은 당시의 지배층으로부터 고통과 시련을 받아왔던 민초들이었기에 동학가사에는 그들의 민중의식이 담겨져 있다.

동학가사의 자료집으로는 『용담유사龍潭遺詞』가 있다. 최제우 이후에는 상주尙州 동학교東學敎에서 간행한 100여 편이 넘는 가사의 존재가 곧바로 알려지게 되었다.[27] 『용담유사』는 동학을 창건한 수운 최제우가 1860년에서 1863년 사이에 지은 가사집이다.[28] 먼저 『용담유사龍潭遺詞』에는 8편의 가사가 전해오고 있다. 8편의 가사에는 「용담가」, 「안심가」, 「교훈가」, 「도수사」, 「권학가」, 「몽중노소문답가」, 「도덕가」, 「흥비가」[29] 등이 있다.

『용담유사』의 '용담龍潭'은 경주慶州의 현곡면見谷面 가정리柯亭里에 있는 용담정龍潭亭에서 유래한 것이다. 지명이나 정자명이 그곳에 살던 인물을 나타내는 상징적인 의미를 지닐 때 '용담龍潭'이란 수운水雲 최제우를 가리키는 의미이다. '유사'란 '유사遺詞'란 최제우가 '남긴 말씀'이란 뜻이거나, '깨우치는 말씀'이라는 '유사諭詞'라는 의미로 사용되었을 것이다. 『용담유사』는 동학의 교주인 수운 최제우가 지은 가사를 모은 작품집이다. 20세기 이후에 상주에서 창작된 동학가사가 대량으로 발견되자, 동학가사에 대한 근대정신의 연구는 더욱 주목을 받으며 활발하게 이루어지게 되었다. 동학가사의 근대정신이란 중세의 봉건사회를 개혁하고 부정하는 정신이라 할 수 있다.

동학가사에 나타난 남녀평등의 사상은 당시 19세기 영남지역에서 유행했던 내방가사와의 관계를 설명할 수 있도록 한다. 동학가사의 「안심가」, 「도수사」, 「교훈가」 등에는 독자와 청자를 여성으로 설정하여 내방가사와의 연관성 관계를 탐색할 수 있는 근거를 제공하고 있다.[30] 19세기 내방가사의 성행은 동학의 창시자인 최제우로 하여금 여성들을 포교하는 수단으로 당시에 익숙한 가사체의 문장으로 동학가사를 창작하여 포교활동을 하였다고 할 수 있다. 앞으로는 동학가사와 내방가사의 전승과 수수관계를 지속적으로 연구하여 영남지역의 가사가 지닌 면모를 더욱 체계적으로 밝혀내는 작업이 과제로 남아있다.

....

27) 한국정신문화연구원, 『동학가사』 I, II 1979, 참조.
    김문기 주해, 『동학가사』 ①~⑥, 동학문화재단, 2009~2016, 참조.
28) 김인환, 「용담유사의 내용분석」, 『문학과 문학사상』, 열화당, 1978, 참조.
29) 정재호, 「용담유사의 근대적 성격」, 『근대문학의 형성과정』, 1983, 262면, 참조.
    윤석산, 『용담유사 연구』, 민족문화사, 1987, 17면 참조.
30) 강석근, 「가사문학의 발달사적 관점에서 본 용담유사의 특징과 맥락」, 『한국사상과 문화』 70집, 2013, 47~68면.

동학가사에 나타난 근대의식[31]으로 주목받고 있는 내용은 새로운 민족국가의 수립과 민중의식을 구현하는 정신이라고 할 수 있다. 최제우는 제세구민濟世救民의 뜻을 품고 새로운 민족국가의 수립이라는 과제를 달성하기 위해서 동학가사를 창작했다. 동학가사인 「몽중노소문답가」에서는 조선말기의 사대적인 봉건제도를 타파하고 개혁하는 민족주의에 기반을 둔 근대국가를 건설하는 이론적 근거를 제공하고 있다. 그리하여 1894년 전봉준이 지도한 동학농민운동은 최제우의 근대사상을 이어받아, 지배층인 군수를 축출하고. 가렴주구를 근절하는 상황에서 그치는 것이 아니라, 농민운동을 통해서 사회를 개혁하고 부패정치를 청산하여, 국정의 근본을 개혁하여 새로운 근대국가를 건설하려는 민중들의 소망을 담고 있었다.

다음으로 동학가사에 나타난 근대의식에는 서양세력을 배척하는 실마리로서 자주독립의 사상을 노래하고 있다. 동양에서의 근대화란 이른바 서세동점西勢東漸이라는 서양세력의 동진을 막으려는 척왜양이의 정신과 관련이 깊다. 「권학가」에 나타난 서양세력의 동양침공에 대한 비판과 전투의지는 서양을 배격하려는 자주독립정신의 표출이었다. 최제우는 서학을 무조건 배척하고 반대했던 것이 아니라, 서학이 지닌 보편성을 인정하고 있었다. 그러므로 동학을 서학에 대한 대항담론으로 성립된 사상이라고 보는 세간의 이해는 적절한 견해가 아니라고 할 수 있다. 그보다는 오히려 서학이 지닌 근대성과 보편성을 두루 인정하고 수용하면서 비판적으로 받아들였다. 그리고는 서학이 지닌 제국주의와 침략주의의 성격을 극복함으로써 조선의 역사와 전통에 적합한 주체적인 사상을 만들고자 했던 조선의 백성으로서 민초

---

[31] 류해춘, 동학가사에 나타난 근대의식과 남녀평등, 『어문학』 140, 2018, 123~142면.

들의 정신을 집대성한 내용이 동학이라 할 수 있다.

동학가사에 나타난 또 다른 근대정신은 국민들이 대등하게 정치에 참여하는 민주정치와 참여정치를 완성하는 것이었다. 최제우는 일본에 대해 부정적인 의식을 고수하고 있었다. 동학에 나타난 대일의식은 항상 일본이 우리와 적대자로서의 관계를 맺어왔다는 사실에서도 드러난다. 「안심가」에 나타난 일본에 대한 경계심과 적개심은 1894년에 일어난 갑오농민전쟁의 실마리를 제공하였다. 동학농민군의 정신적인 실마리를 제공한 대일의식은 조선의 정치를 개혁하였으며 농민군이 조선의 정치를 개혁하는 참여정치를 실현하는 계기가 되었다. 아쉬운 것은 동학농민군이 황토현 전투에서 관군과 일본군의 연합세력에 패배하였다는 것이며, 다시 10여 년이 지나자 우리나라는 일본에게 병합이 되었다는 사실이다.

그리고 동학가사에는 근대국가의 여명을 밝혀주는 남녀평등의 사상을 노래하고 있다. 「교훈가」에는 유교질서 안에서 천대받고 억압받았던 여성과 어린이에게 인내천人乃天이라는 사상으로 만민 평등사상을 주장하고 있다. 이러한 사상은 남녀평등 사상으로 나아가 근대국가의 여명을 밝혀주는 정신이라 할 수 있다. 동학의 인내천 사상은 피지배계층인 민중이 비록 현재에는 빈천을 면하지 못하는 신분이었다 해도, 다가오는 새로운 시절에는 행복한 삶을 맞이하게 되고, 나아가서는 이 시대의 주역이 될 것이라고 주장한다. 계급과 신분의 차이가 뚜렷한 봉건사회에서 이러한 사상을 주장하는 것은 하나의 혁명이라고 할 수 있다. 동학에서 주장하는 인간의 평등사상은 민중의 입장에서는 봉건사회를 타파하는 새로운 희망이라 할 수 있다. 또, 동학가사에서는 근대국가의 여명을 밝혀주는 남녀평등을 주장하여 여성들에게도 새로운 희망을 제시하였다. 동학이 지닌 만민평등의 가르침은 당시에 가난하면서 비참한 삶을 살아가던 여성과 민중 등의 피지배계층에게 새로운 희망을 부여했다고 할 수 있다.

5. 가사의 전통계승과 현대화

지금까지 영남지역의 가사와 그 역사의 흐름을 시기별로 나누어서 그 특성과 새로운 변화를 살펴보았다. 영남지역은 14세기에 가사를 발생시켰고, 16~17세기에는 사대부들이 국가의 경영철학인 경세제민을 실천하기 위하여 사대부가사를 많이 창작하였다. 18~19세기에 들어서자 영남지역의 여성들은 내방가사를 통해서 가사를 여성문학으로 발전시켰다. 내방가사는 영남 사대부가사의 전통을 이어받으면서 여성들이 남성들과 함께 가사를 창작하고 향유하여 남녀평등을 실천하였다. 여성문학인 내방가사는 영남의 전통문화를 사랑하는 여성들에 의해서 오늘날까지 면면히 창작되어지고 있는 현재진행형의 문학이라 할 수 있다. 19세기 말에는 동학의 창시자인 최제우가 봉건사회를 개혁하려는 근대사상을 동학가사로 표현하여 가사의 전통을 새롭게 개척하였다. 이처럼 영남지역에서는 14세기인 고려말기 가사의 발생기부터 시작해서 21세기인 현재까지 가사를 지속적으로 창작하며 전승하고 있는 전통문화를 소유하고 있다.

영남지역의 가사는 700년의 세월을 거치면서 우리 민족의 역사와 문화의 흐름과 그 변화를 담아내고 있다. 영남지역 가사의 역사와 그 전통은 고려말기인 14세기 가사의 형성기에 사대부가사와 종교가사인 불교가사로부터 시작하였다. 16~17세기에는 많은 사대부들이 경세제민의 철학을 사대부가사에 읊었으며, 18~19세기에는 사대부가문의 여성들이 여성문학인 내방가사를 향유하고 창작하여 그 전통을 계승하였다. 그리고 19세기말에는 동학가사를 창작하여 근대국가의 수립과 민중의식을 강조하며 근대정신을 표현하여 그 전통을 이어왔다. 이처럼 한국의 가사문학은 영남지역을 배경으로 하여 성장하고 발전하여왔다고 하여도 지나친 말은 아니라고 할 수 있다.

이 글에서는 편의적으로 영남지역의 가사를 14세기의 가사, 16~17세기의 사대부가사, 18~19세기의 내방가사, 19세기말의 동학가사, 그리고 현재진행형으로 창작되는 내방가사 등으로 나누어서 가사의 시대적 변화와 그 특성을 살펴보았다.

고려말기인 14세기 말에 가사를 창작한 형성기의 작가로는 나옹화상과 신득청이 있는데 공교롭게도 두 사람이 모두 영남의 영덕출신이다. 14세기에 가사를 창작하여 문학사에 한 획을 그은 작가는 모두 영남출신의 인물이라, 영남지역에서 가사형식의 문학이 이미 존재하고 있었음을 추측할 수 있으며, 이 지역의 문인들이 형성기인 초기의 가사를 주도했음을 알 수 있다. 14세기 지어진 가사는 역사와 종교에 나타난 사대부와 승려의 세계관을 노래하는 모습을 보이면서 출발하였다. 가사의 형성기인 이 시기의 가사로는 나옹화상의 「서왕가」, 「승원가」, 신득청의 「역대전리가」가 있어 가사의 발생지역으로서 영남지역의 신라문화권을 주목할 수 있다.

17세기까지 지어진 사대부가사는 60여 편인데 30편이 넘는 가사가 영남지역을 기반으로 하는 작가가 창작하였다. 이러한 통계의 숫자는 조선시대 사대부가사의 주도층이 영남지역의 사대부이며 영남지역에서 생활하는 사대부들이 조선시대에 유행한 가사의 창작과 향유를 주도했다고 할 수 있다.

한편 16세기와 17세기를 걸쳐서 11편의 사대부 가사를 창작한 박인로(1561~1642)는 「태평사」, 「선상탄」, 「누항사」 등의 전쟁체험을 사실적으로 표현한 가사를 창작하여 이 시기 대표적인 작가라고 할 수 있다. 영남지역의 17세기의 가사는 사대부들의 변화된 경험론의 세계관인 실학정신을 다른 문학의 갈래보다도 한걸음 앞서서 수용하고 있다. 이러한 창작기법은 조선후기의 서민가사와 내방가사의 표현에도 등장하고 있어, 18세기 이후에 나타난 가사의 변화에 많은 영향을 미쳤다고 할 수 있다. 17세기까지 성행한 영남지역의 사대부가사는 18세기부터는 영남지역 사대부 집안의 여성들에게 전승되어 내방가사의 형태로 여성들이 가사를 창작하며 전승하기 시작하였다.

내방가사도 16~17세기의 사대부가사와 마찬가지로 문자와 음성을 함께 전달할 때 청자들과 소통하며 공감할 수 있었다. 내방가사의 전승현장에 가면 향유자인 여성들은 문자로 기록된 가사를 동시에 소리로 낭송하면서 청자들에게 메시지를 전달하고 있다. 영남의 내방가사는 21세기인 현재까지도 여성 향유자들이 경험한 다양한 체험과 고락을 담아내면서 영남의 지역의 전통문화로 자리를 잡고 있다. 가사는 무엇보다도 문자로 기록된 문학이면서 동시에 사람의 음성으로 낭송되어야 하는 문자와 음성이 결합한 형태로 놀이의 현장에서 연행할 수 있는 음영과 낭송의 문학예술이라고 할 수 있다. 그래서 내방가사를 창작하고 낭송하는 놀이문화의 현장을 전승하고 보존하는 작업이 필요하다고 할 수 있다.

시조가 4음보 1행의 율격을 3행으로 반복하는 정형시라면, 가사는 4음보의 1행이 무제한의 연속으로 이어지는 서정장시의 형식을 지니고 있다. 시조의 정서와 감성을 한 글자로 흥興이라면 가사의 서정과 사상은 술述이며, 시조의 정서와 사상을 두 글자로 감흥感興이라면, 가사의 정서와 감성은 서술敍述이고, 시조의 형식과 그 내용을 세 글자로 정형시定型詩라면, 가사의 형식은 수필에 가까운 서정시抒情詩이면서 서정장시라고 할 수 있다.

　그래서 우리 선조들은 시조를 네 글자로 시절가조時節歌調라고 했으며, 가사를 시사평론時事評論이라고도 했다. 가사문학은 1행 4음보격의 율격을 지속하고 반복하여 단순히 메시지를 전달하는 문학에 그치지 않고, 우리 민족이 지녀온 전통의 친숙한 율동으로 청자에게 자신의 논리를 주장하고 설명하는 시사평론의 내용을 담을 수 있었다. 20세기 초기에는 독립신문과 대한매일신보에서 가사의 연재를 통해서 국민들에게 새로운 신문물과 애국과 독립에 관한 내용을 전달하며 많은 독자를 확보하기도 하였다. 오늘날 우리는 가사에 나타난 시사평론과 경세제민의 내용을 잘 활용하고, 새로운 미디어 매체를 활용하여 가사문학의 전통을 계승하고 발전시켜야 한다. 여기서는 2008년에 유행한 시사평론의 형식을 지닌 21세기 가사의 한 편을 살펴보기로 한다.

　현대에 지어진 시사평론에 가까운 내용의 가사에는 2008년 베이징올림픽 때 지어진 「용대찬가」가 대표적이다. 이 가사는 배드민턴의 종목에서 이용대와 이효정 선수의 혼합복식 조가 금메달을 따자 지어진 노래이다. 이 노래는 많은 신문과 방송에서 보도되어 21세기 현대사회에서 유행한 가사인데 앞으로도 이런 시사평론의 21세기 현대가사가 많이 창작되었으면 한다. 그 내용은 다음과 같다.

　　　내가알던 배드민턴 동네아짐 살빼기용
　　　몹쓸편견 싹버림세 용대보고 개안했네
　　　스무살에 꽃띠청년 백팔십에 이승기뻘
　　　겉모습만 훈훈한가 실력까지 천하지존
　　　스매싱한 셔틀콕이 누나가슴 파고들고

점프마다 복근노출 쌍코피에 빈혈난다
용대보고 떨린가슴 코치보고 또호뭇해
배드민턴 선수들은 인물보고 뽑았나벼
효정선수 부럽구나 금도따고 용대안고
솔직하게 메달보다 그포옹이 더탐나오
삼십칠분 열띤경기 금메달의 한을풀고
드러누운 그대곁에 나도맘은 같이있네
사방사방 미소뒤에 윙크까지 날려주니
터질세라 이내가슴 심장약좀 먹여주오
시상식때 중국선수 용대에게 눈을못떼
나도안다 니마음을 나였어도 그랬겠지
계열사를 순회하며 사인회좀 열러주렴
훈남용대 온다하면 버선발로 뛰어가

 이처럼 700년의 긴 역사에 걸쳐 우리 민족은 시사평론과 경세제민의 내용을 바탕으로 가사를 창작하고 노래하면서 우리 민족이 체험한 현실사회를 다양하게 묘사하였다. 그리고 현실사회에서 일어난 역사적 사실뿐 만이 아니라 허구적인 이야기를 수용하려 가사의 주제와 내용을 다양하게 하는 문학의 표현능력을 학습하여 오늘날까지 가사를 창작하고 있다. 이제는 영남지역에서 창작과 전승의 주체가 된 가사를 현대화시켜서 보존하는 일이 우리에게 주어진 임무라고 할 수 있다.
 영남지역의 일부 지자체에서는 가사를 현대적으로 계승하기 위해서 노력을 하고 있다. 안동지역에서 내방가사의 육성을 위해서 가사의 창작과 경창대회를 개최하듯이, 경주지역과 영남의 각 지역에서도 전통문화인 사대부가사와 내방가사를 계승하는 현대가사를 많이 창작하고 낭송하는 대회를 개최하여 가사의 창작과 향유를 민족의 문화로 승화시키는 작업을 서둘러야 하겠다.

700여 년의 전통을 지닌 한국의 가사를 우리는 현대화하고 계승하여 보존하고 발전시켜야 한다는 과제를 안고 있다. 이 작업을 위해서는 먼저 가사를 창작하고 낭송하는 전문작가들을 육성시키고 가사를 즐기는 청중들과 애호자를 양성하여 가사를 민족문학으로 정착시켜야 한다. 20세기까지 왕성하게 창작된 가사는 14세기 형성기부터 영남지역에서 정착되고 그 뿌리를 내렸다. 하지만 앞으로 가사를 즐기고 향유하는 국민들과 현대가사를 창작하는 새로운 작가들이 없다면, 가사는 우리 시대에 사라지는 문학이 될 수 있다. 일본의 전통시가인 하이쿠가 세계적으로 알려져 그 가치를 자랑하고 있는 이유는 일본이 제도적인 장치로 많은 자원을 투자하여 하이쿠를 육성하고 보급하여 그 노래를 즐기고 향유하는 계층이 전 세계에 널리 퍼졌기 때문이다.

오늘날까지 영남지역을 기반으로 성장한 가사문학의 현대적 계승을 위해서 영남지역의 각 지방단체는 더욱 많은 노력을 기울여서 소리와 문자가 병행하는 현대가사를 창작하고 낭송하도록 지원하여야 한다. 전통문화인 가사가 아무리 시사평론과 경세제민의 훌륭한 멋과 맛을 지니고 있다고 하여도 새로운 문화콘텐츠인 한류문화로 계승하여 보존하지 못한다면 사라질 것이다.

내방가사는 조선후기에 여성들이 적극 참여하여 새로운 문학세계를 개척하여 여성문학으로 성장하였다. 그리하여 내방가사는 문자와 낭송을 공유하는 문학예술의 한 형태로 오늘날까지 지속하고 있는 전통문화라 할 수 있다. 현대인들은 문자와 낭송으로 전승되는 전통문화인 가사를 새로운 대중매체인 유튜브(youtube)의 문화콘텐츠와 함께 한류문화인 대중가요의 가수들도 함께 즐기도록 하면서 새로운 한류문화인 현대가사를 창작하고 향유하는 작업에 열정을 쏟아야 한다.

한편 우리의 가사를 현대화하여 계승하는 작업은 가사의 특성인 조선시대 사대부들의 경세제민을 바탕으로 한 문화생활과 생활철학을 안내하는 시사평론이라는 기본적인 사실을 인식해야 한다. 그러므로 현대인들이 가사를 창작하고 낭송하는 생활은 현대인들의 삶에 있어서 꼭 필요한 문화라고 광고하고 홍보하는 작업도 필수적이라고 할 수 있다. 그러므로 대한민국의 정부와 지방자치 단체는 법률과 조례로 전통문학인 시조와 가사를 육성하고 활성화하는 법률을 만들어서, 세계적으로 시조와 가사의 창작과 낭송 대회를 개최하고 전통문학을 육성하고 발전시키는 새로운 작업을 시행해야 하겠다. 그리하여 앞으로는 우리 민족의 삶과 얼이 녹아서 살아있는 시조와 가사를 전 국민이 즐겁게 창작하고 노래하는 일상의 생활문화로 만들어야 하겠다.

동학가사에 나타난 근대의식과 남녀평등

1. 동학가사와 근대정신

동학東學은 서학西學과 상대가 되는 개념이다. 동학東學이 창제된 시대의 상황은 19세기 한국에서는 유교 사회가 지닌 지배체제의 부패와 그 모순이 절정에 달했고, 1860년 영국과 프랑스의 연합군이 중국의 톈진과 베이징을 점령한 사건은 우리나라에도 양이洋夷의 침략으로 국권을 잃어버릴 미래에 대한 걱정과 공포를 가중시켰다. 서양에서 들어온 천주교天主教는 포교의 금지와 박해에도 불구하고 그 신도가 점차 늘어나고 민중 속으로 들어가서 세력을 확장하고 있었다.

이에 위기를 느낀 동양의 일본과 중국 그리고 한국에서는 서학西學으로 대표되는 기독교와 과학기술 등에 맞서기 위한 사상으로 유교와 불교, 그리고 도교를 포괄하여 동도서기東道西器라는 정신으로 서구의 침략과 약탈을 극복하려고 노력하기 시작하였다. 이러한 시기에 1860년 경상도의 최제우(1824~1864)는 민족자주의 정신과 민권의식을 바탕으로 부패한 봉건사회로부터 혼란에 빠진 민생을 구제하고자 동학東學을 창건했다.

근대의식이란 중세의 봉건사회를 비판하며 부정하는 정신이다. 동학사상은 19세기 중엽 봉건제도 아래에서 어려운 삶을 살아간 민중들의 고뇌하는 삶을 이해하는 가운데서 태어난 생활의 철학이자 종교였다. 19세기 후반기의 한국 사회는 유교의 봉건제도가 그 모순을 드러내며 천천히 무너지는 시기였다. 이러한 시기에 최제우는 한국사회의 필연적 요청으로 당시에 서학西學이라고 지칭되던 서양문물에 대항하기 위해서 자기가 일으킨 새로운 종교를 동학東學이라고 선포하였다.

동학을 창건한 최제우는 동학의 사상과 종교로서의 교리를 전파하여 몽매한 백성들을 깨우치기 위하여 가사를 창작하고 종교포덕의 수단으로 삼았다. 동학가사의 자료집으로는 『용담유사龍潭遺詞』가 있다. 『용담유사』는 동학의 교주인 최제우가 지은 가사를 모은 작품집으로 동학의 교리를 포교하는 경전의 의미를 함께 지니고 있다.

동학은 당시의 시대적 상황 속에서 일종의 혁명적 민족주의와 민권주의 그리고 반봉건주의 등의 근대적 성격을 내포하게 되었다. 여기서는 우리나라의 근대의식과 남녀평등의 사상을 동학에서 주장하여 그 가치를 다시 평가하고자 동학가사를 주목하여 살펴보고자 한다. 동학을 창건한 최제우는 동학의 사상과 교리를 전파하여 몽매한 백성들을 깨우치기 위하여 가사를 창작하고 종교포덕의 수단으로 삼았다. 동학운동에 참여한 민중들은 당시의 지배층으로부터 고통과 시련을 받아왔던 민중들이었기에 동학가사에는 그들의 민중의식을 담고 있다.

동학가사의 자료인 『용담유사龍潭遺詞』가 발견된 후에 곧바로 새로운 동학가사의 자료가 학계에 소개되었다.[1] 자료집인 『용담유사』는 동학을 창건한 수운 최제우가 1860년에서 1863년 사이에 지은 가사

---

1) 그 자료는 상주尙州 동학교東學敎에서 간행한 100여 편이 넘는 동학가사이다.
　이상보, 「김대비의 훈민가 연구」, 『무애 양주동박사 화갑기념논문집』, 탐구당, 1963.
　하성래, 「새로 찾은 동학 노래의 사상적 맥락」, 『문학사상』, 1975.5.
　류탁일, 「찾아진 동학가사 100여 편과 그 책판」, 『부대신문』, 1974.11.11.
　정재호, 「동학가사에 대한 소고」, 『아세아연구』 38호, 1970.
　김학동, 「개화사상과 저항의 한계성」, 『한국개화기시가 연구』, 시문학사, 1981.

집이다.[2] 이 글에서는 『용담유사(龍潭遺詞)』에 전해오는 8편의 가사를 중점적으로 분석하고자 한다. 8편의 가사의 이름은 「용담가」, 「안심가」, 「교훈가」, 「도수사」, 「권학가」, 「몽중노소문답가」, 「도덕가」, 「흥비가」 등이다.[3]

『용담유사』의 '용담龍潭'은 경주慶州의 현곡면見谷面 가정리柯亭里에 있는 용담정龍潭亭에서 유래한 것이다. 지명이나 정자亭子명이 그곳에 살던 인물을 나타내는 상징적인 의미를 지닐 때 '용담龍潭'이란 수운水雲 최제우를 가리키는 의미이다. '유사遺詞'란 '유사遺詞 혹은 유사諭詞'란 '남긴 말씀' 혹은 '깨우치는 말씀'이란 뜻으로 선인들이 남기고 깨우치는 교훈적인 글을 가리키는 의미가 된다.[4] 그러므로 『용담유사』는 동학의 교주인 최제우가 동학을 포교하면서 백성들을 가르치고 깨우치기 위해서 창작한 동학가사를 모은 작품집이라 할 수 있다. 20세기 이후에 상주에서 창작된 동학가사의 자료[5]가 대량으로 발견되자 동학가사에 대한 연구는 더욱 주목을 받으며 활발하게 이루어졌다. 하지만 지금까지 동학가사에 나타난 근대사상과 남녀평등을 분석한 연구논문이 부재하여 여기서는 동학가사에 나타난 근대의식과 남녀평등[6]의 의미를 구체적으로 검토하고자 한다.

동학사상은 19세기 중엽 봉건제도 아래에서 어려운 삶을 살아간

....

2) 조동일, 「개화기의 우국가사」, 『개화기의 우국문학』, 신구문화사, 1974.
김인환, 「용담유사의 내용분석」, 『문학과 문학사상』, 열화당, 1978.
윤석산, 『용담유사 연구』, 민족문화사, 1987.
3) 정재호, 「용담유사의 근대적 성격」, 『근대문학의 형성과정』, 문학과 지성사, 1983, p 262, 참조.
윤석산, 『용담유사 연구』, 민족문화사, 1987, p. 17.
4) 정재호, 「용담유사고」, 『가사문학연구』, 1979, p 475.
5) 한국정신문화연구원, 『동학가사』 I, II 1979.
김문기 주해, 『동학가사』 ①~⑥, 동학문화재단, 2009~2016.
6) 정재호, 「용담유사의 근대적 성격」, 『근대문학의 형성과정』, 문학과 지성사, 1983.
윤석산, 「동학가사에 나타난 근대의식 연구」, 『가사연구』, 태학사, 1998.

민중들이 어려운 현실에서 고뇌하는 삶을 극복하려고 노력하는 가운데 태어난 근대정신이다. 봉건사회의 질서 아래에서는 지배층인 양반 사대부의 계층만이 지배계층으로서 우월한 지위를 누리며 생활하였다. 이러한 19세기 한국의 봉건사회는 스스로 그 모순을 드러내며 천천히 무너지기 시작하였다. 이러한 시기에 최제우는 한국사회의 필연적 요청으로 당시에 서학西學이라고 지칭되던 천주교에 대항하기 위해서 자기가 일으킨 새로운 종교를 동학東學이라고 하였다. 이러한 동학은 당시의 시대적 상황 속에서 일종의 혁명적 민족주의와 민권주의 그리고 반봉건주의 등의 근대사상을 내포하게 되었다.

이글에서는 우리나라의 근대의식과 남녀평등의 중요한 기점으로 주목받고 있는 동학가사에 나타난 근대의식과 남녀평등의 사상을 중점적으로 살펴보고자 한다.

2. 새로운 민족국가의 수립과 민중의식

동학은 1860년 최제우에 의하여 민족자주의 정신을 마련하고 부패한 봉건사회를 개혁하여 도탄에 빠진 민생을 구제하고자 수립된 근대사상이다. 조선후기에 이르러 우리 사회는 전국 각지에서 반란이 일어나고 서구열강의 내정간섭으로 정치가 문란하여 혼란한 상태를 지속하였다. 하지만 한국 사회는 이러한 위기를 탈출할 동력을 상실하고 부정과 부패가 만연하여 바람 앞에 등불처럼 위태로운 지경에 빠지게 되었다. 새롭게 서구에서 유입된 천주교도 조정의 탄압과 유교사회의 윤리에 젖어있는 민중에게 환영받지는 못하였다. 천주교가 조정의 금지령으로 널리 전파되지 못하면서 19세기는 종교적으로도 혼란의 시기가 계속되었다.

이러한 혼란의 시기에 동학의 창도자인 최제우는 제세구민濟世救民의 뜻을 품고 서학에 대립되는 민족 고유의 종교를 창립한 것이 동학이다. 최제우는 서학을 무조건 배척하고 반대했던 것이 아니라, 서학이 지닌 근대성과 보편성을 인정하고 있었다. 그보다는 오히려 서학과 천주교가 지닌 근대성과 보편성을 두루 인정하고 받아들이면서도 서구열강들이 지닌 제국주의적이며 침략주의적인 태도를 극복함으로써 조선인에게 적합하면서도 역사와 전통에 어울리는 주체적인 동학사상을 만들고자 했다.

동학가사에는 새로운 민족국가의 수립이라는 과제를 달성하기 위해서 봉건제도를 개혁하고 타파하여 민족주의와 민중주의에 기반을 둔 근대국가를 건설하는 이론적 근거를 제공하고 있다. 1811년에는 황해도에서 일어난 홍경래의 반란은 삼정의 폐해, 즉 나라의 정사 가운데 가장 중요한 토지세의 부과인 전정田政, 국방에 대한 의무인 군정軍政, 그리고 곡식의 대여와 환수를 이르는 환곡還穀의 세 가지에 이르는 제도의 파탄을 지적하였다. 그 후에도 조세제도의 모순은 시정되지 않았으며, 19세기 중엽에 이르자 민중의 항거는 전국적으로 확대하였고 그 이후에 왕권은 더욱 약화하였고 정치의 기강은 더욱 어수선하였다.

19세기 후반에는 동학의 창제와 함께 진주민란이 발생하였고, 정부는 원한의 대상이 되는 수령을 처벌하고 백성의 부담을 완화하는 조치를 하였으나, 근본적인 해결이 이루어진 것은 아니었다. 그 이후에도 조세의 수탈과 소작료의 과도한 징수 등으로 전국에서 크고 작은 민란이 자주 일어났다. 그러한 민란의 연장에서 1894년의 동학혁명이 일어났다.

불우시지不遇時之 한탄恨歎말고 셰상구경 하여셔라
숑숑가가松松家家 아라시되 리지궁궁利在弓弓 웃지알고
텬운天運이 둘너시니 근심말고 돌아가서
륜회시운輪廻時運 구경하소
십이졔국十二諸國 괴질운수怪疾運數 다시 기벽開闢 안일넌가
태평셩셰太平聖世 다시 정해 국틱민안國泰民安 할써시니
개탄지심慨歎之心 두지말고 츠츠츠츠 지나셔라
하원갑下元甲 지나거든 상원갑上元甲 호시졀好時節에
만고萬古 업 는 무극대도無極大道 이 셰샹世上에 날 것이니
∴ 「몽중노소문답가夢中老少問答歌」

19세기에 들어서자 조선의 사회는 양반지배층의 세도정치와 그 수탈로 위기에 봉착해 있었다. 위의 인용문에서 최제우는 우리나라가 어지럽고 혼란한 시절을 만났지만, 세상을 잘 파악하여 천지의 운수와 그 변화를 알아야 한다고 주장한다. 조선후기 관료사회의 부패로 고통을 받는 백성들에게는 이러한 내용이 낡은 통치의 사슬에서 벗어나 새로운 삶을 기약하는 의미로 받아들여졌다. 서양과 동양의 십이제국인 많은 나라가 괴질에 걸려 세계의 여러 나라가 위기에 봉착하였으니, 우리나라에도 다시 새로운 개벽의 세계가 열릴 것을 설명하고 있다.

주역周易의 운수에 바탕을 두고 최제우는, 우리나라에 천지변화의 운수가 대통하여, 태평한 성군의 세상이 열리고 앞으로 나라가 태평하여 백성이 편안할 것이라고 예언하고 있다. 위기의 시대인 하원갑下元甲이 지나가면 반드시 이상적인 시대인 상원갑上元甲이 온다고 주장한다. 상원갑의 시절에는 서양의 침략이 종식되고 빈천한 사람도 부

귀를 누려 국제 관계에서나 국내질서에서나 평화와 화합이 이루어진 다고 했다. 현실문제의 해결을 피안의 세계나 내세로 미루지 않고, 지금 우리가 사는 이 세상에서 새로운 세상이 열린다고 주장했다.[7] '다시 개벽開闢'과 '무극대도無極大道'는 조선왕조가 관료층의 무능과 부패로 종언을 고하고 있다는 것으로 어려운 현실을 벗어나 새로운 국가와 좋은 세상이 다가온다는 것을 우리 민족에게 제시하는 민중의식의 발로이며 그 소망의 표출이라 할 수 있다.

이처럼 동학가사는 새로운 민족국가의 수립이라는 과제를 달성하기 위해서 우리나라의 사대적인 봉건제도를 개혁하고 타파하여 민족주의에 기반을 둔 새로운 근대국가를 건설하려는 이론적 근거를 제공하고 있다. 그래서 1894년 전봉준이 지도한 동학농민운동은 무능한 지배층인 탐관오리를 축출하고 가렴주구를 근절하는 데 그치는 것이 아니라, 농민운동을 통해서 사회를 개혁하고 부패정치를 청산하고 국정의 근본을 혁신하여, 새로운 근대국가를 건설하려는 민중의식과 그 소망을 담고 있었다.

3. 외국세력을 배척하는 실마리로서의 자주독립

동양에서 근대화란 이른바 서세동점西勢東漸이라는 서양세력의 동진과 관련이 깊다. 19세기 동양에서는 서양세력이 지닌 군사기술과 근대기술을 도입하여 부국강병을 이루며 체제의 안정화를 도모하려고 했다. 그래서 동양의 근대화란 서양의 문물과 기술을 받아들인다는 의미로 서양세력의 군사적 위협에 문호를 개방하여 조약條約을 체결하

---

7) 조동일, 「가사에 전개된 종교사상 논쟁」, 『한국시가의 역사의식』, 문예출판사, 1993, p 182.

고 기술을 받아들이는 일에서 그 시초를 찾을 수 있다. 중국은 1942년에 영국과 체결한 남경조약南京條約이 있고, 일본은 1854년에 미국과 이룩한 강화조약이 있으며, 우리나라에서는 1876년 일본과 수호조약을 맺었다. 이러한 일련의 국가 간에 체결한 조약들은 동양의 삼국이 동쪽으로 세력을 확장하며 전진하는 서구세력에 의하여 근대화를 촉진하는 계기가 되었다는 견해도 있다.

1860년에 일어난 동학은 서양세력의 동양 침공에 대한 비판과 서양세력과의 전투 의지를 함양하는 정신으로 동도서기東道西器라는 철학을 바탕으로 서양을 배격하려는 자주와 독립의 정신을 제시하고 있다. 동학에서 서양은 우리를 침략하여 위협하는 존재로 인식하였고, 서학은 우리의 풍속을 해치는 문물과 기술의 학문으로 여겼다.

하원갑下元甲 경신년庚申年에 젼傳히 오난 셰샹世上말이
요망妖妄한 셔양젹西洋賊이 즁국中國을 침범侵犯히셔
텬주당天主堂 놉히 셰워 거소위擧所謂 하는 도道를
텬하天下에 펼나하니 가쇼졀창可笑絶腸 안일넌가
증젼曾前에 드른 말을 곰곰이 싱각하니
아동방我東方 어린 사롬 례의오륜禮義五倫 다 바리고
남녀로쇼 ㅇ동쥬졸兒童走卒 셩군취당成群聚黨 극셩즁極盛中에
허송셰월 흔단 말을 보는 다시 드러오니
무단無斷이 하놀 님게 쥬쇼간晝宵間 비는 말이
삼십삼텬三十三天 옥경디玉京臺예 나 죽거든 가게하오
우습다 뎌 사롬은 뎌의 부모 죽은 후에
신神도업다 일홈하고 졔ᄉ祭祀좃차 안지니며
오륜五倫에 버셔나셔 유원속사唯願速死 무슴 일고

부모父母업는 혼령혼빅魂靈魂魄 뎌는 웃지 유독唯獨 잇셔
샹텬上天하고 무엇하고 어린소리 말어셔라

∴「권학가勸學歌」

　서양세력이 1842년에 중국과 조약을 체결하여 중국을 개방하였다. 사건은 여기서 그친 것이 아니라 1860년에는 영국과 프랑스의 연합군이 북경에 진주하여 저항하는 청나라의 세력을 꺾고 황제를 열하로 피난하게 하였다. 청나라의 강력함을 믿고 조공을 바치던 조선 사회의 충격은 말로 다 할 수가 없을 정도였다. 서양의 침공에 우리나라의 백성들은 지위고하를 떠나서 국가의 위기를 직감하였다. 하지만 「권학가」에서는 중국을 침입하여 교회를 높이 세우고 위력을 떨치는 서양세력을 과감하게 비판하며 저항하고 있다. 이러한 비판을 통하여 서양세력에 저항하여 동학의 정신을 널리 떨치고자 하는 것은 우리 민족의 자주성과 외세에 대한 저항성을 드러낸 것이다. 이러한 동학의 근대정신은 동학농민혁명의 바탕이 되는 사상이라 할 수 있다.

　그리고 '일찍이 들은 말'이라고 하면서 동학의 정신과 다른 서학의 내용을 비판하고 있다. 여기에 나타난 서학의 비판은 비교적 소박하고 감정적이다. 최제우가 지니고 있었던 서학에 대한 거부반응은 어리석은 우리나라 사람들이 서학을 신봉하여 조상에게 제사조차 지내지 않으려는 모습을 비판하는 일에서 시작한다. 비판의 내용은 어리석은 우리나라의 사람들이 천주교를 신봉하여 전통사회의 기존질서인 예의나 오륜을 다 버리고 나아가서는 조상에게 제사조차도 지내지 않으려는 모습의 관찰에서부터 비롯하고 있다. 이러한 문제는 전통사회와는 다른 종교문화의 상충성 때문에 생긴 현상이라고 할 수 있다. 당시 서학인 천주교의 전래와 함께 제사를 폐하고 신주를 불사르는 천주교의 신도들은 지탄받는 정도를 지나 국법의 문제로 처벌까지 받았다. 이와 같은 상황이 일어난 이유는 유학을 국시로 삼고 있는 우리나라에서 제사를 폐한다는 사실이 전통사회에 대한 일종의 부정이고 도전이라고 여겨졌기 때문이다.

동학이 서학에 대해 가졌던 관심의 출발은 면밀한 관찰에서 비롯하고 있다. 천주교를 믿는 서양 사람들은 천주의 뜻을 바탕으로 종교를 전파하고 만민평등의 교리를 실천하고자 한다는 것이다. 그리고 군사력이 막강하여 싸우면 이기고 전쟁하면 땅을 빼앗는다는 의식을 지니고 있었다. 그래서 최제우는 어지러운 세상과 부패한 나라를 구하기 위한 도道가 무엇인가에 관심을 가지고 세상에 있는 모든 도道를 섭렵하려고 하였다. 이러한 태도는 당시에 새롭게 들어오는 서도西道인 천주교를 무조건 배척하지 않고 면밀하게 관찰하여 살펴보았던 증거가 된다.

> 신유년(1861)에 이르러 사방의 현사들이 나에게 와 묻기를 지금 하늘의 영혼이 선생에게 강림하셨다는데 어찌하여 그렇게 되었습니까? 대답하기를 무왕불복無往不復의 이치를 받았다고 하였습니다. 다시 말하기를 그러한즉 어떠한 도道로 이름을 부릅니까? 대답하기를 천도天道라고 하였습니다. 다시 묻기를 서양의 학문과 서로 다른 것이 없습니까? 대답하기를 서양의 학문과 천도와 같으나 다름이 있으니 주문呪文은 같으나 실익實益이 없다. 하지만 운수運數는 하나요, 도리道理는 같으나 이치理致는 다르다.[8)]

위의 글에서는 동학과 서학이 하나의 시운時運을 타고 나왔으며 추구하는 길[道]도 같지만, 다만 그 '이(理)', 즉 이치는 서로 다르다고 말했다. 여기서 이(理)란 도(道)를 실현하는 구체적인 방법론을 말한다. 이처럼 최제우는 서학을 무조건 배척하고 반대했던 것이 아니라, 서학이 지닌 근대성과 보편성을 인정하고 있었다. 그러므로 동학을 서학에 대한 대항 담론으로 성립된 사상이라고 보는 학계의 이해와 그 평가는 적절하고 온당하지 않은 것으로 보인다.

그보다는 오히려 서학이 지닌 근대성과 보편성을 두루 인정하고 받아들이면서도 그것이 지닌 제국주의적이며 침략주의적인 성격을 극복함으로써 조선인에게 적합하면서도 조선의 역사와 전통에 어울리는 주체적인 사상을 만들고자 했던 백성들의 열화와 같은 소망을 집대성한 사상적 창조의 결과물이 바로 동학이며, 그것을 체계화한 인물이 바로 동학의 창도자인 최제우였다고 보아야 할 것이다.

4. 동학농민운동의 미래를 열어주는 참여정치

근대정신이 지닌 또 하나의 특성은 각 국가의 국민이 평등하게 정치에 참여하여 참정권을 획득하는 것이다. 민족주의의 정신을 지닌 동학은 외세로부터 우리나라를 방어하려는 자주의식과 정치참여를 표방하고 있다. 최제우는 일본에 대하여 부정적인 견해를 고수하고 있었다. 동학사상에 나타난 일본은 항상 우리의 침략자로서 대적해야 할 상대 국가로 인식하고 있다. 일본과의 관계를 비판하면서 동학은

----

8) 「논학문(論學文)」, 『동경대전(東經大全)』,
轉至辛酉, 四方賢士, 進我而問曰, 今天靈降臨先生, 何爲其然也. 曰受其無往不復之理, 曰然則何道以名之, 曰天道也. 曰與洋道無異者乎, 曰洋學如斯而有異, 如呪而無實, 然則運則一也, 道則同也, 理則非也.

정치참여와 자주의식을 더욱 극명하게 보여주고 있다.

　최제우는 16세기 말에 일어난 임진왜란을 상기하면서 일본의 침략에 대하여 깊이 통찰하고 있으며, 자신이 훌륭한 재상이 되어서 다가올 일본의 침략을 물리치고자 하는 대일의식을 동학가사에 반영하고 있다.

　　　기갓흔 왜적놈아 너의 신명神命 도라보라
　　　너의 역시 하륙下陸히셔 무슨 은덕 잇셔던가
　　　전세前世 임진壬辰 그때라도 오성한음鰲城漢陰 업셔시면
　　　옥사보젼玉璽保全 누가할고 아국명인 다시업다
　　　나도 쏘한 하늘님게 옥ᄉ보젼 봉명奉命힛네
　　　　　　　　　　　　　　　∴「안심가安心歌」

　화자는 임진왜란 때에 우리의 영토를 짓밟은 일본에 대한 민족의 분노를 표출하고 있다. 여기서는 '기갓흔 왜적놈아'라는 말을 3번이나 사용하고 있다. 그 이유는 역사적으로 일본이 한국의 침략자로서 항상 우리를 괴롭혔고, 임진왜란(1592) 때에는 한국을 침입해서 수많은 약탈을 했다는 데에 그 원인이 있었다고 할 수 있다. 이러한 표현은 과거 임진왜란에 대한 분개와 분노에서 그치는 것이 아니라 '미래에도 그와 같은 근심이 닥쳐오고 있다.'라고 추측한 예언에서도 짐작할 수 있다.

　1860년에 이 가사를 최제우가 지은 후에 1876년 일본은 한국과 강화도에서 수호조약을 맺어 한국의 침략을 노골화하기 시작하였다. 그 후에 한국은 일본에 합병되어 1910년부터 지배를 받게 되었다. 이러한 표현의 이면에는 19세기 후반기 우리나라의 사정이 임진왜란과는 달리 국난을 극복할 만한 인물이 없음을 깊이 한탄하면서 지은 것이다. 그리고 최제우 자신이 '하느님께서 나라를 지키라는 명령을 받들었다.'라고 주장을 하고 있다.

> 나도 쏘흔 신션神仙으로 이런 풍진風塵 무숨일고
> 나도 쏘흔 하늘님게 신션神仙이라 봉명히도
> 이런 고싱 다시 업닉 셰샹 음히陰害 다하더라
> 긔장奇壯하다 긔장하다 내집 부녀婦女 긔장하다
> 내가 쏘흔 신션되야 비샹텬飛上天 혼다히도
> 기갓흔 왜적놈을 하늘님게 조화밧아
> 일야간一夜間에 쇼멸消滅하고 젼지무궁專之無窮 하여 노코
> 대보단大報壇에 밍셔하고 한의원수汗夷怨讐 갑허보세
>
> ∴「안심가安心歌」

위의 가사에서 최제우는 국난을 극복하고 난세를 구하고자 하느님께 명을 받아 이 세상에 나왔다고 한다. 하느님의 명을 받아 이 세상에 태어나도 임진왜란의 영웅인 김덕령이 소인들에게 참소讒訴를 당하였듯이 최제우 자신도 세상의 다양한 사람들이 '서학'이니 '혹세무민惑世誣民'이니 하여 온갖 음해로 거짓말하고 모함을 하였던 사실을 말한다. 하지만 자기 집의 부녀자들은 기특하고 장하여서, 자신이 '신선이 되어서 하늘로 날아간다.'라고 주장을 해도 '일본의 침략을 물리치는 일을 믿는다.'라고 확신을 하며 예측한다. 이렇게 일본을 물리치고자 하는 정신은 16세기 말에 일어난 임진왜란의 상황이 아니라, 여기서는 19세기 말기부터의 일본의 침략상황을 예측하고 가정하여, 화자가 하느님의 비법을 받아서 하룻밤 만에 '개와 같은 왜적 놈을 멸망하

여야 한다.'라고 예측하며 주장하고 있다.

　위의 인용문에서는 앞으로 닥쳐올 일본의 침략에 대한 대책으로 하느님의 뜻을 받아서 일본을 물리치겠다는 예언을 설파하고 있다. 하지만 최제우는 군사를 준비하여 일본과 전투를 치르지도 못하고, 1864년 대구의 계산동 관덕정 뜰에서 관군에게 처형을 당하였다. 그 후에 반세기가 가까워지자, 1910년에 우리나라는 일본에게 침략당하여 일본의 식민지가 되었다.

　1860년 동학을 창시한 최제우는 우리나라가 일본에 대해서 경계심을 놓쳐서는 아니 된다고 주장하며 '개와 같은 왜적 놈을 멸망하여야 한다.'라고 노래하면서 앞의 인용문과 같이 강조하였다. 최제우의 이러한 일본에 대한 적개심과 경계심은 1894년에 일어난 갑오농민전쟁의 실마리를 제공하며 동학군의 정신적인 지주가 되었다. 그러나 농민군은 황토현 전투에서 일본군과 관군의 연합세력에 패배하여 10여 년의 세월이 흐르자 다시 우리나라는 일본의 식민지가 되었다.

　　　공중空中에서 외는 소리 물구물공勿懼勿恐 하여셔라
　　　호뎐금궐昊天金闕 샹뎨上帝님을 네가웃지 알ᄉ부냐
　　　초야草野의 무친 인ᄉ人生 이리될 쥴 알앗던가
　　　기벽시국開闢時局 초일初日을 만지쟝셔滿紙長書 나리시고
　　　십이제국十二諸國 다버리고 아국운수我國運數 몬저하네
　　　　　　　　　　　　　　　　　　　　∴「안심가安心歌」

　위의 가사는 하느님이 동학의 교조인 최제우에게 천도天道를 우리나라에 내리는 과정을 서술한 부분이다. 동학에 의하면 나라를 잘 보전하는 것은 동학의 교조가 하느님으로부터 받은 조화의 능력이라고 하겠으며 그것은 구체적으로 백성들이 정치에 참여함으로써 이루어질 수 있다. 하느님이 동서양의 십이제국을 다 버리고 우리나라의 운수부터 먼저 말한다고 하였다. 이러한 사실은 동학이 시대적 상황에 맞추어 백성들이 참정권을 행사하는 정당정치나, 주권재민의 권력을 담보하고 있는 근대국가의 권력 행사로의 개혁에도 관심을 가졌음을 나타낸다. 이것은 동학이 제시한 보국안민輔國安民과 제세구민濟世救民하는 정책을 실현하는 방법으로서, 백성들이 현실정치에 적극적으로 참여함으로써 비롯된다는 사실을 암시하고 있다.

즉, 동학을 믿는 사람은 누구나 하느님에게 받은 조화와 그 능력으로 현실정치에 참여하여 우리나라를 보전할 수 있다. 동학을 잘 믿으면 누구나 교조인 최제우처럼 신선神仙의 경지에 오를 수 있다. 이러한 사상은 백성들의 참정권을 말하는 것으로 근대국가의 정치사상을 반영하고 있다. 19세기 말의 어려운 국난의 시기에 일어난 동학은 현실의 개혁을 주장하고, 나라가 위태로운 시절에는 외세의 배척을 주장하면서 민족자주의 정신을 강조하고 있다. 동학을 창제한 교조 최제우의 이러한 정신은 1894년 전봉준이 주동이 된 동학농민운동과 1919년 일본으로부터 조선독립을 주장한 3·1운동의 사상으로 이어져, 우리 민족의 전통정신으로 승화되어 오늘날까지 이어지고 있다.

그러나 1860년대 이후에 자주 일어난 민란들은 자연발생적으로 일어나 봉건지배 체제를 스스로 해체할 원동력을 계속해서 마련하지 못하였다. 그러므로 연이은 민란들은 구체적인 투쟁의 지침을 확립하여 계획적으로 봉건사회의 해체라는 투쟁의 목표에 집결할 힘을 응축하면서 봉건사회에 대응하는 데는 한계를 보였다. 이에 비해 동학농민운동은 수탈의 위기에 처한 농민들이 봉건사회를 개혁하기 위해 자발적으로 일어난 농민투쟁이었다.

이 농민운동은 동학이라는 종교를 기반세력으로 하여 농민들을 자발적으로 참여시킬 수 있는 구체적인 투쟁의 목표와 현실적인 전략을 지닌 최초의 농민전쟁이라고 할 수 있다. 동학농민운동에 참여한 농민군은 농민, 천민, 일부 몰락한 양반층으로 구성되었다. 지도자는 동학의 조직 간부로서 농민의 요구를 수용할 수 있는 농촌의 지식층으로 구성되어 있었다. 이러한 동학의 실천정신은 교조인 최제우(1824~1864)가 지은 동학가사에 나타난 것이다. 이것은 곧 조국의 국권수호라는 동학이 지닌 민족자주와 백성에게 주어진 정치참여의 정신을 그대로 반영한 것이라 할 수 있다.

5. 근대국가의 여명을 밝혀주는 남녀평등

동학사상에는 만민평등의 사상이 기조를 이루고 있다. 종교의 세계에서 주장하는 인간의 평등사상을 봉건사회의 일반 민중들은 오히려 새로운 희망으로 받아들였다. 민중들은 다가오는 미래의 새로운 시대에 주역으로 등장할 수 있다는 믿음과 그 철학을 소유하게 되었다. 동학가사에서는 집안의 부인을 화평하게 하지 못하게 한다면, 비록 하느님을 위하는 일이라도 반드시 감동을 줄 수 없다고 주장하고 있다. 동학사상은 봉건사회에서 억눌렸던 여성들에게 19세기 말에 남성과 거의 동등한 인권을 부여하고 있다.

이러한 『용담유사』의 사상을 이어받아 1894년 동학농민운동에서는 여성의 인권을 더욱 발전시켜서 『경국대전』에서 금지한 여성의 개가금지를 철폐하는 시정개혁안을 마련하게 되었다. 19세기 동학가사에 나타난 보국안민輔國安民과 제세구민濟世救民의 정신을 통해 구현하는 근대의식과 남녀평등의 사상은 봉건사회를 타파하는 동학농민운동의 원동력이 되었고, 해방 이후에는 대한민국이 오늘날의 민주주의 국가를 수립하는 기본정신이 되었다.

『용담유사』에서는 인간의 평등사상과 아울러 여성과 남성의 동등한 사회적 지위를 강조하면서 인정하고 있다. 전통사회의 유교에서는 여성에게 삼종지도三從之道를 교화의 목표로 삼았고, 여성의 권리를 한정하여 독자적으로 가정을 이끌어가지 못하게 하였다. 대체로 전통의 유교사회에서는 소인과 여자는 가까이하면 불손하고 멀리하면 원망한다고 하였다.[9] 여성에게는 가정 밖의 사회활동이 대부분 금지되었고 외출도 철저하게 제한되었다. 그리고 여성에게는 개가를 허용하지 않았다. 남성에게는 축첩이나 재혼이 가능하였으나, 여성에게는 칠거지악七去之惡을 내세워 가정생활을 하면서 부덕婦德을 강요하였다. 조선사회에서 여자는 인격체로서의 권리를 제대로 누릴 수 없는 노예적 상태라 할 수 있다. 이러한 상황에서 1860년 최제우가 창도한 동학은 남녀의 평등을 강조하여 여성의 지위 향상에 매우 중요한 매개체가 되었다.

동학의 기본이념인 시천주侍天主 사상은 인간의 평등사상에서 출발하고 있다. 이 시천주侍天主의 사상은 양반사대부 사회에서 구축하고 있던 계급질서를 부정하여 양반兩班, 서민庶民, 노예奴隷, 남녀男女, 부부夫婦의 구별을 전적으로 부정하고 있다. 이러한 사상은 귀천이 뚜렷한 봉건사회의 시각에서는 혁명적인 사고이며 개혁적인 생각이라 할 수 있다.

텬지음양天地陰陽 시판후始判後에 빅천만물百千萬物 화化히나셔

---

9) 「양화陽貨」, 『논어論語』 권卷17.
　子曰 唯女子與小人, 爲難養也. 近之則不遜, 遠之則怨.

> 지우쟈至愚者 금슈禽獸요 최령쟈最靈者 사람이라
>
> ∴「도덕가道德歌」

　동학의 창시자 최제우는 위의 가사에서 세상의 만물 중에서 인간을 으뜸으로 여기고 있다. 이러한 시천주侍天主 사상은 봉건사회에서 신분차별을 받던 하층민에게는 하나의 커다란 희망을 줄 수 있었다. 더욱이 조선시대에 소외를 받았던 여성에게는 시천주로서 인격을 존중받아야 한다는 데까지 그 지위를 향상시킬 수 있었던 것이다. 동학에는 이러한 여성인격의 존중사상이 일찍이 자리를 잡았다. 그래서 최제우는 여자종을 며느리와 양녀로 삼아 신분을 해방시켰는데 이는 신분의 타파와 인간의 평등사상을 몸소 실천한 것으로 그 의의가 크다.

　최제우의 시천주 사상을 더욱 발전시킨 2세 교주 최시형은 남자들의 횡포에서 허덕이는 부인들을 위해 지은 「내수도문內修道文」에 다음과 같은 내용의 글을 담고 있다.

> ① 집안의 모든 사람을 한울 같이 공경恭敬하라. 며느리를 사랑하라. 노예奴隷를 자식子息같이 사랑하라. 우마육축牛馬六畜을 학대虐待하지 말라. 만일 그렇지 못하면 한울님이 노하시나니라.
> ④ 일체一切 모든 사람을 한울로 인정認定하라. 손이 오거든 한울님이 오셨다 하고 어린 아해를 때리지 말라. 이는 한울님을 치는 것이니라.[10]

　위의 인용문에서는 봉건사회의 질서 속에서 약자의 위치에 있는 부녀와 아동 그리고 노비들을 사랑하여 하느님 섬기듯이 하라고 강조하며 주장한다. 유교의 질서 안에서 천대받고 억압받았던 여성과 어린이에게도 인내천人乃天으로서의 인격이 있음을 일깨워주는 만민평등의 정신을 밝힌 것이라 할 수 있다.

> 텬싱만민天生萬民 하여쓰니 　필슈기직必授其職 할써시오
> 명내직텬命乃在天 하여쓰니 　죽을념려 웨잇으며
> 하놀님이 사룸 닐째 　　　록錄업시는 아니닉네
> 우리라 무슨 팔즈八字 　　　그딕지 긔험할소
> 부富하고 귀貴흔사룸 　　　이젼시졀 빈쳔貧賤이오
> 빈貧하고 쳔賤흔사룸 　　　오는시졀 부귀富貴로셰
> 텬운天運이 순환循環하소 　　무왕불복無往不復 하시나니
>
> 　　　　　　　　　　　　　　∴「교훈가敎訓歌」

위의 가사에서처럼 동학의 평등주의는 하나님 앞에 평등을 주장하는 기독교의 평등주의와 차이가 있으며, 법 앞에 평등을 주장하는 법치주의와도 차이를 지니는 인간사회의 근본의 문제에서 제기한 만민의 평등주의라 할 수 있다. 동학에 나타난 만민평등의 가르침은 당시 빈천의 삶에서 위기를 겪고 있는 많은 백성과 민중들에게 새로운 희망이 될 수 있었다.

19세기의 당시를 살아가는 민중들과 백성들은 비록 빈천을 면치 못하는 신분이었다. 동학에서는 다가오는 새로운 시절에는 민중이 행복한 삶을 맞이하게 되고, 나아가서는 동학의 정신을 실천함으로써, 민중들이 새로운 시대의 주역이 될 것이라는 희망을 설파하였다. 귀

---

10) 이돈화, 『천도교창건사』II, 천도교중앙종리원, 1933, pp 40~41.

천의 신분이 뚜렷한 봉건사회에서 이러한 사상은 하나의 혁명이며 반역이라고 할 수 있다. 당시 동학이라는 종교 단체에서 주장하는 만민의 평등사상은 일반 백성과 민중들의 입장에서는 오히려 새로운 희망이 되었다. 그래서 백성들과 민중들은 자신들이 다가오는 미래의 시대에는 새로운 주역으로 등장할 수 있다는 믿음과 희망의 철학을 소유하게 된 것이다.

한편, 동학가사에서는 인간의 생사와 인간 생활의 모든 것이 하느님과 깊은 관계가 있음을 선포하게 되었다.

로쳐老妻의	거동보쇼	뭇넌 말은 되답즌코
무릅안고	입다시며	셰상소리 세네마듸
근근이	쓰러니여	텬장天障만 슙히면서
쑴일넌가	잠일넌가	허허세상 허허세상
다갓치	셰상사롬	우리 복福이 이러할스
하놀님도	하놀님도	이리될 우리 신명神命
웃지압날	지난 고싱苦生	그듸지 시기신고
오늘스	참말인지	여광여취如狂如醉 뎌 량반을
간곳마다	싸라가셔	지질흔 그 고싱苦生을
눌노듸히	그 말이며	그 중에 집에들면
장담壯談갓치	하는 말이	그 사람도 그 사람도
고싱苦生이	무어신고	이내팔즈 조흘진듸
희락喜樂은	벗슬숨고	고생은 희락이라
잔말말고	싸라가세	공로空老할 내아니라

∴「교훈가教訓歌」

동학의 교조 최제우는 부부관계가 인간사회의 모든 질서의 시작이라고 하였다. 부부관계는 가도화순家道和順하며 부화부순夫和婦順의 상태에 이르러야 한다고 했다. 하지만 부부관계에 있어서 여성의 도리로는 남편의 잘못이 크게 없으면 아내가 순종하는 여필종부女必從夫의 도리를 내세우고 있다. 득도한 후 최제우는 처음으로 그의 부인에게 동학에 입교하여 수련하기를 간절히 권하였다. 그러나 그의 부인은 최제우가 미친 것으로 생각해 연못에 빠져 죽겠다며 수차례 자살을 기도했다고 한다. 그러할 때마다 최제우는 부인을 집으로 데리고 와서 부인을 설득하였는데 거의 한 달 후에는 부인이 그 정성에 감동을 받아서 처음으로 남편이 만든 동학교의 신도가 되었다고 한다.

위의 가사는 1860년에 창작한 것으로 최제우가 득도한 후에 동학의 교도들에게 수도의 방법과 절차를 설명하기 위해서 지은 「교훈가」라는 작품이다. 가사에서는 부인의 다양한 행동을 대화체를 수용하여 면밀하게 묘사하여 그려내고 있다. 여기서 부인이 말한 내용을 가감하지 않고 표현하여 자기 아내의 모습을 사실적으로 표현하여 자신감과 신뢰성을 독자에게 주고 있다.

그리고 「안심가」에서는 '현숙흔 닉집부녀 이글보고 안심하소', '거룩흔 닉집부녀 근심말고 안심하소'라고 표현을 하고 있다. 자신의 부인에게 '거룩하다'와 '현숙하다'라는 형용사를 사용하고 있다. 이러한 사실은 최제우가 동학의 전도와 포교를 위해서 여자들의 인격을 최상으로 높여 부른 것이다.

가도화순家道和順 하는 법은　　부인婦人의게 관계하니
가장家長이 엄숙하면　　　　　이런빗치 웨잇스며
부인경계婦人警戒 다 바리고　　뎌도 역시 괴이하니

절통切痛코 이달哀怛하다 　　유시부有是夫 유시처有是妻라
하는도리 업다마는 　　　　현숙賢淑흔 모든 벗은
츠츠츠츠 경계히셔 　　　　안심안도安心安堵 하여쥬소
　　　　　　　　　　　　　　∴「도슈사道修詞」

　동학의 윤리관은 유교의 삼강오륜三綱五倫을 바탕으로 수신제가修身齊家의 교훈을 많이 담고 있다. 위의 가사에서는 가도家道가 화순和順하고 편안한 것은 부인에게 관련성이 많다고 하여 가정에서 여성의 중요성을 인정하고 있다. 최제우가 주창한 가도화순家道和順과 부화부순夫和婦順은 부인에게 위압적이고 독선적인 가부장제도인 봉건사회의 부부윤리와는 전혀 달라서 여성들에게 새로운 희망을 주고 있다.
　동학의 부부윤리는 가정이 인간만사의 중심이 되고 가정의 중심에는 부부가 있고 부부夫婦는 대등하고 평등한 관계로 성립되어야 한다고 주장했다. 동학에서는 부부의 상호존중과 남편의 부드러운 설득으로 가정은 화평하게 된다고 주장한다. 이러한 사상은 유교의 속박에서 억눌려왔던 여성에게 새로운 삶의 의미를 찾게 하였다고 할 수 있다.
　부부의 위치는 종래의 가부장적 가족제도의 위치에 두되, 부녀를 강제와 폭력으로 다스리지 말고 사랑과 관심으로 인격적으로 존중하여 대하라고 주장하고 있다. 또 동학사상에서는 부인을 화평하게 하지 못한다면, '비록 하느님을 위하는 일이라도 반드시 감동할 수 없다.'라고 주장하였다. 동학사상은 봉건사회에서 억눌렸던 여성들에게 19세기 말에 남성과 거의 동등한 인권을 부여하게 되었다. 이러한 『용담유사』의 사상을 이어받아 1894년 동학농민운동에서는 더욱 여성의 인권을 발전시켜 『경국대전』에서 금지한 여성의 개가금지를 철폐하는 시정개혁안을 마련하게 되었다.

이런 동학사상은 여성들에게 남녀평등, 사회참여, 민족자주의 근대정신을 정립시켜주었다. 다름이 아니라 봉건사회에서 인내와 맹종을 요구받았던 여성들에게 동학은 어두운 질곡의 시대로부터 천천히 탈바꿈하는 새로운 남녀평등의 정신세계를 안내하여 주었다고 할 수 있다.

6. 동학가사의 만민평등과 민주국가의 건설

19세기 말에 수운 최제우에 의해 창제된 동학은 서양에서 전해진 천주교와 기독교의 사상을 적절하게 수용하며 동양의 유교와 불교 그리고 도교의 사상을 융합하고 발전시킨 것이라 할 수 있다. 그래서 동학의 사상에는 19세기 한국의 정치사상이나 사회사상을 많이 포함하고 있다. 당시의 역사적 상황으로 말미암아 동학은 혁명적인 민중주의와 민족주의 그리고 인간평등의 근대정신을 포함하게 되었다. 동학농민운동 때에는 동학의 접주와 지도층이 직접 가담하여 혁명군의 지휘부를 구성함으로써 동학의 조직이 농민운동의 조직으로 변해서 그 중심부에 있었다. 그래서 동학사상은 동학농민운동의 이념이 되었으며 그 매개체가 되었다.

조선후기에 전래된 서학과 천주교는 인간의 존엄성을 표방하고 현실사회에 정의를 실천함으로써 박애와 평등의 평화세계를 이룩하겠다는 만민평등의 정신에 바탕을 두고 있었다. 유일신인 천주교는 하나님 앞에서 만인이 평등하고 박애로서 서로 사랑하자는 실천사상을 펼치고 있다. 유교 사회의 정치를 주장하던 당시의 사회에서는 천주교가 제시한 만민평등, 남녀평등, 사회참여, 민족자주 등의 근대정신은 지배층의 감시와 박해로 소수계층에게 전파되어 국가에 대한 영향력은 비교적 미미하였다.

서학과 천주교의 사상을 적극적으로 수용한 동학은 19세기 중엽에 향반계층의 최제우가 조선사회 내부의 부정부패와 서양세력의 조선 침략을 반대한다는 깃발 아래 창제하였다. 동학의 기본사상인 시천주 侍天主 곧 인내천人乃天사상은 만민의 평등사상에서 시작하고 있다. 그래서 조선의 봉건제도를 구축하고 있던 반상班常, 노주奴主, 적서嫡庶, 남녀男女 등의 차별을 전적으로 부정하였다. 모든 인간이 평등하다는 하늘이 준 인권을 바탕으로 동학에서는 남녀평등이라는 사상을 배태하게 되었다. 이러한 동학의 정신은 당시의 피지배층이었던 서민들과 여성들에게 큰 반향을 불러 일으켰으며 새로운 믿음과 희망을 가지도록 하였다.

동학가사에서는 새로운 민족국가의 수립이라는 과제를 달성하기 위해서 봉건제도를 개혁하고 타파하여 민족주의와 민중주의에 기반을 둔 근대국가를 건설하는 이론적 근거를 제공하고 있다. 1894년 전봉준이 지도한 동학농민운동은 부패한 정치세력을 축출하고 가렴주구를 근절하는데 그치는 것이 아니라 농민전쟁을 통해서 사회를 개혁하고 부패정치를 청산하여 국정의 근본을 개혁하면서 근대국가를 건설하는 일이었다.

최제우는 서학을 무조건 배척하고 반대했던 것이 아니라, 서학이 지닌 근대성과 보편성을 인정하고 있었다. 그러므로 동학을 서학에 대한 대항담론으로서 성립된 사상이라고 보는 세간의 이해는 적절하고 온당하지 않은 것이다. 그보다는 오히려 서학이 지닌 근대성과 보편성을 두루 인정하고 받아들이면서도 서학이 지닌 제국주의적이며 침략주의적인 성격을 극복함으로써 조선인에게 적합하면서도 조선의 역사와 전통에 어울리는 주체적인 동학사상을 만들고자 했다.

동학사상에는 만민평등의 사상이 기조를 이루고 있다. 피지배계층인 민중이 비록 현재는 빈천을 면치 못하는 신분이었다고 해도, 다가오는 새로운 시절에는 행복한 삶을 맞이하게 되고, 나아가서는 이 시대의 주역이 될 것이라고 주장한다. 귀천의 신분이 뚜렷한 봉건사회에서 선포한 이러한 사상은 하나의 혁명이라고 할 수 있다. 종교의 세계에서 주장하는 인간의 평등사상이 백성과 농민의 입장에서는 오히려 새로운 믿음과 희망이 되었다. 그래서 백성들은 다가오는 미래의 새로운 시대에 주역으로 등장할 수 있다는 믿음과 그 철학을 소유하게 되었다.

또 동학가사에서는 '부인을 평화롭게 하지 못하게 만든다면, 비록 하느님을 위하는 일이라도 반드시 감동할 수 없다.'라고 주장하고 있다. 동학사상은 봉건사회에서 억눌렸던 여성들에게 19세기 말에 남성과 거의 동등한 인권을 부여하게 되었다. 이러한 『용담유사』의 사상을 이어받아 1894년 동학농민운동에서는 여성의 인권을 더욱 발전시켜서 『경국대전』에서 금지한 여성의 개가금지를 철폐하는 시정개혁안을 마련하게 되었다.

이처럼 19세기 동학가사를 통해 구현하는 근대의식과 남녀평등의 사상은 봉건사회를 타파하는 동학농민혁명의 원동력이 되었고, 대한민국이 근대 민주주의 국가를 수립하는 기본정신이 되었다.

동학사상에 나타난 보국안민의 의미와 수사학

1. 동학사상과 실현정책

동학은 1860년 수운水雲 최제우(崔濟愚, 1824~1864)의 창도創道에서 시작되었다. 1860년대 국제정치의 상황은 매우 혼란한 상황의 연속이었다. 서양의 연합국은 중국의 북경을 점령하고 북경조약北京條約을 체결하여 중국에게 배상금의 지불을 요구하면서 천주교의 포교와 교회당 설립 등의 자유를 획득하였다. 이러한 변화에 한국의 선비들과 지식인들은 큰 충격을 받았다. 혼란스러운 국제정세와 서학인 천주교의 포교를 중국에서 허용한 사실은 동학의 창시자인 최제우에게 조선사회의 큰 위기로 받아들여졌다. 이처럼 최제우가 동학을 창도한 이유는 대외적으로 북경조약으로 중국에서 서학의 포교를 허용한 것과도 밀접하게 연관되어 있다. 그는 중국을 중심으로 전개되던 동아시아의 질서가 서양세력에 의해 무너진 것을 순망치한脣亡齒寒으로 표현하면서 탄식하고 있다. 그리고 중국이 무너지면 우리나라를 비롯한 동아시아의 나라들도 머지않아 모두 중국처럼 서양세력의 침략이 본격화될 것으로 예측하였다.

최제우는 1860년 동학東學을 창도創道할 시기에 교도들의 명첩名帖에 실천할 계명誡命을 적어 주었다. 그 내용은 첫머리에 용담연원龍潭淵源, 검악포덕劍岳布德이라는 8자를 쓰고, 끝에는 대자특서大字特書로 '보국안민輔國安民, 포덕천하布德天下, 광제창생廣濟蒼生'이라는 실현정책을 기록하였다.

여기서 용담龍潭은 수운水雲 최제우(1824~1864)를 뜻하고, 검악劒岳은 해월海月 최시형(1827~1898)을 의미한다. 즉, 수운이 동학을 창도하여 근원을 이루고, 해월이 널리 덕을 베풀어 포교한다는 의미를 지니고 있다. 동학에 나타난 최제우의 보국안민輔國安民이라는 명제는 『용담유사』와 『동경대전』에 담겨 있는 가장 중요한 실현정책이며, 20세기 이후에는 일본의 침탈로부터 한국사회의 독립운동을 이끌어가는 중요한 의미이며 그 수사학이었다고 할 수 있다. 보국輔國에는 서세동점西勢東漸으로 위태로운 국가를 도와서 국가를 개혁해야 하는 상황을, 안민安民에는 백성들의 편안함을 추구하여 만민의 평등함을 주장하는 인내천人乃天 사상을 담보하고 있다. 수운 최제우는 『용담유사』와 『동경대전』에서 인내천人乃天 사상을 동학의 이념으로 채택하였다. 그리고 국가존립의 실현정책으로 보국안민輔國安民을 주장하였고, 사회복지의 실현정책으로 광제창생廣濟蒼生을 강조였으며, 종교문화의 실천정책으로 포덕천하布德天下라는 명제를 내세웠다. 이처럼 동학은 국가와 사회를 개혁하고 보국안민 즉, 제폭구민濟暴救民을 실현하는 정책을 내세워 민중들이 참여하는 동학농민운동의 미래를 열어주었다고 할 수 있다.

　동학은 창도할 때부터 대외적으로 서구열강의 동아시아 침탈에 대한 걱정을 표출하면서 보국안민輔國安民의 실현정책에 집중하고 있음을 알 수 있다. 19세기 조선의 사회는 나라의 지도이념인 성리학과 유교 정치가 나라를 이끌어갈 기능을 상실하여 국가의 기능마저 무너져서 각처에서 농민의 반란이 일어났다. 19세기 초반에 일어났던 홍경래난(1811~1812)을 시작으로 임술년(1862)에 일어난 진주민란은 이러한 현상을 잘 보여주고 있다. 최제우는 19세기 중반의 조선사회가 혼란한 원인을 조선사회의 체제모순과 서양세력의 침략에 의한 국가적 위기상황에 있다고 파악하였다.

동학의 경전인 『용담유사』와 『동경대전』에서는 조선사회의 봉건체제의 모순과 종교인 천주교의 침투에 대하여 걱정을 표출하고 있으며, 대외적으로는 서구열강의 동아시아 침탈로 조선의 국권을 걱정하면서 보국안민輔國安民의 실현정책에 집중하고 있다. 19세기 말에 최제우는 서학을 공부하고 비판하면서 보국안민輔國安民의 대책으로 동학을 창도創道하고, 『용담유사』와 『동경대전』을 저술하였다.

『동경대전』과 『용담유사』에는 수운 최제우가 신비한 종교체험을 한 1860년 4월 5일부터 조선의 관군에게 체포가 된 1863년까지 쓴 글들이 문집의 형태로 수록되어 있다. 한글로 쓴 『용담유사』에는 「용담가(龍潭歌, 1860)」, 「안심가(安心歌, 1861)」, 「교훈가(敎訓歌, 1861)」, 「도수사(道修詞, 1861)」, 「권학가(勸學歌, 1862)」, 「몽중노소문답가(夢中老少問答歌, 1862)」, 「도덕가(道德歌, 1863)」, 「흥비가(興比歌, 1863)」 등의 동학가사가 전해오고 있다.[1] 그리고 한문으로 쓴 『동경대전』에서는 「포덕문(布德文, 1861)」, 「동학론(東學論〔논학문論學文〕, 1862)」, 「수덕문(修德文, 1862)」, 「불연기연(不然其然, 1863)」 등의 논문을 저술하였다.[2]

당시 최제우는 『용담유사』와 『동경대전』에서 미래에 닥칠 일본과 서양 제국의 침략으로부터 국가와 민족을 지키려는 보국안민의 계획이 없는 조선의 정부에 대해 실망감을 함께 표현하고 있다. 최제우의 이러한 상황인식은 민중과 국가를 위해 보국안민을 제시해야 한다는 자신의 역할을 설정하고 한글로 지은 가사인 『용담유사』와 한문으로 저술한 경전인 『동경대전』에서도 그 명제를 확실하게 표현하고 있다.

----

1) 한국정신문화연구원, 『동학가사』 I, II, 1979.
   김문기 주해, 『동학가사』 ①~⑥, 동학문화재단, 2009~2016.
   김용옥, 『용담유사』, 통나무, 2022, 52~57면 참조.
2) 김용옥, 『동경대전』 1,2, 통나무, 2021, 참조.
   윤석산, 『주해 동경대전』, 모시는사람들, 2021, 참조.

『동경대전』과 『용담유사』의 표현상 특징이라고 한다면, 다른 논문이나 학술 서적보다도 비유적 표현인 수사학을 많이 사용하고 있다는 점이다. 전통적으로는 수사학을 말하는 기술이나 웅변술이라고 정의했으나, 최근의 수사학은 설득의 방법으로서 말하기 기술이라는 관점을 넘어서서 인간 경험의 가장 깊은 차원까지 관통하는 인식론의 관점으로 은유隱喩와 환유換喩의 수사학을 각각 보수保守와 진보進步의 개념으로 해석하고 있다. 야콥슨(1896~1982)은 수사학의 연구에서 간략하게 수사학을 정리하여 은유와 환유의 두 가지 방법으로 환원시켜 설명하고 있다.[3] 여기서는 『동경대전』과 『용담유사』에 나타난 보국안민의 개념을 뒷받침하는 사자성어를 『조선왕조실록』에서 찾아 그 의미의 지속과 변화를 은유와 환유의 수사학으로 나누어 분석하여 살펴보고자 한다. 동학의 사상을 담고 있는 『용담유사』와 『동경대전』에 담긴 보국안민의 개념과 그 실현정책의 용어에는 민중들을 설득하기 위해 의미의 반복을 지속하는 은유의 수사학과 의미의 확장으로 진화하는 환유의 수사학이 함께 나타나고 있다.

이 글은 한국의 19세기 동학사상에 나타난 보국안민을 실천하려는 그 핵심적인 정신과 의식이 무엇인지를 검토하는 데 목적이 있다. 동학에서 보국안민이라는 명제를 설명하려 했을 때, 동학은 이미 단순한 문학이나 교리가 중심이 된 종교의 범위를 벗어나 강한 정치성을 내포한 것으로 파악할 수 있다.

『동경대전』과 『용담유사』에 나타난 언술言述의 연결은 은유의 수사학처럼 수직축으로 이루어지기도 하고 환유의 수사학처럼 수평축으로 이어지기도 한다. 수직축이나 계열축으로 이어지는 은유의 수사학

---

3) 로만야콥슨(신문수 편역), 『문학 속의 언어학』, 문학과지성사, 1989, 참조.

은 언어의 비유적 표현은 서로의 소리나 의미가 각각 다를지라도 동일한 기능을 수행하거나 한 문장 안에서 같은 위치에 올라와 있는 일련의 단어들과 서로 연관 관계가 맺어져 있다. 이러한 단어와 문장들은 서로 대체 혹은 계열체의 의미를 지닌 은유의 수사학으로 반복적으로 의미축을 형성하고 있는 정적인 구조라 할 수 있다. 한편 수평축으로 이어지는 언어의 비유적 표현은 문장 안에서 단어들이 서로 의미를 확장하면서 계기적인 순서로 연관 관계가 맺어져 치환 혹은 통합체의 의미를 지닌 환유의 영역으로 의미축을 형성하고 있다.[4] 그래서 동학가사에 나타난 은유의 수사학은 수직축을 통해서 의미의 동일성을 추구하는 정적인 구조라 할 수 있고, 환유의 수사학은 수평축을 통해 의미를 확대시켜 나가는 동적인 구조라 할 수 있다.[5]

19세기 동학의 자료로는 『동경대전』과 『용담유사』[6]가 있고, 20세기 상주에서 간행된 동학가사의 자료[7] 등이 있다. 이러한 자료를 바탕으로 지금까지 동학사상에 대한 연구는 각 분야가 조금씩 다르게 연구되고 있다. 철학사상에서는 인내천의 사상을 중심으로 종교현상을 주로 연구하였고, 국사학에서는 민권사상을 중심으로 민족운동사의 자료를 주로 연구를 하였으며, 정치학에서는 민족주의와 민중주의를 중심으로 주로 정치사상을 주로 연구하고 있다. 일찍이 국문학계에서는 동학가사에 나타난 현실의식의 중요성을 인식하여 동학을 민주주의와 민족의식 그리고 자주독립의 사상을 지닌 문학으로 평가하여 다양하게 연구하고 있다. 동학가사를 1860년대 조선사회의 대내

....

4) 마이클라이언(나병철,이경훈 옮김), 『포스터 모더니즘 이후의 정치와 문화』, 갈무리, 1996, 197면.
5) 이어령, 『시 다시 읽기』, 문학사상사, 1996, 25면.
6) 한국정신문화연구원, 『동학가사』 1.2, 1979.
7) 김문기 주해, 『동학가사』, 동학문화재단, 2009~2016.

외적인 모순에 적극적으로 대응한 개화기의 우국가사[8]로 평가하기도 했으며, 반침략과 반봉건의 민족혁명을 노래한 19세기의 최대의 시가[9]로 연구하기도 했고, 『용담유사』에 담긴 근대의 개혁사상을 밝혀낸 선편의 연구[10]가 있다.

이 글에서는 주로 동학의 자료인 『동경대전』과 『용담유사』에 나타난 보국안민의 개념과 그 의미를 『조선왕조실록』에 등장한 유사한 사자성어인 보국안민保國安民, 국태민안國泰民安, 제폭구민除暴救民 등의 한자어와 비교하여, 그 의미를 은유와 환유의 수사학으로 검토하여 살펴보고자 한다. 먼저 은유의 수사학에서는 한글의 소리가 같은 보국안민의 동음어同音語를 중심으로 살펴보고자 한다. 이들 용어에는 보국안민(輔國安民: 나라를 도와서 백성을 편안하게 함)과 보국안민(保國安民: 나라를 보호하여 백성을 편안하게 함) 그리고 보국안민(報國安民: 나라의 은혜를 갚고 백성을 편안하게 함) 등이 있다. 다음으로는 『조선왕조실록』에 등장한 사자성어로 보국안민과는 동의어同義語가 되는 국태민안國泰民安, 부국강병富國强兵, 제폭구민除暴救民 등의 다양한 사자성어를 검토하여 민본주의 사상을 반영하고 있는 보국안민의 환유적 수사학을 분석하고자 한다.

....

8) 조동일, 「개화기의 우국가사」, 『개화기의 우국문학』, 1974, pp.1~190.
9) 김인환, 「용담유사의 내용분석」, 『문학과 문학사상』, 열화당, 1978, pp6~28.
10) 정재호, 「용담유사의 근대적 성격」, 『근대문학의 형성과정』, 문학과 지성사, 1984, pp260~288.
　　윤석산, 『용담유사연구』, 민족문화사, 1987, pp1~263.

2. 국가사회 정책으로서의 보국안민의 명제

동학사상에서 보국안민輔國安民[11]은 19세기에 서양의 침략으로 바람 앞에 등불이 된 국가의 위태로움을 극복하기 위하여 국가와 민족의 정치개혁을 주장하는 명제이자 정치사상이라고 할 수 있다. 이처럼 동학에서 보국안민이라는 정책은 단순한 교리 중심의 종교를 넘어서 국가와 민족의 개혁이라는 의미를 함께 지니고 있다. 보국輔國은 서세동점西勢東漸으로 위태로운 국가를 도와서 국가를 개혁해야 하는 상황을 제시하고 있으며, 안민安民은 백성들의 편안함을 추구하여 만민의 평등함을 주장하는 인내천人乃天사상을 담보하고 있다. 그리하여 동학의 창시자 최제우는 보국안민輔國安民이라는 명제로 현실사회에 관련한 실현정책을 제시하면서 19세기 말의 조선의 정치사회를 개혁하고자 하였고, 포덕천하布德天下라는 명제를 내세워 한국의 종교문화를 개혁하고자 했으며, 광제창생廣濟蒼生이라는 명제로 19세기 말의 혼란한 조선에 근대국가로 나아가는 사회복지의 이념을 제시하였다.

수운 최제우는 동학을 창도할 때부터, 『용담유사』와 『동경대전』에서 인내천人乃天 사상을 혁명이념으로 채택하였고, 국가사회의 정책으로 보국안민輔國安民을 주장하였으며, 사회복지의 정책으로 광제창생廣濟蒼生, 종교문화의 정책으로 포덕천하布德天下라는 명제를 내세웠다. 이처럼 동학은 국가와 사회를 개혁하고 보국안민, 즉 제폭구민濟暴救民을 실현하는 정책을 내세워 민중들이 참여하는 동학농민운동의 미래[12]를 열어주었다고 할 수 있다.

---

11) 보국안민輔國安民은 한자어로 保國安民보국안민, 報國安民보국안민 등의 한자어로 사용하지만, 이 글에서는 역사와 참고문헌의 자료적 표현으로 保國安民보국안민을 표현하는 이외에는 輔國安民보국안민으로 주로 표현했음을 밝혀두고자 한다.

이에 조선의 최제우는 민족적 위기에 대처하기 위해서 보국안민輔國安民의 명제와 함께 동학을 창도하게 되었다. 초창기 동학에서 나타난 보국안민의 기록은 1894년 『왕조실록』의 기록에서 구체적으로 드러나고, 1860년에 지어진 「용담가」는 무극대도無極大道라는 개념으로 동학을 창도하는 과정을 보여주며, 1861년에 지은 「포덕문」에는 나타난 동학의 창도와 포교의 과정과 그 방법을 정리하고 있다. 여기서는 그 내용을 간략하게 살펴보고자 한다.

그 신도들은 밤이면 반드시 맑은 물을 떠놓고 보국안민輔國安民을 빌었으며 밥을 지을 때에는 쌀 한 숟가락씩을 덜어내어 '성미誠米'라고 하면서 교주敎主에게 바쳤다.[13]

천은天恩이 망극罔極하여 경신사월庚申四月 초오일에
글로 어찌 기록하며 말로 어찌 형언할까
만고萬古업는 무극ᄃㅣ도無極大道 여몽여각如夢如覺 득도得道로다
기장奇壯ᄒᆞ다 기장ᄒᆞ다 이내운수 기장ᄒᆞ다
ᄒᆞ놀님 ᄒᆞ신말솜 ᄀㅣ벽開闢후 오만년의
네가쏘ᄒᆞᆫ 첨이로다 ᄂㅡ도쏘ᄒᆞᆫ ᄀㅣ벽開闢이후
노이무공勞而無功 ᄒᆞ다가셔 너를만ᄂᆞ 성공ᄒᆞ니
ᄂㅡ도 성공成功 너도 득의得意 너의 집안 운수運數로다
이말솜 드른 후後의 심독희心獨喜 ᄌᆞ부自負로다[14]

---

12) 류해춘, 「동학가사에 나타난 근대의식과 남녀평등」, 『어문학』 140, 2018, 130~133면 참조.
13) 『고종실록』 31권, 고종 31년 2월 15일 임술 4번째 기사. 1894년 조선 개국(開國) 503년. "其信者, 夜必用淨水, 以祈輔國安民, 炊飯時取米一匙, 謂之誠米, 以供敎主."

뜻밖에도 사월에 마음이 선뜩해지고 몸이 떨려서 무슨 병인지 그 증상을 잡을 수도 없고 말로 형상하기도 어려웠다. 그즈음에 어떤 신선의 말씀이 있어 문득 귀에 들리므로 놀라 캐어물은 즉 대답하시기를 "두려워하지 말고 두려워하지 말라!. 세상 사람들이 나를 상제라고 부르는데 너는 상제를 알지 못하느냐?"

그러면 "상제님께서 이렇게 나타나신 뜻은 무엇입니까" 하고 물었다. 대답하시는 말씀이 "지금까지 나도 공이 없으므로 이제 너를 세상에 태어나게 해서 모든 사람들에게 이 법을 가르치려고 한다. 의심하지 말고 의심하지 말라!"

내가 또 물었다. 그러하오면 "서도西道로써 사람을 가르치리이까?" 하느님은 말한다.

"그렇지 아니하다. 나에게 영부靈符 있으니 그 이름은 선약仙藥이요 그 형상은 태극의 모양과 같고 또 형상은 '활궁자'를 겹쳐 놓은 모양과 같다. 나에게서 이 영부를 받아서 사람들의 질병을 건져주고, 나의 주문을 받아서 사람들에게 나를 위하도록 가르치라. 그리하면 너도 장생하여 덕을 온 세상에 펴게 될 것이라고 하시는 것이다.15)

1894년의 왕조실록의 기록에는 초창기 동학의 교도들이 보국안민을 아주 검소하게 실천하고 있는 모습을 십시일반十匙一飯이라는 내용으로 설명하고 있다. 『용담유사』의 한글 가사인 「용담가」에서는 최제

---

14) 『용담유사』, 「용담가」에서.
15) 『東經大全』, 「布德文」. 不意四月, 心寒身戰, 疾不得執症, 言不得難狀之際, 有何仙語, 忽入耳中, 驚起探問, 則曰 "勿懼勿恐 世人 謂我上帝 汝不知上帝耶", 問其所然. 曰: "余亦無功, 故生汝世間, 教人此法, 勿疑勿疑."曰: "然則西道以敎人乎."曰: "不然. 吾有靈符, 其名仙藥, 其形太極, 又形弓弓. 受我此符, 濟人疾病; 受我呪文, 敎人爲我, 則汝亦長生. 布德天下矣."

우는 득도하는 감정이 살아서 움직이며 실존하는 고뇌가 리얼하게 느껴지도록 지었고, 한편 「포덕문」은 득도 후에 1년이라는 세월이 흐른 후에 많은 경험을 거치면서 '포덕布德'이라는 사회적 행위의 당위성을 선포하기 위해 쓴 글이다. 그러므로 「포덕문」에서는 포교를 하는 논리를 개념적이면서 논리적인 문장으로 구성[16]하여 잘 정리하고 있다.

이러한 과정을 거쳐 창도創道하고 포교하게 된 동학에 등장한 보국안민輔國安民의 정신은 기본적으로 유학儒學의 민본주의 정신에 뿌리를 두고 있다. 유학에 있어서 '민본民本', '위민爲民'의 전통은 공자孔子 이전에 시경詩經과 서경書經으로부터 시작하였으며, 민본民本이란 말은 『서경書經』「하서夏書」의 '민유방본民惟邦本, 즉 백성은 나라의 근본이다.'라는 말에서 유래하고 있다.[17]

이러한 민본주의 철학을 계승한 사상가는 공자(B.C.551~479)이며, 맹자(B.C.372~289)에 이르러서는 '민귀군경民貴君輕'의 철학으로 이어져 민본사상[18]이 확립되었다. 이러한 과정을 거친 민본사상은 유교사회에서 중요한 덕목으로서 그 위치를 차지하게 되었다. 조선의 초기에도 세종(1397~1450)은 나라에서 백성이 중요하다는 사상을 강조하고 있다. 그래서 세종 임금은 "백성은 나라의 근본이요, 백성은 먹는 것을 하늘과 같이 우러러본다."라고 하였다.[19]

조선 초기에 세종은 백성들의 먹거리 문제를 통해서 백성들에게 선정을 베풀기 위해 노력하였다. 왕조실록에서 세종은 연이은 흉년을 걱정하며 관리들에게 굶어 죽는 백성이 없도록 잘 보살피라며, "만약

---

16) 김용옥, 『동경대전』 2, 통나무, 2021, 79면.
17) 『서경』 하서夏書, 「오자지가五子之歌」에 있는 '민가근民可近 불가하不可下, 민유방본民惟邦本, 본고강령本固邦寧
18) 『맹자』(孟子, 盡心下). 여기서는 민귀군경民貴君輕이라는 '民爲貴 社稷次之 君爲輕'이라는 구절을 통해서 민본사상을 정립하고 있다.

한 백성이라도 굶어 죽은 자가 있다면, 감사나 수령이 모두 교서를 위반한 것으로서 죄를 논할 것이라."20)는 교지를 내리고 있다.

이처럼 조선시대의 초기에도 세종은 나라를 잘 다스리기 위해서는 백성들을 잘 먹여 살려야 하며, 백성이 있어야 나라가 존재한다는 민본주의의 정책을 우선하였다. 민본사상을 대표하는 19세기 동학의 보국안민輔國安民이라는 명제에는 지식인들이 나라를 잘 다스리도록 도와서 백성을 편안하게 한다는 의미를 지니고 있다. 여기서는 『서경書經』에서 주창한 민유방본(民惟邦本: 백성은 나라의 근본이다.)의 의미를 지닌 민본주의 사상을 표현한 사자성어四字成語를 『조선왕조실록』에서 정리21)하여 그 다양한 의미를 은유와 환유의 수사학으로 분석하고자 한다.

보국안민이란 '나라를 잘 다스려서 백성을 편안하게 한다.'라는 의미를 지니고 있다. 이러한 의미를 지닌 사자성어四字成語로 조선의 왕조실록에서는 한글의 발음은 비슷하고 한자漢字의 표기가 다른 보국안민保國安民, 보국안민輔國安民, 보국안민報國安民 등의 용어를 함께 사용하고 있다. 그리고 발음소리가 다르면서 백성이 나라의 근본이라는 의미로 경세제민經世濟民, 국태민안國泰民安, 부국강병富國强兵, 제세구민濟世救民, 제세안민濟世安民, 제폭구민除暴救民 등의 용어를 함께 사용하고 있다.

이글에서는 사자성어의 뜻을 풀이하면서, 먼저 소리가 비슷한 보국안민이 지닌 은유적 의미를 살펴볼 것이다. 보국안민保國安民은 나라를

---

19) 『세종실록』 3권, 세종 1년 2월 12일 정해 4번째 기사, 1419년 명 영락(永樂) 17년. 民惟邦本, 食爲民天.
20) 『세종실록』 3권, 세종 1년 2월 12일 정해 4번째 기사, 1419년 명 영락(永樂) 17년. 如有一民飢死者, 監司,守令, 竝以敎旨, 不從, 論.
21) 한국고전종합DB, 『조선왕조실록』, https://db.itkc.or.kr/, 참조.

잘 다스리고 보호하여 백성을 편안하게 하는 의미를 지니고 있고, 보국안민輔國安民은 충성으로 나라를 도와서 백성을 편안하게 하는 의미를 지니고 있으며, 보국안민報國安民은 나라에 은혜를 갚고 백성을 편안하게 하는 의미를 지니고 있다.

다음으로는 백성이 나라의 근본이라는 다양한 사자성어에 나타난 환유의 의미를 살펴보고자 한다. 경세제민經世濟民은 세상을 잘 다스려서 백성을 잘 이끌어나간다는 의미를 지니고 있고, 국태민안國泰民安은 나라를 태평스럽게 하여 백성들이 편안함을 의미하고 있다. 그리고 부국강병富國强兵은 나라를 부강하게 하여 군사력의 증강을 촉구하는 정책이고, 제세구민濟世救民은 세상을 구제하여 백성을 구출한다는 의미를 지니고 있으며, 제세안민濟世安民은 세상을 잘 다스리고 구제하여 백성을 편안하게 한다는 의미를 지니고 있다. 마지막으로 제폭구민除暴救民은 백성에게 미치는 폭력을 제거하여 백성을 어려움에서 구한다는 의미를 지니고 있어 동학에서 의미하는 보국안민輔國安民의 의미를 환유적으로 완성하며 강조하는 뜻을 지니고 있다.

동학에서 보국안민이라는 명제는 19세기 당시에 서학과 천주교의 정책과는 크게 대비가 되는 대표적인 동학의 실현정책이었다. 1894년 동학농민운동의 시절에는 혁명이념으로서 인내천人乃天과 사인여천事人如天 등의 사상이 보국안민輔國安民과 제폭구민除暴救民이라는 실현정책과 함께 그 깃발을 높이 세웠다. 이 시기를 지나면서 보국안민輔國安民은 우리나라의 자주독립과 민중주의 그리고 민족주의와 민주주의 사상을 대표하는 용어로 정착하게 되었다. 이러한 보국안민輔國安民의 명제가 민중적 차원에서 생성되고 창출되어 동학을 창도할 당시부터 실현정책으로 제시되었다는 사실은 매우 의미가 크다고 할 수 있다.

3. 보국안민의 명제와 은유의 수사학

3.1. 동학과 보국안민輔國安民의 성립

19세기 중반에 동학의 창도자인 최제우는 천주교를 비롯한 서학과 서양의 세력이 우리나라를 위험하게 만든다는 현실적인 측면에서 보국안민輔國安民[22]이라는 명제를 강조하였다. 보국안민이라는 사자성어에서 보국輔國[23]이란 '충성을 다하여 나라의 일을 도운다.'라는 의미를 지니고 있다. 조선시대에는 정일품正一品의 영의정, 좌의정, 우의정 등의 관직에서도 보국輔國이라는 단어를 사용하였다. 조선시대에는 왕과 양반사대부로 구성된 지배층이 백성을 통치하는 의정부議政府라는 기구가 존재했고, 성리학이라는 통치철학의 후원하에 보국(輔國: 충성을 다하여 나라 일을 도움)의 개념이 성립될 수 있었다. 그래서 보국輔國은 삼정승들이 '충성을 다하여 나라의 일을 도운다.'라는 의미이고, 안민安民은 '백성을 편안하게 한다.'라는 의미이다. 결국, 보국안민이라는 단어는 보국과 안민이라는 두 단어의 합성으로 만들어진 것이므로, '충성을 다하여 나라를 도와서 백성을 편안하게 한다.'라는 의미를 지니고 있다. 보국안민輔國安民이라는 이 단어가 집중적으로 조명을 받기 시작한 이유는 19세기 최제우가 동학을 창도하면서 그 실현정책으로 보국안민을 채택하였기 때문이라 할 수 있다.

동학사상에서 사용된 보국안민의 개념은 최제우가 서양의 침략에

---

[22] 보국안민을 한자어로는 保國安民(나라를 보호하고 백성을 편안하게 함), 輔國安民(나라를 도와서 백성을 편안하게 함), 報國安民(나라에 은혜를 갚고 백성을 편안하게 함)등의 한자어로 표현할 수 있다. 이와 비슷한 용어로 대한민국의 국가정보원에서는 1998년까지 보국위민(保國爲民: 나라를 보호하고 백성을 편안하게 함)라는 단어를 정책의 용어로 사용하기도 하였다.

[23] 조선시대에 정일품의 문무관의 벼슬에 함께 사용한 용어이며, 조선시대의 정일품의 품계에는 대광보국숭록대부(大匡輔國崇祿大夫), 상보국숭록대부(上輔國崇祿大夫), 보국숭록대부(輔國崇祿大夫) 등이 있다. 보국(輔國)의 의미는 '충성을 다하여 나라의 일과 정치를 도운다.'라는 의미를 지니고 있다.

대한 우리나라의 자주독립에 관한 명제로 제시한 실현정책이다. 최제우는 동학을 창도할 당시부터 『동경대전』과 『용담유사』를 통해서 보국안민輔國安民이라는 단어를 사용하여 동학의 실현정책으로 그 용어를 정착시키고 있다. 이제는 보국안민輔國安民이라는 용어가 사용된 『조선왕조실록』의 자료를 찾아내서 동학에서 사용한 보국안민의 의미와 그 수사학을 검토하고자 한다. 보국안민輔國安民과 서로 비슷한 계열체의 단어로는 동음어인 보국안민保國安民, 보국안민報國安民 등의 단어가 있다. 이러한 3가지의 사자성어들은 동학에서 사용한 보국안민輔國安民과 의미가 가장 비슷하며 같은 소리가 나는 은유적인 수사학의 용례라고 할 수 있다.

한글로 소리가 똑같은 은유적인 측면에서 세 가지의 보국안민이 지닌 사자성어의 구체적인 의미는 민유방본民惟邦本, 즉 '나라의 근본은 백성이다.'라는 민본주의 정신을 바탕으로 '나라의 일을 도와서 백성을 편안하게 한다.'라는 의미를 지니고 있다.

보국안민의 의미는 『용담유사』와 『동경대전』에서 언술의 연결을 수직축으로 결합하기도 하고 수평축으로 결합하여 다양한 사자성어로 표현하고 있다. 은유의 수사학이란 같은 계열의 값을 가진 낱말들을 먼저 결합하는 선택축의 원리에 의해 수직축으로 비롯된 비유라고 할 수 있다. 은유는 두 사실의 유사성과 상호 관련성을 근거로 1:1의 대등한 유추적인 관계를 암시하고 있다. 은유의 수사학은 계열체적 순서를 의미하며 단어들의 종속적인 관계를 따르며 선언적이라 할 수 있다. 다시 말해서 은유의 수사학이라는 의미는 앞으로 결정된 것이라기보다 수직축으로 이미 결정되어 있다는 사실이다.[24]

여기서는 보국안민의 명제가 계열축인 수직축으로 서로 연결되는 은유의 수사학을 살펴보기로 한다. 먼저, 조선 초기에 보국안민輔國安

民이라는 똑같은 한자어의 단어가 처음으로 『조선왕조실록』에 등장하는 것은 세종(1397~1450) 시대의 왕조실록에서 확인할 수 있다.

> 송宋나라의 왕안석王安石이 집정 대신執政大臣이 되었을 때, 스스로 보국안민(輔國安民: 나라에 충성하여 나라에 도움을 주고 백성을 편안하게 함)을 한다고 하였으며, 신종神宗도 또한 스스로 정신을 가다듬어 잘 다스리기를 도모한다고 하였었다. 그러나 후세의 비난非難을 면치 못하였다. 내가 비록 백성에게 이利로운 일을 나라에 시행하고 있으나, 또한 후세에 나무람을 받을 것이 있지 않겠는가. 지금의 이때는 비록 무사 평안하였다고 말하나, 태평을 믿는 것은 쇠퇴衰退하고 어지러워지는 징조가 되는 것이라, 오늘의 편안한 것을 믿고 후일의 환란患亂을 생각하지 않아서는 안 될 것이다.[25]

세종은 송나라의 신종神宗과 왕안석(王安石, 1021~1086)의 신법을 예로 들면서, 자신이 백성에 관한 이익의 정치를 베풀어도 후세에 미치지 못할까 두려워하고 경계하는 마음을 표시하고 있다. 송나라의 신종을 도와서 정치를 개혁한 왕안석의 신법들은 국가가 시장경제에 개입을 늘려서, 재정 수입과 규모를 늘리면서 대지주와 대상인에 맞서서 소농과 소상인을 보호하는 성격을 지니고 있었다. 왕안석이 신종 임금을 도와 개혁을 수행할 때 우리나라의 세종 임금은 보국안민輔國安民이

---

24) 마이클 라이언(나병철, 이경훈 옮김), 『포스터 모더니즘 이후의 정치와 문화』, 갈무리, 1996, 25면.
25) 『세종실록』 30권, 세종 7년 12월 8일 계유 1번째기사 1425년 宋之王安石爲用事大臣, 自以爲輔國安民, 神宗亦自以爲勵精圖治, 而不免後世之譏. 予雖以利民之事行之於國, 無乃亦有見譏於後世者乎? 當今之時, 雖曰平康, 恃太平, 乃所以衰亂之漸也. 不可恃今日之安, 而不慮後日之患也.

라는 용어를 사용하고 있다.

　19세기 조선의 정부는 동학을 사학邪學으로 규정하고 그 행동을 반란으로 인식하고 있었다. 동학교도는 임금의 적자赤子가 아닌 난민難民이 될 수밖에 없었는데 그들이 돌이켜서 동학의 교리에서 보국안민輔國安民이라는 명제를 들고나온 것이다. 이러한 사실은 당시에 계급적 이익을 도모하여 부패에 빠져 있던 지배층에 대항하여 오히려 민중이 적극적으로 국가와 사회의 주체로 성장하고 있음을 증명하는 내용이다. 보국안민을 정확하게 해석하면 '나라에 충성하고 임금을 도와서 백성을 편안하게 한다.'는 의미를 지니고 있다.

　동학에서는 『동경대전』의 「포덕문」(1861)에서 보국안민이 먼저 등장했다. 서양세력은 북경을 침략해서 청나라를 멸망시켰으므로 우리나라인 조선에까지 영향을 미치지 않을까 하는 염려에서 나온 것이라서 보국안민에는 민족 외적인 의미가 강하게 내포되어 있다. 동학에서 보국안민의 명제를 실현정책으로 제시한 것은 동학을 창도한 시기부터라고 할 수 있다. 『용담유사』의 「권학가」(1862)와 『동경대전』의 「동학론」(1862)에서도 서양 세력의 동양 침략에 대한 위기의식을 표출하면서 보국안민을 주장하고 있다.

　　　시운時運을 의논議論해도 일성일쇠一盛一衰 안일런가
　　　쇠운衰運이 지극至極ᄒ면 성운盛運이 오지마ᄂ
　　　현숙賢淑한 모든 군ᄌ君子 동귀일톄同歸一體 하였던가
　　　어렵도다 어렵도다 만ᄂ기도 어렵도다
　　　방방곡곡坊坊谷谷 ᄎᄌ들어 만ᄂ기만 만날딘
　　　흉중胸中에 품은 회포懷抱 다른 홀말 바이 없고
　　　수문수답隨問隨答 ᄒ온 후에 당당정니堂堂正理 발켜니야

일세상一世上 저 인물人物이 도탄듕塗炭中 아닐런가
함지사지陷地死地 출생出生들아 보국안민輔國安民 엇디홀소[26]

위의 인용문들은 서양이 북경을 침략하여 중국을 소멸시키려고 하고 있으므로 순망치한脣亡齒寒의 처지에 빠져 있는 조선에도 서양세력의 침략이 미칠 것을 우려하고 있다. 「권학가」는 1862년에 지은 가사이다. 이 노래에서는 최제우는 자신이 체험한 개인사를 표현하면서 많은 민중에게 동학을 포교하기 위해 그 내용을 한글로 지어서 동학을 배우기를 권유하고 있다. 위의 내용은 동학을 가지고 전국에 숨어 있는 지사들과 허심탄회하게 대화하니 한마음 한뜻으로 돌아가서 모두가 한 형제가 된다는 그런 의미를 지니고 있다. 여기에 등장하는 보국안민輔國安民의 뜻은 우리 민족들이 서로 힘을 합쳐서 지배층의 부정과 부패로 도탄에 빠진 민중을 구제하고 외국의 수탈로부터 우리나라를 지키고자 하는 정치적인 이념이 강하게 포함된 의미로 해석할 수 있다. 이 노래에 나타난 동학의 교조인 최제우의 세계관은 서양의 진보적인 사관과는 다른 역사가 순환하고 있다는 동양의 사관이지만 서양의 직선적인 사관보다 훨씬 구체적인 개혁이 가능하다는 것을 보여주고 있다.

특히 최제우는 서양 사람들의 침략이 무력적인 측면에서 그치지 않고 동양의 정신을 파괴하는 데에 미치고 있음을 위기로 파악하고 있다. 또한 서양인들이 천주교당을 설립하여 포교하는 데에 대하여 예민한 반응을 보이고 있다. 서양세력이 중국을 침략함에도 서도西道인 천주교의 전파를 핵심적인 내용으로 하고 있으므로 천주교의 유입을

[26] 『용담유사』, 「권학가」에서

막고자 하는 의지를 강력하게 보이고 있다. 그러므로 최제우는 서양의 침략을 천주교의 유입과 전파라고 보고 그것이 동양의 정신과 사상을 무너지게 하는 핵심적인 요소로 파악하여 보국안민의 실현정책을 세우면서 동학을 창도하였다.

계속해서 1861년에 지어진 『동경대전』의 「포덕문」에 나타난 보국안민(輔國安民: 나라를 도와서 백성을 편안하게 함)의 함의성을 계속해서 살펴보기로 한다.

> 서양은 싸우면 이기고, 공격하면 빼앗아, 이루지 못하는 일이 없으니, 천하가 다 멸망하면 입술이 없어지는 한탄이 없지 않을 것이라. 보국안민輔國安民의 계책이 장차 어디서 나올 것인가?[27]

위의 내용은 최제우가 1861년 남원의 은적암에서 지었다는 포덕문에 등장하는 보국안민輔國安民에 관한 내용이다. 제목인 포덕문布德文은 "덕을 펼치는 글"이라는 의미이며 자연의 질서와 인간의 질서를 비교하면서 자신이 도를 깨친 과정을 설명하는 내용에서 나온다. 서양 세력의 침략에 대한 대응으로서 나라의 주인인 임금의 일을 도와서 백성을 편안하게 하는 정책이 바로 보국안민輔國安民의 정신이라 할 수 있다.

이처럼 『동경대전』의 「포덕문」에서 우리나라는 악질이 세상에 가득 차서 백성들이 항상 편안할 날이 없으니 이 또한 상해의 운수라고 한다. 그리고 동양의 많은 나라가 모두 망하면 우리나라도 입술이 없어지고, 이가 시려서 망한다고 이 글에서 예언한다. 1862년에 지어진

---

[27] 『東經大全』,「布德文」(1861), 西洋戰勝功取, 無事不成而天下盡滅, 亦不無脣亡之歎, 輔國安民(보국안민)計, 將安出.

『동경대전』의 「동학론(논학문)」에도 이와 비슷한 내용으로 서구세력의 동양 침공에 대한 우려를 표출하고 있다.

> 1860년 경신년 사월四月에, 천하 세상이 옳고 그른 것에 대하여 구분할 수 없이, 민심이 야박하여 무슨 일이 생길지 알 수 없어서, 어찌할 바를 알지 못할 즈음에, 또한 괴상하고 어긋나는 말이 세간에 떠들썩하되, 「서양 사람들은 도를 알고 덕을 세워서, 그 조화에 미치어 일을 이루지 못함이 없고, 무기로 침공함에 당할 사람이 없다고 하니, 중국이 소멸하게 되면, 우리나라는 가히 입술이 없어져서 이빨이 아프게 되는 근심이 어찌 없겠는가?」[28]

이처럼 「동학론」에서는 1860년 포덕문에서 말한 것처럼 1860년 영국과 프랑스의 연합군이 중국의 톈진과 베이징을 점령한 사건은 우리 사회에서도 서양세력의 약육강식弱肉强食과 적자생존適者生存 그리고 각자도생各自圖生의 정책에 대한 공포를 가중시켰다. 동학의 최제우가 득도하는 시기에는 서양에서 들어온 천주교가 포교의 금지와 박해에도 불구하고 그 신도가 점차 늘어나고 민중 속으로 들어가서 세력을 확장[29]하고 있었다.

동양의 다른 나라처럼 우리나라가 서구세력에 점령당할까 염려가 되어서 최제우는 우리나라의 보국안민輔國安民을 걱정하게 되었다. 동학론에 표출된 보국안민의 의미와 개념은 서양세력의 다양한 과학과

---

28) 『동경대전』, 「동학론」(1862)
夫庚申之年 建巳之月, 天下紛亂, 民心淆薄, 莫知所向之地, 又有怪違之說, 崩騰于世間, 西洋之人, 道成立德, 及其造化, 無事不成, 功鬪干戈, 無人在前, 中國消滅, 豈可無脣亡之患耶

기술 그리고 서학이라는 학문으로 우리나라가 점령당할 것을 걱정하는 내용으로 그 의미가 확대되고 있음을 보여주고 있다. 그래서 최제우는 새로운 종교로 서학의 전통이 아닌 무극대도無極大道인 동학을 창도해서 보국안민輔國安民을 실천해야 한다는 문제의식을 가지게 되었고, 여기에 오면 보국안민은 사회복지로서의 광제창생廣濟蒼生과 동학 포교로서의 포덕천하布德天下라는 동학의 사상을 환유의 의미로 내포하게 되었다고 할 수 있다.

3.2. 保國安民(보국안민)에 나타난 은유의 수사학

다음으로는 동학의 보국안민과 관련하여 등장한 한자어漢字語인 보국안민保國安民이라는 사자성어에 나타난 은유의 수사학을 살펴보기로 한다. 이 保國安民(보국안민)의 사자성어는 동학에서 사용한 보국안민輔國安民과는 가장 유사하며 비슷한 표현의 은유적인 수사학이라 할 수 있다. 이 사자성어는 동학의 경전인 『동경대전』, 『용담유사』보다는 동학의 교주인 최제우의 심문기록을 통해서도 검토할 수 있다.

> 조상빈趙相彬은, "제가 최복술을 만나보니, 천신天神이 내려와서 분명히 나에게 가르치기를 금년(1864) 2월과 5월 사이에 양인이 의주義州로부터 들어올 것이라고 하였는데 내 통문通文을 가지고 일제히 따라가라. 이 춤을 익힌 자는 앞으로 보국안민(保國安民: 나라를 보전하고 백성을 편안하게 함)하게 하여 공을 세울 것이니, 내가 고관高官이 되면 너희들은 각기 다음 자리의 벼슬들을 하게 될 것이다."라고 하였습니다.[30]

---

29) 류해춘, 「동학가사에 나타난 근대의식과 남녀평등」, 『어문학』 140, 2018, p.123.

위의 인용문은 경상감사 서헌순(1801~1868)이 동학을 심문한 『조선왕조실록』의 기록으로 한자어로 보국안민(保國安民: 나라를 보전하고 백성을 편안하게 함)인 사자성어四字成語를 사용하고 있다. 왕조실록의 기록을 참고해 보았을 때 보국안민(保國安民: 나라를 보호하여 백성을 편안하게 함)으로 된 한자어 표현은 임금이 신하들과 함께 국정을 논의할 때 임금이 자주 사용하는 용어이다.

동학의 창도자인 최제우를 심문하는 기록에 이러한 용어를 사용하고 있다는 사실은 동학의 교주에게 사학(邪學:서학)을 신봉하는 사람이라는 죄명과 함께 나라에 반역하는 집단의 수괴首魁로 몰아가서 혹세무민惑世誣民과 좌도난정左道亂正의 죄를 덧씌우기 위한 의도적인 표현이라 할 수 있다.

계속해서 조선왕조의 『일성록』에 나타난 동학의 창도자를 체포하여 심문한 장계狀啓에 나타난 보국안민의 용어를 검토하여 보기로 한다. 이 기록에도 최제우를 체포하여 심문한 경상감사 서헌순(1801~1868)의 기록에도 輔國安民(보국안민)이 아닌 保國安民(보국안민)이라는 한자어漢字語가 등장한다.

> 금년 1864년 2월에서 5월의 기간에 서양인 용만(압록강)에 출현하면 나의 통문을 기다려 일제히 따라서 이 춤을 익히는 자는 장차 보국안민保國安民의 공적을 세우고 공훈을 세워서 내가 고관이 되면 너희는 그다음 직책을 각각 맡을 것이다.[31]

---

30) 『고종실록』 1권, 고종 1년 2월 29일, 庚子 4번째기사, 1864년 청 동치(同治) 3년. 趙相彬, "渠見福述, 則曰: '天神下降, 叮嚀敎我曰:「今年二五月之間, 洋人出自龍灣.」持我通文, 一齊隨去. 習此舞者, 其將保國安民, 建功樹勳. 吾爲高官, 汝各次職"云.

31) 『日省錄』, 高宗 元年(1864), 1864년 2월 29일, 慶尙監司徐憲淳狀啓, 今年二五月之間, 洋人出自龍灣, 待我通文, 一齊隨去, 習此舞者, 其將保國安民(보국안민), 建功樹勳, 吾爲高官汝各次職云.

여기에 등장하는 보국안민(保國安民:나라를 보전하고 백성들을 편안하게 함)의 의미는 앞에서와 마찬가지로 동학을 사학邪學으로 규정하고 그 행동이 국가의 반란을 획책하는 행위임을 암시하고 있다. 保國安民(보국안민)이라는 사자성어는 동학과 관련된 죄인들을 국가 반란을 획책하고 있는 인물로 규정하고, 최제우에게 반란의 수괴首魁라는 죄목을 덧씌우기 위해서 사용한 용어라고 할 수 있다.

이처럼 최제우를 체포하여 심문한 내용을 기록한 장계에서는 보국안민保國安民이라는 한자어로 기록하여 최제우를 나라에 반역하는 집단의 수괴로 몰아가고 있다. 한자어로 보국안민保國安民의 뜻은 『조선왕조실록』의 기록으로 살펴보면 '나라의 주인인 왕이 백성을 보호하고 편안하게 한다.'라는 의미를 강하게 지니고 있다.

동학의 창도자를 관청에서 심문하는 기록에서 이와 같은 용어를 사용한다는 사실은 동학의 창도자가 조선을 멸망시키고 새로운 국가를 건설하려는 국가전복의 수괴임을 단정하고 있음을 보여주는 것이다.

> 저들이 말하는 경천정심敬天定心과 보국안민保國安民은 단지 모호하게 다른 데서 빌려온 말에 불과 합니다.[32]

> 경천정심에 어찌 저주와 화복의 이치가 있겠으며, 보국안민에 어찌 상도를 어지럽히고 윤리를 무너뜨리는 법도가 있단 말입니까. 저들이 말하는 '경천'은 천도를 거스르는 것이요, 저들이 말하는 '정심'은 마음을 갉아먹는 것이요, 저들이 말하는 보국안민은 나라를 좀먹고 백성을 해치는 것입니다.[33]

---

32) 『승정원일기』 138책, 고종 30년 2월 25일, 1893년. 彼曰, 敬天定心, 保國安民, 直不過含糊假借而已.

지금까지 살펴본 보국안민保國安民의 의미는 동학을 비판하는 조정의 관리들이 주로 사용하고 있는 사자성어이다. 동학의 『동경대전』과 『용담유사』에서 사용한 輔國安民(보국안민)은 '신하들이 충성으로 나라를 도와서 백성을 편안하게 하는 것'이라는 의미를 지니고 있다. 조선시대 왕조실록에서 주로 사용한 保國安民(보국안민)은 봉건국가에서 주로 '임금이 나라를 보호하고 백성을 편안하게 하는 것'이라는 의미를 간접적으로 내포하고 있다.

『조선왕조실록』과 동학의 문헌에서 검토한 보국안민의 은유적 수사학은 보국안민을 한자어로 어떻게 표기하느냐에 따라 그 의미가 조금씩 다른 뜻을 지니고 있다. 保國安民(보국안민)은 봉건국가에서 주로 임금이 나라를 보호하고 백성을 편안하게 하는 뜻이라는 의미를 지니고 있으며, 輔國安民(보국안민)은 신하들이 충성으로 나라를 도와서 백성을 편안하게 하는 것이라는 의미를 지니고 있다. 그래서 동학의 보국안민輔國安民이라는 명제에는 당대의 지식인과 민중들이 나라를 잘 다스리도록 도와서 백성을 편안하게 한다는 保國安民(보국안민)의 은유적 의미보다는 당시 부패한 조선의 봉건사회를 비판하는 의미를 강하게 지니고 있다.

왕조실록의 기록에는 보국안민輔國安民이라는 용어보다는 보국안민保國安民이라는 용어를 자주 사용하고 있으며, 주로 "왕이 나라를 보호하고 백성을 편안하게 한다."라는 의미로 사용하고 있다. 그리고 보국안민輔國安民이라는 명제는 나라의 임금이 아닌 삼정승(三政丞: 영의정, 좌의정, 우의정 등) 이하의 관리와 백성들이 나라를 도와서 모두 안전하게 살아가는 의미로 사용했다고 할 수 있다. 사악한 서양 세력을 물리치고

---

33) 『승정원일기』 138책, 고종 30년 2월 25일, 1893년. 敬天定心者, 焉有咀呪禍福之理乎, 保國安民者, 豈有亂常斁倫之法乎, 其所謂敬天, 乃所以盡國害民也.

새로운 세상을 건립하기 위해서 동학의 창도한 최제우는 보국안민輔國安民의 실현정책을 아주 포괄적인 의미로 사용했다.

이처럼 19세기 민본사상을 대표하는 동학의 보국안민輔國安民이라는 명제에는 당대의 지식인과 민중들이 나라를 잘 다스리도록 도와서 백성을 편안하게 한다는 은유적 의미를 강하게 지니고 있다. 보국안민의 다른 한자어인 報國安民(보국안민)의 의미는 '나라와 국가에 은혜를 갚고 백성을 편안하게 한다,'라는 의미를 지닌 최근에 언론사에서 종종 사용하는 사자성어로 이해할 수 있다

4. 보국안민의 명제와 환유의 수사학

환유의 수사학은 같은 층위의 의미를 통합하여 연결하는 방식으로 채택된 낱말과 낱말을 수평축인 가로축으로 연결시키는 결합의 축에서 빚어지는 수사학이라고 할 수 있다. 환유는 은유가 지닌 이상화하고 상징화하려는 경향과 궁극적으로 서로 상대가 되면서 그것을 사실적으로 허물어뜨리려는 물질성에 해당한다고 할 수 있다. 그래서 환유는 이상적이고 경험적이기보다는 현실적이고 경험적이면서 특수한 것이다.[34] 환유의 수사학은 규범이나 범례와는 상관없이 우연한 의미를 산출하기도 한다. 그래서 환유의 의미는 이미 결정된 사실이라기보다는 앞으로 수평적으로 확대하고 통합하여 변화하는 의미를 지니고 있다.

동학농민운동(1894) 때에는 제폭구민除暴救民이라는 명제가 보국안민輔國安民의 환유적인 의미로 등장하여, 동학농민운동의 깃발에 제폭

---

34) 마이클라이언, 앞의 책, 201~202면.

구민除暴救民과 보국안민輔國安民이 나란히 혁명군의 구호로 사용되었다.35) 『조선왕조실록』에서 표현된 제폭구민除暴救民이라는 용어는 영조(1694~1776) 시대에 '백성에게 미치는 폭력을 제거하여 백성을 구출한다.'라는 의미를 지니고 있다. 1894년 동학농민운동의 시절에 혁명군들이 사용한 제폭구민과 보국안민이라는 명제는 당시의 위기에 빠진 국가를 지키려는 반봉건과 반외세를 지향하는 동학의 실현정책으로 중요한 의미를 지니고 있다.

> 윤광소가 말하기를, '성조聖祖께서 여대麗代의 운이 다한 때를 당하여 하늘의 뜻에 순응하고 사람들의 소망을 쫓아 제폭구민(除暴救民: 난폭한 정치를 제거하고 백성을 구제하는 것)하시니, 역수曆數가 저절로 돌아온 것이고, 품승稟承할 데가 없으니 그 형세가 스스로 즉위하는 데로 돌아갈 뿐입니다.'라고 했다.36)

조선의 영조실록에는 영조 20년(1744)에 조선의 태조가 조선을 건국한 사실을 점검하는 상황에서 제폭구민(除暴救民: 난폭한 정치를 제거하고 백성을 구제함)이라는 단어를 사용하고 있다. 문맥으로 살펴보면 제폭구민除暴救民은 하늘의 뜻에 순응하여 하늘이 백성들에게 미치는 폭력을 제거하여 백성을 구제하는 것이다. 제폭구민이라는 사자성어는 보국안민의 의미를 더욱 확장한 환유적 표현으로 가히 혁명적인 구호라고 할 수 있다. 1894년 동학농민혁명 때에 사용한 제폭구민除暴救民이라는 용어에는 조선의 태조가 새롭게 조선이라는 나라를 건국하면서 백

---

35) 박준성, 「'제폭구민'·'보국안민'의 깃발을 들다」, 『내일을 여는 역사』 12호, 2003. 221~228면, 참조.
36) 『영조실록』 59권, 영조 20년 5월 23일 庚子 2번째기사 1744년 청 건륭(乾隆) 9년. "光紹曰: 聖祖當麗代運訖之時, 應天順人, 除暴救民, 曆數自歸, 稟承無所, 則其勢自歸於自立而已".

성들에게 미치는 폭력을 제거하기 위해서 조선을 창건하였다는 의미를 지닌 것으로 역성혁명의 당위성을 포함하고 있다. 1894년 동학농민운동 당시에 보국안민과 함께 제폭구민이라는 구호를 농민군의 깃발에 사용하였다는 사실은 제폭구민이라는 사자성어가 새로운 민주국가를 향한 혁명사상을 포함하는 보국안민의 환유적인 표현이며 구호라고 볼 수 있다.

이제는 보국안민의 환유적인 의미로 사용된 경세제민經世濟民, 국태민안國泰民安, 부국강병富國强兵, 위민제해爲民除害, 정국안민靖國安民, 제세구민濟世救民, 제세안민濟世安民 등의 사자성어를 『용담유사』와 『조선왕조실록』에서 검토하여 보기로 한다.

먼저, 보국안민의 환유적 표현과 관련이 있는 경제經濟와 경세제민經世濟民의 의미를 검토하고자 한다. 세종 1년(1419)의 세종실록과 정조 7년(1783)의 정조실록에 등장하는 경제經濟는 경세제민을 의미하는 표현이라고 할 수 있다.

> 젊어서 과거에 급제하고, 지금 일에도 밝고 옛일에도 통달하였다. 대성臺省을 역임하고 중 외에 드나들어 경세제민經世濟民하는 재간이 있었다.[37]

가르치는 학문은 반드시 인륜人倫에 근본을 두고 사물事物의 이치에 밝아지도록 하되, 택선擇善하고 수신修身하여 성덕成德하기를 기약하게 하고, 치국治國하는 도리를 달통하여 경세제민經

---

36) 『영조실록』 59권, 영조 20년 5월 23일 庚子 2번째기사 1744년 청 건륭(乾隆) 9년. "光紹曰: 聖祖當麗代訖之時, 應天順人, 除暴救民, 曆數自歸, 稟承無所, 則其勢自歸於自立而已".
37) 『세종실록』 6권, 세종 1년 12월 14일 갑신 2번째기사 1419년 명 영락(永樂) 17년. 少登第, 通今達古, 歷揚臺省, 出入中外, 有經濟之才.

世濟民할 뜻을 가지게 하면서 혹시라도 학문과 행신이 이에 맞게 되는 사람이 있으면 관직을 제수해야 하고, 혹시라도 도道를 독신篤信하지 않거나 행신을 검속檢束하지 않는 사람은 학적學籍에서 삭제해 버려야 합니다.[38]

그리고, 20세기에 거의 다가선 고종 35년(1898)에 사용된 경제의 의미도 경세제민의 뜻으로 이해할 수 있다. 이러한 측면에서 조선시대에는 보국안민이나 국태민안의 용어보다도 경세제민의 용어는 조선시대에 『조선왕조실록』의 표현에서 거의 사용하지 않았다고 볼 수 있다.

"오늘에 이르러서야 토지를 측량하라는 명을 하셨으니, 진실로 마땅히 경세제민經世濟民의 방도를 행하여 삼대三代의 제도를 회복하게 하소서." 하니, 비답하기를, "그대는 현재의 형세를 제대로 헤아리지 못해서 이런 말을 하는 것이다."하였다.[39]

보국안민과 뜻이 유사하며 환유적 표현으로 상정할 수 있는 경제제민經世濟民은 『조선왕조실록』의 기록에는 주로 경제經濟라는 단어가 사용되었음을 검토하고 살펴보았다. 19세기 이전의 『조선왕조실록』은 경제라는 용어를 경세제민이라는 사자성어를 대신하여 사용했음을 파악할 수 있으며, 20세기 이후가 되어서 대한민국이라는 민주국가를

---

38) 『정조실록』16권, 정조 7년 7월 12일 신축 6번째기사 1783년 청 건륭(乾隆) 48년.
其學, 必本之人倫, 明乎物理. 擇善修身, 以成德爲期, 曉建治道, 以經濟爲志, 如有學行中是者, 授之以職. 若其信道不篤, 行己無檢者, 刊其籍.
39) 『고종실록』37권, 고종 35년 8월 10일 양력 4번째기사, 1898년 대한 광무(光武) 2년.
乃至今日, 有此量田之命, 誠宜行此經(世)濟(民)之術, 以復三代之制焉." 批曰: "爾不能量時度勢, 而有是言也."

건립하고 나서 경세제민(經世濟民:세상을 경영하고 백성들을 구제함)이라는 용어를 자주 사용하였다고 할 수 있다.

다음으로는 동학가사인 『용담유사』에도 등장하고, 왕조실록에도 14번이나 등장하는 환유적 표현인 국태민안國泰民安이라는 사자성어를 검토하여 보기로 한다. 국태민안國泰民安은 '나라가 태평하고 백성이 편안함'을 의미하는 단어로 조선시대의 왕조실록에 검색하여 보면 조선시대의 전시기에 걸쳐서 두루 사용된 용어이다.

조선초기의 태조실록에는 "봉함을 뜯고 절하고 읽어 보니 귀국의 은혜에 감동됨이 마치 바다가 끝이 없는 것 같습니다. 종교에는 빛이 있고 산천이 더욱 중해지니 이마에 손을 올리기 한이 없습니다. 이번에 함께 온 두 절 중과 더불어 길이 받들어서 귀국의 국태민안(國泰民安: 나라가 태평하고 백성이 편안함)을 기원하겠습니다."40)라고 말했다.

또, 조선말기 고종실록을 검토하여 보면 "예악과 법도法度는 우리나라에 구비되어 있으니 기계를 외국에서 가져다 쓰는 것은 역시 중도中道라고 할 수 있다. 고금을 절충하고 시세時勢를 절충하면 나라가 번영하고 국태민안(國泰民安:나라가 태평하고 백성이 편안함)해질 수 있을 것이다."41)라고 설명하고 있다.

동학가사의 「몽중노소문답가」에서도 보국안민의 환유적인 표현으로 국태민안國泰民安이라는 용어를 사용하고 있다.

    십이제국十二諸國 괴질운수怪疾運數 다시 기벽開闢 아닐런가

---

40) 『태조실록』8권, 태조 4년 7월 10일 辛丑 1번째기사 1395년 명 홍무(洪武) 28년
    開拆拜閱, 仰感國恩, 如海之無垠. 宗教有光, 山川增重, 加額無已. 便付與兩寺僧, 永奉祈貴朝國泰民安者也.
41) 『고종실록』47권, 고종 43년 5월 29일 陽曆 1번째기사 1906년 대한 광무(光武) 10년
    "禮樂, 法度備存乎我國, 而至於器械, 則取用於外國, 亦可謂中道也. 折衷古今, 折衷時勢, 可以爲國泰民安."

태평성세太平聖世 다시 정定히 국태민안國泰民安 할것이니
기탄지심慨歎之心 두지말고 ᄎᄎᄎᄎ 지냈어라

이 가사에서는 보국안민의 환유적인 표현으로 태평성세를 말하면서 국태민안國泰民安을 설정하고 있다. 국태민안國泰民安은 '나라가 태평하고 백성이 편안하다.'라는 의미를 지니고 있다. 전 세계가 괴질의 운세로 서로 약탈하는 이 시대야말로 다시 개벽하는 증거라고 주장하고 있다. 그래서 작가는 아마도 태평한 세상이 다시 정해질 것이며, 나라가 풍요롭고 백성이 편안해지는 세상이 다가올 것이라고 주장하고 있다. 이 작품에서는 젊은 사람들이 분개하는 마음으로 살아가지 말고 세상을 천천히 관망하면서 점진적으로 일을 처리하면 다시 좋은 시절을 만난다는 내용을 담고 있다. 그리하면 아직 나이가 어린 젊은 사람들은 백성들과 함께 태평성세를 노래하고 「격양가」를 부르면서 시공간을 초월하는 국태민안國泰民安과 태평성세太平盛世를 경험할 것이라며 축원하고 있다.

다음은 부국강병富國强兵이라는 사자성어에 나타난 보국안민의 환유적인 의미를 살펴보기로 한다. 『조선왕조실록』에 보국안민輔國安民+保國安民이라는 사자성어가 등장한 숫자가 20회쯤인데 비하여 환유적 의미를 지닌 부국강병(富國强兵: 나라를 부유하게 해서 병력을 강하게 함)이라는 용어는 『조선왕조실록』에 80여 회나 등장하여 보국안민의 용어보다 4배쯤 많이 등장하고 있다. 여기서는 『태종실록』에 등장한 부국강병의 표현을 살펴보기로 한다.

조선초기 『태종실록』에는 "옛사람이 말하기를, '나라에 3년의 저축이 없으면 그 나라는 나라가 아니다.'라고 하였고, 또 말하기를, '군대를 내는 것이 오래면 국용國用이 부족하다.'하였사오니, 이것은 옛 성현聖賢의 부국강병富國强兵하는 데의 경계이오니 염려치 않을 수 있겠습니까?"라고 하였다.[42]

부국강병富國强兵이라는 사자성어는 조선초기부터 등장하여 조선말기인 1906년 고종실록에도 등장하여 부국강병을 역설하고 있다. 함경남도 관찰사 신기선(1851~1909)은 상소문을 올려 사직을 청하면서 부국강병을 역설하고 있다.

"신은 부국강병에는 다른 방도가 없다고 생각합니다. 부국강병의 근본은 정사가 닦여지고 법이 확립되는 데 있는데, 정사를 닦고 법을 확립하는 근본은 사私를 없애고 실제에 힘쓰는 데 있습니다. 사를 없애면 어진 사람과 간사한 사람이 구별되어 온갖 일이 거행될 것이며, 실제에 힘쓰면 허위가 없어져서 온갖 일이 흥하게 될 것입니다."[43]

이처럼 동학의 실천정책인 보국안민의 환유적인 표현인 부국강병富國强兵이라는 국방정책은 조선 초기부터 조선 말기까지 지속적으로 강조되었으며, 21세기 현재까지 우리 민족의 국가를 지탱하는 국가정책으로 사용하고 있어서 주목할 필요가 있다.

다음으로는 왕조실록에 등장하는 위민제해爲民除害라는 사자성어도

----

[42] 『태종실록』 3권, 태종 2년 4월 22일 갑술 1번째기사. 1402년 명(明) 건문(建文) 4년.
古人有言曰: "國無三年之蓄, 國非其國." 又曰: "暴師久, 則國用不足." 此古之聖賢富國强兵之戒, 可不慮乎?

[43] 『고종실록』 47권, 고종 43년 2월 12일 양력 2번째기사, 1906년 대한 광무(光武) 10년.
臣以爲富强無他術焉. 富國强兵之本, 在於政修而法立; 修政立法之本, 在於祛私而務實. 祛私則賢奸別而百度擧矣, 務實則虛僞祛而百工興矣.

보국안민의 환유적인 표현에 속하는 용어이다. 이 단어는 조선시대의 『조선왕조실록』에 70여 차례나 등장하고 있다.

> 이것은 조종께서 위민제해(爲民除害:백성을 위하여 피해를 제거함)하는 것으로서 진실로 후세에서 본받아야 할 것이다.[44]

> 더구나 사냥하는 일은 위민제해(爲民除害:백성을 위하여 피해를 제거함)하는 일이며 농한기를 만나서 실시하는 것이다. 청계산青溪山의 행군行軍은 군사들이 비를 만나더라도 날씨가 따뜻하여 동상凍傷에 이르지는 않을 것이다.[45]
> 이것은 여러 재신宰臣들이 함께 논의한 것이다. 제공들이 비록 이 모의에 참예하지 않겠다고 할지 모르지만, 의로움이 있으면 믿지 않을 사람이 없다. 나라의 정통을 세우는 것이 첫 번째 의리요, 조정의 붕당을 제거하는 것이 두 번째 의리요, 위민제해(爲民除害 : 백성을 위하여 피해를 제거함)하는 것이 세 번째 의리이다.[46]

이처럼 위민제해爲民除害라는 사자성어는 조선시대 전 시기에 걸쳐 아주 폭넓게 사용되고 있다. 비슷한 의미로 보국안민의 확장적이고 환유적인 표현이지만 1894년 당시에 동학의 민중들은 제폭구민除暴救

---

44) 『세종실록』 61권, 세종 15년 윤8월 29일 己卯 1번째기사 1433년 명 선덕(宣德) 8년.
此祖宗爲民除害, 而誠後世之取則者也.
45) 『성종실록』 135권, 성종 12년, 11월 5일. 乙亥 1번째기사, 1481년, 명 성화(成化) 17년.
況蒐狩之擧, 爲民除害, 當於農隙爲之. 靑溪山之行, 軍士雖遇雨, 日暖不至凍傷.
46) 『숙종실록』 8권, 숙종 5년 3월 19일 甲寅 5번째기사 1679년 청 강희(康熙) 18년
此乃諸宰所同議者也. 諸公雖以不參其謀爲辭, 義之所在, 人無不孚. 立國之正統一義也, 去朝朋黨二義也, 爲民除害三義也.

民이라는 용어를 그 혁명의 정책으로 선택하였다.

그 이유는 국내외의 시대적 상황이 1860년대의 보국안민의 정책을 주장하던 시절보다 더욱 다급한 국권 상실의 상황으로 나아갔기 때문일 것이다. 1894년 동학농민운동에서는 서양세력과 일본세력을 물리치고 나라를 지키기 위해서 보국안민과 함께 제폭구민이라는 두 가지의 구호를 선택하였다.

다음으로는 보국안민과 그 의미가 비슷하고 환유적인 표현인 정국안민靖國安民이라는 사자성어를 왕조실록에서 검토하여 보기로 한다. 정국안민(靖國安民: 나라를 안전하고 백성을 편안하게 함)이라는 용어는 동학의 보국안민輔國安民의 사자성어와 비슷한 뜻을 지닌 용어로 세조 4년의 기록에 처음이자 마지막으로 등장하고 있다.『세조실록』에는 세조 4년(1458)의 기록에 "정국안민(靖國安民: 나라를 안전하고 백성을 편안하게 함)한 공이 있으면 또 무엇으로 상을 주겠습니까? 신이 듣건대, '총명한 군주는 한 번 찡그리고 한 번 웃는 것[一嚬一笑]을 아낀다.'라고 하였으니, 엎드려 원하건대, 그 작상爵賞을 신중하게 하여서 모진冒進하는 습관을 막으소서."47) 라는 문장에서 정국안민靖國安民이라는 표현을 사용하고 있다.

다음으로는 보국안민의 환유적인 표현으로 사용되고 있는 제세안민(濟世安民: 어려운 세상을 건져서 백성을 편안하게 함)이라는 용어를 살펴보기로 한다. 선조실록에서는 "요堯·순舜·탕湯·무武는 다 어진 신하를 얻어 모두 지치至治를 이루었으나, 삼대三代 이하로는 제세안민濟世安民을 할 만한 어진 사람이 있었음에도 그들이 벼슬길에 나서는 것을 좋아하지 않고 도道로써 자신을 지켰는데, 그들 모두가 때를 얻지 못하여 그

....

47)『세조실록』12권, 세조 4년 4월 24일 신사 1번째기사, 1458년 명 천순(天順) 2년. 儻有靖國安民之功, 又何以賞之哉? 臣聞明主愛一嚬一笑, 伏願重其爵賞, 以杜冒進之習.

러했던 것인가? 때를 얻고도 벼슬을 않은 자가 있었는데 그것은 왜인 가?"[48]라고 말하면서 그 이유를 궁금해하고 있는 곳에서 제세안민이 라는 사자성어가 등장하고 있다.

이처럼 동학가사와 조선왕조실록에는 보국안민이 환유적인 수사학 으로 보이는 사자성어가 다양하게 등장하고 있다. 여기서 환유의 수 사학이란 같은 층위의 의미를 통합하여 연결하는 방식으로 채택된 낱 말과 낱말을 결합시키는 수평축에서 빚어지는 진보적인 수사학이라 할 수 있다. 그리고 이 장에서는 보국안민의 환유적 표현에 해당하는 사자성어로 경세제민經世濟民, 국태민안國泰民安, 부국강병富國强兵, 위민 제해爲民除害, 제세구민濟世救民, 제세안민濟世安民 등의 의미와 그 환유의 미학을 검토하여 보았다.

1894년 동학농민운동 때에는 제폭구민除暴救民이라는 명제가 보국 안민輔國安民의 환유적인 의미로 동학농민운동의 깃발에 등장하여 혁 명군의 구호로 함께 사용되었다. 그 이유는 서구열강의 한국침략이 강화되면서 한국의 사회에는 서구사회의 미덕이라 할 수 있는 개인 주의, 자유주의, 공화주의 등을 한국에 뿌리내리게 하는 것이 아니라, 도리어 서구사회의 폐단인 약육강식, 적자생존, 각자도생 등의 문화 를 뿌리내리게 하는 역작용이 강화되었기 때문이다. 일본이 한반도의 침략으로 한국의 백성들은 더욱 도탄으로 빠져들었으며, 1894년 동 학농민혁명 시절의 백성들은 동학의 민족정신에 중심이 되는 인내천 人乃天 사상과도 관련이 깊으며, 조선의 태조가 건국할 때 사용하였던 제폭구민(除暴救民: 폭력을 제거하여 백성을 구함)이라는 사자성어를 혁명군

---

48) 『선조수정실록』 1권, 선조 즉위년 10월 5일 병술 16번째기사 1567년 명 융경(隆慶) 1년 "堯, 舜, 湯, 武, 皆得賢臣, 共成至治. 三代以下, 雖有濟世安民之賢, 而不樂仕宦, 以道自守, 是皆 不得其時而然耶? 雖遇其時, 亦有不仕者, 何也?"

의 주된 구호로 채택하였다. 그리하여 1894년에 일어난 동학농민혁명은 인간주의와 생명사상 그리고 민주주의의 정신을 포함하고 있는 보국안민輔國安民과 보국안민의 진보적인 표현인 제폭구민除暴救民이라는 두 깃발을 앞세우면서 농민혁명을 광고하고 선전하는 깃발의 구호로 사용하였다고 할 수 있다.

5. 보국안민과 동학농민운동의 제폭구민

동학이 지닌 보국안민輔國安民의 정신은 최제우가 동학을 창도할 때부터 외세의 위협에 대응하여 국가의 안위를 지킬 것을 강조하면서 사용한 개념이다. 동학의 보국안민에는 '백성이 곧 나라의 근본民惟邦本'임을 강조하고 있다. 동학을 창도할 때에, 보국안민輔國安民의 정신은 '보국輔國'이 '안민安民'을 담보하는 수단으로 해석할 수 있으며, 최제우(1824~1864)에게 있어서 '보국안민輔國安民'은 기존의 정치사회 질서를 긍정하면서도 한편으로는 국가의 위기를 극복하여 국태민안과 부국강병의 새로운 사회를 건설하는 것이라고 할 수 있다.

1860년 영국과 프랑스가 연합하여 북경을 함락시키자, 중국은 북경조약을 체결하는 굴욕을 당하였다. 그 당시 조선의 백성들은 중국과 조선의 관계를 순망치한脣亡齒寒이라는 사자성어처럼 입술과 이처럼 밀접한 운명적 관계로 인식하고 있었던 시대였다. 천하의 중심이라고 생각했던 중국이 하루아침에 서양에게 무릎을 꿇자 조선은 크게 당황하였다. 이러한 시기에 동학을 창도한 최제우가 제시한 우리나라를 지키고 보존하는 방법과 그 정책은 보국안민輔國安民이었다. 국제적 질서의 위기의식과 무질서한 당시의 상황에서 경주慶州의 한 선비이자 백성인 최제우 스스로가 동학을 창도하고 그 주체가 되어 보국안민의 정책으로 나라를 바르게 지키고자 하였다.

　동학의 인내천人乃天 즉, '사람이 하늘이다.'라는 뜻에는 봉건사회가 간과한 신분의 타파와 평등의 의식이 내포되어 있다. 최제우는 보국안민輔國安民을 국제적으로는 외세의 침략에 대응하는 국가위기의 대처방법으로, 국내적으로는 백성의 편안함을 추구하는 실현정책의 개념으로 사용하였다. 최제우가 처형된 이후에 동학은 탄압을 막기 위해서는 관군에게 유연하게 대처하면서 그 의미가 다소간에 변화를 거치게 된다. 한편, 동학을 탄압하는 정부에 대해서는 평화적으로 청원을 하면서 보국안민의 의미를 '나라를 이롭게 도우면서 백성을 편안하게 한다.'라고 하는 뜻으로 변화를 주면서 정부에게 도움을 청하기도 했다.

　그러나 1894년 동학농민운동 당시에 보국안민輔國安民의 의미는 '나라를 바로 잡고 백성을 편안하게 한다.'라는 의미로 그 변화를 모색하였다. 이때 함께 등장한 환유적인 수사학으로서의 제폭구민除暴救民이라는 보국안민의 깃발은 '백성에게 가해지는 폭력을 제거하여 백성을 구출한다.'라는 혁명적인 의미를 지니고 있다. 1894년 동학농민운동은 비록 실패했지만, 농민들은 자신들의 절박한 생존권을 확보하면서 농민의 토지소유를 실현하였고, 소상인과 빈민층을 보호하려고 했다. 동학농민운동이 항일 의병운동의 시작으로 볼 수 있는 만큼 일본의 조선 침략에 대한 저항운동이었기에 보국안민이 지향하는 의미도 자연스럽게 일본의 침입에 대해 국가의 보전을 우선하게 되었다. 따라서 일제강점기 시절에는 보국안민의 의미도 일본의 침략으로부터 국가를 보호하고자 하는 민족자주와 독립정신의 의미를 추가하여 변화하게 되었다.

　이러한 보국안민輔國安民의 의미는 1910년 일제에게 국권을 잃게 되자 동학에서는 '잃어버린 나라를 되찾고 백성을 편하게 한다.'라는 뜻으로 변하게 되었다. 그리고 1919년 3·1운동 이후에는 동학에서 보국안민輔國安民의 정신은 대한민국의 국권회복을 위한 독립운동으로 이어지게 되었다.

III

민족문학과 세계문학의 소통

한국문학과 튀르키예 문학에 나타난 동서양의 문화갈등
- 「무녀도」와 「내 이름은 빨강」을 중심으로 -

1. 한국과 튀르키예의 노벨문학상

한국과 튀르키예는 같은 동양에 속해 있다. 한국은 위치상으로 태평양과 연결되는 아시아의 동쪽 지역에 있으며, 튀르키예는 유럽과 경계가 되는 서쪽 지역에 있어, 위치적으로는 아주 먼 거리에 서로 떨어져 있다. 하지만 서양문화가 유입되는 과정에서는 많은 갈등과 희생을 경험했다는 공통점을 찾을 수 있다. 문학과 예술은 창작배경이 되는 지역이나 민족의 문화를 반영하고 있다.

이 글은 2013년 9월 튀르키예 이스탄불에서 열리는 문화엑스포에서 한국문학과 튀르키예 문학의 상관성을 모색하는 학술발표대회에 발표를 기획하고 쓴 글이다. 이 학술대회는 미래에 전개될 한국과 튀르키예 문화의 동질성을 찾아서 경주와 이스탄불의 전통문화가 서로 교류하는 새로운 길을 개척하는 디딤돌이 될 것이다.

한국의 건국신화는 단군신화이다. 옛날 하나님의 서자 환웅桓雄이 태백산의 신단수神檀樹 밑으로 내려와 결혼할 사람을 지신地神족에서 구하기로 하고 곰이 변신한 여인과 결혼하여 낳은 아이가 단군왕검이다. 그가 고조선을 건국하고 임금이 되었다. 한편 튀르키예의 건국신화에서는 강인함의 상징인 늑대(아쉬나)가 부족의 수호신이며 유목민족인 튀르크 제국의 왕을 배출하는 씨족의 조상[1]이 되었다.

한국과 튀르키예는 같은 동양에 속해 있지만, 한국은 극동에 있고 튀르키예는 유럽과 경계가 되는 지역에 위치해 지역적으로는 서로 반대가 되는 위치에 있다. 여기서는 한국과 튀르키예를 대표하는 문학을 통해서 서양문화와 전통문화가 충돌하고 갈등하는 모습을 통해서 한국문학과 튀르키예 문학에 나타난 동서양의 문화갈등의 양상을 비교하고자 한다.

비교하는 문학작품은 한국의 경주를 배경으로 하는 소설인 김동리(1913~1995)의 「무녀도(1936년 발표)」[2]와 튀르키예를 대표하는 소설 작품인 오르한 파묵(1952~)의 「내 이름은 빨강(1998년 발표, 2006년 노벨상 수상)」[3]이라는 소설이다. 두 작품은 각각 노벨상 후보의 소설로 알려진 한국의 「무녀도」와 튀르키예의 노벨상 수상작품인 「내 이름은 빨강」이다. 20세기에 창작된 두 작품에서는 한국과 튀르키예의 외래문화인 서양문화와 전통문화인 동양문화가 충돌하고 갈등하는 모습을 아주 구체적으로 보여주고 있다.[4] 양국에서는 20세기에 근대문학인 소설의 갈래가 문학의 중요한 위치를 차지하면서 성장했다고 한다. 하지만 오늘날에는 서구문화의 수용과 갈등을 내포하고 있는 근대문학의 시대가 천천히 사라지고 있다.[5]

다시 말하면 21세기는 근대문학의 특별한 가치나 중요성이 통하지 않는 문화기술의 시대가 전개되고 있다고 설명할 수 있다. 이러한 시대에 문화의 담론에 가까운 김동리의 「무녀도」와 2006년 노벨문학상의 수상작인 튀르키예 문학의 「내 이름은 빨강」이라는 작품을 비교

---

1) 이난아, 『터키문학의 이해』, 월인, 2006, 19면, 참조.
   전국역사교사모임, 『처음 읽는 터키사』, 휴머니스트, 2010, 59~67면.
2) 김동리, 「무녀도」, 『을화』, 문학사상사, 1986.
3) 오르한 파묵(이난아 옮김), 『내 이름은 빨강 1, 2』, 민음사, 2004.
4) 류해춘, 「한국과 터키문학에 나타난 동서양의 갈등」, 이스탄불~경주 세계문화 엑스포기념 한터문학심포지움, 2013년 9월 5일(이스탄불 미마르시난 예술대학), 참조.
5) 가라타니 고진, 『근대문학의 종언』(조영일 옮김), 도서출판B, 2006, 43~4면.

하는 일은 한국문학의 발전과 문학의 세계화를 위해 의미가 있는 작업이라 할 수 있다. 두 작품은 양국의 문학에서 중요한 소설로 그 의미를 부여받고 있으며, 다른 나라와 세계의 각국에서 많은 독자층을 지니고 있다. 두 작품을 비교하는 연구는 한국문학의 노벨문학상 수상 가능성과 세계화의 역량에 대해서도 함께 논의하는 자리가 될 것이다.

이 글에서는 오늘날 한국문학과 튀르키예 문학의 공통성과 차이점을 살펴보기 위해서 경주와 이스탄불을 배경으로 하는 두 도시의 대표적인 문학작품을 선정하였다. 경주의 대표적인 작품으로는 김동리(1913~1995)의 「무녀도」(1936년 발표)를 튀르키예의 대표적인 작품으로는 오르한 파묵(1952~)의 2006년 노벨상 수상작인 「내 이름은 빨강」(1998년 발표)을 비교하기로 했다. 이 두 작품은 한국과 튀르키예 그리고 세계적으로도 많은 독자를 가진 작품으로 동서양 문화의 수용과정에서 일어나는 두 나라의 문화갈등의 양상을 사실적으로 표현하고 있어 한국문학[6]과 튀르키예 문학[7]의 동양문화와 서양문화의 충돌양상을 비교하는데 중요한 작품이라 할 수 있다.

이러한 방향의 비교문학 연구는 한국문학의 세계화와 노벨상의 가능성을 살펴볼 수 있는 지름길이라고 할 수 있다.

---

[6] 유기룡, 「김동리 문학작품에 나타난 원형적 상징의 연구」, 『어문론총』 33, 1999, 211~228면.
[7] 이난아, 「내 이름은 빨강에 나타난 동서양 갈등」, 『한국이슬람학회논총』 15~1호, 2005, 227~246면, 참조.

2. 액자소설과 김동리의 「무녀도」

2.1. 액자소설과 김동리 「무녀도」의 짜임새

경주는 1,000년 도읍지로서 한국 역사에서 지리적·문화적으로 중요한 의미를 지닌 신라의 수도 지역이다. 통일신라는 676년에 한반도의 고구려, 백제, 신라 등의 삼국 체제를 통일함으로써 한민족의 역사에서 최초의 민족 통일을 이루었다. 따라서 각기 다른 체제 속에서 다른 방식으로 살아가던 삼국의 사람들은 도읍인 경주 지역을 중심으로 서로 교류함으로써 민족공동체를 형성하면서 새로운 동질화를 꾀하게 되었다. 이렇게 천 년을 지속한 경주의 문화는 오늘날에 이르기까지 한국 문화의 중요한 뿌리를 이루고 있다.

경주문화에서 관심을 가지고 살펴야 할 문화로는 신라의 화랑花郞이 있다. 화랑은 선仙의 이념을 드러내는 사제로서 샤먼의 계승자였는데, 나중에는 화랑이 선도仙徒와 무당 등으로 이어지면서 한국의 전통문화에서 중요한 천인합일 사상을 계승하고 있다. 이는 인간이 종교와 대립하지 않고 자연과 인간을 일치시켜 새로운 무위자연을 추구하는 신선神仙의 사상과도 깊은 관련이 있다.[8]

김동리의 생애와 문학은 경주를 통해서 그 존재가치와 의미를 지니고 있다고 해도 과언이 아니다. 1913년 경주에서 태어난 그는 한국의 전통 무속신앙인 샤머니즘과 서양 기독교의 갈등을 다루는 단편소설 「무녀도」(巫女圖)를 1936년에 창작하였다. 「무녀도」의 배경이 된 경주의 서천에 있는 예기청소藝妓淸沼는 신라시대의 자비왕(慈悲王, 458~479) 시절에 '을화乙火'라는 기생이 왕과 연회를 즐기는 도중 실수로 빠져

---

8) 홍기돈, 「김동리 문학을 이해하기 위한 몇 가지 코드」, 『작가세계』 67, 2005, 50~66면.

죽었다는 설화가 전해져 내려오는 곳이다. 김동리는 「무녀도」를 통해 사라져 가는 우리의 샤머니즘인 무속과 고유의 동방사상인 유불선이 혼합된 제3의 휴머니즘을 보호하고 계승하고자 하였다.

「무녀도」는 액자소설로 김동리의 문학사상과 작가의 특성을 가장 잘 나타내는 대표적인 작품이다. 작가는 1936년 「중앙」에 무녀도를 발표한 후 4번이나 개작하고, 마지막으로는 1978년에 장편소설 「을화乙火」로 개작[9]하여 노벨문학상에 도전하고자 많은 공을 들인 작품이다. 「무녀도」는 액자소설로 도입부분에 예고豫告가 나타난다. 예고에는 '무녀도'라는 그림을 소개하고 이 그림에 대해 얽힌 이야기를 제시함으로써 독자로 하여금 궁금증을 유발시키면서 작품의 시작과 마지막 부분이 서로 연결되게 하는 환원구조로써 구성의 완벽성을 추구하고 있다. 이를 좀 더 구체적으로 살펴보면 「무녀도」의 내용은 다음과 같은 7개의 단락으로 구성되어 있다.

1) 낭이의 출현과 그녀가 그린 '무녀도'라는 그림을 통한 예고
2) 무당 모화와 딸 낭이의 외부와 단절된 생활
3) 예수교 신자가 되어 돌아온 아들 욱이로 인한 엄마 모화와의 갈등
4) 종교적 갈등으로 모화에 의한 욱이의 상해
5) 기독교의 유입과 모화의 갈등
6) 교회의 번창과 욱이의 죽음
7) 모화의 신기神氣 회복을 위한 굿의 실패와 죽음으로 낭이가 떠남

---

[9] 홍기돈, 앞의 글, 51면.

이 작품에 나타난 동양의 사상인 무속신앙과 서양의 기독교와의 충돌은 작가가 체험한 내면갈등의 표출로 볼 수 있다. 욱이의 죽음은 교회의 번창으로 이어지고 모화의 죽음은 낭이를 통한 샤머니즘의 전승으로 나타난다. 이 작품의 미학은 현실적인 죽음을 넘어서서 존재하는 정신세계의 발견으로, 그 주제는 동방사상의 전통을 계승한 샤머니즘과 서양사상인 기독교의 대립과 갈등을 형상화한 소설이라고 할 수 있다.

2.2.「무녀도」에 나타난 동서문화의 갈등양상

김동리의「무녀도」는 문학의 소재나 대상으로 주목받지 못했던 예외적인 존재인 '무녀'를 작품의 소재로 삼았다. 1936년 김동리가 문학의 주인공으로 선택하기 전까지 '무당'은 프로문학이나 민족문학, 어디에서도 주목의 대상이 된 적이 없었다. 이 작품은 한국의 고유 신앙인 샤머니즘과 서양문화인 기독교가 서로 충돌하는 모습을 통해서 무속과 기독교를 비교하는 독특한 내용으로 동서문화의 서로 갈등하는 양상을 표출하고 있다.

「무녀도」의 주인공 모화毛火는 무당이다. 모화는 우리의 민족의식에 토착화되어있는 한국 고유의 샤머니즘 신앙을 대표하고 있으면서 한국문화를 상징하는 인물이다.「무녀도」에 등장하는 '예수교'는 서구문화의 상징으로 동양문화인 무속 즉, 샤머니즘과 갈등을 일으킨다.

이 작품에서는 한 가정에서 아들인 욱이와 어머니인 모화의 혈연 간에 일어나는 갈등을 바탕으로 기독교와 사먀니즘이 서로 대립하는 종교의 갈등 양상으로 시각이 이어지면서, 넓게는 동양의 문화와 서양의 문화가 갈등하고 충돌하는 양상을 치밀하게 묘사하고 있다.

경주읍에서 성 밖으로 오리쯤 나가서 형성된, 작은 마을 한구석의 낡은 집에서, 벙어리 딸인 낭이와 함께 살고 있던 무당 모화에게 아홉 살 때 집을 떠났던 아들 욱이가 십 년 만에 돌아옴으로써 갈등이 일어난다. 욱이가 돌아오자 이 집에는 밥도 짓고 종이 등불도 내 거는 등의 사람 냄새가 났다. 그러나 모화는 욱이가 '신약전서'라는 책을 읽으며 기도하는 예수교 신봉자임을 알고는 자기가 신봉하는 샤머니즘에 취해서, 본의 아니게 아들을 찔러 중상을 입힌다. 욱이는 앓으면서도 예수교 전파에 온 힘을 기울여 마침내 이 지역에 교회가 들어서고 점차 기독교인의 세력을 키운다. 모화는 욱이를 살리려고, 노력하나 욱이는 끝내는 죽게 되고, 모화는 아들을 죽게 했다는 슬픔과 샤머니즘에 대한 애착으로 갈등하게 된다. 모화의 신명神明이 현저하게 줄어듦을 알게 된 주변 사람들로부터 영검靈劍에 대한 비방이 높아지자, 모화는 이에 대항하기 위해 벙어리인 딸 낭이의 입을 열겠노라 선포하고 예기소에서 죽은 김씨의 혼백을 건지기 위한 굿을 진행한다. 그러나 모화는 그 굿을 성공적으로 끝내지 못하고 결국 물에 빠져서 죽는다.

모화의 마지막 굿은 굿만이 아니라 할 수 있다. 이것은 인간의 개성과 구경究竟적인 삶을 위한 민족정신의 재생이며 아들 욱이와 딸 낭이의 영원한 삶을 위한 모성애로 표출하는 인간성의 발현이라 할 수 있다. 따라서 경주의 예기청소는 사자死者와 생자生者가 함께 만나는 화합의 자리라고 할 수 있다.

무속의식은 항상 재생과 영원성을 바탕으로 한다. 모화의 죽음은 한국 토착종교인 샤머니즘의 패배라고 할 수도 있으나, 모화의 죽음은 복숭아꽃이 피는 봄철에 '무녀도'라는 그림으로 환생하는 아름다운 죽음이다. 이러한 측면에서 '무녀도巫女圖'로 재생한 모화는 민족의 전통문화를 가다듬고 산화한 영원히 살아있는 한국의 여인상이며, 유교와 불교 그리고 도교의 사상을 통합한 휴머니즘의 형상화[10]라 할 수 있다.

3. 다성소설과 오르한 파묵의 「내 이름은 빨강」

3.1. 오르한 파묵 「내 이름은 빨강」의 줄거리

동서양의 문명이 교차하는 지역에 위치한 튀르키예는 비단길을 통해 동양과 서양을 이어주는 길목에 있다. 이스탄불은 비잔티움 제국과 오스만 제국의 수도로서 1,500년 이상 찬란한 문화를 꽃피웠던 튀르키예를 가장 압축적으로 보여주는 도시이다. 그래서 '튀르키예를 안다는 것은 이스탄불을 아는 것이다.'라는 말이 있다.

튀르키예는 10세기 전반부터 이슬람 문명을 수용하기 시작하여 사회구조의 변화를 맞이하기 시작했다. 이슬람 문학의 영향 아래에 있던 튀르키예는 19세기 중반 이후부터 탄지마트(개편, 개혁) 칙령(1839년 11월 3일)을 공포하고 서양을 모델로 하는 사회전반의 개혁을 단행했다. 서양문학의 영향과 다양한 종교의 체험과 역사의 배경을 지닌 튀르키예는 자국의 고유한 소재에 서구의 문예이론을 접목시켜 20세기 후반부터 세계문단의 주목을 끌기 시작했다.[11]

1998년 오르한 파묵(1952~)은 「내 이름은 빨강」이라는 액자소설 형식의 다성多聲소설을 발표하고 출간 후 45일 만에 11만 부가 판매되는 경이적인 기록을 세웠고, 2006년에는 이 작품으로 노벨문학상을 수상하게 되어 튀르키예 문학사에 있어 하나의 큰 획을 그었다.

---

10) 장윤익, 「운명적 삶의 공간과 경주」, 『지역개발논총』 4, 2001, 1~13면.
11) 이난아, 「주변부에서 중심으로 : 터키문학의 재인식」, 『세계문학비교연구』 제28, 2009, 95면~126면.

그의 수상 연설문인 '아버지의 여행가방'에서는 서양문학에서 멀리 떨어져 있는 튀르키예 작가로서의 고뇌를 설파하고 있다. 그는 자신의 전 작품을 통해서 튀르키예 사람으로 살아가는 것이 어떤 의미를 지니는가를 설명하고 있으며, 왜 튀르키예는 동양과 서양의 문명이 만나고 융합하는 한편 거대하고도 격렬한 투쟁과 반목의 공간이 될 수밖에 없는 것인가를 끊임없이 탐구하고 있다. 이러한 그의 생각들은 소설의 창작을 통해서 증명하고 있는데, 소설의 완성도와 주제의식이 조화를 이뤄야만, 세계문학의 중심으로 튀르키예 문학이 성장하고 발전할 수 있다는 사실을 보여주고 있다.

「내 이름은 빨강」에 나타난 줄거리는 다음과 같이 전개된다. 1591년 눈이 내리는 이스탄불의 외곽에 버려진 우물 속에서 시작하는 이 이야기는 과거 회상의 시간 기법을 활용하여 오스만제국의 궁정화가 엘레강스가 어떻게 나흘 전에 살해당해 우물 바닥에 던져졌는지를 설명하고 있다.

이 작품의 여주인공이자 이스탄불의 최고 미인인 셰큐레는 4년째 페르시아와의 전쟁에서 돌아오지 않는 남편을 기다리며 개구쟁이 아들과 함께 친정아버지의 집에서 살고 있다. 그녀는 새 남편으로 적당한 사람을 찾기 위해 아버지를 방문하는 궁정화원 소속의 세밀화의 화가들을 몰래 훔쳐본다. 에니시테라고 불리는 셰큐레의 아버지는 유럽의 화풍이 들어간 책을 제작하게 해 달라고 술탄을 설득한다. 그는 술탄으로부터 '술탄의 세계를 서양화풍으로 비밀리에 그려도 된다.'라는 명령을 받고 밀서를 제작하게 된다.

이 과정에서 궁정화원의 화가들은 전통적인 화풍을 고수하는 것과 새로운 화풍을 받아들이는 것, 신성모독과 예술성의 격렬한 논쟁을 불러일으켜 많은 희생을 치르게 된다. 서양 화풍의 도입에 앞장섰던

에니시테가 살해되자 이야기는 점점 의문투성이로 변해 간다. 술탄은 이러한 살인 사건이 자신을 향한 도전이라 여기고 철저히 조사하게 한다. 화원장인 오스만은 스스로 눈을 찔러 장님이 되었고, 살해범인 올리브는 이스탄불에서 도망치려다 세큐레의 시동생 하산에게 살해를 당한다.

이러한 짜임새를 갖추고 있는 「내 이름은 빨강」이라는 작품은 다성소설과 액자소설의 장점을 받아들여 치열한 예술가의 장인정신을 재미있는 사랑과 연애의 이야기를 통해 표출하고 있다.

작가는 「내 이름은 빨강」에서 소설과 회화의 경계를 허물고 있으며 만연체의 긴 호흡을 고집하면서도 적확한 얼개의 서사구조를 유지하고 있다. 이 작품에서 작가는 각 장마다 다성의 화자를 등장시켜 문장의 치밀한 묘사와 함께 인물들의 심리묘사를 하고 있다.[12] 각 장마다 달라지는 화자들의 입담과 기교와 언술을 통제하고 있는 작가의 기법은 탁월하다고 할 수 있다.

3.2. 「내 이름은 빨강」에 나타난 동서문화의 갈등양상

이 작품에서 동양문화와 서양문화의 갈등 혹은 충돌을 상징하는 핵심적인 소재는 세밀화라고 할 수 있다. 15세기 이란에서 꽃을 피운 세밀화가 들어간 제책술製冊術은 16세기에도 번성해서 오스만제국과 무굴제국의 시대까지도 제책술의 표본이 되었다. 이 소설에 나오는 서양회화인 베네치아의 그림은 동양회화인 세밀화에 대립하는 화법으로 설정되어 동서양문화의 대립과 충돌을 매개하고 있다.

---

[12] 이난아, 「터키문학에 나타난 이슬람~기독교 문화갈등 및 충돌 연구」, 『중동연구』 25~2호, 375~408면 참조.

이 둘의 대치 혹은 갈등은 소설의 도입부에서 서술하는 살인의 동기가 되며, 소설 전반을 이끌어나가는 핵심적인 내용이 된다. 베네치아 화풍으로 언급되는 서양회화의 터키 유입은 세밀화가의 그림기법에 대한 의견충돌을 일으켰고 결국은 서로가 반목하고 질시하여 살인하는 상황으로 사건이 확대된다. 이러한 사건은 당시 궁정의 세밀화가가 고수해오던 전통문화의 그림기법인 신중심의 세계관에서 유럽화풍의 인간중심의 세계관으로 그림의 화풍을 개혁하는 중요한 일이 그 배경에 자리를 잡고 있었다.[13] 이 당시 궁정의 화원에 소속된 세밀화를 그리는 화가는 원근법을 이용해 그림을 그리는 것과 베네치아 화풍을 모방하는 일을 악마의 유혹에 빠지는 일이라고 생각했다. 이슬람국가의 미술사를 보면 실제 이 시기부터 유럽의 회화가 유입되면서 음영처리와 원근법, 캔버스화와 같은 새로운 기법을 이슬람의 땅에 유입되었고 당시의 이슬람국가의 화가들에게 큰 영향을 끼쳤다.

당시 궁정에 소속된 화가들은 서양의 기법을 이용해 그림을 그리는 것을 세밀화가로서 자존심이 상하는 문제로 여겼고 세밀화를 그리는 화가들의 정체성을 뒤흔드는 커다란 사건임에 틀림이 없는 것이라고 단언하였다.

「내 이름은 빨강」에 등장하는 인물들 중에서 화원장 오스만은 세밀화 전통을 유지하려는 세력이고, 이에 비해서 에니시테는 유럽의 화풍을 받아들이려는 인물로 그려지고 있다. 오스만 화원장이 전통과 보수에 바탕을 둔 세밀화를 옹호했다면, 에니시테는 그와 반대로 새로운 것을 추구하려는 변화와 개혁의 그림인 서양화를 옹호했다. 이 두 세력은 작품의 전반에 걸쳐서 팽팽하게 대립하고 있다.

----

[13] 이난아, 「도시와 문학: 오르한 파묵의 「이스탄불~도시 그리고 추억」을 중심으로」, 『외국문학연구』 32, 2008, 201~224면.

세밀화를 옹호하는 궁정화원의 책임자인 오스만은 서양회화의 유입 때문에 자신의 전통문화인 세밀화의 화풍이나 기법을 바꾸지 않으려고 스스로 눈을 찔러 장님이 되고 만다. 소설 속에서 이러한 세밀화의 장인정신을 계승한 오스만에게 술탄이 서양회화의 기법을 받아들인 그림을 그리라고 했을 때 그 충격은 엄청난 것이라 할 수 있다.

 이 소설에 나타난 동서양의 문화충돌에서 가장 첨예하게 갈등을 겪는 인물은 살인자 올리브라 할 수 있다. 그는 동서양의 회화를 선택하는 과정에서 살인을 저지르는 인물로 갈등을 최고조로 이끌어가는 인물이다. 그는 세밀화의 전통에 강한 애정을 소유하고 있는 인물이지만, 한편으로는 시대의 조류가 서양회화의 유입을 막을 수 없다는 것을 인정하고 있었다. 이 소설의 결말 부분에서는 궁정의 화가들에 의해 일어난 동양회화와 서양회화의 갈등 현상이 점차 누그러지고 그 격렬함도 사라지고 있다. 그리고 시간의 흐름에 따라 궁정에 소속되어 세밀화를 그리는 화가들도 조용히 서양회화의 기법을 체념하듯이 받아들이고 있다.

 오르한 파묵(1952~)은 이 소설책의 서두에 '동방과 서방이 모두 신의 것이니'라는 코란의 구절을 인용하여 자신의 견해를 밝히고 있으며, 소설에서 살인자를 밝히는 임무를 띤 카라는 살인자인 올리브에게 '동방은 동방이고, 서방은 서방이야'라고 말한다. 하지만 "화가는 오만해져서는 안돼! 동방과 서방에 대해 고민하기보다는 우리 마음속에서 우러나오는 대로 그려야만 해! 라는 세밀화가 나비의 언술을 우리는 기억해야 한다."[14]라고 주장한다. 마찬가지로 우리도 문학작품은 인본주의인 휴머니즘과 자본주의인 리얼리즘의이 함께 존재하는

....
14) 오르한 파묵(이난아 옮김), 『내이름은 빨강』1, 2, 2004. 참조.

산물이라는 점을 상기하면서 동서양의 갈등과 충돌의 문제[15]를 읽어 내야 할 것이다.

4. 세계문학의 주변부에서 중심부로

20세기 지식인에게 문학은 철학과 미학의 중심으로 이해되고 존중 받던 시기였다. 이에 비하면 21세기 현대의 대중에게 문학은 하나의 선택이거나 하나의 오락거리 등으로 전락해버린 소비재로서 문학의 생존방식과 그 존재의 의미가 맞닿아 있다. 한국의 문학은 과연 한국어와 한국이라는 상황과 그 여건을 뛰어넘어 진정한 세계 속의 문학으로 성장을 거듭할 수 있을까?

20세기 말에 시작된 한국문학의 탈근대화와 왜소화 그리고 개인주의 경향은 거대담론의 상실을 의미하는 것이다. 소소한 사건에 대한 깊이 없는 자조로 고착화되어가는 문학의 경향은 소비를 목적으로 생산되는 스토리 중심의 문화로 전락해 버리고 있다. 한국문학은 이러한 사실에 침착하고 예민하게 대응하여 영상문화와 자본주의가 거대한 권력으로 횡행하는 시대에 과연 '문학과 소설이 어떤 존재의 의미로 어떻게 지속하고 있는 것인가?'에 대한 자기반성을 더욱 활발하게 토론해야 할 것이다.

21세기 세계사에서도 문화의 주변부는 영원히 주변부로 남을 것인가? 한국문학을 비롯한 서구권 국가 출신이 아닌 작가들은 자신들이 변방의 문학가라는 생각을 떨쳐버리지 못하는 한계 속에서 배회하고

---

[15] 류해춘, 「한국과 터키문학에 나타난 동서양의 문화갈등」, 『한터문학 심포지움 발표문』, 2013. 222면~233면 참조.

있다. 여기서는 한국의 작가들이 문학의 변방이라는 지역적 특수성의 한계를 넘어 보편성을 획득하는 기회로 2006년 튀르키예의 문학사상 최초로 노벨문학상을 수상한 작가인 오르한 파묵(Orhan Pamuk, 1952~)의 문학에 나타난 문학세계의 특수성과 보편성을 다루어보고자 하였다.

김동리가 「무녀도(1936)」를 쓴 것은 문학사에서 하나의 사건이다. 「무녀도」에 대해 김남천은 '풍속이 문학의 대상이고 하나의 문학의 관념인데 비해서 민속은 문학의 이데아는 아니었던 것'이라고 하면서 '민속이 문학 정신을 얼마나 유지할 수 있는가?'라고 의문을 내세우면서 그 귀추가 주목된다고 했다.[16] 「무녀도」는 모화라는 무녀가 작품 속에서 직접 굿하는 모습을 형상화하고 있다는 점에서 작가가 민속의 의미로 굿을 보기보다는 샤머니즘이 어떻게 문학 속에서 수용되는지를 알려주는 작품이다. 기독교와 비타협적으로 죽어가는 무당인 모화의 모습이야말로 샤머니즘의 정신을 문학에서 형상화한 것이라 할 수 있다. 작가는 죽음을 통해 자기동일성을 확보하려는 모화를 형상화함으로써 죽음과 함께 영원한 삶을 살게 되는 주인공 모화를 그려내고 있다. 이를 통해 작가는 우리의 정신세계 저변에 흐르는 무속의 세계관을 보여주며 존재의 영원한 지속에 대한 한국인의 염원을 형상화하여 소설로 그려내고 있다.

이처럼 개화기에 배척되었던 샤머니즘이 1930년대 이후에 민간신앙으로 인식된 것은 문학인들이 샤머니즘의 정신을 문학작품으로 형상화하는 과정에서 가능한 일이 되었다. 김동리의 「무녀도」는 소설로서 독자를 확보한 것뿐만이 아니라 「을화」라는 소설로 개작되어 영화

---

16) 김남천, 「민속의 문학적 개념」, 『동아일보』, 1939. 5. 19.

로 만들어지고 대중화됨으로써 보다 적극적으로 샤머니즘의 정체성을 획득하게 되었다. 샤머니즘이 한국문학에 편입되는 과정은 한국문학에 민족성과 토속성이 강화되는 과정이라 할 수 있다. 단순한 역사의 사실로서 샤머니즘이 민간신앙으로 자리를 잡은 것이 아니라, 작가의 치열한 샤머니즘에 대한 형상화의 노력은 한국의 기층신앙으로 민족성을 반영한 샤머니즘으로 성장하게 된 동력이라 할 수 있다.

튀르키예의 작가들 중에서 세계적으로 가장 많이 알려진 작가는 「내 이름은 빨강」으로 2006년 노벨문학상을 수상한 오르한 파묵(1952~)이다. 오르한 파묵은 튀르키예에서 문학을 창작하는 작가 중에서 그의 작품이 외국어로 가장 많이 번역된 작가인 동시에 문학의 스타일, 형식, 주제와 소재 면에서 세계인과 함께 공감할 수 있는 텍스트를 창조했다는 데 그 중요성이 있다. 그는 국적을 떠나 세계인들이 공감할 수 있는 배경과 주제를 담고 있는 「내 이름은 빨강」이라는 명작을 창작하였다. 이 작품은 지구상의 누가 읽어도 동서양의 문화갈등을 우리 민족의 홍익인간弘益人間이라는 인본주의 정신과 비슷하게 승화시켜서 노벨문학상을 받았다고 할 수 있다.

「무녀도」와 「내 이름은 빨강」을 비교하는 작업은 문학의 개별성과 특수성이 세계성과 보편성을 획득하는 과정을 이해하고 고찰하는 것이라 할 수 있다. 이는 개별 문학의 자체 연구는 물론이거니와 세계문학과의 비교문학의 관점으로 지평과 그 시야를 확대하는 차원에서 필연적으로 요구되는 작업이라 할 수 있다. 이러한 방법론은 한국문학이 세계문학으로 나아가기 위한 전략적 방법론의 한 형태로 이어져야 한다.

「내 이름은 빨강」은 각 장마다 다중 화자를 등장시켜 치밀하게 인물을 묘사하고, 이슬람의 전통화풍인 세밀화를 둘러싼 사건을 자세하게 그려내고 있다. 각 장마다 달라지는 화자들의 성격과 인물들의 특성을 묘사하는 언술은 작가가 지닌 포스트모더니즘의 정수를 보여준다고 할 수 있다. 이렇게 작가는 새로운 작품을 발표할 때마다 실험적이며 독특한 방식을 채택하고 있다. 독자들이 작가의 이러한 실험적인 요소를 난해하게 받아들이지 않는 이유는 작가가 이야기를 끌고 나가는 역량이 탁월하기 때문이라 할 수 있다. 이러한 역량을 지녔기 때문에 그는 문학성과 대중성을 동시에 거머쥔 작가로서 2006년 노벨문학상을 수상하게 되었다.

이 연구는 튀르키예 문학의 노벨상 수상과 세계화의 과정을 짚어봄으로써 한국의 문학과 튀르키예의 문학을 비교하는 기회를 가지고 한국문학의 현재 위치를 올바르게 가다듬고 앞으로 나아갈 길을 찾아보기 위한 시도이다. 조간 만에 한국문학도 튀르키예 문학의 「내 이름은 빨강」이라는 소설처럼 노벨문학상을 수상하여 한 단계 도약하기를 기대하며 희망한다. 이러한 비교를 통해서 한국의 작가들이 세계문학의 변화를 잘 인식함으로써 세계의 작가들과 인식을 같이하여 공동의 주제의식을 모색할 수 있는 지름길을 찾아 나가는 일에도 도움을 주고자 한다.

튀르키예의 문학사상 최초로 노벨상을 수상한 오르한 파묵은 동서양의 갈등문제, 정체성의 문제, 자아의 발견을 매개로 한 주체성의 모색 등의 다양한 주제를 새로운 형식과 기법으로 소설에 적용하고 있다. 그는 튀르키예의 역사를 소재로 하여 자신이 창조한 새로운 기법을 작품에 반영하여 성공했다는 평가를 받고 있다. 그는 서양문학을 깊이 있게 소화하고 받아들인 수혜자이면서 동시에 튀르키예 사람으로서의 주체성과 이스탄불이라는 도시의 정체성을 세계인의 감성으로 표현하여 2006년 노벨문학상을 수상한 작가라고 할 수 있다.

5. 한국문학과 튀르키예 문학의 미래

　지금까지 살펴본 김동리의 「무녀도」와 오르한 파묵의 「내 이름은 빨강」은 한국의 경주와 튀르키예의 이스탄불을 대표하는 문학작품으로 그 의미가 크다고 할 수 있다.

　한국의 단편소설인 「무녀도」는 어머니 모화와 아들 욱이의 혈연갈등을 바탕으로 샤머니즘과 기독교의 종교갈등을 세밀하게 표현하고 있다. 이 두 종교의 갈등은 동서양의 문화의 이질성을 증폭시키는 역할을 하며 자연과 인간의 일치라는 녹색문화의 휴머니즘을 표출하고 있다. 반면에 튀르키예의 오르한 파묵의 장편소설인 「내 이름은 빨강」은 표면적으로 살인범의 정체를 파악해나가는 추리소설의 형태를 띠고 있으면서 내면적으로는 절세미인 세큐레를 둘러싼 복잡하고도 미묘한 애정의 심리묘사를 통해 동양화풍과 서양화풍의 기법의 유입에 있어서 동서양 문화의 충돌을 휴머니즘과 리얼리즘의 기법으로 표출하고 있다. 두 작품의 공통점은 그 짜임새가 액자소설의 형식을 기초로 하고 있으며 휴머니즘과 리얼리즘의 기법을 통해 인물의 심리를 묘사하여 그 특성을 드러내고 있다는 것이다.

　2002년 월드컵 3·4위 결정전이 한국에서 열린 이후 지금까지 한국과 튀르키예의 문화교류가 한층 증진되고 있지만 앞으로 더욱 활발해지기를 기원하면서 한국의 고려시대에 두 민족의 교류를 소재로 한 고려가요의 한 구절을 소개하기로 한다. 고려시대에는 튀르크계 종족이 개경에서 생활하기도 했다. 고려가요 「쌍화점」에 나오는 '회회아비'가 이들이다. 이들은 고유의 풍속과 언어를 사용했고, 연등회나 팔관회와 같은 행사에 초대되어 함께 연회를 즐겼다.

　　쌍화점에 만두 사러 갔더니만

> 회회回回아비 내 손목을 쥐더이다
> 이 소문이 가게 밖에 나고 들고 하면
> 조그마한 새끼 광대 네 말이라 하리라

　이슬람 상인인 튀르키예계 종족인 '회회아비'가 우리나라의 개성에 까지 와서 만두가게에서 장사를 하면서 생활하는 모습을 표현한 고려가요이다.[17] 앞으로 경주와 이스탄불의 미래도 「쌍화점」이라는 한국의 고전문학에 등장하는 튀르키예의 인물들처럼 활발하게 교류하기를 바란다.

　한국 고전문학의 전면에 등장하여 수천 년 동안 애송되는 고려가요 「쌍화점」처럼 앞으로 상호 협력하여 발전하고 번영하는 경주와 이스탄불의 문화엑스포가 되기를 바란다. 이를 계기로 하여 한국과 튀르키예의 문학이 인공지능과 같이 발전하는 과학기술과 협업하고 그 교류를 더욱 활발하게 하였으면 한다. 앞으로 한국에서도 노벨문학상에 버금가는 훌륭한 작품이 지속적으로 창작된다면, 조간 만에 한국의 작가도 노벨문학상을 수상하여 우리 민족의 한국문학사를 빛나게 할 것이다.

---

17) 전국역사교사모임, 『처음 읽는 터키사』, 휴머니스트, 2010, 287면~288면 참조.

21세기 구술문화에 나타난 우스갯소리

1. 구술문화와 우스갯소리

구술문화에 나타난 재담의 일종인 우스갯소리[1]는 그 자체로 웃음을 일으키는 담론의 한 양식이다. 실제로 구술문화에서는 발화자가 고도로 예술적이고 인간적인 가치를 지닌 강력하고 아름다운 언어를 구연하면서 연행하는 창조적인 문화를 산출한다.[2] 21세기 현재에도 지속하는 언어로서의 연행문화는 우리가 살아가는 현실적인 사회를 벗어나서 이루어지는 것이 아니라 우리가 실생활에서 체험할 수 있는 것이다. 따라서 우스갯소리를 이해하고 즐기는 것은 곧 웃음 그 자체를 현실로서 체험하는 것이라 할 수 있다. 웃음을 유발하는 우스갯소리의 화법은 고전 재담에서부터 오늘날 스마트폰과 함께 전파매체를 통한 문화콘텐츠의 화법까지 다양하다.[3]

한국의 구술문화에는 "세상을 움직이는 것은 사람이고, 사람을 움직이는 것은 마음이며, 마음을 움직이는 것은 재담才談이다."라는 말이 있다. 재담인 우스갯소리는 웃기는 이야기이다. 웃기는 이야기가 아니라면 재담이 아니다. 우스갯소리는 이야기이지만 웃음을 일으키는 흥미소는 작은 음에서부터 단어, 어구, 어절, 욕설, 은어, 유행어,

---

1) 이글에서는 일상적으로 재담(才談), 코미디(comedy), 개그(gag), 죠크(joke), 소화(笑話), 만담(漫談), 재담소리, 재담극, 유머(humor)등의 명칭으로 불리는 '웃음을 유발하는 이야기'를 우스갯소리라고 정의하고자 한다.
2) 이기우, 임명진 옮김, 『구술문화와 문자문화』, 문예출판사, 1995.
3) 신동흔, 「현대구비문학과 전파매체」, 『구비문학연구』 3, 1996.

하나의 이야기에 이르기까지 다양한 형태를 띤다. 따라서 완전한 서사적 이야기의 형태를 이루지 못하고 단문의 형식으로 이루어져 있다고 해도 재치있게 사람을 웃기는 재미있는 말[4]을 모두 우스갯소리인 재담으로 인정하고자 한다. 그러므로 우스갯소리는 구비문학 갈래에서 민담의 작은 갈래 중의 하나인 소화笑話보다도 범주가 넓다고 할 수 있다.

인간의 진정한 웃음은 숭고하고 엄숙하며, 용기있는 자, 인간 긍정의 너그러운 마음과 지혜를 지닌 자가 아니면 누릴 수 없는 것이라 할 수 있다. 인간이 인간의 운명에 대하여 화해를 이룰 수 있는 마음의 여유, 죽음과 맞서서 위엄을 부리는 자의 웃음기, 숭고함과 너그러운 인간성 등이 유머의 근원이라 할 수 있다.[5] 한국의 민담이나 민간전승에서 나타나는 웃음에는 인간의 삶을 아름답게 느끼도록 하는 건강한 웃음이 있는가 하면 욕과 상소리에 가까운 위험하고 험상궂은 웃음도 있다. 웃음이 사람을 행복하게 한다면, 많이 웃어야 여유가 있으며, 격조가 있는 웃음을 많이 웃을 때만이 사람의 행복이 고양된다고 할 수 있다.

다양한 전술을 펴면서 나타나는 우스갯소리의 웃음에는 숭고한 웃음, 기지의 웃음, 과장의 웃음, 풍자의 웃음, 조롱의 웃음, 악담의 웃음 등으로 나누어질 수 있는데, 이들은 다시 사회긍정으로서의 담론과 사회부정으로서의 담론으로 나누어질 수 있다. 사회를 긍정하며 조화를 추구하는 따스한 웃음으로서는 숭고의 웃음, 기지의 웃음, 과장의 웃음 등이 있으며, 사회를 부정하며 비판하는 차가운 웃음으로는 풍자의 웃음, 조롱의 웃음, 악담의 웃음 등이 있다.

....

4) 강은해, 「구비문학과 대중매체문화」, 『구비문학과 인접학문』, 박이정, 2002.
5) 김열규, 『한국인의 유머』, 중앙신서 26, 1978.

여기서는 과거로부터 현대의 21세기까지 전자문화 속에서 구술문화의 한 양상이 되어있는 우스갯소리를 사회긍정으로서의 담론과 사회부정으로서의 담론으로 나누고 그 담론 양식을 분석하여, 옛날부터 전해오는 우스갯소리의 세계뿐만 아니라 오늘날 전파매체에 전해지는 우스갯소리를 통해서 21세기 우스갯소리의 나아갈 길을 나름대로 모색하고자 한다.

2. 사회긍정으로서의 담론

사회를 긍정하며 조화를 추구하는 사회긍정으로서의 담론에는 우리 사회의 안전함과 평화로움을 간접적으로 설명하고 표출한다고 할 수 있다. 이러한 우스갯소리는 숭고하며 용기가 있는 자, 너그러운 인간 긍정의 도리와 마음을 지닌 자가 아니면 누릴 수 없는 경지의 웃음이다.[6] 이런 웃음 중에서 가장 격이 높은 웃음이 숭고한 웃음이라고 할 수 있으며, 다음으로 기지의 웃음은 밝게 웃겨주는 거짓으로 마음을 편안하게 한다고 할 수 있으며, 과장의 웃음은 실없이 세상에 없는 일을 과장하여 악의 없이 그 자체 그대로의 웃음을 유발한다고 할 수 있다.

2.1. 숭고한 웃음

훌륭한 인격과 인생에 대한 관조가 들어있는 숭고한 웃음은 건강하고 아름답기까지 한 유머(Humor)라고 할 수 있다. 이 웃음은 한국인의 웃음 속에서 가장 약하고 부족한 부분으로 현대를 살아가는 우리가

---

6) 김열규, 앞의 책, 참조.

느끼며, 노력하고, 깨달으면서 배워나가야 할 미래지향적인 웃음의 담론이라고 할 수 있다.

> 옛날 죽음을 앞둔 두 노인이 얘기를 주고 받되 한 노인이 먼저
> "여보게! 죽음이 좋은 줄 자네 아는가?"
> 다른 노인은 어안이 벙벙했다. 그래서
> "죽음이 좋다니, 이 사람! 자네나 많이 죽어 보게."
> 첫째 노인이
> "아냐, 그렇게 뭐 있나! 죽음이 좋은 내력을 내 일러주지."
> 둘째 노인은 의아해 하며 첫째 노인을 쳐다보고 있었다.
> 그러자 첫째 노인이
> "자네 말이야! 죽어서 저승가고는 돌아온 사람 보았나,
> 아무도 못 보았지, 얼마나 그 세상이 좋으면 환고향을 않겠나?"
> ∴「죽음 앞둔 노인들의 일화」

인간이 죽음을 극복한다는 것, 그것은 가장 찬란한 인간의 승리라 할 수 있다. 사람은 죽음에 맞서서 의연하게 짓는 웃음을 통해서 삶의 최대 적대자인 죽음을 용서하며 화해할 수 있다. 마음의 여유는 모든 조건이 순탄할 때 표현되는 것이 아니다. 고통과 절망 그것도 죽음의 바로 코앞에 닥쳐와서도 웃을 수 있다는 것은 진정한 여유이며, 죽음으로도 억누를 수 없는 위엄 그 위엄에 끼쳐진 웃음의 해학諧謔이 바로 숭고하고 순연한 웃음이라 할 수 있다.

위의 우스갯소리는 노인들이 죽음에 맞서서 갖는 공포감을 누그러 뜨리며, 삶의 한계 그 극한 상황을 관조하는 웃음을 보여주는 귀한 예문이 된다. 그리고 인간이 자신의 운명에 대하여 화해를 이루려는 마

음의 여유가 실려 있어서 숭고한 웃음을 유발하게 한다. 옛 속담에 '양반은 풍류로 웃고 평민은 걸쭉함으로 웃는다.'라고 했다. 우리 사회의 전파매체와 컴퓨터 통신의 우스갯소리 가운데 이렇게 맑고 담담하며 숭고한 웃음이 많이 만들어지고 유행하기를 희망한다.

2.2. 기지의 웃음

기지機智는 말이나 글을 즐겁고 재치있게 구사하는 능력이라는 뜻을 지니고 있다. 기지의 웃음은 사람을 즐겁고 해맑게 웃겨주는 가식적이며 거짓에 가까운 위트(wit)나 이야기로 오히려 사람의 마음을 편하게 해주는 기발한 속임수의 지혜라고 할 수 있다. 기지의 웃음에는 역전의 쾌감과 속담이나 수수께끼 등을 통해서 웃음을 발생시키는 경우가 종종 있다.

기지에 찬 담론이나 언술로 강한 자를 거꾸러뜨리며 웃음을 자아낼 때에는 역전극의 묘미를 통해서 웃음을 일으키는 경우가 많다. 약한 자가 강한 자에게 예상치 못하는 담론을 함으로써 일어나는 우스갯소리는 '언문풍월', '별주부와 토끼', '호랑이, 토끼 그리고 두꺼비' 등의 설화문학 속에 널리 퍼져 있다.

『어우야담』에는 조선 전기의 김일손(1464~1498)에 관련된 일화가 언문풍월諺文風月로 전해온다. 그는 젊은 시절에 산사에서 글을 읽으면서 그의 장인에게 다음과 같이 편지를 보냈다.

문왕몰 무왕출	文王沒 武王出
주공주공 소공소공 태공태공	周公周公 召公召公 太公太公

위의 내용을 장인은 그 뜻을 이해하지 못하고 있는데 어떤 문사가

옆에 앉아 있다가 김일손의 이름을 익히 듣고서 그 편지를 해독하기 시작했다. '문왕文王과 무왕武王의 의미는 문왕文王의 이름이 창昌이고, 무왕武王의 이름이 발發이니, 우리말로 신발 밑을 창이라 하고 사람의 발을 발이라 하는 것의 비유라 할 수 있다. 그러므로 '문왕몰 무왕출文王沒 武王出'의 의미는 '신발의 창이 떨어져서, 발이 나왔다'라는 것이다.

다음으로 주공周公의 이름은 단旦이고, 소공召公의 이름은 석奭이며, 태공太公의 이름은 망望이니, 3가지의 뜻을 합쳐서 음의 의미를 살펴보면 '조석망朝夕望'으로 '아침 저녁으로 희망한다'라는 뜻이다. 그러므로 '주공주공 소공소공 태공태공周公周公召公召公太公太公'의 의미는 '조조석석망망朝朝夕夕望望'으로 '아침 아침마다 저녁 저녁마다 (새 신을) 희망하고 희망한다.'라는 의미를 지니고 있다.

이 내용의 전체적인 의미는 '신발의 창이 떨어져서 발이 나왔으므로 새로운 신발을 보내주기를 아침마다 저녁마다 희망하고 희망한다.'라는 '단旦'과 '망望'을 제외하고는 한자의 음을 우리말로 풀이해야 그 뜻을 이해할 수 있다. 이렇게 수수께끼를 풀듯이 언문풍월을 풀어 나가면서 느끼는 웃음은 아랫사람이 윗사람의 융통성 없음을 재치있게 해학적으로 웃기는 웃음으로 그 묘미가 있다.

다음으로는 '호랑이, 토끼 그리고 두꺼비'의 나이 자랑에 관한 소화笑話를 살펴보기로 한다.

옛날에 두꺼비와 토기와 호랑이가 의형제를 맺고 살았다. 하루는 셋이서 음식을 가지고 산에 올라가는데, 호랑이가 혼자서 다 먹고 싶어서 내기를 제안하였다. 이 세상에 제일 먼저 난 이가 이기는 것으로 하자고 하면서 '나는 이 세상이 된 다음에 곧 나왔다.'라고 하였다. 이에 대해서 토끼가 '나는 이 세상이 되기

전에 나왔다'라고 하였다. 두꺼비는 잠시 후에 '나는 세상이 되기 전에 아들과 딸을 보았다.'라고 하였다.

∴「별주부와 토끼」

약한 두꺼비가 꾀 많은 토끼와 힘이 센 호랑이를 속여먹는 희극적인 도치를 통해서 청중은 쾌감을 느끼며 웃음을 자아내게 된다. 이때 일어나는 웃음은 예상 밖의 일이 일어나는 데서 오는 충격으로 생겨나는 기지의 웃음이라 할 수 있다.

현재의 우스갯소리에서도 기지가 웃음을 유발하는 경우를 흔하게 볼 수 있다.

1. 이것은 코다를 영어로 하면?
2. 이것은 코가 아니다를 영어로 하면?
3. 다시 보니 코더라를 영어로 하면?
4. 또 다시 보니 코가 아니더라를 영어로 하면?
5. 얻어맞아 터진 코를 영어로 하면?
   (답)디스코, 이코노, 도루코, 코코낫, 싸만코

∴「디스코」

이승만 : 아내와 뭉치면 살고 흩어지면 죽는다.
박정희 : 나는 아내 사랑의 역사적 사명을 띠고 이 땅에 태어났다.
소크라테스 : 네 아내만을 알라.
링컨 : 아내의, 아내에 의한, 오로지 아내를 위한 남편.
케네디 : 아내가 나에게 무엇을 해 줄 것인가를 생각하지 말고,
         내가 아내에게 무엇을 해줄 것인가를 생각하라.

데카르트 : 나는 아내만을 생각한다. 고로 존재한다.
노태우 :　　나 이 사람 아내 밖에 모릅니다. 믿어주세요.
　　　　　　　　　　　　∴「세계의 유명한 애처가들」

아내 :　　여보, 당신은 나의 어떤 점이 제일 좋아요?
　　　　　지성미? 예쁜 얼굴? 근사한 몸매?
남편 :　　아니, 당신의 그 재치있고? 유머러스한?
　　　　　감각 때문이죠?
　　　　　　　　　　　　　∴「아내와 남편의 대화」

위의 예들은 우리말과 영어를 재치있게 활용한 수수께끼 형식의 우스갯소리이고, 대통령을 유명한 애처가로 묘사한 기지이며, 자신의 매력을 인정받고 싶어 하는 아내에게 남편은 언뜻 알아차리기 미묘한 응답을 하여 웃음을 일으키는 기지라 할 수 있다. 위의 예들은 영어와 대통령 그리고 아내를 통해서 단순한 감정의 웃음이 아니라 삶의 지혜로서 기지의 웃음을 유발하도록 하는 능력이 그 배경에 스며져 있다.

일상적인 대화의 문맥에서 웃음을 유발하는 우스갯소리의 감각은 이 재치才致와 기지機智에서 비롯되는 경우의 웃음이 많다고 할 수 있다.

2.3. 과장의 웃음

과장誇張의 의미는 어떤 사물을 실제보다, 더욱 크게, 혹은 아주 작게 표현함으로써 사람이나 사물의 인상을 두드러지게 하는 강조의 기교라고 할 수 있다. 기발한 착상으로 상대방이 그 말에 묘미를 느껴서 공감하도록 한다는 측면에서 과장의 웃음은 멋있고 자연스러운 비유라고 할 수 있다.

이러한 과장의 웃음은 어이없는 과장의 허풍선이처럼, 세상에 있을 수 없는 과장의 소리 등을 지나치게 부풀리면서 웃음을 유발한다. 이러한 과장의 웃음은 웃음의 본질적인 부분으로 악의 없는 과장이며, 저의底意 없는 익살謔殺이고, 웃기는 그 자체가 목적이 되어, 그 웃음에는 어두운 구석이 별로 없고, 웃기는 그 자체가 목적이 되는 긍정적인 웃음이라 할 수 있다.

  덩달이가 혼자 집을 지키고 있었다. 그때 마침 강도가 들어왔다. 덩달이를 바라본 강도가 혼자 중얼거렸다.
  강도 : 닥치고 가만히 있어.
  덩달이 : (옆에 있던 닭을 마구 치고 가만히 있다)
  강도 : 닥치고 가만히 있으라니까
  덩달이 : (또 옆에 있던 닭을 마구 치고 가만히 있다)
  강도 : (화를 내며 덩달이 머리를 때린다)
  덩달이 : (화를 내며) 시키는 대로 다 했는데 왜 때려요?
  강도 : 가마니 안썼잖아!
              ∴「덩달이와 가마니」

  티코가 길에서 달리던 도중 갑자기 멈추어서 가지 않을 때의 대처방법
   ㅇ. 티코 트렁크를 열고 태엽을 감아 준다.
   ㅇ. 티코를 뒤집어 건전지를 열어 준다.
   ㅇ. 티코를 뒤로 당겼다가 놓아 준다.
   ㅇ. 티코 차체를 손으로 몇 번 두들겨 본다.
                ∴「티코」

위의 우스갯소리에서는 특별하게 교훈적인 내용이나 이면에 감춰진 의도를 짚어낼 것은 없다. 첫 번째 우스갯소리에서 우리들은 덩달이의 바보스런 행동과 강도가 의외로 물건을 담는 가마니를 덩달이가 쓰지 않았다고 하는 주장에 웃기만 하면 된다. 두 번째 티코의 우스갯소리에서도 실없는 과장의 극치가 웃음을 유발하고 있다. 대상을 목표로 하는 악의 없이 그야말로 가볍고 유쾌한 감정을 교류하는 과장의 웃음은 익살愼殺의 본령이라고 할 수 있다. 여기서 「사오정」이야기를 하나 더 살펴보자.

> 어느 날, 사오정이 위기에 처하게 됐습니다.
> 그날 지나가던 삼장법사의 도움으로 그 위기를 모면했습니다.
> 사오정 너무 고마워서 은혜를 갚으려고 하자 삼장법사 왈,
> "저기 산의 절에 공양미 삼백석을 기증을 하게"
> 그 다음날 아침, 사오정은 삼장법사의 말대로 했고
> 삼장법사가 그 절을 방문하게 되었다.
> 절 앞마당에는 고양이 삼백마리가 가득히 있었던 것이었던 것이다.
> 혹시나, 역시나, 사오정은 대단해!
> ∴ 「사오정과 삼장법사」

과장과 거짓 그리고 억지마저 밝게 감싸주는 건강한 웃음은 다른 것을 공격하거나 비판하기보다는 인간들 사이에 생길 수 있는 작고 큰 파국을 모면하게 하고 수습하게 한다.

사회긍정의 우스갯소리인 과장의 웃음과 숭고한 웃음 그리고 기지의 웃음은 삶을 즐겁게 하는 흰 웃음이라 할 수 있다. 이들은 거짓과 억

지마저 밝게 감싸주는 건강한 웃음으로 삶의 도처에서 일어나는 불유쾌한 상황이나 스트레스를 해소하는 데 중요한 역할을 하는 담론이라 할 수 있다. 현대사회의 대중매체에서 바람직한 우스갯소리로 이어가야 할, 사회긍정의 담론은 숭고한 웃음, 기지의 웃음, 과장의 웃음 등이라 할 수 있다. 앞으로는 사회긍정의 우스갯소리를 전통담론으로 이어받아서, 어지럽고 혼란스럽게 전쟁터와 같은 세상살이에서 우스갯소리가 우리의 삶에서 윤활유가 되도록 하는 것이라 할 수 있다.

3. 사회부정으로서의 담론

사회를 부정하며 비판을 추구하는 사회부정으로서의 담론에는 우리 사회의 부조리와 부정부패를 극복하려는 민중의식을 간접적으로 보여준다고 할 수 있다. 한국의 우스갯소리에는 이러한 유형의 우스갯소리가 상당히 많이 존재하고 있다.[7] 아마도 우리의 우스갯소리를 즐긴 계층이 지배층이라기보다는 상대적으로 민중이 우세하여 그렇다고 할 수 있다.[8]

이러한 웃음에는 지배층의 비리나 그 부정을 매섭게 폭로하는 풍자의 웃음이 있고, 다음에는 지배층이 민중에게 비웃음으로 놀림을 당하는 조롱의 웃음이 있으며, 다음으로는 가장 비생산적이라 할 수 있는 악담의 웃음으로 이 웃음은 상소리와 욕지거리를 포함하여 남의 결점을 과장하여 자신의 만족만을 취하는 검은 웃음이라 할 수 있다.

....

7) 강은해, 앞의 논문, 356면.
8) 조동일, 『구비문학의 세계』, 새문사, 1980.

3.1. 풍자의 웃음

풍자諷刺는 어떤 부정적인 상황을 말할 때, 직접적으로 표출하지 않고, 웃음을 곁들이며 돌려서 표현하는 것이다. 풍자의 웃음은 개인이나 사회에 비판적인 내용을 담고 있으면서도 은근히 비꼬면서 달려들어, 보거나 듣는 사람에게 웃음을 짓게 만드는 통쾌한 웃음이다.

이 웃음의 이면에는 분노와 매서운 질타가 숨어 있는 웃음으로 사회의 정의를 실현하기 위한 웃음이라 할 수 있다. 풍자는 개인을 넘어서 사회의 공익과 정의를 그 웃음의 대상으로 삼는다. 탈춤판이 웃음의 도가니이지만 동시에 위험하고 긴장감이 도는 현장인 이유가 여기에 있다. 우월한 것을 비꼬면서 달려드는 열등한 자의 힘의 발로가 탈춤판의 웃음의 원천이다.

> 선비 : 첫째 학식이 있어야지. 나는 사서삼경을 다 읽었네.
> 양반 : 뭣이 사서삼경, 나는 팔서 육경을 다 읽었제.
> 선비 : 도대체 팔서육경이 어데 있으며, 대관절 육경은 뭐야?
> 초랭이 : 나도 아는 육경! 그것도 몰라요?
>   팔만대장경, 중의 바래경, 봉사의 안경, 약국의 질경,
>   처녀의 월경, 머슴의 새경.
> 이매 : 그것 맞다 맞어.
> 양반 : 이것들도 아는 육경을 소위 선비라는 자가 몰라
>
>   ∴「하회탈춤」

지체와 학식을 자랑하는 양반이 바보스러운 하인보다 오히려 무식하다는 데서 웃음이 유발될 수 있다. 경망스럽고 바보스러운 초랭이와 이매는 양반이 지체 유지를 위해서 무엇보다도 존중해온 사서삼경을 장난거리로 만들어 버린다. 양반과 선비는 서로 다투어 이기기 위

해서 초랭이와 이매를 자기편으로 끌어들이려고 한 결과 둘 다 패배하고 만다. 이처럼 풍자의 웃음은 양반이 단지 욕을 얻어먹는다고 해서 완성되는 것은 아니고, 은근히 비꼬고 달려든 이매와 초랭이가 선비와 양반보다 더 나은 위치를 차지할 때 생기는 것이라 할 수 있다. 따라서 열등한 자는 부정의 감시자, 고발자로서 사회의 정의실현을 희망하는 차원에 서 있게 된다.

풍자의 웃음은 사회 정의의 차원에서 그 대상을 감시하고 고발하는 기능을 수행한다. 이 웃음은 권력의 질서를 옮기는 담론의 효과를 담당하며 건전한 사회비판의 역할을 한다. 대중매체 속에 등장하는 우스갯소리가 실천적이고 풍자의 웃음을 지향해야 하는 이유는 사회비판의 기능을 길러주기 때문이라 할 수 있다.

3.2. 조롱의 웃음

조롱嘲弄은 '남을 비웃거나 놀린다.'라는 의미를 지니고 있다. 주로 약자들이 강자인 권력자가 행하는 부정하고 폭압적인 권력의 행사에 맞서는 도구로 전 세계의 문화권에서 자주 사용하고 있다. 조롱의 웃음은 의미나 음성의 유사성을 통하거나 지배층과 피지배층을 유사성을 비교하거나 대조하여 상대나 지배층을 희화화시키고 그 은근히 비꼬고 달려들면서 웃기는 회색灰色의 웃음이다. 지배층과 피지배층의 서로 유사한 점을 조합하여 유발하는 이 웃음에는 책략이 있고 계산된 지성의 작용이 있다. 조선시대의 김삿갓(1807~1863)의 「낙민루」라는 시를 먼저 살펴보기로 한다.

선정을 펴야할 선화당에서 화적같은 정치를 하니　宣化堂上宣火黨
낙민루 아래서 백성들이 눈물을 흘리네　　　　　樂民樓下落民淚

함경도 백성들이 다 놀라 달아나니   咸鏡道民咸驚逃
조기영의 집안이 어찌 오래 가랴   趙岐泳家兆豈永

이 시는 작가가 함경도에 가서 정치가의 무능과 부패를 보고 지은 시로 모든 행마다 똑같은 음성을 대립시켜 관찰사의 무능과 부패 그리고 잘못된 정치를 조롱하는 웃음을 통해서 정치사회를 비판하고 있다.

선화당宣化堂은 관찰사가 정치를 하며 선정을 베풀어야 하는 관청을 말하고 있는데, 똑같은 소리음인 선화당宣火黨으로 변해서 화적같은 도둑의 떼가 정치를 하는 것으로 비유하고 있다. 낙민루樂民樓는 백성들이 즐거운 집인데, 시적 화자는 똑같은 음으로 뜻이 전혀 다른 낙민루落民淚라는 단어를 사용하여, '백성이 눈물을 흘린다.'라는 전혀 다른 의미로 조롱하고 있다.

다음 행에서도 함경도咸鏡道라는 지명을 이용하여 함경도의 백성이 '모두 놀라서 도망을 간다.'라는 함경도咸驚逃라는 같은 음성으로 함경도의 관찰사를 비꼬고 있다. 마지막 행에서도 마찬가지로 음성의 유사성을 통해 조기영趙岐泳 집안의 오래 유지하지 못함을 조기영兆豈永이라는 '어찌 오래 가겠느냐?'라는 단어로 웃음을 유발하고 있다. 이러한 웃음을 우리는 조롱의 웃음이라고 할 수 있다.

현재의 우스갯소리에 나타난 조롱의 웃음은 다음에서 찾아볼 수 있다.

    ο. 돔형 지붕 밑에서 산다.
    ο. TV에 자주 등장한다.
    ο. 늘 떼 지어 돌아다닌다.
    ο. 항상 똑같은 말만 한다.

ㅇ. 입으로 먹고 산다.
　　ㅇ. 남이 뭐라든 자기들끼리는 언제나 즐겁다.
　　ㅇ. 아무리 봐도 그 얼굴이 그 얼굴이다.
∴「텔레토비와 정치인의 공통점」

　텔레토비는 텔레비전 어린이 인형극의 주인공들이다. 시청자인 어린이들에게 꿈을 주고, 다음 날에도 보고 싶은 그리움을 일어나게 한다. 하지만 위의 정치인들은 텔레토비의 겉모습만 닮았지 국민들에게 꿈과 그리움을 주지 못한다는 점에서 텔레토비보다도 아래의 단계에 있다. 그래서 이 웃음은 풍자의 웃음보다는 조롱의 웃음에 가깝다고 할 수 있다. 이러한 웃음은 겉으로는 웃지만 숨어서는 은근히 조롱하고 비꼬면서 달려들어 정치인들을 준열하게 꾸짖고 있는 것이라 할 수 있다.

　　ㅇ. 손에 항상 무엇을 들고 다닌다.
　　ㅇ. 출퇴근 시간이 일정하지 않다.
　　ㅇ. 수입이 일정하지 않다.
　　ㅇ. 얻어 먹을 줄만 알지 대접할 줄은 모른다.
　　ㅇ. 되기가 어렵지, 일단 되면 먹고는 산다.
∴「교수와 거지의 같은 점」

　문화적 분류에서 교수와 거지는 이질적인 존재로 인지된다. 그런데 이질적인 존재 사이에서 유사성을 문제로 삼는 것에서 이 우스갯소리는 조롱의 웃음이라 할 수 있다. 이 우스갯소리는 문화적 본질에서 일탈하는 일종의 터무니없는 발상이라 할 수 있다. 교수와 거지의 신분에 대해서 사회구성원들이 가지고 있는 일반 상식은 여기서 강한 충격을 받을 수밖에 없고 교수를 조롱하는 웃음을 일으킨다. 이렇게 사회의 이질적인 두 분류인 교수와 거지를 뒤섞어 놓는 일은 작위적이고 문화적 질서를 파괴하는 행위이다. 이는 문화로서의 질서라는 감각에 찬물을 끼얹은 충격적인 일이다. 이러한 언어행위는 상식을 파괴하기 위하여 교수와 거지의 두 개체의 유사성을 비상식적으로 나열하여 상부계층과 하부계층의 터부를 파괴하려는 언어활동으로 상부계층을 조롱하는 것이라 할 수 있다.[9]

이 조롱의 웃음에는 겉으로는 웃지만 숨어서는 따가울 만큼의 준열한 문책을 지배층에게 보내며, 상층부에 대하여 감시하고 고발하려는 사회적 기능을 발휘하고 있다는 점에서 주목할 필요성이 있다. 더욱이 이러한 웃음 뒤에는 양반이나 지배층이 비웃음으로 놀림을 당하여 그 지위가 하락하는 효과를 반드시 가져오도록 한다.

3.3. 악담의 웃음

악담惡談은 남을 비방하거나 잘되지 못하도록 저주하는 말이라는 의미를 지니고 있다. 악담의 웃음은 우스갯소리의 담론 중에서 가장 비생산적인 검은 웃음으로 상소리, 괴롭힘, 꾸짖기, 모욕하기, 욕지거리 등을 포함하여 남의 결점을 과장하여, 자기만족을 취하는 웃음이라 할 수 있다. 조선시대 김삿갓(1807~1863)의 시에도 악담의 웃음이 존재하고 있다.

　　　　스무나무 아래서 서러운 객이　　　　二十樹下三十客

---

9) 김대행, 「터무니 없음, 유사성 창조의 문화적 의미」, 『국어교육연구』 제1집, 1994.

망할 놈의 집에서 쉰밥을 주니 　　四十家中五十食
사람에게 어찌 이런 일이 있으리 　　人間豈有七十事
차라리 돌아가 서른 밥만 같지 못하네 　　不如歸家三十食

　이 시는 김삿갓의 대표적인 언문풍월諺文風月의 한시이다. 한자漢字의 음과 고유어인 한글의 음을 활용하여 창작한, 이 작품은 손님의 대접을 소홀히 하는 함경도의 어느 부잣집에서, 냉대를 받은 화자가 나그네의 서러운 감정을 한문의 숫자와 한글의 음을 비교하여 되새김하면서 창작한 것이다. 이 시는 각각의 행마다 숫자를 조합하여 한 편의 시를 조각하듯이 만들고 있다.

　1행에서 二十(이십)의 '스무'라는 의미는 '숨어', '숨다'의 '삿갓'의 의미를 지닌 숫자이며, 樹下(수하)는 '나무의 아래', '나무 밑'의 의미를 지닌다. 그래서 '이십수하二十樹下'의 뜻은 '삿갓 나무 아래'라는 의미로 해석할 수 있다. 그리고 '삼십객三十客'은 '서러운 객'이라는 뜻을 지니고 있다. 결국, 1행은 '삿갓 아래 숨어 사는 서러운 나그네'라는 의미이다. 2행에서 '사십가중四十家中'의 '마흔'은 음차로 '망할'의 의미를 지니며, '가중'은 '집가운데', 즉 '집구석에서'라는 뜻이다. 그리고 '오십식五十食'은 '쉰밥을 준다.'라는 의미이다. 이를 합하여 보면 2행에서는 '망할 집구석四十家中에서 쉰밥을 주네五十食'라는 의미이다.

　3행에서는 '人間豈有(인간기유)'가 '인간 세상에 어찌 있으랴'라는 뜻이고, '七十事(칠십사)'는 '일흔'이 '이런'의 의미로 '事(사)'는 '일'의 뜻이 된다. 그리하여 3행은 '인간 세상에 이런 일이 있으랴?'라는 뜻이다. 4행에서는 '不如歸家(불여귀가)'가 '집으로 돌아감만 못하구나!'라는 의미이며, '三十食(삼십식)'은 '설익은 밥을 먹는' 것이라는 뜻이다. 결국, 4행은 '집으로 돌아가 설익은 밥을 먹는 것만 못하네'라는 해석이 된다.

이처럼 김삿갓의 이 작품은 화자가 상소리, 욕하기, 모욕주기 등을 동원하여, 지배층을 비판하는 조롱의 웃음으로 당대의 현실을 꼬집으며 비판하고 있다. 그러므로 이 한시에서 김삿갓은 부잣집을 비판하는 악담을 저주하듯이 표출하여 독자들에게 조롱의 웃음을 폭발적으로 선물하고 있다고 할 수 있다.

다음은 대통령의 발음과 사투리를 통해서 악담의 웃음을 생성하고 있는 경우인데, 이 우스갯소리는 우리에게 익숙하여 친구와 함께 이야기했거나 인터넷의 유머에 자주 등장했던 내용이다.

> 모 대통령이 제주도에 왔다. 제주도를 본 모 대통령은 이렇게 말했다.
> "제주도를 강간의 도시로 발전시켜야겠다."
> 그 대통령의 특유의 발음으로 '관광'을 '강간'으로 발음했던 것이다.
> 그때 그 옆에 있던 외무부 장관이 말했다.
> "각하, '강간'이 '관광'입니다"
> 그러자 그 대통령이 왈
> "애무부 장관은 애무나 잘 하시오!"

이 우스갯소리에는 어떤 책략도 없이 대통령이 구사하는 사투리를 극단적으로 묘사하여 놀림의 대상으로 삼고 있다. 외무부 장관이 그 발음의 잘못을 고치려고 하자, 대통령은 외무부 장관의 지적을 권위로 누르면서, 사투리를 사용하여 지적한 장관을 아주 우습게 만들어 버리고 있다. 대통령은 사투리 발음으로 장관의 올바른 지적을 무시한 셈이 되고, 사투리를 사용하는 대통령은 사투리 발음의 난점으로 민중들에게 욕설에 가까운 비방을 당한다. 이런 의미에서 악담의 웃음은 파괴적이며 검은 웃음이라 할 수 있다. 그러나 악담의 웃음을 통해서라도 서로 소통하고 대화하는 사회는 침묵하며 갈등하는 대립의 구도보다는 화해의 가능성이 주어지는 기회의 사회라고 할 수 있다.

4. 대중매체 공간의 구술문화

옛날 구술문화의 전통은 21세기인 오늘날에 이르러서는 전파매체와 SNS의 공간 속에서 다시 활력을 찾고 있다. 특히 전자언어를 사용하는 컴퓨터를 활용하여 SNS 속에서 계승되고 지속되는 웃음의 양상은 다양하다고 할 수 있다. 그래서 이 글에서는 과거의 웃음뿐만 아니라 21세기 라디오, 텔레비전, 컴퓨터 등의 뒷받침으로 전승되고 계승되는 웃음의 양상을 몇 가지로 나누고 그 특성을 살펴보았다.

웃음은 인간 개인을 여유롭고 행복하게 만든다는 점에서 중요하다. 웃음은 이미 살펴본 바와 같이 그 유형에 따라 성격의 차이가 다양하다고 할 수 있다. 사회긍정의 담론인 숭고한 웃음, 기지의 웃음, 과장의 웃음 등은 인간사회를 긍정하며 관용의 도리를 실천하여 사람들을 즐겁고 행복하게 더불어 생활하도록 유도한다. 사회부정의 담론인 풍자의 웃음은 사회의 비판기능을 활성화시키고, 조롱의 웃음은 상대방을 비판하는 저주를 품으면서 인간의 평등을 추구하는 공정한 사회를 표현하고 있으며, 악담의 웃음은 상소리 욕지거리를 포함하여 남의 결점을 과장하여 자기의 만족을 추구하는 웃음이라 할 수 있다.

현대사회에서 소통되는 웃음의 담론은 이렇게 사회긍정의 담론과 사회부정의 담론으로 나누어져서 우리 사회가 조화롭고 평화로운 모습으로 발전하기를 기원하는 역할을 수행하기도 하고, 우리 사회의 부조리를 찾아내어 공격하고 비판하는 기능을 함께 수행하여, 우리 사회가 지니고 있는 삶의 질을 개선하면서 다양한 문화콘텐츠로 변화시키는 힘을 발휘하고 있다. 오늘날의 대중매체는 우리 사회에서 유행하는 검은 웃음을 통해서라도 건전한 사회비판의 문화를 개선하도록 홍보하여야 한다.

한편 우리 국민들은 밝고 긍정적인 웃음을 바탕으로 우리의 사회문화를 건전하고 지혜롭게 이끌어가도록 노력해야 한다. 이와 함께 우리는 '세상을 움직이는 것은 사람이고, 사람을 움직이는 것은 마음이며, 마음을 움직이는 것은 유머(Humor. 才談)이고 우스갯소리이다.'라는 격언을 항상 마음에 새기고 생활해야 한다.

고전시가와 대중문화의 아름다운 공감

1. 전통문화와 대중문화

　21세기는 문화의 시대이다. 문화의 시대인 21세기가 도래하여 놀이에 바탕을 둔 대중문화가 성행하고 있다. 현재 우리가 체험하고 있는 문화의 영역은 문화를 연구대상으로 하는 학문분야에 따라서 달라질 수 있지만, 크게 전통문화와 대중문화로 나눌 수 있다. 전통문화는 한국인이 체험한 전통사회의 일상적인 생활 속에서 형성되고 전승된 문화를 의미한다. 전통문화에는 대다수 민중들이 경험한 삶의 지혜를 담고 있는 음식, 주거, 복식 등의 영역이 있으며, 고전 자료와 인문학에 담긴 삶의 지혜나 생활양식을 포함하고 있다. 인문학의 영역에 속하는 한국문학은 크게 한문학, 국문문학, 구비문학 등으로 나누어지고, 국문문학은 다시 고전문학과 근대문학으로 나누어지며, 고전문학에는 고전시가와 고전산문으로 나누어진다. 이렇게 보면 한국의 고전시가를 전통문화의 영역에 포함할 수 있다.

　반면에 대중문화란 '모든 사람이 쉽게 접근할 수 있는 문화의 산물'이라고 할 수 있다. 넓은 의미에서 대중문화는 도시화, 산업화가 진행되면서 어느 정도 교육받은 대중, 일반적으로 도시에 살며 집단행동을 하는 경향이 있는 사람들의 수요와 요구로 만들어진 예술 또는 유사 예술의 산물을 말한다고 할 수 있다.[1] 20세기 대중문화는 대중매

---

1) 임재해, 『민속문화론』, 문학과지성사, 1986, 43~46면 참조.

체를 통하여 급속도로 확산하는 공급문화로서 대중이 스스로 문화를 만들어서 주체적으로 다음 세대에 전달하기보다는 이미 만들어진 문화를 수용하고 향유만 할 뿐이라고 하여 문화비평가들은 대중문화가 지닌 자율성의 결여를 꼬집고 있다. 또한 21세기 새로운 대중문화는 컴퓨터, 스마트폰, 태블릿 PC 등을 매개로 하여 대중들의 기호에 알맞게 변하는 자율성과 산업성을 첨가하여 전 세계의 시민과 대중들이 활발하게 소통하며 교류하고 있다.

전통사회와 산업사회에서는 소수의 특권 집단만이 정보를 공유하여 왔지만, 21세기 지식정보화 사회에서는 전자기술에 기반을 둔 대중매체에 의해 수많은 대중들이 정보를 공유할 수 있게 되었다. 특히 현대사회는 신문, 라디오, 영화, 텔레비전과 같은 아날로그적 기술뿐만 아니라, 컴퓨터와 관련된 디지털 전자기술이 급격하게 발전하여 다량의 정보가 세계인에게 전달되는 시공간의 극단적인 압축으로 대중문화가 성행하고 있다. 대중매체에 의해 전달되는 정보와 대중문화는 대중의 의식과 생활방식을 결정하는 변수로도 작용을 한다. 지금의 대중문화는 공식적인 입장에서 대다수 시민과 대중들의 문화를 의미하지만 세월이 흐른 미래에도 대중들의 지지를 받을 것인지는 불분명하다고 한다.

1960년대부터 시작한 한국의 대중문화는 전통문화의 합리적인 비판에 기반을 두기보다는 한국의 산업화, 인구의 도시유입, 대도시화 현상 등을 근간으로 대중매체를 통한 과학기술과 서구의 대중문화를 무비판적으로 받아들이면서 단기간에 압축적으로 발전한 문화라고 할 수 있다. 대중문화는 과거와의 연계성과 전통성보다는 현실성과 일시성이 강한 편이라 할 수 있으며, 과거와 연계되어서 전승되고 계승되는 전통문화와 비교해서도 그만큼의 지속력은 약하다고 할 수 있다.

이 글에서는 먼저 고전시가와 대중문화의 공감대 형성으로 전통문화인 고전시가에 나타난 대중문화의 미학과 고전시가에 기반을 두면서 현대시로 변용되어 새롭게 재창조되는 문학작품의 양상을 분석하고자 하며, 다음으로는 대중매체인 미디어와 소통하여 재탄생하는 유비쿼터스(Ubiquitous) 시대의 교육이라는 스마트~러닝(Smart~learning)을 통한 고전시가의 대중화 가능성에 대해서 논의하고자 한다.

2. 고전시가, 현대시로의 변화와 공감

고전시가와 대중문화의 공감형성이라는 말의 이면에는 고전시가는 당연히 대중화되어야 한다는 명제가 깔려져 있다. 이 글은 '대중들에게 우리의 고전시가를 어떻게 알려야 하는가?'라는 근본적인 물음과 그에 대한 성찰에서부터 출발한다.

고전시가라는 용어에는 전통문화로서 시간개념과 가치개념이 함께 담겨져 있는 의미이다. 원래 '고전'이란 개념은 '오랫동안 많은 사람에게 널리 읽히고 모범이 될 만한 문학이나 예술작품'이라고 할 수 있다. 이처럼 '고전'이라는 용어에는 훌륭한 작품이라는 가치개념이 옛날이라는 시간개념만큼이나 강조되어 있다. 하지만 고전시가가 현대시의 대립적 용어로 쓰이는 만큼 '훌륭한' 문학 작품들만을 지칭하는 것이 아님은 분명하고, 상식적으로 생각해도 옛날의 시가문학 작품이 모두 훌륭한 문학작품이라고 부를 수는 없다. 고전시가에서 '고전'이라는 의미에는 우리 문학의 특수성에 의해서 정의되는 시간개념과 가치개념의 뜻이 복합적으로 작용하고 있다.

먼저, 고전시가가 '현대시'와 대립되는 '옛날의 시가문학'을 의미한다는 측면에서는 '고전'의 원래 뜻보다도 시간개념이 훨씬 강화되어 있다. 그래서 '고전'이라는 가치개념에서 고전시가가 지니고 있는 의미는 문학적 수준이 뛰어난 작품이라는 원래의 의미보다도 많이 약화되어 있다. '고전시가'의 '고전'에는 선인들이 남긴 작품이라면 문학의 수준에 관계없이 어느 것이나, 소중한 작품일 수밖에 없는 우리의 옛날 고전문학의 현실적 처지를 강하게 반영하고 있다. 여기서 우리의 고전문학이 전통문화의 요소와 대중문화의 요소를 함께 지니고 있다는 하나의 실마리를 잡을 수 있다.

우리의 고전시가 속에는 현대의 대중문화가 가지고 있는 오락성과 일상성의 미학과 함께 전통문화와 고전문학이 가지고 있는 자율성과 독창성의 미학을 함께 지니고 있다. 그러므로 고전시가에는 대중성과 창의성의 미학이 함께 어우러져 있다고 할 수 있다. 고전시가와 대중문화의 상관성에 대해서는 먼저 고전시가가 원래 가지고 있는 대중문화의 미학을 살펴보고, 다음으로는 고전시가가 현대시로 변용되는 양상을 살펴보고자 한다. 이러한 작업은 고전시가가 지닌 대중문화의 외연을 넓히는 작업으로 고전시가와 대중문화가 교감하고 공감하면서 만나는 모습을 찾아내는 자료가 될 것이다.

2.1. 고전시가에 나타난 대중문화의 미학

고전시가에는 시간개념으로는 옛날이라는 의미를 담고 있으며, 작품의 가치 개념으로는 훌륭한 작품이라는 의미를 지니고 있다. 우리의 고전시가의 경우에는 가치개념보다 시간개념이 훨씬 강화되어 있다고 할 수 있다. 그러므로 고전시가에는 대중문화의 성격을 지니고 있는 내용이 많이 있으며, 전통문화와 대중문화의 성격을 모두 지니고 있는 독특한 문학양식이라 할 수 있다. 독창성과 창의성을 기본으로 하는 고전시가는 전통문화의 성격[2]을 지닌 문학이라 할 수 있으며 오락성과 일상성을 기본으로 하는 고전시가는 대중문화의 성격[3]을 지닌 문학이라 할 수 있다. 대중문화는 전통문화의 형식을 약간 변형시켜서 많은 대중에게 담론을 전달하는 것을 미학으로 한다. 대중들의 문화실천은 어떤 방식으로라도 대중들의 삶의 형태를 반영하고 있다. 고전시가에 나타난 일상성과 오락성이라는 대중예술의 미학은 현실생활의 진정성과 사실성이라는 고전시가의 미학과는 반대하는 위치에 존재하는 대립개념이라 할 수 있다.

고전시가에 나타난 대중화와 통속성에 대한 담론의 논의는 시조[4]와 사설시조[5]와 조선후기의 서민가사[6] 그리고 잡가[7]에서 주로 이루어지고 있다. 여기서는 사설시조를 통해 발견할 수 있는 대중문화의 요소를 찾아서 고전시가에 나타난 대중문화의 성격을 살펴보기로 한다. 고전시가가 지닌 대중문화의 요소를 찾아가는 작업은 우리가 고전시가를 읽었을 때 순간적으로 향유하고 그냥 좋아할 수 있는 주제나 내용이 작품에 많이 등장한다. 생활의 일상성과 오락성은 삶의 진정성과 현실성이라는 것과는 반대하는 위치에 존재하는 대중문화의 미학이라 할 수 있다.

고전시가에 나타나는 일상성과 오락성은 일상생활에서 일어나는 삶의 직접적인 경험을 시창작의 바탕으로 하는 것이다. 여가생활의 현장에서 삶의 일상성을 노래하는 시조는 시간과 공간의 질서를 초월하여 삶의 유희성과 오락성을 영원히 지속할 수 있는 것처럼 강조하

---

2) 박성봉, 『대중예술의 미학』, 동연, 1995, 참조.
3) 박성봉, 『대중예술의 미학』, 동연, 1995, 참조.
4) 최규수, 「19세기 시조의 대중화론」, 보고사, 2005, 44~89면.
   박애경, 「조선후기 시조의 통속화 과정과 양상 연구」, 연세대(박사), 1998, 참조.
5) 류해춘, 「대중예술의 미학으로 본 사설시조」, 『어문학』 59집, 1996, 107~127면.
6) 김문기, 『서민가사연구』, 형설출판사, 1982, 참조.
7) 이노형, 「잡가의 유형과 그 담당층 연구」, 서울대(석사), 1987, 참조.

여 불가능한 세계를 가능의 세계로 돌리는 초월적이며 긍정적인 세계관을 표현하고 있다.

> 노츠릐긋치 조코 조흔 거슬 벗님닉야 아돗던가
> 춘화류春花柳 하청풍夏淸風과 추명월秋明月 동설경冬雪景에
> 필운소격弼雲昭格 탕춘대蕩春臺와 남북한강南北漢江 절승처絶勝處에
> 주효酒肴 난만爛熳ᄒ디 조은 벗 가즌 혜적嵇笛
> 알릿ᄯ온 아모가이 제일第一 명창名唱드리
> ᄎ례로 안자 엇거리 불너 닉니
> 중대엽中大葉 삭대엽數大葉은 요순우탕堯舜禹湯 문무文武ᄀ고
> 후정화後庭花 낙희조樂戲調는 한당송漢唐宋이 되야잇고
> 소용騷聳이 편락編樂은 전국戰國이 되야이셔
> 도창검술刀槍劒術이 각자등양各自騰揚ᄒ야 관현셩管絃聲에 어릐엿다
> 공명功名과 부귀富貴도 닉몰닉라
> 남아男兒의 호기豪氣를 나는 됴하ᄒ노라
>
> ∴「629」[8]

대중문화에서 놀이는 현실과의 소통과 여가생활이라는 두 가지의 즐거움을 준다. 이런 측면에서 놀이는 대중문화의 이론에서 으뜸가는 관심의 자리에 놓여진다. 대중문화에서 놀이는 '환희, 위트, 재미, 즐거움, 자유, 공상, 절정, 환상성, 장난기 등으로 표현된다. 이러한 놀이는 사회와의 소통의 즐거움과 새로운 세상의 경험이라는 즐거움을 동반하게 한다.

---

8) 심재완, 『교본역대시조전서』, 세종문화사, 1972, 219면 참조.

위의 사설시조는 서울의 놀이터와 노래판의 현장을 시간과 공간을 통해서 표현하고 있다. 화자는 초장에서 벗들에게 노래의 좋은 점을 알고 있는 지를 묻고 있다. 화자는 암묵적으로 인생사에서 노래가 최고라는 의식을 친구들에게 강요하면서 장난을 걸고 있다고 할 수 있다. 중장에서 화자는 사계절 내내 서울 주변의 명승지를 돌아다니면서 명창들과 함께 가곡과 시조창을 부르는 모습을 중국의 고사와 음악의 악기에 비유하며 즐겁게 묘사하고 있다. 또한 화자는 유흥의 현장에 초점을 맞추어서 봄, 여름, 가을, 겨울 내내 벗과 함께 악공, 기녀, 명창들과 함께 좋은 경치를 찾아 술을 마시고 질탕히 노는 모습을 함께 묘사하고 있다. '추례로 안주 엇거러 불너 니니'는 유흥의 현장에 참석한 인물들이 번갈아 돌아가며 가곡과 시조창 등의 노래를 불렀음을 의미한다. 이때 놀이판은 즐거움에 휩싸여 오락성의 황홀경에 빠지게 된다. '주효난만酒肴爛熳ᄒ디'라는 놀이판의 상황은 사설시조가 지닌 대중문화의 소비적인 연행분위기를 연상하게 한다. 술과 안주가 어지럽게 널려있는 가운데 불리어지는 사설시조는 중인 가객층의 향락적이고 소비적인 생활상을 반영한 것이다.

향락과 소비를 기초로 하여 놀이에 빠진 화자의 생활상을 반영한 이 사설시조는 중인 가객층이 경험한 일상생활의 쾌락성과 환상성을 노래한 것으로 사설시조에 나타난 대중문화의 요소를 지닌 중요한 자료라고 할 수 있다. 이러한 생활의 쾌락성과 환상성을 노래한 사설시조는 유흥공간에서 생산되어 중인 가객층이 주도하여 일반 대중들에게 널리 전파되는 과정을 겪게 된다.

다음에는 대중문화의 오락성과 유희성을 잘 드러내는 사설시조의 다른 작품을 살펴보기로 한다.

남아男兒의 소년少年 행락行樂 헐 일이 허다ᄒ다
　　임천臨泉 초당상草堂上에 만권시서萬卷詩書 싸아 두고
　　절대絶代 가인佳人 엽헤 두고 쥴업는 거믄고 언져 놋코
　　보라미 길들여 두고 임수臨水 등산登山허여
　　창스기 말타기 싱각ᄒ고 밧을 갈어 대월對月 간화看花ᄒ니
　　술 먹기 벗 ᄉ국기와 수변水邊에 고기 낙기
　　아마도 낙樂ᄒ여 사시춘四時春에 절節가는 쥬를
　　　　　　　　　　　　　　　　　　∴「722」[9]

　문학은 '말로 하는 놀이'라며 문화의 기능보다 놀이의 기능이 더 오래되었다고 주장[10]하는 이론이 있다. 놀이의 분위기는 황홀과 열정의 분위기이고, 목적에 따라 성스러운 축제적인 분위가가 된다. 놀이의 행동 뒤에는 고양과 긴장의 감정이 뒤따르고 이어 환희와 이완이 수반된다. 문학의 창조에 나타난 언어의 운율, 대칭적인 배열, 의미의 고의적인 가장, 어구의 인공적이고 예술적인 구성 등은 놀이정신의 다양한 표현이라 할 수 있다. 문학과 놀이의 유사성은 외부에서만 드러나는 것이 아니라 문학이 지니고 있는 창조적 상상력의 구조에서도 나타난다. 시구의 전환, 주제의 발전, 분위기의 표현 등에 항상 놀이의 요소가 작동한다. 문학작품의 작가는 의식적이든 무의식적이든 독자를 매혹시키는 긴장과 갈등을 만들어내어서 그 상태를 계속해서 작품 속에서 지속시키기를 원한다. 이 사설시조의 작가는 소년시절의 공부와 행락을 긴장시키면서 작품을 이끌어가고 있다.
　위 시조의 화자는 초장에서 소년시절의 즐거움이 많음을 제시하고

---

9) 박을수,『한국시조대사전(상)』, 아세아문화사, 1991, 214면.
10) 요한하이징아(이종인 옮김),『호모루덴스』, 연암서가, 2011, 254면 참조.

있다. 중장에서 구체화된 내용은 소년시절의 행락에 관한 내용이 주류를 이루고 있다. 화자는 만권의 책을 읽어야 하는데 실천으로 옮기지 아니하고 애인 만들기, 음악하기, 사냥하기, 술 먹기, 벗 사귀기, 낚시하기 등의 여가활동을 즐기고 있다. 전통사회는 놀이의 사회였기에 문화적 활동이 사회적 놀이가 되며 여가활동이 된다. 이 작품에서 화자는 소년시절 놀이문화의 한 단면을 표출하여 복잡한 현실을 놀이문화로 대체하고 여가활동과의 소통을 통해서 즐거움을 발견하고 있다. 소통의 즐거움은 자아가 개입하지 않은 상황에서 서로에게 어떤 것도 기대하지 않고 그저 대화를 나눌 수 있는 즐거움을 위해 대화하는 방식이라 할 수 있다. 반면에 소통의 고통은 행동하라는 명령, 도움을 요청하는 고함, 요구, 설득, 또는 지식의 추구와 같이 이야기를 나누는 상대방에게 변화를 추구하면서 설명하려는 소통방식이라 할 수 있다.[11]

고전시가에 나타난 이러한 대중성이란 대중들의 취향과 기호에 적합하여 세속과 통할 수 있다는 의미를 지닌다. 대중문화는 시민사회의 형성과 함께 전통문화에서 이룩한 자율성과 독창성의 예술을 대중의 눈높이에 맞추어서 재미있는 내용으로 수용자에게 전달하는 것이다.

지금까지 살펴본 사설시조에 나타난 대중문화의 미학은 우리의 고전시가에 내재한 대중성의 요소를 찾아내는 기초 작업이라 할 수 있다. 이러한 작업은 고려속요, 가사, 잡가 등으로 그 범위를 넓혀갈 수 있을 것이다. 현재 고전시가는 대중들에게 어렵고 생소하여 소수의 전문가들이 독점하여 연구와 비평을 하는 전통인문학의 영역에 포함되어 있어 대중문화와의 소통과 공감이 필요하게 되었다. 고전시가의

....
11) 박성봉, 『대중예술의 미학』, 동연, 1995, 286면.

연구와 교육이 소수에 의해 독점되는 현상을 방지하는 방법은 폭력적이고 선정적인 대중예술로 단순화시키는 것이 아니라 대중의 시야를 넓히고 고전시가에 담겨 있는 대중문화의 미학을 찾아서 고전시가와 대중문화가 공감하는 즐거움과 아름다움을 나누는 방법이 좋겠다.

고전시가와 대중문화가 만날 때에는 우리가 일상의 삶에서 오래된 옛 친구를 만나서 즐겁게 대화를 나누는 그러한 편안함을 느낄 수 있도록 서로가 공감을 가지도록 하는 신선하면서도 편안한 느낌의 기교와 기법이 필요하다고 할 수 있다.

2.2. 현대시로 변용된 고전시가

최근에는 고전시가를 현대적으로 재창조한 작품들이 다양한 장르에서 양산되고 있다. 고전시가의 변용變容이란 이미 선행하는 고전시가의 작품에서 창작의 동기를 구하여 새롭게 현대시나 다른 장르로 작품을 창작하는 작업이라 할 수 있다. 고전시가를 현대적으로 재창조한 작품의 양은 급격하게 불어나고 있다. 고전시가인 '처용'에 관한 설화나, '만전춘'과 '황진이' 등에 관한 내용은 현대의 영상매체로도 자주 변용된다고 할 수 있다. 여기서는 현대시로 변용된 고전시가의 작품을 통해서 고전시가에 대한 독자의 확대를 기대하면서 현대시로 변용된 고전시가와 그 의의를 살펴보고자 한다.

먼저, 신라의 향가인 「처용가」를 소재로 한 작품을 살펴보기로 한다. 「처용가」에 관한 연구는 다른 향가와 비교할 수 없을 정도로 활발하고 양적으로도 풍성하다. 현대시로의 재창작도 「처용」을 소재로 하여 많은 작품의 개작이 이루어지고 있다. 1960년대 초기부터 유명한 시인들이 신라 「처용」을 모태로 한 현대시를 창작[12]하였다. 신라 「처용가」의 내용을 살펴보기로 한다.

동경 밝은 달에/ 밤들이 노니다가/ 들어 자리를 보니/ 다리가 넷 이러라/ 둘은 내해였고/ 둘은 누구핸고/ 본디 내해다마는/ 빼앗은 것을 어찌하리오[13]

東京明期月良/ 夜入伊遊行如可/ 入良沙寢矣見昆/ 脚烏矣四是良羅/ 二肹隱吾下於叱古/ 二肹隱誰支下焉古/ 本矣吾下是如馬於隱/ 奪叱良乙何如爲理古[14]

향가「처용가」는 혼사장해를 일으키는 애정행위를 주제로 한 것이다. 작품의 내용을 이렇게 해석을 하면 아주 간단하게 이 작품을 해석한 것이다. 하지만 삼국유사에 나타난 관련기록을 살펴보면 이 작품의 해석에는 많은 난제가 나타난다.「처용랑 망해사」는 설화의 구성에서 크게 전반부의 처용에 관련된 설화와 후반부의 산신에 관련된 설화로 되어 있다.

전반부의 설화는 신라 헌강왕이 태평성대를 맞아 울산의 영취산으로 순찰하여 망해사望海寺 즉 신방사新房寺를 건축하고 처용과 함께 경주로 가서 처용이 경주에서 결혼생활의 위기를 맞이하여「처용가」를 지어 부르는 과정으로 그 내용이 이어진다. 후반부의 설화는 산신설화로 동서남북의 각 방향에서 산신이 나타나 신라가 장차 망하게 되는 징조를 예언하고 있는 내용이다.[15]

이 설화에서 처용의 존재는 고향을 떠난 외로운 존재, 경주에 뿌리를 내리지 못한 외래인, 결혼생활의 파국으로 인해 고뇌하는 인간, 그럼에도 아내를 탈취한 역신疫神에게 원한을 품지 않아서 전염병을 퇴치

---

12) 신석초,「처용은 말한다」,『현대문학』, 1964년 4월호.『신석초문학전집』, 융성출판, 1985, 220~229면 재수록. 김춘수,『처용단장』, 현대시학, 1969.
13) 김완진,『향가해독법연구』, 서울대출판부, 1980, 94면.
14) 일 연,「처용랑 망해사」,『삼국유사』, 참조.

하는 신神으로까지 추앙된 관용의 인간으로 정리할 수 있을 것이다.

현대시에서는 「삼국유사」의 기록을 바탕으로 신라의 「처용」을 재현하는 경우도 있고, 원전의 내용과는 상관없이 소재만을 채용하여 재창작하고 변용하는 경우도 있다. 먼저, 원전의 내용에 가깝게 처용을 재현하는 서정주(1915~2000)의 「처용훈」을 살펴보기로 한다.

> 달빛은/ 꽃가지가 휘이게 밝고/ 어쩌고 하여
> 여편네가 샛서방을 안고 누운 게 보인다고서
> 칼질은 하여서 무얼 하노?
> 고소告訴는 하여서 무엇에 쓰노?
> 두 눈 지그시 감고/ 핑동그르르 …… 한바퀴 맴돌며/
> 마후래기 춤이나 추어보는 것이리라.
> 피식! 그렇게 한바탕 웃으며/
> 「잡신雜神아! 잡신雜神아!
> 만년萬年 묵은 이무기 지독스런 잡신雜神아!
> 어느 구렁에 가 혼자 자빠졌지 못하고
> 또 살아서 질척 질척 지르르척
> 우리집까정 빼지 않고 찾아 들어왔느냐?」
> 위로엣 말씀이라도 한 마디 얹어 주는 것이라.
> 이것이 그래도 그 중 나은 것이라.
> ∴ 서정주, 「처용훈」(삼국유사 제2권 처용랑, 망해사 조) 전문[16]

이 시는 삼국유사의 기록을 토대로 하여 시인 자신의 생각을 보태

---

15) 류해춘, 「신라「처용가」의 서사문맥과 그 의미」, 『문학과 언어』 16. 245~264면 참조.

어서 생산해낸 고전시가인 향가 「처용가」를 변용하여 지은 시이다. 신라 「처용가」에 얽힌 사연을 소재로 삼고 있으며, 처용설화의 특정 장면을 화자는 무성영화의 변사辯士가 된 것처럼 설화의 내용을 구술하고 있다. 화자는 결혼한 여자를 낮추어 부르는 '여편네'와 '무얼 하노?', '무엇에 쓰노?' 등의 경상도 지역어의 의문문, 그리고 '잡신아!' 하고 부르는 호격의 활달한 어휘 사용으로 처용설화의 장면을 재미있게 구술하고 있다. 이 시의 화자는 창작자 자신인데 원래 설화에서 나타난 화자인 처용을 대신하며 변신을 시도하고 있다. 대화 방식의 서술도 독특하여 처용을 화자로 삼았지만 여기서는 창작자인 화자가 처용에게 말을 건네는 대화체의 방식을 취하고 있다.

이 시는 향가 「처용가」의 원전기록을 바탕으로 시인 자신의 생각을 보태어서 현대시로 변용한 질박한 전통민요의 사설 형태로 창작한 작품이다. 처용의 행위를 슬기의 미덕으로 승화시켜 "이것이 그래도 그 중 나은 것이라."라고 덧붙이고 있다. 작품의 내용은 화자가 마누라를 잡신에게 빼앗긴 허무함을 스스로 위안하는 모습으로 상쇄시키고 있다고 해석해도 무방할 것이다. 이 시의 특색은 구수한 입담에서 찾을 수 있다. 향가 「처용가」의 진술적인 표현을 구어체의 입담으로 바꾸어 놓아서 마치 옆에서 전기수傳奇叟가 담화를 들려주는 것처럼 듣는 재미를 느끼도록 한 것은 이 시가 거둔 성과라고 할 수 있다.[17] 이처럼 토속적인 언어미를 통하여 이 작품의 화자는 현실을 능치며 불행을 약화시키는 정신적인 치유의 기법으로 처용의 행동을 재조명하고 있으며, 문학작품에 나타난 심리치유의 양상과 그 내용을 표현하고 있다고 할 수 있다.

---

16) 서정주, 『미당서정주시전집』, 민음사, 1983, 631면.
17) 박노준, 『향가여요의 정서와 변용』, 태학사, 2001, 270면 참조.

다음은 삼국유사 「처용랑 망해사」에서 시의 창작동기를 얻었으나, 화자를 신라 처용의 분신이 아닌 화자나 시인 자신으로 치환시켜 이미지를 형상화하고 있는 김춘수의 「처용단장」을 살펴보기로 한다.

바다가 왼종일/ 새앙쥐 같은 눈을 뜨고 있었다.
이따금/ 바람은 한려수도에서 불어오고
느릅나무 어린 잎들이/ 가늘게 몸을 흔들곤 하였다.

날이 저물자/ 내 늑골과 늑골사이
홈을 파고/ 거머리가 우는 소리를 나는 들었다
베고니아의/ 붉고 붉은 꽃잎이 지고 있었다
∴ 김춘수, 「처용단장(제1부 눈, 바다, 산다화山茶花)」에서[18]

위의 시는 신라시대의 처용을 시적 화자로 한정시켜 놓지 않고, 현대사회의 시인 자신이 화자가 되는 형태로 처용의 모티프를 변용하여 현대시 「처용단장」을 창작하고 있다. 이 작품은 시의 의미를 최대한 배제하면서 이미지와 이미지를 결합시키는 방법으로 표현하여 심상心象에 무의미를 추구하는 시라는 새로운 창작의 기법을 사용하고 있다. 시는 언어를 재료로 하는 예술이다. 언어가 시의 재료가 될 때 그 언어는 화가가 화폭 위에 옮겨 놓은 물감과 같은 차원의 것이 된다. 시인은 그 언어를 기호로 쓸 수 도 있고 상징이 없는 대상 그 자체로도 쓸 수 있다. 이러한 시는 작품에서 순수한 심상을 독자가 읽어내면 그만이라는 입장을 보이고 있는 시의 작법이라고 할 수 있다.

---

18) 김춘수, 『김춘수 시 전집』, 민음사, 1994, 318면 참조.

그래서 「처용단장」의 화자는 제목에서만 '처용'을 가져왔지 신라 향가의 처용이 지닌 색깔과 그 냄새는 거의 나지 않는다고 할 수 있다. 그냥 화자의 심상을 이미지로 표현하고 그 이미지들을 서로 연결하면서, 심상의 변화을 일으키는 무의미시의 형태를 보여주고 있다. 이 시의 세계는 심상의 이미지 그 자체에 초점이 두어져 있으므로 초현실주의 경향의 시작법과도 일맥상통하게 처용의 모티프를 변용시켜 현대시로 창작하고 있다.

　고전시가를 소재로 하면서 이를 변용하여 현대시로 재창작한다는 것은 쉬운 일은 아니다. 현대시에서 고전시가를 변용한 담론의 양상은 다양하다고 할 수 있다. 이처럼 원전에 나타난 화자의 원래의 모습을 그대로 수용하면서 변용하는 경우와 원전의 이미지나 그 소재를 창작 동기로 가져왔지만 그 의미를 전혀 다르게 변용하는 경우도 있다.

　고전시가를 현대시로 창작하는 다른 형태로는 원전이 지닌 기존의 형태와 담론을 자신의 관점에서 비평하고 해체하는 작품이 있다. 이런 유형은 원전이 지닌 엄숙주의나 물신주의의 담론을 비판하고 해체함으로써 자본주의 사회의 모순을 풍자하는 방법을 그 전략으로 삼는다. 고려속요 「청산별곡」을 변용한 박남철(1953~)의 「자본에 살으리랏다」에 나타난 자본주의 사회의 모순을 풍자하는 기법과 그 의미를 살펴보기로 한다.

> 　살어리 살어리랏다 자본資本에 살어리랏다/ 머리랑 다리랑 먹고 자본資本에 살어리 랏다/ 얄리 얄리 얄량셩 얄라리 얄라// 우러라 우러라 새여 자고 니러 우러라 개여/ 널라와 시름 한 나도 자고 니러 우니노라/ 얄리 얄리 얄라셩 얄라// 가던 새 가던 개 본다 믈아래 가던 개 본다/ '중과' 오일레밍

(oil~lemming) ᄀ지고 믈아래 가던 개 본다/ 얄리 얄리 얄라셩 얄라리 얄라// 이링공 뎌링공 ᄒ야 나즈란 디내와숀뎌/ 오리도 '중개'도 업슨 바므란 또 엇디 호리라/ 얄리 얄리 얄랴셩 얄라리 얄라/ 어듸라 던디던 돌코 누리라 마치던 돌코/ 돌도 황금黃金도 업시 마자셔 우니노라/ 얄리 얄리 얄랴셩 얄라리 얄라//살어리 살어리 랏다 이자利子에 살어리랏다/ 남의 자기 굴조개랑 먹고 이자利子에 살어리랏다/ 얄리 얄리 얄랴셩 얄라리 얄라// 가다가 가다가 드로라 에졍지 가다가 드로라/ 금견金犬이 짚대에 올라셔 신시사이져를 혀거를 드로라/ 얄리 얄리 얄랴셩 얄라리 얄라// 가다가 비른 참나무통에 설진 깡소주를 비조라/ 조롱곳 알코올이 믜와 잡ᄉ와니 내 엇디 ᄒ리잇고/ 얄리 얄리 얄랴셩 얄라리 얄라//

∴ 박남철,「자본에 살으리랏다」에서[19]

   이 시는 고려속요 「청산별곡」을 풍자적으로 변용한 작품의 전형성을 보여준다. 사설과 여음이 중첩되어 있는 전체 8장의 원전을 형태와 문장의 구성방식을 그대로 모방하여 변용시키고 있다. 원전의 자연과 동화하려는 농경사회를 표현하는 산수자연의 어휘를 자본주의가 지닌 속물주의의 어휘로 모두 바꾸어서 그 의미를 새롭게 창출하고 있다. 원전과 달라진 어휘는 청산→資本(자본), 멀위→머리, ᄃ래→다리, 새→개, 잉무든 장글→중과 오일레밍, 믜리도 괴리도→돌도 황금黃金도, ᄂᆞ모자기→남의 자기, 사슴→금견金犬, 바다→이자利子, 술→깡소주 등으로 철저히 자본주의의 속물화된 대상들과 연관된 어휘들

---

19) 박남철,『자본에 살으리랏다』, 창작과 비평사, 1997, 127~128면.

로 교체하여 자본주의의 물신숭배와 속물근성을 비판하는 노래로 변용시켜 놓고 있다.[20]

고전시가를 변용하여 주제를 완벽하게 바꾸어 놓은 이러한 작품은 의도적으로 원전과의 비평적 거리를 가지게 함으로써 원전의 중심담론을 희화화하고 당대의 현실을 풍자하는 전략으로 삼는다. 이 작품은 「청산별곡」의 중심담론을 자연도피와 현실체험으로 보고 고려가요에 담긴 중세의 현실체험과 관념론과 은둔사상을 허물어버리고자 했으며, 「청산별곡」이 지닌 조어법과 주조를 활용하면서 의도적으로 비틀어 변용함으로써 물신숭배와 속물주의에 물든 현대 자본주의의 모순을 풍자하고 있다.

고전시가라는 텍스트는 당대의 시간 속에 정지하고 있는 것이 아니라 끊임없는 비평과 해석의 과정을 겪으면서 변모하고 있다. 고전시가가 현대시로 변용되고 재창작되는 문학작품이 쌓이고 있는데 그들의 작품에 관심을 기울이는 것도 고전시가를 대중화하는 한 방향이라 할 수 있다. 고전문학과 현대문학이 벽을 허물어야 한다고 주장하면서도 막상 현대시로 변용한 작품에 대한 연구[21]는 매우 드문 편이다.

앞으로 연구자들은 고전문학이나 전통문화를 현대문학이나 대중문화로 변용시킨 작품에 대한 연구에 많은 관심을 기울여야 하겠다. 현대시로 재창출된 고전시가는 고전시가의 해석과 연구의 과정에서 새로운 자료를 제공하여 주고 새롭게 대중과 가깝게 다가가는 한 방법이 될 수 있다. 지금까지 살펴본 바와 같이 고전시가를 변용한 현대시의 작품들은 시의 형태와 담론에서 진부한 내용도 있을 수 있으나, 시의 맥락을 현대사회 대중문화의 관점에서 재인식하면서 새로운 시의

....
20) 박경수, 「현대시의 고전시가 패러디 양상과 담론」, 『국제어문』 38, 2006, 참조.
21) 나정순, 『우리 고전 다시 쓰기-고전시가의 현대적 계승과 변용』, 삼영사, 2005, 319~355면.

형태와 담론을 창출하는데 기여하고 있다. 앞으로 진행될 이 분야에 관한 연구는 고전시가를 현대시로의 수용하는 과정과 대중화 방안의 현실성과 정체성을 확인하는 작업으로 많은 시사점을 줄 수 있다.

3. 고전시가와 대중매체의 소통

우리에게 매체이론가와 문명비판가로 널리 알려진 맥루한(H. M. Mcluhan, 1911~1980)은 인류의 역사를 매체(medium)의 역사로 간주한다. 그의 설명에 의하면 인간의 역사는 구어시대(Oral age), 문자시대(Literate age), 인쇄시대(Gutenberg age), 전기시대(Electric age)와 같은 네 가지 시기로 구별한다.[22]

세상이 변하고 있다. 21세기 변화의 핵심에는 디지털 기술이라는 과학기술이 자리를 잡고 있다. 여기서는 고전시가가 현대의 매체문화와 공감하고 소통할 수 있는 분야를 찾아서 그 내용을 살펴보기로 한다.

21세기 지식정보화 사회가 요구하는 창의적 사고와 통찰력은 인문학이 요체라고 할 수 있다. 한국인문학의 전산화 및 지식정보화 사업[23]은 비교적 차분히 잘 진행되고 있다. 인문학의 전산화와 정보화의 작업은 전통문화와 문화원형의 자료가 그 자체로 데이터 베이스나 데이터 하우스에 존재하여서는 곤란하다고 할 수 있다. 우리는 이러한 축적물을 대중매체나 미디어 등을 동원하여 새롭게 대중화코드에 적합한 방식으로 재가공하여야 한다. 오늘날의 인문학은 이중의 도약에 성공해야 진정한 인문학으로 성공할 수 있다. 21세기 신자유주의 경제체제 아래에서 '시장에서 팔리느냐 팔리지 않느냐?'라는 문제는, 말

---

22) 맥루한, 『미디어의 이해~인간의 확장』(박정규 역), 커뮤니케이션북스, 1997, 518 면 참조.
23) 류해춘, 「인문학 지식정보화의 현황과 그 발전방향」, 『인문비평』 3, 월인, 2002, 171~184.

그대로 목숨을 건 도약이다. 하지만 특이하게도 인문학의 영역에서는 '시장에서의 성공이 곧장 인문학의 성공을 보장하지 않는다.'라고 한다. 시장에서의 도약이 다시 독자의 영혼과 정신을 일깨우는 또 다른 목숨을 건 도약에 성공[24]하여야 비로소 인문학은 자신의 생명을 유지하는 것이다.

최근에 한국문화콘텐츠 진흥원에서 시행한 '문화원형 디지털 콘텐츠화 사업'은 인문학이 교양적 요소를 활용하여 오락적 산업을 활성화하면서 대중성을 획득하고자 하는 것으로 평가할 수 있다. 한국에서 21세기 인문학의 상징은 문화콘텐츠라는 단어로 요약할 수 있다. 고전문학을 포함한 전통인문학을 현대사회의 대중매체인 미디어를 적극적으로 활용[25]하여 한류의 문화콘텐츠로 변화시키는 일은 바람직하다고 할 수 있다. 고전시가를 포함한 전통문화가 콘텐츠화되는 상황은 피할 수 없고 현실적으로 피할 수 있는 상황도 아니다. 하지만 한국의 고전문학을 콘텐츠화하는 일이 무엇을 의미하는지 숙고해야 한다. 냉엄한 비판을 거치면서 가치판단을 해야만 한다. 콘텐츠를 목적으로 보고 이윤만을 추구하는 방법은 지양되어야 한다. 그래야만 문화를 수단시키는 문화산업화의 역기능을 최소화할 수 있다.[26] 이러한 논의는 전통인문학의 역할과 과학기술시대 영상매체를 활용한 문화콘텐츠를 조화롭게 발전시키는 시각이 필요하다는 말로 대체할 수 있다.

여기서는 미디어와 고전시가가 공감하며 대중과 소통할 수 있는 분

---

[24] 이정석, 「대중문화시대, 인문학과 문학연구의 방향에 대한 고찰」, 『우리문학연구』 19, 2006, 471면 참조.
[25] 정우봉, 「국문학연구의 전문성과 대중성」, 『정신문화연구』 75, 1999, 27면 참조.
[26] 윤채근, 「글로벌 시장경제와 콘텐츠화되는 아시아~한국 전통문학을 중심으로」, 『어문논집』 59, 2009, 268~284면 참조.

야로 유비쿼터스(Ubiquitous)시대의 교육 매체로 등장한 스마트~러닝(Smart~learning)과 유~러닝(U~learning)을 활용하여 고전시가와 대중매체의 미디어가 소통하는 한 방향을 살펴보고자 한다.

한국의 고전시가를 읽는 사람들은 어느 정도나 되며, 어떤 고전시가를 즐겨 읽는가? '고전시가'가 아닌 '고전'에 관한 연구에서도 확인할 수 있는 흥미로운 사실은 우리의 고전이 재미도 없고 흥미도 없을 것이라고 생각하는 독자가 많다는 사실이다.[27] 실제 독서의 경험을 통해서 그렇게 체득한 경우도 있을 수 있으나, 고전은 재미도 없으며 또 읽기에 어려울 것이라는 고정관념에 박혀 있을 수도 있다. 일반 대중으로 하여금 고전이나 인문학은 재미도 없고 어려울 것이라고 인식하게 만든 책임은 결국 고전이나 인문학의 전문가인 번역자나 연구자가 감당해야 할 몫이다. 고전시가의 연구자들은 최근에는 가독성이 있는 고전시가의 번역서[28]를 출판하고 있는 경우도 있다. 원전原典과 정전正典에 충실하고도 완성도 높은 번역을 만드는 일은 번역자에게 주어진 의무이지만 연구자와 번역자는 인문학과 고전시가가 민족교육과 국민교양에 어떻게 공헌할 것인가를 자각하여 독서 대중이 민족의 고전에 흥미를 느끼고 쉽게 접근할 수 있는 새로운 콘텐츠를 끊임없이 개발해야 한다.

한국의 전통문학인 고전시가를 전공한 연구자가 자신의 전문성을 적절하게 활용하여, 대중매체인 미디어로 문화콘텐츠를 제작한다면, 어떤 분야가 적합할까? 아마도 고전시가를 전공한 연구자들이 자신의 전문성을 충실하게 발휘할 수 있는 문화콘텐츠 영역은 스마트~러닝에서 강의를 담당하는 일이라 여겨진다. 스마트~러닝은 정보통신기

---

27) 김혈조, 「한문고전의 대중화 방안 모색」, 『대동한문학』 31, 2009. 133~157면 참조.
28) 임형택·고미숙 편, 『한국고전시가선』, 창작과 비평사, 1997, 참조.

술을 바탕으로 전자적인 형태의 학습 환경에서 이루어지는 학습을 총칭한다. 스마트~러닝(Smart~learning)은 사이버교육, 원격교육, 웹기반교육, 이~러닝(E~learning), 엠~러닝(M~learning), 유~러닝(U~learning)은 등으로 불린다. 스마트~러닝(Smart~learning)의 기본인프라는 정보통신 기술의 발전에 따라 빠르게 변화하는데 지식정보화 사회에서 중요한 화두가 되고 있다.

　지식정보화 사회에서는 지식을 개인과 기업, 국가의 경쟁력을 결정짓는 핵심요소로 생각하여 지식생산과 활용의 주체가 되는 인적자원을 중요시한다. 지식정보화 사회에서의 교육은 학교교육이 전부가 아니다. 새로운 지식과 정보가 매우 빠른 속도로 증가하기 때문에 정규교육을 통해 습득한 지식을 업그레이드해 주어야 새로운 사회변화에 능동적으로 대처하며 살 수 있다. 이런 점에서 배움은 생애의 일정기간에 공식적으로 이루어지는 특별한 행위가 아니라 인간의 일생에 거쳐 이루어지는 일상적인 삶의 일부로서 하나의 문화적인 현상이 될 것이다. 평생 학습문화를 형성하기 위해서는 국민 누구이든지 원하는 시간과 장소에서 쉽고 편리하게 자신이 학습하고자 하는 교과내용을 학습할 수 있는 여건이 갖추어져야 한다.

　유튜브(YouTube)와 스마트~러닝(Smart~learning)은 아날로그 시대의 학교중심 교육체제에서 벗어나 평생교육의 이념을 구현해줄 수 있는 현실적인 교육방법이 될 수 있다. 고전시가의 유튜브(YouTube) 제작과 스마트~러닝은 초등교육, 중등교육, 고등교육, 교양교육의 교재개발 등으로 비교적 활성화되어 있다. 유~러닝의 교재들은 교육의 새로운 관점을 전제로 하고 있다. 전통적인 교수의 의미보다 학습의 의미가 강조되고 있으며 교육을 제공하는 기관보다는 학습자 중심으로 교육이 이루어진다.[29]

스마트~러닝이 아무리 지식정보화사회의 새로운 교육방식으로 관심을 끌고 있다고 하여도 우리 사회에 산적해있는 교육문제를 해결해 줄 수 있는 것은 아니다. 스마트~러닝의 교육방식에서는 학습자의 학습동기 유발과 학습참여를 유도하기 위한 설계기법에 대한 논의가 활발하게 이루어져야 한다. 그리고 오락적인 요소를 적극 도입하거나 게임기법의 활용, 스토리텔링이나 시뮬레이션 등의 기법을 활용하여 자연스럽고 실제적인 상황에서 학습자의 몰입을 적극적으로 유도할 수 있는 방안들에 대한 논의가 스마트~러닝의 콘텐츠 개발과 관련하여 적극적으로 관심을 가져야 할 분야이다.

　전통인문학이나 전공영역의 연구 분야에서는 스마트~러닝은 전통적인 면대면의 현장중심의 교육체제를 완전히 대체하지 못하고 보완하는 보조교육 수단의 역할을 할 가능성이 크다. 교육매체의 다양성은 대중들에게 더 많은 교육기회가 주어질 것이고, 대중들은 이를 이용하여 지속적인 학습활동을 수행하여 자아계발과 개인의 역량을 증진시켜 삶의 질을 향상시킬 수 있다.

　문화콘텐츠로 변한 고전시가의 유튜브(YouTube)와 스마트~러닝과 그리고 유~러닝에서도 전문성과 대중성은 서로를 필요로 한다. 전문성이 없는 대중화는 자격이 없다. 전문성의 요소를 잘 풀어서 설명한 인문학인 고전시가, 고전소설, 한문학 등을 대중서적, 영화 그리고 드라마화한 작품들을 대중들은 원하고 있다. 전문성과 대중성을 바탕으로 한 고전시가의 대중화 작업은 유튜브(YouTube)와 스마트~러닝, 그리고 유~러닝처럼 고전시가의 연구내용을 시가교육으로 연계시키기 위해 대중을 교육시킬 수 있는 대중매체인 미디어를 적극적으로 활용해야 한다.

---

29) 문화콘텐츠학회, 『문화콘텐츠입문(이러닝)』, 북코리아, 2006, 147~153면 참조.

4. 고전문학을 대중화하는 새로운 방법

이 글은 전통문화이며 인문학의 유산인 고전시가의 대중화 방안을 모색하면서 인문학과 현대사회가 소통하고 공감해야 한다는 명제에 초점을 맞추고 있다. 20세기 말까지 고전시가를 포함한 인문학은 학문의 전문성이나 예술성의 담장 안에서 보호받으며 성장하여 왔다. 문학작품을 창작하고 향유하는 능력은 지식인의 기본적 소양으로서 인문학의 핵심을 차지하였다. 문학의 창작과 향유는 사회변혁의 중요 견인차로서 그 영향을 행사하기도 하였으며, 인간의 삶에 활력을 불어넣고 사회를 비판하며 즐거움을 선물하는 기능을 담당하기도 하였다.

21세기에 고전문학을 일반 대중에게 확산하고자 할 때 그 기본방향은 무엇인가? 진정한 의미의 대중화는 높은 의미의 전문성이 확보되고 조직될 때 창조적인 수행이 가능하다고 할 수 있다. 전문성과 대중성의 결합은 새로운 세대의 감수성과 사유방식을 반영해야 하지만 시대의 유행을 좇아가는 경박성을 경계해야 한다. 하지만 오늘날의 현실은 인문학의 영역에 속하는 국문학의 위상이 시장에 의해 결정되는 추세이다. 이제 인문학은 문화와 예술의 중심에서 확고한 지위를 차지하고 있지 못하며, 예술과 인문학이 제공해준 재미와 즐거움이라는 선물은 그 매력을 잃어가고 있다.

현대인들은 미디어의 급속한 발전, 영상매체의 급속한 확산, 대중매체의 발달 등으로 다른 매체와 컴퓨터 공간에서 그 재미와 즐거움을 찾고 있다. 스포츠 중계와 텔레비전의 연속극 그리고 컴퓨터 게임에 이르기까지 현대인들은 문학이 아닌 다른 매체 공간에서 재미와 즐거움을 찾고 있다. 젊은 세대일수록 이와 같은 경향은 더욱더 심하여 한 편의 문학작품을 읽기보다는 한 편의 영화보기를 더 좋아하며 나아가 인터넷에서 게임을 즐기기를 더 원한다. 설사 문학작품을 구해서 읽는다고 하여도 신문이나 대중매체에서 선전하는 내용이 대부분이라고 할 수 있다. 대중매체에서 선전하는 최근의 작품을 제외하고 나면 일반 대중이 접한 문학작품은 대체로 교실에서 수업시간에 배운 몇몇 편에 불과할 것이다.

고전시가를 대중화하는 새로운 방법으로는 21세기 지역축제에 고전시가를 창작하는 이벤트를 포함시키는 일을 추진할 수 있다. 고전시가가 지역축제에서 창작되고 향유될 뿐만 아니라 국가의 축제와 세계인의 문화축제에도 우리나라의 인문정신을 대표하는 문학의 장르로서 시조와 가사가 창작되고 향유되도록 제도적 장치를 만드는 일이 급한 일이라 하 할 수 있다. 각 지역의 축제에서 시조와 가사를 창작하는 예선대회를 거쳐서 다시 전국대회를 개최하고, 전 세계의 동포와 세계인들이 함께 모여서 시조와 가사 등의 고전시가를 창작하고 향유하며 연구하는 세계대회가 함께 열릴 수 있는 이벤트를 만드는 작업이 중요하다고 할 수 있다. 이 일은 동계올림픽이나 하계올림픽을 개최하는 정신으로 정부와 인문학 연구자가 서로 협력하여야 한다. 정부에서는 예산을 배정하고 그 행사를 주최하여 고전시가인 시조와 가사의 대중화와 세계화가 이루어지도록 노력을 해야 할 것이다.

오늘날 고전시가를 포함한 인문학의 대중화의 역기능은 대중매체에 전재된 특정한 관점, 상업미디어의 이익추구, 정보의 홍수 속에 무비판적인 정보수용으로 생산자의 이데올로기적 태도와 수용자의 무비판적 동화 등이라 할 수 있다. 대중매체를 통한 정보의 민주화는 자본주의 체제하에서 지배집단이 자신의 이익을 획득하기 위한 수단으로 이용하기도 하며, 선전선동(Propaganda)을 통해 지배계층의 가치관을 정당화하기도 하고, 시청자의 비판의식을 무력화하기도 한다. 대중매체는 대중에게 좋은 정보를 전달하기도 하지만, 그 엄청난 정보를 단지 '시간 때우기', '심심풀이 땅콩' 그리고 '스펙터클한 볼거리'로 정보를 처리하도록 유도한다. 대중매체를 통한 대중문화의 향유는 대중의 문화적인 관심을 충족시키는데 그치는 것이 아니라 지배계급의 통치수단이 되기도 한다.

　이와 같은 모순을 극복하고 진정한 의미에서 인문학의 대중화를 이루는 방법은 높은 의미의 전문성이 확보되고 조직될 때 창조적인 수행이 가능하다는 점을 지적할 필요가 있다. 이러한 시각은 근대성의 시각을 벗어나 탈근대성을 중시하는 21세기 인간정신과 비판의식의 결과물이기도 하다. 영화, 광고, 텔레비전, 컴퓨터, 대중음악 등을 수용하는 대중매체의 문화현상은 전통인문학의 정전正典에 내재한 이념적 함의에 대한 비판, 소외된 주변부의 귀환, 배타적 경계의 해체에 따른 대화적 관계지향이기도 하다. 이처럼 현대사회의 대중문화는 로마신화에 나오는 야누스의 얼굴처럼 전문성과 대중성의 양면성을 함께 지니고 있으므로, 우리 현대인들은 21세기 인문학과 대중매체의 문화가 서로 공감하고 원활하게 소통하기 위해서는 전문성과 대중성의 조화라는 뫼비우스의 띠와 같은 지혜와 통찰력을 함께 가져야하겠다.

코로나19와 한국시의 질병에 대한 자아성찰

1. 새로운 사회로의 변화와 코로나19

최근에 코로나19라는 전염병이 인류의 일상생활을 바꾸었다. 2019년 중국에서 시작된 COVID-19로 인해 전 세계는 감염병의 위기상황에 직면하게 되었으며, 세계보건기구는(WHO) COVID-19 팬데믹(pandemic, 전염병 대유행)을 선언하게 되었다. 2020년에는 한국에서도 코로나19가 유행하자, 우리는 지금까지 익숙했던 일상생활을 정리하고 마스크를 쓰고 일상생활을 하는 낯선 환경을 맞이했다. 그 시절에는 학교, 극장, 교회, 병원, 시장 등은 부분적으로 문을 닫았고 우리의 일상은 많은 제약을 받게 되었다. 사회적 거리두기를 시행하여서 사람들은 함께 모여서 생활을 하는 단체생활을 버리고 집을 중심으로 생활공간을 재편하는 일상생활에 익숙해져야 했다.[1] 우리 사회는 이 전염병의 영향으로 거의 모든 영역에 걸쳐서 변환된 모습을 보였다. 그 당시 우리의 생활은 코로나바이러스 이전의 사회와 코로나바이러스 이후의 사회로 양분되는 변화된 삶의 모습을 보여주었다. 첨단기술과 인공지능을 바탕으로 자신감에 차 있던 인류는 코로나19라는 전염병과의 전쟁에서 무기력함을 드러내면서 비대면 사회의 상징인 마스크와 함께 생활하며 사회적 거리두기를 시행하였다.

이처럼 전염병인 코로나19가 인류의 일상생활을 바꾸었다. 코로나

---

1) 김홍중, 「코로나19와 사회이론 : 바이러스, 사회적 거리두기, 비말을 중심으로」, 『한국사회학』 54, 2020, 163~187 참조.

19의 바이러스라는 전염병과 공존하기 시작한 2019년부터 현재까지 인류의 생활은 마스크라는 가면과 친해지게 되었다. 이 질병의 영향으로 미래사회를 재현한 영화처럼 낯선 풍경으로 시작한 몇 년이 지나자, 차츰 우리는 이 전염병과의 전쟁에서 익숙해지게 되었다. 몇 년 동안 체험한 코로나19의 대유행은 지구의 입장에서 보면, "인간이 바이러스이고 코로나19가 백신이다."라는 우스갯소리가 널리 퍼졌었다.

이 말은 현재 지구상에서 일어나는 코로나19 대유행의 웃기고도 슬픈 사태를 콕 집어서 표현한 말이라 씁쓸하다. 바이러스의 한 종류인 코로나19의 대유행은 과거의 역사에서는 경험해보지 못한 전대미문의 전염병과 인류의 대전투라 할 수 있다. 한 마디로 이 전염병의 세계적인 대유행으로 인류는 전염병이 야기시킬 정치와 경제 그리고 의료체제는 팬데믹(pandemic)의 공포에 빠져 있었다.[2] 코로나19의 전염병이 인류의 삶을 바꾸고 있다. 2019년 중국에서 시작된 COVID-19로 인해 전 세계는 감염병의 위기상황에 직면하게 되었으며, 2020년 세계보건기구는(WHO)는 COVID-19 팬데믹(pandemic, 전염병 대유행)을 선언하게 되었다.

사회적 해체를 야기하는 전염병에 대해 인류는 그 정체와 원인을 밝혀내지 못한 채로 근대까지 전염병을 운명처럼 감수하고 받아들였다. 동양과 서양을 막론하고 사람들은 근대 이전의 시기까지 전염병을 예방하고 치료하기 위해 가장 널리 쓰인 치유법은 제사와 기도였다.[3] 인류는 하늘에 제사와 기도를 하는 것이 어느 정도 효과가 있다

---

[2] 장문석, 「코로나19와 역사적 시각에서 본 전염병」, 『코로나19에 대한 인문학적 성찰(Ⅰ)』, 한국연구재단, 2020, 9~29면 참조.
홍태희, 「코로나19 팬데믹 경제위기의 특성과 원인 그리고 전망」, 『경상논총』 38권 3호, 2020, 79~99면 참조.

고 여겼기 때문이기도 했고, 또 백성들을 위무慰撫하고 통합하는 가장 확실한 방법이었기 때문이다.[4] 그리고 근대 이전에의 우리나라에서도 다른 국가와 마찬가지로 국가와 지배층의 이익을 지키기 위해서 당시 가능했던 조치들을 활용하여 전염병을 관리하려 노력했다. 그중에서도 가장 중요하게 가장 널리 활용하였던 방법은 사회적 거리두기와 비슷한 격리와 배제의 방법이었다. 그래서 인포데믹(infodemic, 情報傳染病)이라는 상황이 발생하면, '전염병은 인류의 지식과 지혜를 시험한다.'라는 말이 생겨났으며, 여기에서 전염병에 대한 방역과 치료[5]에 대한 개념이 생기기 시작하였다.

이 글에서는 최근 몇 년 동안 긴박했던 코로나19라는 국가적 사회적 이슈에 대한 연구와 논평들을 중심으로 인문학에 나타난 전염병의 인식양상을 검토하여 한국의 시문학에 나타난 그 대책과 사람들의 자기반성을 검토하고자 한다. 인문학의 시각에서 보면 인문학과 전염병의 교류, 전염병과 문학의 사회학, 전염병과 인간사회 등의 다양한 시각으로 인문학의 주제를 제시할 수 있다. 이러한 주제를 검토하면서 우리는 전염병에 관한 구체적인 인문학적인 성찰을 찾아내고 그 맥락을 파악할 수 있었다.

이런 자료의 검토와 연구를 통해서 살펴본 전염병에 대한 인문학적 감각과 안목을 제시하고 있는 작품을 다음과 같이 선정하였다. 선정된 작품으로는 고려가요인 「처용가」와 20세기 한국을 대표하는 시인인 김춘수, 김수영, 백석, 신동엽 등의 작품이다. 여기서는 한국인의

---

3) 여인석, 「한국전염병사 개관」, 『감염병과 인문학』, 2020, 45~69면 참조.
신동흔, 「코로나 위기에 대한 신화적 인문학적 성찰」, 『통일인문학』, 2020, 167~225면.
4) 황상익, 「전염병과 국가관리의 통치술」, 『실천문학』, 344~354면.
5) 김수이, 「박탈당한 '인간'과 세상, 공동체 밖의 삶」, 『감염병과 인문학』(정과리 편), 129~145면.

대표적인 시작품에 나타난 한국인의 질병에 대한 자아성찰과 그 인식 양상을 검토하고자 한다. 코로나19 시기에 현대인이 체험한 전염병에 대한 자아성찰과 현대시에 나타난 전염병을 극복하는 대책과 그 방법을 서로 비교하는 작업을 통해서, 결국 이글은 고려시대 「처용가」와 한국의 현대 시인들의 시작품에 나타난 질병과 전염병에 대한 다양한 인식의 양상과 그 대책을 찾아내는 작업이라 할 수 있다. 앞으로 인문학의 학자들은 이러한 관점에서 전염병 팬데믹의 시기에 의학의 발달과 문학의 다양한 논리를 함께 융합하는 인문학에 대한 이론과 자료를 보태어서 이 방면의 연구를 계속하는 작업을 수행해야 할 것이다.

특히 코로나19의 사태를 계기로 인류가 지구의 바이러스로 비유되는 것은 우습고도 슬픈 현실이다. 어리석은 인간들은 생명의 윤리를 잃어버리고 권력이나 자본과 폭력에 아부하여 세상을 전쟁이나 질병의 구렁텅이로 몰아가면서 지구의 바이러스가 되고 있다. 문학은 인간들에게 인간과 지구를 사랑하면서 인간다운 인간으로 성장해가도록 코로나19의 위기에도 예방약과 치료제를 제공해야 한다. 그래서 문학은 인간의 마음속에 한 자리를 차지하는 질병과 전염병에 대한 부정적인 인식을 극복하고, 인간이 질병과 전염병을 긍정적으로 인식하는 예방약과 치료제의 역할을 잘 감당해야 할 것이다.

2. 고려가요 「처용가」와 열병신의 퇴치

인류의 역사는 전염병과 함께 한 역사이다.[6] 오늘날 전염병의 대유행을 통해서 코로나19가 전 세계로 퍼져 나간 것과 마찬가지로 고려

---

6) 여인석, 「한국전염병사 개관」, 『감염병과 인문학』, 2020, 47면 참조.

시대의 「처용가」에 나오는 열병신이 천연두이든지 장티푸스이든지 혹은 말라리아라는 질병이든지 외국과의 교류로부터 발생한 전염병이라고 알려져 있다. 코로나19의 팬데믹 현상도 지구의 생명체가 교류와 교역으로 전염병에 지속적으로 노출되어 가고 있는 과정의 한 국면이라고 할 수 있다.

인류는 앞으로 코로나19 위기의 종식 여부와 상관없이 전염병의 지속적인 위협과 위기에 노출될 것이다. 인류는 질병을 일으키는 세균인 바이러스가 세계를 구성하는 한 부분이라는 실체를 인정하면서 질병과 함께 더불어 살아가게 될 것이다.

전염병으로부터 인류가 지구를 지키기 위해서는 환경변화에 빠르게 적응해야 한다. 코로나19는 인류의 미래에 닥칠 국가권력과 시민사회의 관계 정립에 대해서도 새로운 질문을 던지고 있는 것으로 보인다. 우선 의료자원이 부족할 경우에는 치료와 예방대상의 순위를 따지는 문제가 등장한다. 다음으로 전염병의 상황에서 새로운 사실은 아니지만 세계의 모든 인류가 공정하게 질병을 치료받아야 한다. 그리고 국가권력과 시민사회라는 차원의 문제에서 국가권력과 시민사회의 대립과 반목보다는 협력과 타협을 요구하고 있다.

인류가 질병이나 전염병과 함께 살아가야 하는 운명이라면, 문학에서도 의학에서의 대응과 마찬가지로 질병과 전염병을 어떻게 인식하고 효율적으로 대응할 것인지를 성찰하고 전염병에 대응하는 자세가 필요하다고 할 수 있다. 이러한 시각에서는 문학도 의학과 융합하는 새로운 인문학의 분야를 개척하여, 코로나19의 치료제나 백신개발 못지않게 삶에 대한 희망과 함께 질병에 대해 올바르게 인식하고 성찰하는 자세가 필요하다고 할 수 있다.

한국문학에서는 오랜 옛날부터 질병과 전염병을 노래하며 치료하기 위해 적절하게 대응을 해왔다. 먼저, 한국을 대표하는 시문학으로 고려 「처용가」에 나타난 전염병에 대응하는 양상을 검토해보고자 한다.

고려가요 「처용가」는 신라 향가인 「처용가」의 전승과 그 계승에서 발생했다고 할 수 있다. 고려 「처용가」의 가사에는 신라 「처용가」가 그대로 삽입되어 있고, '사악함을 물리치고 경사로움을 부른다.'라는 벽사진경僻邪進慶의 기본적인 뜻을 계승하고 있다. 그리고 신라 처용가의 설화에 나오는 질병신의 의미인 역신疫神을 구체적으로 표현하여, 고려의 「처용가」에서는 열병신熱病神으로 부르고 있다. 이러한 변화는 신라의 노래를 계승하면서 고려시대의 변화된 상황을 반영하여 새롭게 창작하는 과정이었음을 증명하고 있는 것이다. 그래서 신라의 「처용가」는 짧은 노래인데 비해 고려의 「처용가」는 장형의 노래로 길이가 길어졌다. 신라 「처용가」는 역신을 물리치는 주사呪詞를 짧게 노래한 것에 비해, 고려 「처용가」는 먼저 처용에 대한 기원과 축복을 말하고, 다음으로 처용의 형상을 묘사하였으며, 그 다음으로는 처용이 열병신을 물리치는 주사를 노래하고, 마지막으로 처용에 대한 감사와 열병신의 발현을 노래하고 있다.

고려 「처용가」의 처용에 대한 주사呪詞와 열병신의 발현에 대해 노래하고 있는 부분을 살펴보기로 한다.

> 이런 때에 처용處容 아비가 보시면/ 열병대신熱病大神이야 회膾감이로다/ 천금千金을 줄까? 처용處用 아비여/ 칠보七寶를 줄까? 처용處用 아비여/ 천금도千金 칠보七寶도 다 말고/ 열병신熱病神을 나에게서 잡아 주소서/ 산이나 들이나 천리 먼 곳으로/ 처용處用 아비를 피해 가고 싶다/ 아아, 열병대신熱病大神의 소망이로다[7]

인류의 역사는 질병과 동행하면서 성장해왔다. 고려 「처용가」에서 인용한 부분은 처용이라는 신과 열병신을 설명하는 주사呪詞의 내용이다. 신라 「처용가」에서 역신疫神을 퇴치한 처용의 사설과 함께, 처용아비의 능력은 열병신熱病神을 우리가 즐겨먹는 회감처럼 요리할 수 있다는 것이다. 그다음은 처용과 열병신이 만나는 그 현장을 대화체로 설명하고 있다.

그 현장에서 열병신은 무력無力함을 나타내고, 처용은 효험과 효력이 있는 모습을 계속해서 보여주고 있다. 고려가요에서는 이러한 현상을 제3자의 입장에서 묘사하며 찬양하고 있다. 이어서 질병에 효험과 효력이 넘치는 처용에게 제3자가 재물이나 보물을 줄까 하고 묻자, 열병에 걸린 사람은 처용에게 열병대신을 나에게서 잡아내어 자신의 병을 고쳐달라고 기도를 한다. 이와 같은 상황에서 처용신과 열병신의 대결이 펼쳐지자, 열병신은 처용아비를 피해서 산이나 들로 도망가고 싶다고 하는 진실한 속마음을 드러내면서 그 꼬리를 내리고 있다. 그리고 마지막의 3행에서 처용이 나타나자 열병신은 처용을 피해서 산과 들을 통해 천리만리 밖으로 도망치고 있다. 이 노래의 대단원인 마무리에서 열병대신은 처용을 피해서 천리만리나 도망하는 것이 자신의 발원이고 소망이었음을 밝히고 있다.

이처럼 고려의 「처용가」는 신라 「처용가」를 수용하고 있으며, 처용놀이의 일부로 연희되었고, 악귀와 열병신을 쫓아내는 매개체가 되었다.[8] 이처럼 신라의 향가인 「처용가」가 고려에 와서는 대궐에서 잡귀를 쫓아내기 위한 의식과 결부되어 「처용희處容戱」라는 처용놀이와 「처용무處容舞」라는 처용의 춤으로 발전하였다. 또한 「처용가」는 조선시대

---

7) 양주동, 『여요전주』, 을유문화사, 1947, 142면 참조.

에 들어와서는 국가의 연례행사가 되었다. 국가에서는 설날을 맞이하여 마귀와 귀신을 쫓아내기 위한 의례를 행한 뒤에 처용의 춤과 노래를 함께 연주하여 질병을 몰아내는 국가의 연례행사의 축제로 바뀌었다. 다시 말해서 처용축제는 질병과 전염병을 국가가 관리하는 한 방법으로 하늘에 제사를 지내고 기도하는 국가의 연례행사가 되었다.

전염병의 역사와 그 원인을 잘 모르던 19세기 말까지 인류는 전염병에 어떻게 대응했을까? 한국문학에 나타난 「처용가」는 역병疫病과 전염병傳染病에 대응한 문학으로 유명한 작품이다. 이 노래에 등장하여 역신疫神이나 열병熱病으로 대표되는 전염병은 아마도 천연두, 장티푸스, 말라리아 등으로 바이러스나 세균을 매개로 하는 전염병이었을 것이다. 20세기 이전에는 의학과 과학이 발달하지 않아 동서를 막론하고 구체적인 질병의 이름을 정확하게 알 수가 없었다. 그래서 20세기 이전에 백성들과 국가에서 전염병에 대해 가장 널리 쓰인 대책은 개인위생과 관련한 사회적 거리두기와 함께 제사와 기도가 주된 방편이었다. 그 이유는 기도와 제사가 어느 정도 효과가 있다고 여겼기 때문이고, 그것으로 국가가 백성들을 위로하고 통합하는 가장 확실한 방법이었기 때문이다. 질병이나 전염병과 함께 걸어온 인간의 역사는 이처럼 여러 가지 불편한 역사적 진실들과 마주하게 된다.

──────────────

8) 황병익, 「역신의 정체와 신라 「처용가」의 의미 고찰」, 『한국학』 34, 127~152 참조.
정장순, 「한국 고전 서사문학에 나타난 두신(痘神)의 형상과 신적 성격」, 고려대대학원(석사), 2014. 76면 참조.

3. 현대시의 나타난 질병과 그 인식양상

3.1. 김춘수의 「인플루엔자」와 뉴노멀(new nomal)시대의 전염병

전염병에 대한 새로운 인식은 20세기 과학의 발전과 함께 시작되었다. 이때부터 한국의 문학에서도 전염병을 질병의 신神에 대한 인간의 원죄의식을 표현한 것에서 벗어나 질병과 전염병을 과학적으로 이해하기 시작했다. 시인들은 구체적으로 질병과 전염병의 의미를 검토하여 그 원인과 치료약에 대해서도 관심을 표현하고 있다. 이러한 시의 경향으로 전염병을 노래하는 시로서는 김춘수의 「인플루엔자」를 주목할 수 있다. 우리는 바이러스나 질병의 원인과 그 실체를 설명하는 시를 이해함으로써 질병에 대응하는 방법을 배울 수 있다. 이러한 질병에 관련된 시들은 인간의 질병을 극복하기 위한 과정을 표현하고 질병의 발병원인을 설명하고 있다.

20세기의 과학자들은 전염병을 퇴치할 것이고 곧 퇴치될 것이라고 전망하기도 했다. 하지만 21세기의 시작과 함께 독감, 에볼라, 사스 등의 전염병이 유행하여, 전염병의 퇴치선언을 무색하게 만들었다. 2020년에는 전염병인 코로나19가 창궐하여 세계적인 대유행으로 세상을 완전히 변화시켰다. 현재의 과학자들은 전염병의 퇴치선언은 고사하고, 작금의 코로나19의 현실을 분석하고 백신과 치료제를 만들어 이 전염병을 종식하는 일에 정신이 없는 상황이다. 한편으로는 코로나19와 비슷한 전염병의 팬데믹 현상이 언제 일어나서 언제 끝날지도 모르는 상황이다. 인류가 체험한 역사의 비극으로 흔히 참혹한 전쟁을 떠올리고 있지만 작금에 일어나는 전염병에 대한 공포는 그 이상이라 할 수 있다. 과거의 역사로 거슬러 올라갈수록 전염병의 피해가 전쟁의 피해보다도 인류의 목숨을 더 많이 빼앗아 갔다고 할 수 있다. 새로운 일상의 시대를 살아가는 방법으로 신종바이러스로 인한 감염병에 대한 새로운 지식과 그 대응이 필요한 시기이다.

질병을 소재로 하는 시와 문학작품을 읽음으로써 우리는 질병과 인간의 관계를 이해하게 되고 인간이 직면한 전염병의 절실한 상황을 이해하게 되는 것이다. 여기서는 김춘수의 시 「인플루엔자」에 나타난 전염병에 관한 자아성찰과 작시기법을 살펴보기로 한다.

> 서울에는 인디고가 없다/ 바이어르 아스피링의 바이어르가 만든/ 인디고,/ 그 잘 갠/ 쪽빛 하늘이 없다/ 비는/ 명동 성당 지붕의 기왓장을 적시고/ (오 비에 젖는 까떼드랄!)/ 명동 어느 약방 하나를 기웃거린다./ 서울에는 성당은 있지만/ 아직 인디고는 없다. 고,/ 그 때/ 문득 생각난 듯/계동에 사는 어인 신사 한 분이/ 레인 코트의 깃을 세우며/ 거리로 나가 비를 맞는다./ 그 때가 三冬(삼동)인데/ 참 딱한 양반!
>
> ∴ 김춘수(1922~2004), 「인플루엔자」 전문[9]

시인은 시에서 오늘날 우리사회에 만연하고 있는 인플루엔자 바이러스를 시에 소환시켰다. 코로나19 바이러스와 비슷한 바이러스가 인플루엔자이다. 바이러스는 무엇인가? 바이러스는 단백질과 지질 껍질에 싸여 있는 RNA 혹은 DNA 조각들로서, 스스로 에너지를 생산하지 못하고 물질을 합성하지도 못하는 유전단위이다. 오직 숙주 세포의 핵산과 단백질 합성 기구를 이용하여 자신을 복제하면서, 자신의 생존을 위해 다른 개체를 이용하는 기생체이다. 이런 점에서 바이러스는 매우 흥미로운 존재이다. 인플루엔자는 독감의 종류로 인플루엔자

---

9) 김춘수, 『김춘수전집』, 민음사, 1994, 48면.

바이러스 중 하나가 폐와 기도를 감염시키는 바이러스성 전염병이다. 그리고 인플루엔자는 발열, 콧물, 인후통, 기침, 두통, 근육통 및 전반적으로 아픈 느낌을 유발하는 바이러스 감기이다.

첫째 행의 인디고는 인플루엔자에 감염된 감기를 치료하는 약의 별명이다. 둘째 행의 아스피린은 독일의 바이엘사가 개발한 인플루엔자 바이러스를 치료하는 약이다. 셋째 행에서는 인디고의 색깔을 묘사하고 있다. 이 약의 색깔은 아스피린 중에서 쪽빛의 짙은 푸른색의 약을 비유하고 있다. 다섯째 행까지 시인은 서울에서 인플루엔자 치료제인 아스피린이 없다는 사실을 설명하고 있다.

다음 행부터 화자는 비가 내리는 명동성당의 근처에 있는 약방에는 인플루엔자 치료제가 없다는 사실을 묘사하고 있다. '카떼드랄'은 프랑스어로 교구장 주교가 앉는 의자인 '카테드라'(cathedra)가 있는 곳을 의미한다. 이 시에서는 교구 통할의 중심이 되는 명동성당을 일컫는다. 그래서 서울에는 전염병을 자아성찰하면서 기도할 수 있는 성당은 있으나, 치료제인 아스피린이 부족한 그런 도시이며 전염병의 치료약이 부족한 내용을 묘사하고 있다. 코로나19의 시대를 맞이하여 백신과 치료제와 입원병실이 부족한 2021년 당시의 서울과 비슷한 현상을 묘사하고 있다.

그리고 마지막 부분에서는 신사 한 분이 등장하고 있다. 계동에 사는 한국인 신사가 레인코트의 깃을 세우고 거리로 나가 비를 맞으면서 인플루엔자의 바이러스가 감염될 수 있는 환경을 제공하고 있다. 삼동三冬에 비를 맞으면서 걸어가는 모습을 묘사면서 '참 딱한 양반'이라며 인플루엔자로 고생할 사람이라고 암시를 하고 있다. 계동이라는 마을에는 조선시대 재생원濟生院이라는 서민들의 질병 치료를 위해 만들어진 의료 기관이 있던 곳이었다.

「인플루엔자」라는 시에서 시인은 전염병인 인플루엔자 독감에 대한 치료제인 아스피린의 부족에 대해서 반복적으로 설명하면서 독감 치료제의 부족을 묘사하고 있다. 인플루엔자 감기에 대한 치료법은 충분히 쉬고, 물을 많이 마시고, 과로를 피하는 것이 치료의 한 방법이다. 사람들은 발열과 통증을 치료하기 위해서 아스피린으로 치료할 수도 있다. 이처럼 김춘수 시인은 질병의 내용을 치료제인 아스피린, 기도처인 명동성당, 그리고 제생원이라는 한방병원 등의 이미지를 통해서 인플루엔자의 치료를 위해서 질병의 원인을 분석하고 있다. 전염병을 관찰하면서 독일의 치료제, 프랑스의 기도처, 조선시대의 의료기관 등을 소환하여 질병에 관한 다양한 지식과 현실을 이미지로 표현하여 인플루엔자 전염병의 모습을 해체하여 분석하고 있다.

인플루엔자는 무서운 합병증을 동반하는 경우가 많지만 대체로 사망률이 그리 높은 병은 아니다. 하지만 인플루엔자 바이러스는 돌연변이를 잘 일으키고 또 쉽게 감염되는 특성 때문에 병에 걸리는 발병률이 높아 노동의 손실을 많이 가져오는 병이라고 한다. 몸이 아파 결근이나 결석을 가장 많이 하는 질병이 바로 인플루엔자라는 감기라고 한다. 시인 김춘수는 인플루엔자라는 바이러스를 분석하면서 바이엘 아스피린을 이야기하고, 명동대성당을 묘사하고, 조선시대 계동이라는 동네에 있었던 서민들의 병원 제생원을 회상하면서 질병과 전염병의 원인과 그 치료에 대해 묘사하고 있다.[10] 시인은 인플루엔자 바이러스를 과학적으로 이해하고 치료제를 개발하고자 하고 있으며, 사회적 거리두기를 통하여 전염병을 차단하고 배제하려는 방역의 개념을 시를 통해서 묘사하고 있다.

....
10) 김일구, 「질병과 문학: 문학속의 역병의 4가지 공간」, 『신영어영문학』 27, 1~25면 참조.

최근에는 많은 의학자들이 인플루엔자의 팬데믹(pandemic, 세계적 대유행)을 예상하며 그에 대한 비상대책을 마련할 것을 주장하고 강조하여 왔다. 하지만 인류는 대비책을 준비하지 못하고 2019년 인플루엔자와 비슷한 코로나19의 세계적 대유행과 함께 2023년을 맞이하였다. 2023년을 맞이하면서 우리는 지난날에 경험한 전염병의 치료와 역사를 통해서 새로운 병에 대한 몇 가지의 교훈을 끄집어낼 수 있다. 우선 과학기술이 발전하여 인공지능과 유전자의 조합기술이 세계적으로 상용화를 앞둔 시기에 전염병이 기승을 부리며, 또 전염병은 지구촌이 일일생활권이 되어가는 오늘날 무역과 문명의 교류가 활발해지고 인간의 생활권이 확대되면서 더욱 기승을 부릴 수 있다는 것이다.

3.2. 백석의 「고향」과 네트워크를 통한 공동체정신

비대면(Uncontact) 사회가 도래했다. 사람들은 과학기술의 발달로 얼굴과 얼굴을 마주하는 면대면(Contact)으로 물건을 구매하는 것이 아니라 인터넷이라는 네트워크로 소비하며 연락하고 소통한다. 마스크와 소독제를 가지고 다니는 사람들에게 상대방이란 언제든지 해를 끼칠 수 있는 존재이다. 코로나19로 신자유주의의 세계화와 교역과 교류 그리고 대부분의 경제활동은 제동이 걸려서 새로운 대안을 모색하고 있다.

이러한 관점에서 국가주의와 민족주의의 발견을 배경으로 하는 글로벌화는 지역주의와 지방으로의 권력이동을 촉진시키는 글로컬화의 정책이 가속화될 것이다. 비대면 사회에서는 심리적으로 소비와 생산 그리고 유통이 동시에 위축되고 있어 경제적으로 위기의 도래가 점쳐지고 있다. 면대면의 상호작용이 온라인(Online)소통으로 대체되는 비대면의 사회문화가 확산되고 있다. 우리는 새로운 네트워크를 활용하면서 따뜻한 공동체의식으로 연대하여 건강한 교류와 소통으로 어려워진 인간관계를 극복하여야 한다. 그 결과로 우리는 신의 축복을 받은 곳으로 우리가 활동하는 공동체를 만들 수 있을 것이다. 백석의 시 「고향」에는 질병으로 앓아누운 환자를 치료하는 과정에서 가족과 향촌공동체의 따뜻한 위로를 받는 내용이 나온다.

> 문득 물어 고향故鄕이 어데냐 한다/ 평안도平安道 정주定州라는 곳이라 한즉/ 그러면 아무개씨氏 고향故鄕이란다/ 그러면 아무개씨氏 아느냐 한즉/ 의원醫員은 빙긋이 웃음을 띠고/ 막역지간莫逆之間이라며 수염을 쏢다/ 나는 아버지로 섬기는 이라 한즉/ 의원醫員은 또 다시 넌지시 웃고/ 말없이 팔을 잡어 맥을 보는데/ 손길은 따스하고 부드러워/ 고향故鄕도 아버지도 아버지의 친구도 다 있었다.
>
> ∴ 백석(1912~1996), 「고향故鄕」 전문[11]

백석은 시에서 고향이라는 네트워크를 통해서 질병의 아픔을 극복한다. 코로나19가 유행하던 시절 서울의 거리는 한산하고 조용했다. 자가용으로 출퇴근하는 사람이 많아지면서, 거리에는 사람들이 급격하게 감소하였다. 비말飛沫 즉, '날아 흩어지는 작은 물방울'이 다른 사람에게 전염병을 옮긴다고 한다. 그래서 사람들은 면대면으로 만나면 바이러스와 전쟁에서 승리하기 위해 마스크를 쓰고, 물리적(사회적) 거리두기(2m)를 시행하면서 자신의 방역을 철저하게 실천하고 있다. 하

---

11) 송준 엮음, 『백석시전집』, 흰당나귀, 2012, 179면 참조.

지만 우리는 비대면의 네트워크를 통해서 서로 정보를 교환하고 전달하면서 새로운 인간관계를 만들어 공동체의 유대감을 강화하는 인간정신을 회복하여야 한다.

「고향」이라는 시에 나타난 시어들은 모두가 중심단어인 '의원'이라는 같은 고향의 사람으로 향하고 있음을 알 수 있다. 시인은 병이 들어서 누워 있다. 의사와 시인이 대화를 나누면서 의사는 화자의 고향을 묻고 서로 대화하는 과정을 서술하고 있다. 화자가 정주가 고향이라고 하자 의사는 다시 '아무개씨'의 고향이란다. '아무개씨'가 나의 아버지라고 하자, 의원은 넌지시 웃고 말없이 팔을 잡아 맥을 보면서도 더욱 따스한 손길로 질병을 치료하고 있다. 이렇게 「고향」에서는 '의원醫員'과 '아버지'라는 시어를 통해서 실향민의 향수와 추억을 향촌공동체인 고향의식으로 승화시키고 있다.

이 시에서 시인은 객지에서 어려운 고생을 하다 질병을 앓고 있는데, 아버지 친구인 의사를 만나 질병을 치료하고 있다. 시인은 질병을 치료하는 이야기를 통해서 아버지로 상징되는 가족공동체의 귀중함과 고향으로 상징되는 향촌공동체의 중요성을 노래하고 있다. 백석은 우리 민족의 고유한 삶의 실체를 표현하기 위해 고향마을의 이야기에 대한 시를 많이 쓰고 있다.

그의 고향은 평북 정주군 갈산면의 조그마한 산골마을인 익성동이다. 백석은 그 고향을 우리 민족의 전통적이고 토속적인 모습이 잘 보존되어 있어 민족공동체로서의 삶을 지속할 수 있는 공간이라고 생각했다. 고향의 지명적인 의미는 제외해 두고라도 그의 시에 나타난 산골마을의 의미는 한국에 근대문물이 들어오기 이전의 소박한 산골이며 인정이 넘치는 세상이라는 내포적인 의미를 지니고 있다.

시인은 이 시에서 개인의 삶이 가족과 고향이라는 공동운명체의 일원으로서 존재하는 모습을 표현하고 있다. 화자인 개인은 공동운명체인 가족과 고향이라는 공간과 서로 합일해야 한다는 의식을 강조하고 있다. 질병에 걸려서 병원에 갔는데 아버지의 친구인 의사를 만나 질병을 치료받는 것은 대단한 행운이다. 따스하고 부드러운 의원의 정성으로 질병을 치료받으면서 완치될 수 있겠다는 신뢰감을 가지게 되었고 심리적으로 안정감을 가지게 되었다.

백석의 시에 나타난 가족과 고향의식은 향촌공동체의 운명과 함께 연면히 흘러서 내려오는 우리 민족의 주체적인 삶을 노래하고 있다. 향촌공동체의 네트워크를 통해 민족의 동질성을 확인하고 추구하는 과정의 정서표출을 묘사하는 작품이라고 할 수 있다. 이처럼 코로나19의 대유행의 시대를 살아가는 우리는 전염병의 전파를 차단하기 위해 비록 사회적 거리두기로 비대면 생활을 일상화하고 있으나 심리적으로는 더욱 가족공동체와 지역공동체의 유대감을 강화하여 서로 간에 따뜻한 위로가 되어 이 위기를 극복하도록 노력해야 한다.[12] 우리는 네트워크를 통해서라도 서로 간의 안부를 확인하며 챙겨주어서 서로 외롭지 않는 세상이 되도록 노력해야 한다.

코로나19 시대를 맞이했던 우리들이지만 앞으로 비대면 사회에서도 네트워크를 통해서 서로 새롭고 정확한 정보를 교환하면서 합심하여 전염병을 극복해야 할 것이다. 비대면의 다양한 네트워크를 통하여 전염병의 위기를 극복하고 치료제와 예방약(백신)을 활용하여 코로나19를 슬기롭게 극복하고 이전보다 더 큰 평화와 행복이 우리들의 가족공동체와 지역공동체에 찾아오도록 노력해야 할 것이다.

----

12) 김홍중, 「코로나19와 사회이론: 바이러스, 사회저 거리두기, 비말을 중심으로」, 『한국사회학』 54, 2020, 174~176면 참조.
13) 김수영, 『김수영전집1』(시), 민음사, 2011, 313면.

3.3. 김수영의 「어느 날 고궁을 나오면서」와 각자도생의 길

시인은 언제나 새로운 현실 앞에 열려 있어야 한다. 문학은 어려운 문장이나 언어로 현실과 벽을 만드는 사람이 창작한 작품이 아니라 세상을 새롭게 조망하면서 미래를 성찰하는 관점을 제시하는 글이라고 할 수 있다. 현실에서 벌어지는 다양한 체험을 경이로운 마음으로 느끼고 표현하면서 사고로 전환시키는 능력을 훈련한 시인은 언제나 새로운 현실을 기준으로 과거에 만들었던 이론이나 시스템을 과감하게 바꾸면서 경우에 따라서는 없애버릴 수도 있는 정신과 용기를 지녀야 한다.

이론이 현실의 상황을 재단하는 것이 아니라 현실이 새로운 문학을 만들어내는 것이므로, 시인은 코로나19 이후의 새로운 사회를 예견하면서 냉철한 자아성찰을 통해서 새로운 사회를 분석하고 조망하는 예술작품을 창작해야 한다.

> 옹졸한 나의 전통은 이제 내 앞에 정서情緒로/ 가로놓여 있다/ 이를테면 이런 일이 있었다/ 부산에 포로수용소의 제14야전병원에 있을 때/ 정보원이 너스들과 스펀지를 만들고 거즈를/ 개키고 있는 나를 보고 포로경찰이 되지 않는다고/ 남자가 뭐 이런 일을 하고 있느냐고 놀린 일이 있었다/너스들 옆에서//
> 지금도 내가 반항하고 있는 것은 이 스펀지 만들기와/ 거저 접고 있는 일과 조금도 다름이 없다/개의 울음소리를 듣고 그 비명에 지고/ 머리에 피도 안 마른 애놈의 투정에 진다/ 떨어지는 은행나무 잎도 내가 밟고 가는 가시밭//
> ∴ 김수영(1921~1968) 「어느 날 고궁을 나오면서」 중에서[13]

시인은 한국전쟁이 일어났을 때에 서울을 점령한 북한군에 징집되었다가 탈출을 하였다. 그러나 다시 남한 경찰에 체포되었으며, 3년 후에 거제도 포로수용소에서 민간인 억류자로 석방되었다. 이후 그는 통역通譯, 잡지사, 신문사 등을 전전하며 시작詩作과 번역飜譯을 열심히 하였다. 시인은 포로수용소의 야전병원에서 다양한 병원의 모습을 체험하였다. 한국전쟁을 체험하면서 시인은 야전병원의 체계가 독일식에서 미국식으로 변하는 과정도 경험하였다. 한국전쟁 후에는 한국의 의료시스템도 미국식으로 바뀌게 되었다. 시인은 한국의 의료체계가 미국의 의료체계에 적응하는 과정을 이야기하기도 하였다. 그는 환자들을 민중에, 의사를 문화정책에 비유하여 의료체계가 민중을 은밀하게 지배할 수 있다는 사실을 이야기하기도 했다.

　시인은 한국전쟁 중에 포로가 되어, 거제도 포로수용소에서 병원생활을 하는 모습을 묘사하고 있다. 병원생활에서 시인은 무엇을 할 수 있는가? 생명에 대한 두려움이 인간을 얼마나 어리석은 존재로 몰아붙일 수 있는가에 대한 통찰력을 기르고 있다. 시인은 한국전쟁과 이데올로기 등에 관한 거시적 담론인 망원경 대신에 현미경이라는 미시적인 담론으로 개인의 질병과 그에 대한 자아성찰을 보여주는 시선을 사용하고 있다.

　위의 시에서는 시인이 야전병원에서 부상병으로서 체험한 병원생활을 구체적으로 묘사하고 있다. 시인은 간호사와 함께 스펀지를 만들고 거즈를 개면서 간호사와 함께 병원체험을 하고 있다. 그리고 시인이 간호사의 단순한 노동을 도와주고 있는 모습을 본 정보원에게 포로경찰이 되라고 조롱당하고 있는 자신의 일상사를 호출하고 있다. 이러한 삶의 시선은 시인 자신이 1960년대 현실정치에 대해서 반항하는 것과 1950년대 포로수용소에서 거저 접기와 스펀지 만드는 일과 거의 똑같다고 묘사하고 있다. 일상적인 삶을 영위하는 자신과 여기에 은밀하게 개입하는 정치, 이 정치에 비켜서서 저항하는 태도는 야전병원에서의 체험과 비슷하다고 할 수 있다. 이 시에서 시인은 개인 스스로 질병의 고통을 이겨내는 각자도생各自圖生의 길을 제시하고 있다.

여기서 시인의 시선은 현미경처럼 개인의 질병과 병원생활을 묘사하고 있다. 이러한 개인적인 병원생활의 묘사는 개인이 공동체와 함께 질병을 극복하는 것이 아니라 개인이 질병을 스스로 극복하는 모습을 보여주고 있는 것이다.[14] 이러한 질병체험과 치료과정을 시로 표현함으로써 시인은 일상의 아주 면밀한 영역에서 나타나는 질병에 대한 인식과 그 치료에 대한 소시민의 심리를 구체적으로 묘사하고 있다. 이러한 개인의 심리묘사는 질병을 대하는 환자가 사회적 관계망보다는 소시민의 각자도생各自圖生이라는 정신으로 질병을 치료해야 한다는 정보를 제공한다. 이처럼 시인은 질병을 극복하는 개인의 미세한 삶[15]을 묘사하여 사회와 역사의 한 부분을 개인의 일상사로 대체하고 있다.

3.4. 신동엽의 「봄의 소식」과 생명사상의 노래

환경의 위기는 자연환경의 위기인 동시에 가치관과 윤리의 문제이기도 하다. 인간과 자연의 관계를 새롭게 인식하는 윤리적 각성을 요구하는 문제라고 할 수 있다. 인류는 인간과 자연, 인간과 인간 사이의 수평적 관계를 추구해야 한다. 생명사상은 자연과 인간이 하나라

---

14) 이미순, 「김수영 문학에 나타난 질병의 양상과 의미」, 『한국현대문학연구』 41, 2013, 141~71 참조.
15) 김준호, 「질병과 의료의 사회적 성격에 관한 한 연구」, 『강원인문론총』 4, 1997, 115~135 참조.

는 만물일체의 사상으로까지 확대해야 한다. 시인들이 노래하는 자연과의 교감은 생명사상으로 이어져 산업화와 정보화로 황폐해진 인간의 윤리적 가치관의 회복을 꾀하는 일이다.

생태주의자들은 인간이 과학기술과 생명공학 등의 첨단기술을 믿고 자연을 무자비하게 훼손하여서 자연이 인간을 다시 공격한다고 설명하고 있다.[16] 현재 코로나19가 대유행하는 상황에서 인간이 왜 지구상에 바이러스에 비유되는 조롱을 당하는지 고민하고 자아성찰을 해야 한다. 환경의 위기를 노래하는 시문학은 생명사상으로 이어진다. 신동엽은 「봄의 소식」이라는 시를 통해서 생명사상을 이야기하고 있다.

> 마을 사람들은 되나 안 되나 쑥덕거렸다/ 봄은 발병났다커니/ 봄은 위독危毒하다커니//
> 눈이 휘둥그래진 수소문에 의하면/ 봄은 머언 바닷가에 갓 상륙上陸해서/ 동백冬栢꽃 산모퉁이에 잠시 쉬고 있는 중이라는 말도 있었다//
> 그렇지만 봄은 맞아 죽었다는 말도 있었다/ 광증狂症이 난 악한한테 몽둥이 맞고/ 선지피 흘리며 거꾸러지더라는······ //
>
> 마을 사람들은 되나 안 되나 쑥덕거렸다/ 봄은 자살했다커니/ 봄은 장사지내 버렸다커니//
> 그렇지만 눈이 휘둥그래진 새 수소문에 의하면/ 봄은 뒷동산 바위 밑에, 마을 앞 개울/ 근처에, 그리고 누구네 집 울타리 밑

---

16) 하승수, 「코로나19 팬데믹 이후의 삶과 생태사회주의」, 『문화과학』 103, 97~116면 참조.

에도/ 몇날 밤 우리들 모르는 새에 이미 숨어 와서/ 봄 단장丹粧들을 하고 있는 중이라는/ 말도 있었다//

∴ 신동엽(1930~1969), 「봄의 소식」[17]

겨울의 추위가 깊어지면 깊어질수록, 봄은 가까이 다가 온 것이다. 화자가 체험하고 있는 올해의 겨울은 예년과 비교해서 더 심하게 지나가고 있다. 몇 년 전에는 코로나19의 대유행에 따른 대량실업과 부동산시장의 불안정, 인플레이션의 위협 등으로 민심이 어수선했다. 더욱이 엎친 데 덮친 격으로 북극한파까지 겹쳐서 민심은 말이 아니었다. 전염병의 역사는 인간의 무분별한 개발이 끔찍한 재앙을 초래한다는 사실을 코로나19와 함께 이야기하고 가르쳐준다.

코로나19의 현상과 비슷한 광증狂症과 질병에 대응하였던 시인은 현실의 어려움을 미래의 희망인 생명사상으로 극복하려는 시인정신을 표현하고 있다. 시인은 겨울인 현실의 고통과 어려움을 회복하고 대응하는 방법으로 미래인 봄의 생명력을 기원하는 생명사상을 노래하고 있다. 이러한 세계관은 오늘날 인간사회가 경험하는 코로나19와 같은 질병과 전염병을 극복하려는 시인의 생명사상을 보여주고 있는 것이다.

인류는 전염병의 대유행과 환경문제를 함께 극복해야 하는 상황에 놓여 있다. 여기서 우리는 시인이 말하는 봄이 의미를 전염병 극복과 깨끗한 환경으로 대체할 수 있다. 시인이 「봄의 소식」을 노래한 그때로부터 50년이 넘게 지났지만 봄은 여전히 비틀거리고 있다. 다만 '광증狂症이 난 악한惡漢'의 얼굴만 바뀌었을 뿐이다. 오늘날까지 우리 사

---

[17] 신동엽, 『신동엽전집』(수정증보판), 1985, 창작과비평사, 94면 참조.

회는 50년의 세월이 흘러도 역사는 진보하는가 혹은 퇴보하는가 하는 문제로 고민하고 있다.

코로나19라는 바이러스가 세계를 공포의 도가니로 만들었으니, 전염병에 대한 인류의 반격이 시작되어 백신도 만들고, 치료제도 개발하고 있다. 인류는 생활의 습관을 바꾸면서 사회적 거리두기와 마스크 쓰기 등의 개인위생을 철저하게 지켜서 전염병을 극복하려고 노력하고 있다. 머지않아 봄이 다가오는 것처럼 인류는 전염병이라는 겨울을 극복하고 백신과 치료제가 개발되어 코로나19를 정복하는 새로운 봄의 기운을 기다리는 희망으로 살아가고 있다.

봄의 기운을 막을 자 누구인가. 봄이 오면 냉기류인 동해 바다에도 훈풍이 불고, 꽁꽁 얼음이 언 한강의 기슭도 따스한 봄바람으로 새롭게 몸단장을 할 것이다. 치료제가 개발되고 백신을 접종하면 집단면역이 생겨서 뒷동산의 바위 밑에서도 마을 앞의 개울에서도 따스한 봄소식과 함께 전염병을 극복할 자신감이 싹틀 것이다.[18] 이때가 되면 우리나라에도 코로나19가 퇴치되는 봄의 소식을 전해 줄 것이다.

2023년에 한국사회는 코로나19를 극복하는 백신접종으로 집단면역이 형성되어 폭주의 기관차처럼 달리던 전염병의 상황을 해제하고 점차 안정이 되어 코로나19의 폭주에서 벗어났다. 그리고 우리는 코로나19의 예방약인 백신과 치료제의 접종과 투약으로 코로나19를 다스리며 일상생활을 거의 정상적으로 수행하고 있다.

....
18) 김성윤, 「팬데믹이라는 정세: 쇼크 독트린인가, 커머닝인가」, 『문화과학』 103, 2020, 55~78면 참조.

4. 코로나19와 한국시의 자아성찰

지금까지 코로나19의 대유행과 함께 한국의 시문학에 나타난 자아성찰과 그 대응양상을 검토하였다. 현재는 코로나19의 대유행인 팬데믹(pandemic)이 종료된 상황이지만, 우리는 지난 2019년 12월부터 2023년 3월까지 하루하루 코로나19와 함께 마스크 쓰기, 백신 전쟁, 치료제 개발, 사회적 거리두기, 비대면 사회, 집단면역 형성 등으로 새로운 일상생활을 경험하였다. 이러한 과정을 거치면서 우리는 코로나의 팬데믹을 슬기롭게 극복하고 새로운 세상을 맞이하고 있다.

첨단기술과 인공지능의 시대에 세계화를 외치던 한국 사회와 한국의 인문학은 앞으로 이러한 재난의 시기가 닥쳐오면 무엇을 해야 할까? 한국문학은 과연 위기에 직면한 인간에게 희망을 주는 백신과 치료제의 역할을 수행할 수 있을까? 이러한 측면을 강조하다 보면 문학의 역할은 한없이 왜소해질 수 있다. 그러나 이러한 상황을 극복하기 위해 우리 문인들도 새로운 시각을 가지고 변화와 개혁을 추구해야 한다.

그 하나가 문학의 범위와 영역을 확장하여 다른 학문과 서로 융합을 하여야 한다는 가설을 세울 수 있다. 그렇다! 21세기의 작가들은 문학을 시, 소설, 희곡으로 한계를 지우는 일보다는, 인문학의 영역으로 범위를 확대하고 다시 사회과학에 관심을 가지며, 자연과학과 과학기술에까지도 영역을 넓혀서 새로운 글쓰기와 문화콘텐츠를 개발하고 개척해야 한다. 특히 21세기에는 새로운 형식의 미디어와 함께 새로운 글쓰기를 익히는 작업도 필요로 하고, 자본주의 사회를 이해하기 위해 자본의 흐름을 잘 분석함으로써 현실의 흐름에 뒤지는 문학이 아니라 현대의 사회와 함께 병행하는 글쓰기로 문학이 성장하여야 한다.

일부 학자들은 인간이 과학기술과 생명공학 등의 첨단기술을 믿고 자연을 무자비하게 훼손하고 파괴하여서 '자연이 다시 인간을 공격한다.'라고 주장한다. 이런 상황을 극복하기 위해 문학은 바이러스의 공격에 인간의 생명과 시나 소설로 희곡 등을 통해서 인류에게 희망을 선물하는 작품을 남겨야 한다. 알베르트 까뮈(1913~1960)는 1947년에 창작한 「페스트」라는 작품으로 '인류가 전염병이라는 운명을 거부하고 맞서 싸워서, 질병에 승리할 수 있다.'는 희망을 선물하여 노벨문학상을 받았다. 이 작품은 전염병을 다룬 소설로서 절망 속에서 인간의 희망을 노래하는 불후의 명작으로 인류에게 희망을 주고 있다.

　지난 2020년에서 2022년까지는 인류를 공격하는 코로나19라는 바이러스를 팬데믹이라는 정세와 함께 코로나 정국이 우리의 문화정세를 삼기고 현재는 바이러스와 함께 생활하는 시기가 되었다. 코로나19라는 미물微物이 현재까지 지구전체를 혼란의 세계로 몰아넣으면서 코로나19와 더불어 사는 삶으로 생활하고 있다. 이러한 현상은 아직까지 우리 인류가 경험해보지 못한 새로운 전염병의 현실을 체험하고 있는 것이다. 현재의 인류는 코로나19라는 바이러스의 전염병이 이처럼 무서운 질병인지 아무도 예상하지 못했다. 지금까지 살펴본 한국의 고전시와 현대시에서는, 시민사회가 국가권력과 제약, 의료 산업 등에서 어떻게 협조하고 결탁하는 가를 시인들이 파악하고 있었다. 한국의 시인들은 시민들이 체험한 집단기억과 집단면역을 시로 표현하여 국가가 전염병을 통제하고 제어하는 방법에 초점을 맞추면서 대응하는 방향으로 창작활동을 수행하였다.

　인간이 바이러스라면 인간의 삶을 표현하는 문학은 무엇인가? 문학은 인간의 삶과 사상을 함께 노래하는 특권을 지니고 있다. 그러므로 문학은 지구의 파괴에 앞장서는 인간 바이러스의 숙주가 되는 영역으로 판단할 수도 있다. 인간과 지구 그리고 바이러스의 삼각관계는 이렇게 복잡한 상관성을 지니고 서로 상생하며 소통하고 화합하는 관계로 발전해야 한다.

앞으로 다쳐올 코로나19의 대유행과 비슷한 전염병이 어떻게 전개될지는 예측하기 어렵다. 하지만 우리 인류가 기억해야 할 교훈은 코로나19의 의미를 과장하거나 축소하지 않고 새롭게 등장하는 전염병의 문제점과 마주하면서 슬기롭게 그 문제를 해결해야 한다는 사실이다. 앞으로 다가올 전염병은 가난을 야기하고 여기서 제기된 빈부의 격차로 세계는 갈등과 대립으로 코로나19의 대유행보다 더욱 심한 전쟁의 위기로 인류를 몰아갈 수 있다. 이러한 위기에서도 우리 문학인들은 인류를 사랑하는 문학정신이라는 예방약과 치료제를 준비하여 인류와 지구의 영원한 지속적인 발전을 위해서 노력해야 할 것이다. 그래서 우리 문학인들이 전염병이 발생하는 환경변화의 중심에 서서, 전염병을 긍정적으로 수용하고 그 부작용을 최소화하도록 노력한다면, 새로운 전염병이 발생해도 인류는 지구에서 살기 좋은 세상을 만들어 갈 것이다.

IV

한국인문학과 문화콘텐츠의 융합

컴퓨터 매개 커뮤니케이션의 활용과 한국의 고전문학

1. 정보화시대와 한국문학

정보화 사회를 체험하는 21세기 시작의 시점에서 이 글은 한국 고전문학의 연구가 컴퓨터를 어떻게 활용할 것인가에 그 초점을 맞추고 있다.

21세기 정보화 사회의 장점을 현실화시키는 일에 가장 중요한 기술은 컴퓨터 매개 커뮤니케이션(Computer Mediated Communication)이라고 할 수 있다. 이 글에서는 컴퓨터 매개 커뮤니케이션(Computer Mediated Communication)이라는 용어를 줄여서 CMC라고 부르고자 한다. 한국 고전문학의 연구와 교육에 활용할 수 있는 CMC의 유형에는 전자우편(Email), 가상대학(Cyber University), 전자도서관(Digital Library) 등을 설정할 수 있다.

21세기 정보화시대에 한국 고전문학 연구자들은 본고에서 논의한 CMC의 유형을 이용해서, 인터넷이라는 정보의 바다를 항해하면서 다양한 정보를 취하게 될 것이다.

20세기 100여 년 동안에 한국 인문학과 한국의 고전문학 연구는 획기적으로 발전해왔다고 할 수 있다. 이러한 발전을 발판으로 21세기에는 세계 속에서 한국의 인문학인 한국문학이 그 위치를 더욱 확실하게 굳힐 수 있도록 우리의 고전문학을 연구하는 학자들은 그 사명감을 지녀야 할 것이다. 지금은 정보화시대의 기술과 그 문화적 변화를 수용하여 21세기에는 한국 고전문학 연구를 더욱 새롭게 하는 시각이 현시점에서 필요하다고 할 수 있다.

21세기에는 우리나라의 주된 산업이 정보화와 관련된 지식·정보의 산업으로 변화될 가능성이 크다고 할 수 있다. 지나온 20세기가 우리나라를 농업 사회에서 산업사회로 변화시켰다면, 다가오는 21세기는 물질 자원이 지배하는 산업사회에서 정보와 지식이 사회를 지배하는 정보화시대로 우리나라를 변하게 할 것이다. 21세기를 눈앞에 둔 현재 정보통신의 기술이 급격하게 발전하고 컴퓨터 매개 커뮤니케이션(Computer Mediated Communication)이 일반화되면서, 학계에서는 21세기 한국학의 연구와 컴퓨터 시스템의 연관성에 많은 관심을 나타내면서 크게 주목하고 있다.

20세기를 주도해 온 한국 고전문학의 연구 방향은 크게 두 가지로 나누어질 수 있다. 하나는 한국 고전문학의 자료를 실증적으로 점검하고 검토해서 당시의 관점으로 문학을 연구하는 방법이고, 다른 하나는 한국 고전문학의 자료를 현대적인 관점에서 점검하고 검토하는 연구 방법이라고 할 수 있다. 두 가지의 연구 방법 모두가 그 나름대로 의의를 지니고 있지마는, 여기서는 『정보화시대, 21세기의 한국 고전문학의 연구』를 주제로 하고 있으므로 한국 고전문학의 자료를 정보화시대의 관점으로 연구하고 탐구하는 방향으로 그 초점을 맞추고자 한다.

20세기 산업사회와 구별되는 21세기 정보화 사회의 주요한 측면들을 대비하여 보면 다음과 같다. 20세기 산업사회의 문화가 표준화, 획일화, 집중화, 대중화 등으로 규정된다면, 이어지는 21세기 정보화 사회는 다양화, 유연화, 분산화, 개별화 등을 지향한다고 볼 수 있다. 이와 같은 21세기 정보화 사회를 실현하도록 하는 사업에 가장 중요한 기술은 컴퓨터 매개 커뮤니케이션(Computer Mediated Communication)

이라고 할 수 있다.

　컴퓨터가 사람과 사람 사이의 커뮤니케이션 행위를 매개함에 따라 CMC에서는 컴퓨터에 의해 형성된 가상의 공간에서 송신자와 수신자가 연결되어 상호 간에 메시지 교환을 이루어낸다. 정보화시대에는 이제껏 익숙해져 왔던 사람과의 대면을 통한 메시지의 전달과는 달리, 컴퓨터 화면 앞에 앉아 기계를 대상으로 메시지를 주고받을 상대방을 상상하면서 메시지를 서로 주고받는다.

　한국 고전문학 연구에 활용될 수 있는 CMC의 유형에는 전자우편(E mail), 컴퓨터 회의(Computer conferencing), 그리고 컴퓨터 게시판(Computer bulletin board) 등이 있다.[1] 한국학 연구에 있어서 전자우편은 다른 분야와 마찬가지로 바로 사용될 수 있으나, 컴퓨터 회의와 컴퓨터 게시판은 컴퓨터 가상대학과 전자도서관이라는 이름으로 접근하는 것이 그 실체를 정확하게 파악할 수 있다.

　20세기의 과학과 함께 한국의 고전문학 연구는 획기적으로 발전해왔다. 이러한 발전을 발판으로 21세기에는 세계 속에서 한국의 인문학과 고전문학이 그 위치를 더욱 확실하게 굳힐 수 있도록 우리의 고전문학을 연구하는 학자들은 그 사명감을 지녀야 할 것이다. 이러한 사명감을 가지고 정보화시대의 기술과 그 문화적 변화를 수용하여 고전문학을 더욱 새롭게 연구하는 시각이 현시대에 필요하다고 할 수 있다. 지금은 우리나라를 비롯한 전 세계가 오늘날 과학기술과 함께 정보화시대에 예상되는 각 분야의 특성을 연구하느라고 매우 분주하다고 할 수 있다. 이러한 시기에 한국문학과 고전문학 연구의 방향을

---

[1] 컴퓨터를 매개로 한 커뮤니케이션 중에서 전자상거래(Electronic Commerce) 분야는 『21세기 한국 고전문학 연구』에 응용될 수 있지만, 상업적인 측면이 너무 강하고 앞으로 다양하게 변할 것이기 때문에 본고에서는 한국 고전문학 연구와 전자상거래(Electronic Commerce)를 연관시키는 연구는 일단 유보하기로 한다.

현대사회의 컴퓨터와 과학기술이 함께 융합하는 CMC의 활용과 그 상관성을 살펴보는 작업은 의미가 있는 일이라 할 수 있다.

2. 고전문학 자료의 정보화 작업

CMC의 활용이 가능하려면 무엇보다도 한국 고전문학 자료의 정보화 또는 디지털화인 전산화의 작업이 이루어져야 한다. 정보화시대를 열어가는 기술의 핵심에는 기억과 연산의 정보처리 기계로서 컴퓨터의 발달과 심해와 우주를 종횡으로 가로지르는 통신망의 구축이 자리를 잡고 있다. 정보통신의 기술은 어떤 하나의 단일체로 파악되지 않는다. 그것은 반도체로 대표되는 소자기술, 컴퓨터로 대표되는 정보처리기술, 위성통신과 광통신으로 대표되는 통신기술의 복합체이며, 하드웨어로 불리는 물리적 실체와 소프트웨어로 불리는 정보적 실체의 결합체이다.[2] 한국인문학과 고전문학 자료를 정보화하는 작업에서는 소프트웨어에 의존되는 정보적 실체와 컴퓨터로 대표되는 정보처리 기술의 결합이 중요한 역할을 한다고 볼 수 있다.

2.1. 원문의 디지털화

아득한 옛날에는 인류가 음성인 소리를 가지고 자신의 의사를 전달하던 시기가 있었고, 그다음 시기에는 말과 글로써 자신의 의사를 전달하던 시대가 이어졌다고 할 수 있다. 글로써 문화를 전달하던 시기에도 필사본, 활자본 등으로 그 매체의 수단은 조금씩 달랐다고 할 수 있다. 인쇄술이 발명된 후에도 인쇄의 방법과 그 품질은 발전을 거듭

---

2) 홍성태 엮음, 『사이버공간, 사이버문화』, 문화과학사, 1997.

했지만, 근본적으로 책의 기능과 형태가 바뀐 것은 아니라고 할 수 있다. 그러나 앞으로 전개될 21세기에는 새로운 매체인 전자언어의 기능이 더욱 활발해져 아날로그(analogue)화로 되어있는 종이책과 디지털(digital)화되어 있는 전자책(CD-ROM, 또는 DVD[3])이 서로 공존할 전망이다.[4]

  컴퓨터와 정보통신 기술의 발전은 인간이 습득한 지식과 정보를 간단한 컴퓨터 코드로 변환하여 지식의 저장 공간을 대폭적으로 줄이고 저장매체의 용량을 극대화하고 있다. 정보화 사회는 데이터베이스에 저장된 정보와 자료를 고속으로 검색하는 작업과 순간적으로 자료를 전송하는 작업을 가능하게 하였다.

  데이터베이스의 자료를 컴퓨터 이용자들이 잘 활용하기 위해서는 자료들을 체계적으로 입력하는 전산 정보화 작업이 필요하다고 할 수 있다. 현재 개발이 되어있는 시스템 중에서 가장 각광을 받으면서 자료를 입력하고 있는 언어는 SGML(Standard Generalized Markup Language)의 개념에 뿌리를 둔 HTML(Hypertext Markup Language)이라 할 수 있다. HTML은 1989년에 시작된 WWW(World Wide Web)의 Hypertext 문서를 기술하는 언어이다. 이 언어는 인터넷상에서 통용되는 문서이며, 두드러진 두 가지의 특성을 지니고 있다. 하나는 지구상의 어느 곳에서든지 인터넷에 접속되어 있는 정보 자료를 짧은 시간에 손쉽게 연결해주는 것이고, 다른 하나는 텍스트, 이미지, 사운드, 동화상 등의 멀티미디어 콘텐츠를 지원한다는 것이다.

  그래서 고전문학 연구에 있어서 원문의 전자화와 디지털화를 위해

----

3) 1996년부터 본격적으로 보급되기 시작한 DVD는 처음에는 비디오영화 저장매체로 제작되었으나 이를 데이터 저장 장치로 이용하는 경우 CD~ROM보다 7배 정도의 뛰어난 기억용량을 가지고 있다.
4) 김성곤, 『뉴미디어 시대의 문학』, 민음사, 1996.

서는 고전문학의 자료를 먼저 HTML의 문서로 정보화하는 작업이 필요하다.[5] 일반적으로 고전문학이란 한 나라나 한 시대를 대표할만한 문학작품을 일컫지만, 원문의 전자화를 위한 고전문학의 개념은 후대에 남을 만한 옛 문학을 통칭한다고 할 수 있다.

고전문학에는 시가, 소설, 한시, 구비문학 등이 있는데, 이들의 자료는 활자화로 인쇄된 자료도 있고, 필사본으로 존재하는 자료도 있으며, 벌써 전산화된 자료도 있을 수 있다. 여기서 정보화가 이루어진 자료의 경우에는 다른 디지털화된 자료와 함께 전자책을 만드는 경우가 급선무라 할 수 있다. 전자책을 제작하지 못하면 인터넷에라도 자료를 공개하는 차선의 방법이라도 선택하는 자세가 필요할 것이다. 그러나 인터넷 사용자는 연구자가 어렵게 정보화한 자료를 손쉽게 컴퓨터를 통해서 취득하겠다는 허무한 꿈을 버리는 것이 좋다. 왜냐하면, 현재의 상황에서는 국가나 공공 단체의 후원이 없이는 우리의 인문학과 고전자료가 체계적으로 정보화되기도 어려울 것이고, 또 비전문가나 소수의 연구자에 의해 자료가 정보화되었다고 하더라도 자료의 콘텐츠는 신뢰성이 크게 떨어질 것이기 때문이다.

2.2. 자료의 정보화 현황

고전문학의 전산화와 정보화 현황을 구체적이고 체계적으로 파악하는 데에는 상당한 어려움이 따른다. 왜냐하면 각 분야의 연구자들이 개인적으로 소장하고 있는 책이나 원전의 자료를 공개하고 있지 않기 때문이라 할 수 있다. 그러므로 현재까지 학계에 발표된 한국학 정보화에 관련된 논문이나 전자책을 참고하여 고전문학 연구자료의

---

5) 김홍규, 「국문학 자료의 전산화 방법과 과제」, 『국어국문학』 121, 국어국문학회, 1998.

정보화 현황을 파악할 수밖에 없다.

고전문학 연구에 있어서 주요한 정보화 자료의 대상으로는 ① 고전문학 작품자료, ② 한국학 연구 관련자료, ③ 고전문학 연구논문 자료 등 세 가지로 나누어질 수 있다.

현재까지 학계의 고전문학 정보화 작업에서 주로 강조된 것은 ①인 고전문학 작품자료의 정보화 작업일 것이다. 필자가 알고 있는 고전문학 자료의 전산화 작업은 고려대학교 김흥규 교수 연구실에서 이루어진 고시조의 데이터베이스 구축작업을 들 수 있다. 발표에 의하면 현재까지 5,180 수의 고시조를 데이터베이스화 했다고 한다. 5,180 수의 고시조는 심재완 편, 『역대시조전서』(세종문화사, 1972)와 박을수 편, 『한국시조대사전 상·하』(아세아문화사, 1992)에 수록된 작품 외에도 학계에 소개한 고시조 작품을 망라하고 있다고 한다. 그리고 이러한 고시조 데이터베이스를 이용하여 고시조의 색인어를 정보 연산으로 처리하는 방법의 연구 작업을 수행하였다.[6] 지금까지 발표는 하고 있지 않지만, 한국문학 연구에 종사하는 많은 학자들은 자신의 연구를 위해서 컴퓨터를 통하여 많은 자료를 입력시켜 놓고 있을 것이다. 이러한 고전문학 관련 자료들을 공개하여 연구자들이 함께 공유할 수 있는 시기가 빨리 올 수 있기를 필자는 기원한다. 그리고 컴퓨터 시스템의 기술적인 발전과 국가와 공공 단체의 대대적인 지원으로 한국의 고전자료가 체계적으로 정리되어 정보화시대를 선도하는 분야가 되었으면 한다.

다음으로는 ②인 한국학 연구 관련자료의 전산화 현황을 살펴보기로 하자. 이 분야에서 진행된 대표적인 작업은 (주)서울시스템에서 만

---

[6] 김흥규, 정흥모, 우응순, 「색인어 정보 연산에 의한 고시조 데이터 베이스의 분석적 연구」, 『한국시가연구』 3, 한국시가학회, 1998.

든 『국역조선왕조실록』의 전자책이라 할 수 있다. 이 전자책은 「태조실록」부터 「철종실록」까지 25대 472년간 1,993권 888책이나 되는 내용을 전자책 3장에 담는 개가를 올렸다.[7] 이 방대한 『조선왕조실록』을 영인본으로 보관하려면, 많은 책꽂이와 엄청난 공간이 필요로 했다. 그러나 전자책을 이용하면 단 3장으로 공간이 축소되고, 컴퓨터를 활용하여 고전문학 연구와 한국학 연구에 필요한 자료를 훌륭하게 검색할 수 있다.

올해에는 『조선왕조실록』의 원본도 국사편찬위원회의 협조를 받아 (주)서울시스템에서 전자책으로 개발하였다고 한다. 필자는 앞으로 계속해서 『삼국사기』, 『삼국유사』, 『고려사』, 『고려사절요』, 『경국대전』 등을 포함해서 한국의 고전자료인 시문집, 가사, 일기, 설화, 고문서, 야사 등에 관련된 자료도 빠르게 정보화하길 바란다.[8]

이와 같은 한국학 연구자료에 대한 전산화와 정보화는 21세기 한국학이 세계화되기 위해서 절실히 필요하고 중요한 분야라고 할 수 있다. 그러나 한국학의 전산화와 정보화는 문화적인 측면에서는 고가의 부가가치가 있는 사업이지만, 경영학적 측면에서는 상업성이 없는 분야라 할 수 있다. 상업성은 별로 없고, 비용이 많이 드는 이 작업을 국가는 교육의 백년대계와 한국의 문화를 진흥하는 정책적 차원에서 대폭 지원해야 한다.

다음으로는 ③인 고전문학 연구논문 자료의 정보화 작업을 들 수 있다.[9] 이 분야에서는 현재 한국 고전문학에 관한 연구논문 자료의 목록이 석사와 박사 학위 논문의 제목을 중심으로 대부분 전산화 작

---

7) 이남희, 「고전 국학자료와 데이터베이스 구축방안」, 『21세기 정보화시대의 한국학』, 한국정신문화연구원, 1998.
8) 강순애, 「한국 고문헌의 목록 시스템과 원문 디지털화의 구현에 관한 연구」, 『21세기 정보화시대의 한국학』, 한국정신문화연구원, 1998.

업이 진행되어 있다고 할 수 있다. 우리나라의 각 대학은 자기 대학에서 나온 학위논문의 제목을 전공 분야에 맞추어 인터넷의 게시판에 올려놓고 있다.

또 국립중앙도서관, 국회도서관, 학술정보센터 등은 각 대학에서 나온 석사와 박사 학위 논문을 검색할 수 있는 시스템을 현재 인터넷으로 사용자에게 제공하고 있다. 이 분야는 앞으로 학위논문의 제목뿐만이 아니라 학위논문의 원문도 전산화하여 필요한 연구자에게 제공하는 작업이 남아 있다고 할 수 있다. 또 이 분야는 일반 학회지나 대학 논문집에서 나오는 고전문학 연구논문의 목록화 작업과 함께 원문의 정보화 작업이 남아 있다.

한국 고전문학 연구에 관련된 자료의 정보화 작업은 아직 시도의 단계에 있다고 볼 수 있다. 이제는 고전문학의 정보화도 자료들을 단순히 데이터 베이스화하는 작업을 뛰어넘어 데이터 하우스의 개념을 도입할 필요가 있다.[10] 데이터 하우스는 기업의 운영계획 시스템에서 축적된 각종 자료를 주제별로 통합해 별도의 프로그램을 사용하지 않고도 여러 각도에서 정보를 분석할 수 있는 시스템을 말한다. 그러므로 한국 고전문학 전산화에서도 데이터 하우스를 도입하여 시가의 연구 현황, 고전소설의 연구현황, 구비문학의 연구현황, 한문학의 연구현황 등을 다양하게 분석하고 관리하는 시스템을 개발하는 일이 급선무라 할 수 있다.[11]

....

9) 경북대학교 대학원에서는 1997학년도부터 학위논문을 전자화된 컴퓨터 디스켓으로 받아 전자책을 제작하여 전국도서관에 배포하고 있다. 경북대학교 도서관은 대학원과 협력하여 1996학년도 여름학기부터 이 작업을 시작하여 1997학년도에 처음으로 학위논문을 전자책으로 만드는 개가를 올렸다.
10) 정진홍, 「멀티미디어시대의 언론사 경영전략」, 『정보화시대의 미디어와 문화』, 세계사, 1998.

3. 고전문학 연구에서 CMC의 활용

오늘날 고전문학을 연구하는 학자들이 컴퓨터 매개 커뮤니케이션 (Computer Mediated Communication)인 CMC를 활용하는 것은 과거와 현재가 서로 만나는 작업으로 상당히 의미가 있는 작업이라 할 수 있다. 21세기 정보화 사회의 오늘을 실현하는 작업에서 가장 중요한 기술은 CMC라고 할 수 있다. 컴퓨터가 사람들 사이의 커뮤니케이션 행위를 매개함에 따라 CMC에서는 컴퓨터에 의해 형성된 가상의 공간에서 송신자와 수신자를 연결하여 상호 간에 메시지 교환을 성립하게 한다.

한국 고전문학 연구에 활용될 수 있는 CMC의 유형에는 전자우편(E mail), 컴퓨터 회의(Computer conferencing), 그리고 컴퓨터 게시판(Computer bulletin board) 등이 있다. 전자우편(Email)은 이용자들에게 가장 간단하면서 친밀하게 인식되고 있을 뿐만 아니라 주로 대인관계에서 이용되고 있다. 컴퓨터 회의는 전자우편보다 더 많은 수의 사람들이 참여하고 보다 사무적이고 집단적인 차원에서 이용되고 있다. 이러한 컴퓨터 회의는 한국의 대학들이 추진하고 있는 사이버 대학과 가상대학에 적극적으로 활용할 수 있을 것이다. 여기서는 컴퓨터 회의를 이용한 한국의 가상대학에서 고전문학 연구와 강의를 어떻게 수용할 것인가 하는 점을 주로 살펴보고자 한다. 컴퓨터 게시판은 전자우편과 컴퓨터 회의와는 달리 송·수신자가 연결되어 서로 교류하는 데에 목적을 두기보다는 어떤 의견이나 정보를 게시하여 전달하는 기능을 수행한다. 여기서 컴퓨터 게시판이라는 것은 우리가 일상적으로

---

11) 2024년 현재에는 한국고전번역원 (www.itkc.or.kr/main.do) 에서 한국학에 관련된 많은 기초적인 고전의 자료를 원문의 디지털로 제공하고 있으며, 누구나가 자유롭게 그 자료를 활용할 수 있다.

알고 있는 인터넷과 거의 같은 개념으로 사용한다고 보면 된다.

현재 한국의 고전문학 연구자들은 컴퓨터 게시판에서 무엇을 얻을 수 있을까? 아마도 논저의 목록 이외에 연구에 도움이 되는 정보의 자료를 얻을 수 있다고 자신하는 연구자는 거의 드물 것이다. 본고에서는 전자도서관의 특성을 살펴봄으로써 컴퓨터 게시판이 고전문학 연구에 도움을 줄 수 있는 점을 살펴보고자 한다.

3.1. 전자우편

CMC를 활용하는 전 세계 사람들은 누구나 전자우편의 기능을 이용하여 편지를 보내거나 받을 수 있다. 지구상에 존재하고 있는 누구에게나 또 어디에 있거나 인터넷을 통해 즉시 편지를 보낼 수 있다는 것은 혁신적인 일이고 사건이 아닐 수 없다. 이러한 전자우편의 편리성을 이용하기 위해서 인터넷에 접속하는 사람이 많다.

전자우편은 송신자가 작성한 파일을 어떤 특정한 사람 앞으로 송신하는 도구이다. 그러므로 전자우편이라는 말은 우체부가 배달해주는 우편을 전자화한 것이라고 이해하면 된다. 전자우편의 특징은 수시로 배달된다는 점과 한 사람이 다른 사람에게 편지를 쓰는 노력으로 다수의 사람에게 동시에 송신할 수 있다는 편리한 장점을 가지고 있다.[12]

전자우편(Email)은 컴퓨터 이용자들에게 가장 간단하면서 친밀하게 인식되고 있을 뿐만 아니라 주로 대인관계에서 많이 이용되고 있다. 우리는 전자우편의 기능을 이용하여 외국인과 교류를 할 수 있고, 친구도 사귈 수 있으며, 전자우편으로 새롭게 대인관계를 형성할 수 있

---

[12] 아리아드네, 『인터넷정보원 조사방법』, 한국디지털도서관포럼, 1998.

게 되었다. 이미 선진 외국의 경우에는 어린이들도 인터넷을 통해 펜팔을 하면서 서로 교류하고 있는 경우가 흔하다고 한다. 우리의 어린이들도 인터넷을 통해 외국의 어린이들과 활발하게 교류를 함으로써 '국제적인 감각을 키우는 것이 필요하다.'라고 할 수 있다.

이와 같은 전자우편은 연구자들이 자신의 연구물이나 자료를 손쉽게 상대 연구자에게 제공할 수 있다. 그리고 서로 토론을 하거나 첨삭을 하여 다시 되돌려 받을 수 있는 장점도 함께 지니고 있다. 예를 들면 대학원에서 석사나 박사의 학위논문을 쓰는 경우 과거의 대학원생들은 지도교수를 찾아서 대구에서 서울로 혹은 부산으로 직접 지도교수를 찾아다니면서 지도를 받았다. 그러나 전자우편을 상용화하면 학생들은 한국에서 학위논문을 쓰면서 미국이나 유럽에 있는 지도교수를 일일이 비행기를 타고 찾아가서 만나 보고, 지도를 받을 필요가 없어졌다. 한국에서 쓴 논문을 전자우편으로 보내면 미국이나 유럽에 있는 지도교수는 첨삭하여 원문과 함께 한국에 있는 학생에게 순간적으로 전송할 수가 있다. 그래서 이 전자우편은 연구자가 서로의 전산화된 연구자료를 제공하여 비판하고 첨삭할 수 있는 새로운 장을 마련하고자 할 때에 손쉽게 활용할 수 있다. 이때의 커뮤니케이션은 인간적인 요소의 개입이 없이 이루어지므로 인간의 감정적인 요소가 줄어들어 상대방과 업무지향의 의사교환을 훌륭하게 수행할 수 있다고 할 수 있다.

본고에서는 전자우편의 편리성을 강조하면서 이 전자우편을 앞으로 고전문학 연구자들이 적극적으로 활용하기를 기대한다. 한국 고전문학 연구에서 전자우편의 활용은 다른 연구 분야와 어떤 차이점을 지닐 것인지는 앞으로 계속해서 연구해야 할 과제라고 할 수 있다.

3.2. 가상대학

CMC의 한 유형인 컴퓨터 회의(Computer conferencing)를 학문과 연구의 영역에 도입하였을 때는 현재 전세계에서 활발하게 추진되고 있는 컴퓨터 가상대학과 밀접한 관계를 지닌다. 대학은 미래사회의 교육모델을 선도적으로 연구하고 시범적으로 운영하는 방법을 끊임없이 개발해야 한다. 정보화시대인 21세기에는 새로운 자본으로 무형의 지식과 정보가 부의 중요한 축적 수단으로 등장할 것이다. 이러한 환경적 변화에 적응하기 위하여 21세기를 살아갈 현대인은 끊임없이 변하는 지식과 정보를 접하고, 이를 결합하여 새로운 문제를 해결하는 작업에 활용하고, 새로운 것을 고안하고 만들어내는 창조적 부가가치가 부여된 상품과 서비스를 창출하여야 한다.

가상교육의 역사는 원격교육에서 시작되었으며 최초의 원격교육은 글쓰기와 인쇄매체에서 비롯되었다고 본다. 인쇄와 우편을 통한 제1세대 원격교육은 1800년대 중반부터 대학에서 통신교육의 일환으로 사용되었으며, 1930년대 초에는 라디오 방송으로 시작된 대중적인 전파매체를 통해서 근대적인 의미의 원격교육인 제2세대 원격교육이 시작되었다고 할 수 있다. 이런 원격교육은 1990년대 후반부터 급속히 발전하는 과학기술과 정보통신의 영향으로 가상대학이라는 새로운 국면을 맞이하고 있다. 정보통신과 과학기술의 발달은 인쇄교재와 대중의 전파매체를 위주로 한 원격교육의 방법을 크게 변화시키고 있다. 이런 변화 속에 가상대학은 단순히 컴퓨터에 기반한 제3세대의 원격교육이 아니라 새로운 교육의 패러다임을 가진 대안적 교육형태라는 생각으로 발전하기 시작하였다.[13] 그래서 모든 대학에서 가상대학을 설립하는 일에 많은 관심을 기울이고 있다.

각각의 대학들이 추진하는 가상대학의 교육은 학습자에게 창조적이고 자율적인 학습환경을 제공하여 전 산업인력의 재교육과 직업 재창출 교육을 담당하는 창구로서의 역할을 담당하여야 한다. 그래서 대학의 가상교육은 재래식 교육과는 다르게 진행되어야 한다. 과거의 교육은 일정한 장소를 중심으로 진행되는 시간과 공간을 공유한 집단 교육이라고 할 수 있다.

이제 정보통신의 기술을 활용한 가상대학은 과거의 교육체계에 변화를 주고 있다. 강의 내용이 전자통신망을 통하여 전달됨으로써 공간적인 제약과 시간적인 제약에서 벗어나 학습자들은 자기가 편리한 시간과 공간에서 강의를 접할 수 있게 되었다. 더욱이 가상대학의 강의는 전문가의 질이 높은 강의 내용을 학습자가 편리한 시간과 편리한 공간에서 여러 번 반복해서 학습할 수 있다는 효율성을 지니고 있다.

가상대학은 정보통신의 기술과 멀티미디어 제작기술을 활용하여 기존의 대학 교육이 사용해 왔던 문자와 인쇄술에 기반을 둔 교수 의존형 교육형태를 학습자 의존형 교육형태로 바꾸고 있다. 가상대학에서는 교수와 학습 공간을 분산시킬 수 있고 시간에 구애받지 않고 학습자를 교육할 수 있다. 또 교수에 의한 교육체제가 사회의 전문인력에 의한 교육체제로 변화되어 사회의 전반에 흩어진 교육자원을 통합할 수 있다.

그리고 가상대학은 멀티미디어와 관련된 학습자료의 제작과 전송을 고속화시킬 수 있어서 국가의 정보 고속도로망을 효율적으로 활용할 수 있다.

우리나라에서는 벌써 75개의 대학이 참여하여 가상대학의 기반 연구를 하고 있으며, 시범적으로 인터넷으로 강의하면서 대학 간에 학

---

13) 김영환, 「국내가상대학에 대한 교육공학적 진단 및 대안의 탐색」, 『전국대학정보전산기관 협의회 제36차 총회 및 학술 세미나』, 1999.

술협력과 학점인정을 통해 가상대학을 운영하고 있다. 각 대학은 자체적으로 가상대학의 기반 설비 구축을 위하여 조직의 재편성을 서두르고 있고, 멀티미디어 활용이 가능한 강의실을 설치하였다. 또 각 대학은 최첨단 디지털 방송국을 설치하여 가상대학의 교재제작 지원에 많은 재원을 투입하고 있는 실정이다. 이제 가상대학에서는 대학이 갖고 있는 경쟁력을 가상공간에 표출하여 학습자가 수요자의 입장에서 지식과 정보를 선택하는 새로운 교육형태의 프로그램을 창출하고 있다.

가상대학의 프로그램은 정보통신기술을 기반으로 하여 발전한다. 그러므로 대학의 교육자원을 데이터베이스나 데이터하우스로 묶는 교육의 정보화 사업은 원활하게 수행하여야 한다. 각 대학은 교육정보의 관리나 운영에 대해 특별히 관심을 가져야 하고, 과거에는 대학의 행정정보가 운영자를 위한 정보였다면 이제는 대학의 교육정보를 학습자의 수요에 맞추어 개편하려는 노력이 필요하다.

1998년 현재 한국의 가상대학에는 한국가상대학연합, 열린사이버대학, 서울대학교 가상대학, 부울가상대학 등이 존재한다. 여기서는 1998학년도 1학기에 운영된 한국가상대학연합의 교과 과정을 중심으로 한국 고전문학의 가상대학 강의에 대한 가능성을 논의하여 보기로 한다. 한국가상대학연합에 참여하고 있는 대학은 경북대학교, 경성대학교, 경희대학교, 광운대학교, 대구대학교, 이화여자대학교, 전남대학교, 한국방송대학교, 한양대학교 등 9개 학교이다.

한국가상대학연합에 참여한 9개 대학들은 지금까지 학교별로 구축한 캠퍼스 네트워크를 기반으로 국내외 인터넷망을 활용하여 교육과 연구지원을 해오고 있었다. 대부분 참여 대학들은 가상대학연합에 올린 대학의 교과목을 이미 인터넷에 올려 강의에 활용하고 있다.

한국가상대학연합의 1998학년도 제1학기 수강현황을 소속대학의 학생수를 제외하고 예시해 보면 다음과 같다.[14]

1. 교양영역 : 207명
- 멀티미디어의 이해(경성대)
- 경영과 사회(이화여대)
- 컴퓨터 응용(이화여대)
- 서양근대사의 이해(이화여대)
- 중국문화의 이해(한양대)
- 현대사회와 과학(경희대)
- 예술과 사상(이화여대)
- 전자시대의 정보통신(이화여대)
- 한국사의 이해(방송대)

2. 인문사회영역 : 123명
- 컴퓨터를 이용한 취재보도(경성대)
- 영화분석(경성대)
- 정보센터경영론(전남대)
- 사진학개론(경성대)
- 영어학개론(전남대)
- 문예사조(한양대)

3. 경상법학영역 : 89명
- 노동법총론(경희대)
- 국제법원론(경희대)
- 경영분석(광운대)
- 정보체계론(전남대)
- 현실경제의 이해(한양대)
- 경영정보시스템(경희대)
- 전자상거래(경희대)
- 의사결정시스템(광운대)
- 마케팅원론(방송대)

---

14) 조동섭, 「한국가상대학연합의 가상교육 추진방향」, 『가상대학의 현재와 미래』, 전국대학정보전산기관협의회, 1998.

4. 이학공학영역 : 164명

- 시스템이론(경북대)
- 플라즈마공학개론(경북대)
- 컴퓨터네트워크(전남대)
- 확률통계론(한양대)
- 물리학(경북대)
- 컴퓨터의 구조(이화여대)
- 원예학(방송대)
- Visual C++(한양대)

이상에서 과목개설 소속대학의 학생수를 제외하고 4개 영역에서 총 583명이 수강을 신청하여 한국가상대학연합은 희망하는 바의 목적을 어느 정도 수행했다고 할 수 있다. 1998년 제1학기는 강좌마다 20여명의 학습자가 모여 컴퓨터 가상공간에서 활발하게 토론하고 학습을 수행하였다.

위의 예에서 살펴본 것처럼 예술과 사상, 한국사의 이해, 중국문화의 이해, 문예사조 등의 교과목은 한국의 고전문학 강좌와 밀접한 연관성을 지닌 교과목이라 할 수 있다. 이러한 교과목이 인터넷을 통한 가상대학에서 강의가 된다는 것은 우리의 고전문학도 충분히 컴퓨터를 이용한 가상대학을 통해서 인터넷 강의가 가능하다는 점을 보여준다고 할 수 있다.

한국의 고전문학 강좌인 고전시가론, 고전소설론, 한국한문학, 구비문학개론 등의 강의를 컴퓨터 가상대학에서 운영하여도 현재 한국가상대학연합에 개설된 교과목 이상으로 학습자들에게 호응을 얻을 것으로 생각한다. 본격적으로 고전문학 강의를 컴퓨터 가상대학에 개설하기 위해서는 가상대학의 고전문학 체계를 국어국문학과, 문예창작학과, 연극영화과, 신문방송학과, 한문학과 등 서로 공통된 교과과정을 개설할 수 있는 학과간에 서로 충분한 의논과 토론을 거치는 일이 필요하다고 할 수 있다. 가상대학이 실시되면 대학의 정보자원은 보다 다양하게 결합되어 움직이게 되고, 각 학과에 존재하는 유사한 과목을 통합적으로 관리하여 대학의 정보자원은 보다 정확하게 효율적으로 운영하게 된다고 할 수 있다.

그리고 가상대학에서는 대학의 전산담당 부서의 역할이 그 어느 때보다 중요하게 된다. 왜냐하면 대학의 전산담당 부서는 가상대학의 3요소인 정보, 설비, 관리 등의 모든 기능을 지원하기 때문이다. 가상대학의 문제점은 과연 컴퓨터 매개 커뮤니케이션의 기술로 면대면 강의 방식을 완전하게 재현시킬 수 있는가 하는 것이 과제이다. 또 실시간 강의와 병행하여 쌍방향 강의를 완전하게 실행할 수 있어야 하는데 그것도 하나의 과제로 남아 있다고 할 수 있다.

3.3. 전자도서관

컴퓨터 게시판(Computer bulletin board)이란 전자우편과 컴퓨터 회의와는 달리 송·수신자가 연결되어 상호 간의 정보 교류에 중점을 두기보다는 인터넷에 어떤 의견이나 정보를 게시하여 전달하는 기능을 주로 하는 것이라 할 수 있다.[15] 우리가 고전문학을 연구하면서 컴퓨터 게시판에서 도움을 받을 수 있는 부분은 주로 전자도서관일 것이다. 여기서는 주로 전자도서관의 현실적인 상황과 그 역학관계를 설명하고자 한다.

통신의 기술상에 있어서 전기에너지를 사용한 컴퓨터 통신은 하나의 획기적인 사실로 평가할 수 있다. 전기에너지를 이용한 전기통신은 1840년대 미국에서 시작되어 그 후에 약 100여 년간은 전화의 형태로 천천히 변했다고 할 수 있다. 그러나 이 전기통신은 컴퓨터의 개

---

15) 박홍서, 「대학에서 생산되는 학술정보의 전자도서관화에 관한 고찰」, 『전국 대학정보전산 기관 협의회 제34차 총회 및 학술세미나』, 1998.

발과 함께 새로운 변화의 계기를 맞게 되었으며, 1969년에 미국방성이 핵전쟁에 대비하여 ARPANET을 구축하면서 컴퓨터 통신은 본격적으로 발전하게 되었다. ARPANET에서 시작한 인터넷은 1980년 이후 세계 각국의 학술 연구망들을 상호 교류시키는 세계 규모의 국제 학술망으로 발전하였다.

WWW(World Wide Web)은 현재 인터넷 상에서 가장 광범위하게 쓰이고 있는 정보 서비스의 방법이다. 인터넷 상에 웹이 등장함으로써 인터넷 서비스는 텍스트 위주의 서비스에서 멀티미디어 서비스로 변하게 되었으며, 웹은 가장 일반적인 정보 서비스의 방법이므로 인터넷 이용자들이 애용하고 있다.

웹을 위한 기본적인 문서형식인 HTML(Hypertext Markup Language)은 문서를 구조적으로 표현하고 유관 자료를 연계할 수 있는 기능을 제공해주지만 방대한 자료에 대한 검색기능을 지원하지 않는다고 할 수 있다.

그래서 웹상에 있는 정보를 다각적으로 이용하기 위해서는 웹 서브(Server)와 정보검색 엔진의 연계기능이 구현되어야 한다.[16]

데이터베이스에 구축된 자료를 웹 방식으로 서비스할 경우 사용자는 네스케이프나 익스플로어와 같은 웹 브라우저를 이용하여 정보와 자료를 검색할 수 있다.

1998년 10월 현재에 고전문학 연구자들이 인터넷을 이용하여 가장 많은 정보를 얻을 수 있는 곳은 전자도서관이라 할 수 있다. 전자도서관은 초고속 정보통신망의 주요 응용 서비스로서 학술 및 연구 활동에 필요한 정보를 인터넷의 웹을 이용하여 사용자들에게 언제 어

---

16) 김달문, 「전자 학술 정보 관리 시스템」, 『전국 대학정보전산기관 협의회 제36차 총회 및 학술 세미나』, 1999.

디서나 목록과 초록은 물론 본문까지도 체계적으로 제공하는 것을 목적으로 한다.

　미국의 대학에서 가장 먼저 전자도서관의 구축을 서두른 곳은 하버드대학이다. 지난 1990년 미국의 하버드대학은 도서관의 모든 소장자료를 디지털화하는 동시에 대학의 통신망을 광케이블로 교체하였다. 하버드대학보다 출발은 늦었지만 스탠포드대학에서도 22개의 도서관을 하나로 통합하여 Folio라는 이름의 전자도서관을 만들어 연구논문, 멀티미디어 자료 등을 지원하는 운영시스템을 갖추고 있다.

　일본의 동경대에 있는 동양문화연구소의 부속 동양학 문헌센터는 소장하고 있던 20세기 중국서적 40,000여점을 모두 데이터베이스화해서 1996년에 전자책으로 간행했는데 지난해부터 누구나 인터넷에서 이들 40,000여 점을 모두 검색할 수 있도록 공개했다. 이러한 점을 살펴보았을 때 일본의 동경대는 진정한 의미의 열린 대학으로 나아가기 위해 전자도서관의 구축을 서두르고 있음을 알 수 있다.

　이러한 세계적인 전자도서관의 진행사업에 발맞추어 우리나라에도 현재 전자도서관의 사업을 착실히 진행하고 있지만 아직은 그 초기 단계에 머무르고 있는 실정이다.

　정보통신부는 1997년에 국가 디지털도서관 계획사업을 국립중앙도서관, 국회도서관, 첨단학술정보센터에 위임하고, 그 시범사업으로 국립중앙도서관, 국회도서관, 한국과학기술원 산하의 과학도서관, 연구개발정보센터, 첨단학술정보센터의 저작권에 저촉되지 않는 도서를 선정하고 원문의 데이터베이스 구축사업을 후원하였다. 또 1998년에는 주관기관을 국립중앙도서관으로 하고 협력기관에는 기존의 기관에다 법원도서관과 산업기술정보원을 추가하였다.

　국립중앙도서관에서는 1997년에 소장하고 있는 고서 목록정보 6

만건과 고서 귀중본 본문 이미지 정보 3,000책(450,000면)의 데이터베이스를 구축하였고, 1998년도에는 한국고전백선 본문 615종과 해제 100종, 구한국관보와 조선총독부관보 본문 143종(명치43~소화19) 등의 데이터베이스를 구축했다. 이 중에서 한국 고전문학 연구와 밀접한 관련을 지니는 도서는 고서 귀중본 3,000건과 한국고전백선의 본문 615종과 그 해제 100종의 전산화라 할 수 있다.

연구자들은 전자도서관에서 한국 고전문학을 연구하기 위한 필사본이나 원본의 자료를 찾는 일이 쉽지 않을 것이다. 그 이유는 전자도서관의 서비스가 아직 초보적인 단계에 머물러 있기 때문이라고 할 수 있다.

또 한국학술진흥재단(www.krf.or.kr)부설 첨단학술정보센터가 1998년부터 인터넷을 통해 전자도서관(www.kric.ac.kr) 서비스를 시작했다. 이 전자도서관은 서울대도서관을 포함하여 국내 다른 대학도서관의 전산망을 연결하여 각 대학에 소장된 문헌들의 종합목록 정보를 만들어 필요한 연구자에게 순간적으로 제공할 수 있도록 돕고 있다.[17]

현재 고전문학을 연구하는 사람들은 인터넷에 있는 전자도서관의 자료와 정보를 가지고 논문을 작성할 수도 있고, 그 자료를 이용하여 학습자들에게 강의할 수 있다.

4. 정보화시대, 문학연구의 방향

지금까지 전자우편, 컴퓨터 가상대학, 전자도서관을 중심으로 한국학과 인문학의 전산화 작업과 한국 고전문학 연구자들이 인터넷을 활

---

17) 강순애, 앞의 논문, 참조.

용하여 자료조사를 하는 방법 등에 대하여 논의하였다. 1998년 현재는 인터넷에서 체계적이고 조직적인 고전문학 연구자료를 구하기 힘들는지 모르지만 앞으로 한국학에 관련된 자료가 데이터베이스나 데이터하우스로 구축되고, 전자도서관이 체계적으로 서비스를 제공한다면 많은 연구자료를 컴퓨터에서 얻을 수 있을 것이다.

현재 정보통신기술은 인류가 축적해온 지식의 총체라고 말할 수 있다. 앞으로는 고전문학 연구에서도 CMC의 활용이 더욱 필요해질 것이다. 한국학 연구자들은 컴퓨터라는 새로운 기계 앞에 마주 서서 그 기계의 특성을 정확하게 파악하여 컴퓨터를 연구에 적극적으로 활용하는 자세를 가져야 하겠다. 21세기 정보화시대의 연구자들은 활자언어에서 전자언어로 변화된 컴퓨터를 가지고, 인터넷이라는 정보의 바다를 항해하면서 다양한 정보를 취하게 될 것이다. 이렇게 인터넷을 통해 얻은 다양한 정보들은 21세기 한국 고전문학 연구에 영향을 미칠 수밖에 없다.

21세기에 예측되는 고전문학의 연구 방향은 단순한 고전문학 연구에서 한국문화 연구로 나아갈 것이다. 20세기까지의 문학연구는 다른 학문 분야와 철저히 단절하면서 자신이 지닌 독창적인 연구방법을 고수하면서 지탱해왔다고 해도 과언이 아니다. 예를 들면 20세기 문학연구가들은 고전문학을 서구의 장르에 입각하여 시, 소설, 희곡 등으로 나누고, 이 갈래에 포함되어 있지 않으면 연구의 대상에 포함시키는 일을 주저하면서 자료를 사장시키기도 하였다. 아마도 21세기 정보화시대에는 멀티미디어의 기술 지원을 받아서 고전문학의 자료를 시각, 청각, 시간과 공간의 예술로 이해하여 한국 민족의 복합적인 문화현상의 하나로 파악하는 연구가 활발해질 것이다.

그리고 상업성이 거의 없는 우리의 인문학과 고전문학의 자료에 관한 자료의 디지털화 작업은 전적으로 국가나 공공기관에서 체계적으로 준비하고 학자들이 협조하여 기술적인 측면에서 시행착오를 줄이는 일이 필요하다고 할 수 있다. 또, 한국문화의 중요한 한 부분을 차지하고 있는 인문학 자료와 고전문학 자료의 전산화를 통한 데이터 하우스의 건설작업은 21세기 정보화시대에 꼭 필요한 사업이라 할 수 있다. 그러므로 정보통신부와 교육부는 서로 협력하여 교육의 백년대계와 21세기의 문화를 위해서 한국 고전문학 관련 자료를 정보화하고 전산화하여 데이터 하우스를 만드는 작업을 서두르고 적극적으로 지원하는 방안을 하루빨리 검토해야 할 것이다.

(『어문학』제68호, 한국어문학회, 1998.)

인문학 지식정보화의 현황과 그 발전방향

1. 인문학과 지식정보화

우리는 21세기를 지식정보화의 시대라고 한다. 지난 20세기가 우리나라를 농업사회에서 산업사회로 변화시켰다면, 21세기에는 물질과 자원이 지배하는 산업사회에서 지식과 정보가 사회를 지배하는 지식정보화의 사회로 우리나라를 변하게 할 것이다. 지식과 정보가 모든 생산과 소비를 움직여 나가는 지식정보화 사회에서는 인문학을 전공하는 학자들도 과학기술의 급속한 발전으로 이루어지는 정보화를 외면할 수 없게 되었다. 급속도로 변하는 21세기 정보화 사회는 인문학의 학문영역뿐만 아니라 우리 사회의 모든 분야를 빠른 속도로 변화시키고 있다. 이러한 21세기에는 인간의 생활양식마저 20세기의 집단 중심적 사고와는 근본적으로 다르게 개인 중심적 사고로 변화시켜 인간의 삶의 질을 더욱 악화할 것이라고도 한다. 이러한 시기에 인간 삶의 질을 향상시키면서 과학기술을 인간을 위해 사용하기 위한 한 방법으로 설정할 수 있는 인문학의 지식정보화 사업은 학문의 국제경쟁력을 강화시켜주는 하나의 방편이라고 할 수 있다.

우리나라도 이러한 시대적 상황에 부응하기 위해 1995년 「정보화촉진기본법」을 제정하고 뉴밀레니엄 국가정보화 계획인 「Cyber Korea 21」을 수립하여 다양한 지식정보화 사업을 추진해오고 있다. 「정보화촉진기본법」의 규정에 따라 1996년 6월에 수립된 「정보화촉진기본계획」에 의하면 우리 정부는 향후 2010년까지 고도의 정보화

사회로 진입할 수 있도록 5년 단위의 3단계 추진목표를 설정한 바 있다. 제1단계는 1996년부터 2000년까지의 「정보화촉진 기반조성단계」이고, 제2단계가 2001년부터 2005년까지의 「정보활용 확산단계」이며, 제3단계가 2006년부터 2010년까지의 「정보활용 고도화단계」이다. 「정보화 촉진 기반조성단계」가 지난 2001년 현재 우리나라는 거의 모든 가정마다 컴퓨터가 보급되고, 가정용 통신망이 보급되어 정보화 기반사업이 비교적 충실하게 수행되었다고 할 수 있다. 그러나 우리나라의 전반적인 지식정보화의 수준은 지식정보화 선진국에 비해 뒤지고 있다고 할 수 있다. 여전히 국가 지식 정보의 DB화가 정도가 낮고 이미 구축된 지식 정보의 DB 연계활용도 미흡하여 지식정보화의 성과가 제한되어 있다고 할 수 있다.

따라서 더욱 체계적인 정보관리를 위해 2000년 1월에 「지식정보자원관리법」을 제정하는 한편 국가지식정보자원을 보다 적극적으로 관리하기 위해서 2001년 「전략적 DB 구축분야 선정 및 지정제도 운영방안(안)」을 마련하여 과학기술분야, 교육학술분야, 문화예술분야, 역사분야, 영문 DB 분야 등으로 나누고 각 분야별 대표 종합센터를 지정하여 이를 추진하고 있다. 이 중에서 인문학의 지식정보화는 교육학술분야, 문화예술분야, 역사분야 등으로 분산되어 디지털화하고 있어 단일한 창구로 통합할 필요가 있다.

이러한 관점에서 본 연구는 현재 인문학의 지식정보화 현황을 검토하고 다양하게 분산되어 있는 인문학의 디지털화의 관리 및 그 문제점을 파악하여 더욱 체계적인 인문학의 디지털화 및 유통체계의 발전방향을 모색해보고자 한다.

2. 인문학의 지식정보화 현황

 2001년 1월에서 2월 중에 한국전산원에서 실시한 국가의 지식정보자원의 현황 조사결과로는 2000년도까지의 지식정보 자원의 디지털화율은 22.4%로 나타나고 있다. 분야별로는 문화, 역사, 교육학술 등의 디지털화율이 낮은 반면 산업/경제, 법률, 과학기술 등의 디지털화율은 상대적으로 높게 나타나고 있다. 다음의 표는 지식정보자원의 분야별 디지털화율을 나타내고 있다.

지식정보자원분류	디지털화율
문 화	14.40%
역 사	6.70%
정치/외교	22.60%
산업/경제	83.75%
법 률	79.11%
지 리	26.87%
복 지	37.72%
노 동	16.13%
과학기술	38.67%
교육학술	16.88%
전 체	22.40%

〈2001년 디지털 현황조사결과(단위%)〉

 위의 조사결과를 살펴보면 인문학의 자료를 많이 포함하고 있는 문화, 역사부분은 다른 분야에 비해 디지털화율이 상대적으로 저조하다고 할 수 있다. 문학, 역사, 철학 등의 한국학 자료가 많이 포함된 문화, 역사 분야의 디지털화율이 낮다는 사실은 바로 인문학 자료의 디지털화율이 낮다고 할 수 있다. 인문학 분야의 디지털화율이 낮은 이유로는 콘텐츠의 속성상 자료의 양이 많고, 콘텐츠 종류가 한자나 그림으로 이루어져 있고 다양하기 에 DB화의 비용이 많이 들기 때문이다. 현재의 디지털화 기술로는 한자나 그림을 처리하는 문제가 원만하지 않으며, 인문학 자료의 저작권문제도 인문학을 DB화하는데 어려움을 주고 있는 점이라 할 수 있다. 1980년대부터 디지털화되기 시작한 한국학(역사분야)의 경우 국사편찬위원회, 규장각, 정신문화연구원, 민족문화추진위원회 등의 관련기관에서 인문학 관련 자료를 디지털화하고 있으나 고문서, 고도서 등 자료의 특수성으로 인한 디지털화의 어려움, 소요예산 규모의 방대함 등으로 디지털화가 부진한 편이라 할 수 있다.

1999년 10월 지식정보관리위원회는 「지식정보 DB확충 및 연계활동 체제구축 기본계획」을 확정하였다. 그 계획은 사회전반의 디지털화를 단기간에 선진국 수준으로 끌어올리기 위해 유통이 시급한 과제를 5개 분야로 나누었다. 그 5개 분야는 사회적으로 지식증대의 효과가 크다고 할 수 있는 ① 학술연구자료, ② 과학기술자료 등과 함께, 디지털화의 필요성은 크나 상업성이 적어 민간이 추진하기에는 어려운 ③ 역사자료, ④ 문화예술자료, ⑤ 영문DB분야 등이다.

5대 전략적 DB구축분야의 디지털화 대상은 약 3,000만 건으로, 이를 디지털화하는 데는 약 1조원의 예산이 소요될 것으로 추정되고 있다. 1단계사업은 2005년까지로 3,700억원의 예산으로 5대 분야 대상지식정보의 40%를 디지털화할 계획이다. 정부는 향후 2010년까지 지속적으로 5개 분야의 지식정보를 디지털화할 계획이나 가용재원확보 및 디지털화 우선순위 등을 고려하여 추진할 계획이다.

지식정보 DB확충 및 지식정보 연계활동 체계구축을 위해 정부는 1999~2000년도에 총 17개 과제를 발굴하여 지식정보 자원관리 추진 사업을 시행하고 있다. 이중에서 인문학의 지식정보화 사업과 직접 혹은 간접적으로 관련이 깊은 분야는 1999년 4개, 2000년 5개 등 총 9개 추진사업이 있다.

사 업 명	주 관 기 관	년도	비 고
한국역사정보통합시스템구축	규장각	1999	완료
유교문화종합정보DB구축	한국국학진흥원	1999	완료
학술논문DB구축	한국교육학술정보원	1999	완료
국가문화유산종합정보시스템구축	문화관광부	1999	완료
문화예술종합정보시스템	문화관광부	2000	완료
한국영화자료DB구축	한국영상자료원	2000	완료

〈1999~2000년도 인문학 관련 국가지식정보자원관리 추진사업〉

이들 사업을 통해서 인문학과 관계되는 많은 자료가 DB로 구축되고 있으나, 일부 연구기관에만 치우치게 사업이 배정되어 있어 자료의 활용도가 떨어질 것은 명약관화하다고 할 수 있다. 2002년도 지식정보자원관리 시행계획(정보통신부. 2001)에 의하면 인문학과 관련된 지식정보 지원과제가 8개 분야로 늘어나게 된다. 향후 정보통신부는 2002년까지 지식정보DB 연계활동 구축사업을 일관성 있게 지속적으로 추진하고 이 구축사업의 투자효과를 극대화할 수 있도록 활용도 및 보존가치가 높은 전략적 분야의 지식정보를 중심으로 통합검색서비스 체계를 지속적으로 구축할 계획이다. 2002년 지식정보자원 지정과제를 인문학과 관련된 분야를 중심으로 살펴보면 다음과 같다.

전략분야	사 업 명	주 관 기 관	지정년도	비고
교육학술 분야	국가학술DB구축	한국교육학술 정보원	2001	
문화분야	문화예술종합정보	문화관광부	2001	
문화분야	한국독립운동사 종합지식정보	문화관광부	2001	
역사분야	한국근현대역사자료 정보화사업	국사편찬위원회	2001	
역사분야	규장각 자료	서울대학교 규장각	2001	
역사분야	한국여성사 멀티미디어정보	한국여성개발원	2001	신규
역사분야	고전국역총서 및 한국문집총간	민족문화추진회	2001	
역사분야	한국학지식정보	한국정신문화 연구원	2001	

이번 추진사업을 2001년 추진사업과 비교해보면, 2002년 역사분야의 지원사업으로 한국국학진흥원의 유교문화종합정보 DB구축사업이 제외되고, 한국여성개발원의 한국여성사 멀티미디어정보가 추가된 것이 눈에 띤다고 할 수 있다. 이와 같이 문화와 역사 분야에 치우친 인문학의 디지털화는 상업성이 크지 않은 관계로 정부가 집중적으로 자금을 투자하고 있다.

또, 정보통신부에서는 2002년도에는 디지털화의 현황을 체계적으로 조사하여 국가적으로 보존 및 이용가치가 높은 양질의 지식정보자원이 디지털화될 수 있도록 노력하겠다고 한다. 아울러 정보통신부는 국민을 대상으로 지식정보자원에 대한 수요조사를 실시하여 실제 활용가치가 높은 지식정보자원의 디지털화를 지속적으로 추진하겠다고 한다. 이렇게 추진되는 인문학 지식정보화는 그 표준화가 확립되어 있지 않은 관계로 상호간의 연계활용이 미흡한 것이 사실이라 할 수 있다.

그러나 인문학의 지식정보화 사업은 학문의 속성상 국민의 수요조사에 의해서만 디지털화의 대상을 정하는 것보다는 국가의 미래를 위해서 자료의 보존과 인간다운 삶의 질을 향상시키기 위해서 필요한 자료를 디지털화해야 하는 사업임을 명심해야 할 것이다.

3. 인문학 지식정보화의 추진방향

현재 인문학의 지식정보화 추진작업은 역사분야와 문화분야 그리고 교육학술분야 등으로 나누어져 있어서 인문학 분야의 전반적인 정보화율을 추측하기가 어렵다는 문제점이 있다. 이와 같이 인문학은 각 분야로 나누어져 지식정보화가 추진되고 있으므로 중복되게 인문학의 지식정보화 자료를 디지털화하는 경우를 예상할 수 있다. 그래서 각 기관의 디지털화를 상세하게 공개하여 중복적 투자와 중복적인 인문학의 디지털화를 막아야 한다. 현재까지 디지털화된 인문학의 지식정보화 자료는 정보통신부, 문화관광부, 교육인적자원부 등에서 관리하고 있는데, 그 자료영역은 크게 고문헌 자료와 학술연구 자료로 나누어질 수 있다. 그래서 여기서는 고문헌(고문서) 자료와 학술연구자료로 인문학의 지식정보화 자료를 나누고 각각의 지식정보화 추진실태와 그 문제점을 살펴보기로 한다.

3.1. 고문헌과 고문서

여기서는 정부의 전략정보화사업에서 역사분야(인문학)로 분류되는 고문헌과 고문서 등에 관련된 지식정보화의 추진방향과 그 문제점을 살펴보기로 한다. 고문헌 관계자료의 디지털화 작업은 1980년대 초반부터 본격화되기 시작한 터전 위에서 정보화 근로사업을 거쳐 지식정보자원의 관리사업으로 추진되고 있다. 기존의 인문학 자료의 디지털화 작업은 정신문화연구원의 한국학 전자도서관 구축사업, 국사편찬위원회의 한국사정보화사업, 한국국학진흥원의 유교문화종합정보 DB구축사업 등 단편적으로 추진되어 오던 사업이 1999년 이후 「한국역사정보통합시스템」사업으로 통합하여 이루어지고 있다. 현재 한국학 관련자료로 디지털화된 내용을 국사편찬위원회 요람(국사편찬위원회, 2001)으로 정리하여 보면 다음과 같다.

기관	DB명	내 용	디지털화율	서비스 제공현황
국사편찬위원회	한국사DB	간행자료 전문DB	18%	온라인 서비스 제공 중
	목록DB	소장 도서 및 수집도서 목록	49%	
	이미지DB	소장 사진 및 MF자료의 DB	2%	
서울대 규장각	목록DB	소장 고도서, 고문서, 책판목록 DB	27%	
	해제DB	소장 고도서의 해제	45%	
	원문화상DB	홍재전서, 동국여지승람, 경국대전 등	0.60%	
한국정신문화연구원	목록DB	소장 일반서 및 고서 서지 정보	95%	
	해제정보DB	소장 중요 한국학 도서 해제	76%	
	원문화상DB	고서 및 고문서 마이크로 필름	26%	
	본문정보DB	본원 출판물의 원문텍스트	12%	
	오디오DB	구비문학 녹취자료 테이프	21%	
	한국사문헌정보	고문서 등에 대한 텍스터 정보	80%	
	향토문화정보	시, 군의 역사, 민속에 대한 텍스트 정보	50%	

한국정신문화연구원	한국문화자료	한국인물관련 화상자료	7%
	한국의 역대인물	한국 역대인물에 대한 텍스트 자료	80%
	조선조 방목	조선시대 과거시험 합격자 명부	17%
	한국학논저목록	박사학위논문 서지사항 및 초록	9%
	한국인물특집	역대인물 주제별 분류사이트	추가중
	문화사랑방	기념일, 옛가구, 북한문화재정보	추가중
	삼국사기	삼국사기 본기 및 관련텍스트 정보	50%
	한국문화강좌	고사성어, 명심보감 강좌사이트	추가중
	한국학연구동향	한국학학술회의, 신간 및 원문자료실	추가중
	한국문학사이트	소월의 시문학 및 관련자료	100%
	한국의 옛그림	한국의 인물화, 산수화, 민화 등	추가중
	디지털한국학 Q&A	디지털 한국학 이용자 문답 DB	추가중
민족문화추진회	한국문집총간 목차	한국문집총간 목차 정보	추가중
	국학원전DB	퇴계집, 지봉유설, 반계수록 등	추가중
	한국고전국역DB	점필재집, 수당집, 순암집 등	추가중

위의 표는 인문학의 디지털화를 선도해 간 연구기관들의 지식정보화 자료를 정리하고 있다. 1999년부터 시작된 「한국역사정보종합시스템」을 통해서 위의 자료들은 대부분 온라인으로 서비스되고 있다. 앞으로 계속 보완해 나갈 이 사업은 한국역사 및 한국문화 관련 지식정보 자원 중에서 국가적으로 보존 및 이용가치가 높아 특별히 관리할 필요가 있는 것을 역사지식정보자원으로 지정하여 디지털화하여

나가야 할 것이다.

「한국역사종합정보시스템」은 역사지식정보자원을 디지털화하여 종합적인 검색체계를 확립함으로써 학술발전 및 교육발전을 위해 사용자들이 효율적으로 정보를 이용하게 하는데 그 목적이 있다. 또 이 시스템은 우리 국민의 역사지식 정보의 수준을 제고하고 우리의 역사를 전 세계에 알림으로써 우리나라의 국제적인 위상정립에 기여할 수 있는 총체적인 한국역사 사이트 구축을 목표로 하고 있다고도 할 수 있다. 「한국역사정보통합시스템」 구축에는 현재 중심연구센터로 국사편찬위원회가 지정되어 있으며, 전문정보센터로는 민족문화추진회, 서울대 규장각, 한국정신문화연구원 등이 참여하고 있다.

그러나 현재까지 한국학과 관련된 디지털화작업은 1980년대부터 이루어진 작업임에도 불구하고 6.7%로 타분야에 비해 저조한 실정이다. 더욱이 한국학 고전자료의 특성상 필요한 자료의 이미지 디지털화율은 2%수준이고 그리고 각 기관별로 구축된 DB간에 서로 체계성이나 연관성도 찾기 어렵게 되어 있다고 한다.

정보통신부에서 주관하는 「한국역사지식정보종합시스템」의 디지털화 및 유통체계와 관련된 몇 가지 문제점을 주관기관, 콘텐츠(디지털화 내용), 사용자 측면으로 나누어 지적하면 다음과 같다.

먼저, 주관기관을 중심으로 나타난 그 문제점을 살펴보기로 한다. 지식정보화의 전략분야로 선정된 역사분야의 「한국역사지식정보시스템」에 참여하는 연구기관은 4~5개 연구기관으로 한정되어 있지만 서로 간에 협의가 잘 되지 않는 편이라 할 수 있다. 그래서 이 분야 자료는 체계적이고 통합적인 지식정보화보다 개별기관 중심의 단편적인 디지털화가 추진되고 있어 동일 자료에 대한 중복적인 디지털화의 가능성이 존재하고 있다.

현재 이 분야에서 디지털화된 자료는 장기적인 계획 아래에서 체계적으로 선정되고 있다기보다는 가변적 기준에 의해 그 사업이 시행되고 있어 해마다 주먹구구식으로 이루어진 경우가 많이 있다고 할 수 있다. 그래서 이 분야의 DB선정위원회의 전문성도 검정해야 할 요소이지만, 무엇보다도 연구기관별로 나누어 먹기식 예산배정이 이루어질 가능성이 크다는 점이다.

이 분야는 1980년대부터 정보화 사업이 단편적으로 이루어져 왔기 때문에 디지털 대상 자료의 목록을 갖추어 체계적으로 시행되어야 하나 세분화된 대상 자료의 목록이 아직 없다고 할 수 있다. 디지털화할 자료의 준비와 계획의 부재는 이 분야의 지식정보화 자원의 디지털화 우선순위에도 영향을 미치고 있어 예산낭비가 일어날 수 있어 문제가 된다고 할 수 있다.

그래서 현재 인문학의 지식정보화를 체계적으로 구축하기 위해서는 디지털화할 1차 원문 대상 자료를 전국의 도서관과 연구기관에서 수집하여 그 자료를 만들어 두고 연차적으로 그 자료를 종합적이면서도 통합적으로 관리하는 새로운 기관의 도입이 필요하다고 할 수 있다.

3.2. 인문학 자료와 디지털화의 문제점

다음은 디지털화의 내용인 콘텐츠에 나타난 문제점을 살펴보기로 한다. 국가지식 정보의 전략분야로 규정한 역사분야의 명칭이 너무 객관적이지 못한 것이다. 역사분야라는 명칭의 용어는 인문학을 구성하는 학문 즉, 철학, 문학, 역사 등의 한 분야에 국한되고 있다. 역사분야라는 명칭보다는 역사문화 분야라든지 한국학 분야라는 명칭을 사용하는 것이 타당하다고 할 수 있다. 왜냐하면 역사분야라는 지극히 한정된 학문영역에 사용되는 용어를 사용하고 있기 때문이다. 실제적으로 우리나라 고문헌의 종류는 역사적 내용보다는 철학적, 문학적 내용이 월등히 많은 것이 사실이다. 그래서 지식정보화 전략의 분야를 역사분야라고 하는 명칭은 그 명칭 사용이 적절하지 않음으로써 이용자들에게 낯설음을 제공하고 있다.

또, 이 분야의 지식정보 자원의 정의 및 범주를 정확하게 규정할 필요가 있다. 이 분야에서는 고문헌과 고문서 등의 1차 원문 자료를 집중적으로 디지털화하여야 하는데 다른 분야로 확대되는 경향이 있어 문화관광부에서 지원하는 전자도서관 사업과 중복되는 자료가 디지털화될 가능성이 있다. 또 이 분야는 그 예산이 전적으로 국가예산으로 이루어지고 있음으로써 디지털화를 진행할 우선 자료의 선정이 정부 부처의 자료를 중심으로 이루어지고 있음으로 인해서 핵심 분야인 고문헌과 고문서 등 1차 원문자료에 집중되기보다는 각 분야로 분산하여 지원하고 있는 문제점도 있다고 할 수 있다. 또한 한국학과 관련된 역사분야에서 가장 시급한 내용은 고문헌과 고문서의 디지털화인데, 이 사업의 마무리보다는 다른 학술영역이나 교육영역 등으로 사업이 확장되는 경향으로 치우쳐 있어서 문제가 된다고 하겠다. 하루빨리 디지털화의 자료를 선정하는 대상의 기준이 명확하게 정리되어 1차 원문자료의 디지털화 사업이 조속히 마무리되길 기대하며, 몇몇 연구기관에만 집중적으로 주어지는 디지털 개발비를 1차 원문자료를 가진 각 연구기관에 분산하여 지원하는 방법도 고려하기를 희망한다.

인문학과 한국학 분야의 개발연구비는 수도권의 몇몇 연구기관에 집중적으로 치우치게 투자되고 있어 국토의 균형있는 발전과 지방화를 추구하는 21세기의 정책적인 면에서도 그 문제점이 심각하다고 할 수 있다. 다음으로「한국역사지식정보시스템」을 이용하는 사용자들이 제기할 수 있는 문제점을 살펴보기로 한다. 이 시스템의 정보서비스 측면에서 살펴보면 통합적인 정보시스템의 부재로 인해 사용자들은 원하는 정보를 찾기 위해서는 각 사이트마다 일일이 검색해보아야 하는 불편함을 지적할 수 있다. 각 기관이 제공하는 다양한 자료를 원스톱 검색시스템 구축 및 인문학분야 지식정보 관리사업들의 통합적 서비스가 가능하도록 분산DB기반 통합검색시스템 구축이 필요하다고 할 수 있다. 현재 개발되고 있는 역사정보시스템의 잠재적 수요자는 전문가 그룹으로 한정될 수밖에 없는데, 자료의 정확성과 신뢰성을 확보할 수 있도록 체계적이며 효율적인 개발이 필요한 실정이다. 이러한 작업이 끝나면 학생이나 일반인 그리고 외국인이 사용할 수 있는 인문학의 자료를 해설하는 콘텐츠 구성의 작업도 함께 수행해서 제공하면 좋겠다.

4. 학술자료의 디지털화 현황과 문제점

현재 인문학과 그와 관련된 학술정보 자료는 문화관광부 소속기관인 문화정책개발연구원과 교육인적자원부 소속기관인 한국교육학술정보원이 주체가 되어 디지털화하고 있다고 할 수 있다.

문화관광부는 문화정보 종합서비스라는 목표를 설정하고 그 콘텐츠가 되는 자료를 확충하여 문화정보의 지식화를 통한 문화경쟁력 확보, 대국민 문화정보서비스 등의 선진화 정책추구를 목표로 하고 있다. 1999년도 이후 대표적인 문화지식 연계활동을 구축하는 사업으로 「국가문화유산종합정보시스템」과 「문화예술종합정보시스템」의 구축사업을 진행하고 있다.

「국가문화유산종합정보시스템」 구축은 학술도서, 고문헌, 문화재, 유물, 민속자료, 문화재연구자료 등 분산된 국가문화유산을 종합적으로 연결시켜 통합검색 서비스를 구축하는 사업이라고 할 수 있다. 참여기관으로는 국립중앙도서관, 문화재청, 국립중앙박물관, 국립민속박물관 등이 있다. 사업개요는 국보, 보물, 유무형지정문화재, 부동산지정문화재, 미지정된 전국유물, 민속문화재 등을 관리하는 것을 포함하고 있다. 이 시스템은 전국의 국립박물관, 공사립박물관, 대학박물관 등에 분산되어 있는 문화유산 정보를 지식DB로 구축하여 종합적인 정보서비스를 제공하고자 한다. 「문화예술종합정보시스템」 구축은 문화예술 관련 각 기관 및 단체에서 개별적으로 추진되고 있는 문화예술 정보사업을 종합적으로 관리하고 사용자들에게 다양하고 체계화된 문화예술정보를 서비스하기 위한 사이트 구축사업이라고 할 수 있다.

먼저 문화관광부가 주관하는 인문학 관련 지식정보자원의 디지털화 및 유통체계를 관련기관, 콘텐츠(디지털 내용), 사용자 등으로 나누어 그 문제점을 살펴보면 다음과 같다.

첫째, 인문학과 관련된 문화지식정보자원의 디지털화에 나타난 개발기관의 문제점을 살펴보기로 한다. 현재 이 분야의 지식정보화는 문화의 디지털화와는 관련이 없는 비전공분야의 사람이 자료를 선정하여 지식정보화를 진행하다 보니, 자료의 지식정보화의 우선순위를 고려하지 않은 채, 자료의 지식정보화에만 매달리고 있는 느낌을 지울 수 없다. 또 수많은 기관과 단체가 중복하여 이 분야를 지식정보화하다 보니 단체별 정보시스템구축으로 인해 중복투자가 초래되고 있어 자본과 인력의 낭비가 심하다고 할 수 있다. 따라서 문화관광부는 문화지식 디지털화에 필요한 인원을 개발기관이 어떻게 확보하고 있는지 정확하게 분석해서 종합적인 계획수립과 분야별 정보보유기관과의 상호연계를 고려한 정보시스템을 구축할 수 있도록 진행해야 하겠다.

둘째, 문화지식 정보자원의 콘텐츠(디지털 내용)에 관련된 문제점을 살펴보기로 한다. 문화지식정보는 특성상 하나의 지식 정보에 관련된 정보군이 매우 복잡하고 다양하여 정보관리에 많은 제약과 고난도의 기술이 필요하다고 할 수 있다. 그런데 이미 구축된 「문화예술종합정보시스템」과 「국가문화유산종합정보시스템」은 입체적인 지식정보를 제공하기보다는 단편적인 지식정보를 알리는데 급급한 내용이 주류를 이루고 있다고 할 수 있다. 따라서 문화정보의 다양한 특성을 고려하여 목록정보, 서지정보, 음성정보, 영상정보 등의 복합된 멀티미디어 정보구축이 필요하다고 할 수 있다.

셋째, 이용자 측면에서 문화지식 정보자원의 디지털화에 관련된 문제점을 살펴보기로 한다. 인문학과 관련된 문화지식 정보자원의 디지털화에 관련된 내용을 주로 많이 이용하는 계층은 일반인과 학생들이라 할 수 있다. 이들은 현대적인 감각에 민감하고 시간적 공간적 제약을 뛰어넘어 언제든지 빨리 자료를 얻는 것을 목표로 하고 있다. 특히 대중예술분야의 문화지식 정보는 자료의 변화가 수시로 일어난다고 할 수 있다. 그런데 자료의 업데이트가 약 1년 단위로 이루어져 최신 정보의 유지가 곤란한 점도 문제가 된다고 할 수 있다.

다음으로는 교육인적자원부가 주체로 되어 있는 한국교육학술정보원을 통해서 구축하고 있는 인문학이 포함되어 있는 학술정보DB에 관해서 살펴보기로 한다.

한국교육학술정보원은 2001년 6월에 「교육학술분야 종합센터 중장기 발전계획」을 마련함으로써 국가적 차원에서 교육학술 지식정보 자원을 공동으로 이용하여 교육학술 국가경쟁력을 높이기 위한 기틀을 마련하였다. 그럼에도 불구하고 많은 문제점을 지니고 있는 것 같다. 그 문제점을 관련기관, 콘텐츠(디지털 내용), 사용자의 입장 등으로 나누어서 살펴보기로 한다.

첫째로, 교육학술분야의 디지털화에 나타난 관련기관의 문제점을 살펴보기로 한다. 학술정보화의 주체기관인 한국교육학술정보원이 교육학술분야의 종합정보센터로서의 역할 정립이 제대로 되어 있지 않은 것 같다. 예를 들면 이 기관에 투자하고 있는 교육인적자원부, 과학기술부, 기획예산처와의 관계가 모호하다고 할 수 있다. 그래서 학술DB의 종합정보센터로서 한국교육학술정보원은 어떤 권한을 보유하고 있는지 그리고 어떤 책임을 수행해야 하는지에 대한 규정이 명확하게 정립되어 있지 않다. 또, 한국교육학술정보원은 교육인적자원부와 많은 업무를 교류하고 있다. 그 업무 중에서 지식정보자원관리와 관련된 업무도 교육인적자원부의 지원 혹은 자체업무로 수행하고 있는 실정이다. 이러한 상황에서 종합정보센터로 지정되었기에 상위부처인 교육인적자원부와 지식정보자원관리의 주무부처인 정보통신부와의 갈등이 발생하면 업무의 흐름에 혼선이 발생할 수도 있다.

둘째, 인문학이 포함된 교육학술분야의 콘텐츠(디지털 내용)의 문제점을 살펴보기로 한다. 교육학술분야의 정보종합센터로 한국교육학술정보원이 지정되어 있으나 교육학술분야의 다른 기관과 협조체제가 구축되어 있지 않아 학술논문의 공유가 이루어지지 않고 있다. 예를 들어 학술연구지의 범주에 학회발간 학술지, 대학부설연구소 논문집, 대학발간 연구총서, 한국학술진흥재단 연구논문 등이 포함되어 있으나, 국책연구소에서 발행되는 학술지와 연구보고서가 제외되어 있어 그 문제가 심각하다고 할 수 있다. 이처럼 타 기관과의 유기적인 협조체제가 구축되어 있지 않으면 지식정보자원의 생성에 있어서 중복투자는 물론이고 관계 기관들 사이에서 주도권 싸움을 일으킬 수 있다.

셋째, 인문학이 포함된 교육학술분야의 지식정보화의 목표는 사용자를 위한 것에 있다고 할 수 있다. 그래서 이미 지식정보화가 이루어진 자료를 사용자들이 활용할 수 있도록 자료를 공개하고 활용하도록 사용자들에게 배려를 해야 한다. 그런데 각 연구기관은 이미 이루어진 교육학술지식정보자원을 활용하는데 너무 인색함으로써 연계활용이 추진될 때까지 이를 필요로 하는 사람들에게 이들 자원을 공유하지 않음으로써 자원의 낭비를 가져오고 있다고 할 수 있다. 한국교육학술정보원에서는 사용자의 만족도를 높이기 위해서 지식정보 자원이 무엇인지를 공급자와 소비자의 측면에서 명확하게 규정하고 어떤 정보자원을 우선적으로 디지털화할 것인지에 대한 사전 조사가 필요하다고 할 수 있다.

우리나라에서 1999년부터 진행하고 있는 전략적 DB구축분야의 국가지식정보 자원관리는 인문학, 사회과학, 자연과학, 과학기술 등의 학문분류를 무시하고, 교육학술연구, 과학기술, 문화예술, 역사분야 등으로 나누어 지식정보화 사업을 추진하고 있다. 따라서 그 체계가 학술위주로 구축되고 있지 않아 콘텐츠 내용의 신뢰성과 지속성의 문제가 제기된다고 할 수 있다. 이러한 문제점은 앞으로 지식정보화 사업을 시행해가면서 보완하고 수정해야 할 주요한 내용이라 할 수 있다.

현재 우리나라의 인문학에 관련된 지식정보화 사업의 디지털화의 추진현황과 그 유통체계를 통해서 나타난 문제점은 지식정보기반 구축, 지식정보연계 측면, 지식정보의 수요와 관리 측면으로 나누어진다고 할 수 있다.

인문학의 지식정보기반구축 측면에서는 종합정보센터와 전문정보서비스센터의 종합적이고 체계적인 정보인프라 구축이 미흡하여 DB간에 분류체계 및 검색방식 등을 통일하는 정보화표준화가 이루어지지 않고 있다는 점은 당면한 문제라고 할 수 있다.

　인문학의 지식정보연계 측면에서는 인문학연구의 각 분야, 연구기관, 그리고 대학별 DB 시스템 간에 연계가 이루어지지 않아 중복개발과 이중적인 비용이 든다고 할 수 있다.

　인문학의 지식정보의 수요와 관리 측면에서는 인문학 DB 시스템의 미흡한 관리와 DB 시스템의 발전성 고려가 미흡하다고 할 수 있으며, 또 사용자에게 편리하게 시스템이 개발된 것이 아니라 개발자가 편리한 대로 시스템이 개발되어 있다고 할 수 있다.

　이러한 측면의 문제점을 보완하고 발전시키기 위해서는 무엇보다도 인문학 지식정보화의 표준화 재정과 개발자의 비용을 적절하게 감리할 수 있는 감리제도가 시급히 도입되어야 국민의 세금낭비를 막을 수 있다고 생각한다. 또 인문학에 관련된 지식정보화 사업은 교육인적자원부, 정보통신부, 문화관광부 등에서 각각 관리하고 있기 때문에 중복투자가 많이 되고, 각 기관들 사이의 협조체제가 분명하지 않다고 할 수 있다. 이러한 문제점을 극복하기 위해 인문학의 지식정보자원을 디지털화하는 사업에 있어서 지식정보를 분류하고, 지식정보자원 디지털화를 먼저 해야하는 순위를 정하는 전문연구기관의 설립이 필요하지 않은지 정부는 검토하여 효율적으로 자료를 디지털화하여야 하겠다.

(「인문학의 경제적 가치와 생산성」, 『인문비평』제3호, 2002)

21세기초 한국대학의 인문교육 현황과 그 전망

1. 위기의 인문교육

인문교육이 위기라고 한다. 어느 대학에서는 올해 인문교육의 가장 중요한 한 부분이라고 할 수 있는 「문학개론」이라는 강좌가 폐강이 되었다고 한다. 이 강좌는 몇 년 전에만 해도 수강생이 많아 분 반을 했었는데, 2001학년도 후학기에는 수강생이 줄어서 폐강이 되었다고 투덜거리는 그 대학교수의 모습이 예사로만 보여지지 않는다. 필자가 근무하고 있는 성결대학교에서도 교양과목이 폐강되는 사례가 종종 일어나고 있다. 우리 대학교에서도 「독서와 토론」이라는 대표적인 교양과목이 주간 반에는 강좌개설이 있는데 야간 반에는 폐강이 되었다. 이러한 현상으로 보아 인문교육의 위기라는 명제가 단순히 구호에만 머무르고 있는 것이 아니라 현실로 다가오고 있다고 할 수 있다.

한국의 대학에서 인문교육은 세 가지의 중심축을 지니고 있다고 할 수 있다. 그 세 가지 중심축은 첫째가 가르치는 교수이며, 둘째는 그 대상이 되는 학문인 인문학이고, 셋째는 학습자인 인문학을 배우는 대학생 등으로 구분해볼 수 있다. 교수는 대학에서 인문학을 연구하여 가르치는 주체이며, 한국에서 인문학은 문학, 사학, 철학 등이라 할 수 있으며, 학생들은 학부학생, 대학원의 석, 박사과정 학생 등이라고 할 수 있다. 이 세 가지가 서로 삼위일체가 되어 잘 돌아가면 인문교육은 원만하다고 할 수 있을 것인데 이 중에서 하나라도 문제가 발생하면 인문교육은 문제가 생기게 된다.

오늘날 한국의 대학에서 인문학을 전공하는 사람들은 학문 내적 요인들과 학문 외적 요인들에 의해 중첩되는 어려움에 부딪히고 있다고 할 수 있다. 이러한 중첩되는 어려움을 이 글에서는 서울(경기)지역의 대학을 중심으로 학자들의 연구환경, 인문학의 정체성, 학습자(학생)의 문제 등으로 나누어 살펴보고자 한다.

2. 인문학자의 연구환경

서울(경기)지역 인문학자들의 연구환경은 열악한 연구비와 새로운 교과목 개발의 부담으로 힘들고 어려운 상황으로 요약하여 설명할 수 있다.

먼저, 연구비의 지원 상황에 대하여 살펴보기로 한다. 연구비 지원이 서울에 소재하고 있는 명문대학의 교수 위주로 지원되고 있어, 경기도 지역에 있는 80년대 이후에 새롭게 출발한 신흥대학의 인문학 전공 교수들은 연구비 지원을 거의 받고 있지 못한 실정이다. 인문학은 서울의 인문학만 중요한 것이 아니고 경기지역과 지방의 인문학도 매우 중요하다고 할 수 있다. 그래서 현재 인문학 연구비가 서울 소재 대학의 일부 명문대학을 중심으로 지원되는 연구비를 과감히 지방대학과 수도권 신흥 대학의 교수들에게로 확대할 필요가 있다. 그래야만 전국의 모든 대학의 인문학이 골고루 발전될 수 있고, 현재에 제기되고 있는 서울 인구의 과밀화와 집중화를 피할 수 있는 한 방편이 될 수 있다.

또, 우리나라의 인문학 연구에 지원되는 지원비는 현재 정부의 각 부처로 너무 분산되어 있어 문제가 있다. 자연과학이나 응용공학 그리고 사회과학의 연구비보다 인문학 연구비가 월등하게 적은데, 그

중에서도 이 연구비가 문화관광부, 학술진흥재단, 교육부 등으로 분산되어 지원되다보니 그 연구비의 수혜자가 월등히 적은 숫자가 되고, 일부 명문대학에서는 이중적으로 많은 연구비를 받을 수 있지만, 지방과 수도권 다수의 연구자들은 그 혜택을 보지 못하고 있다. 따라서 경기지역의 신흥 대학들의 교수들에게는 거의 연구비가 지원되지 않는 상황에서 가뜩이나 어려운 이 지역의 인문학이 더욱 어려운 경지로 추락하게 하고 있다. 그러므로 다양하게 분산되어 서울 소재의 대학에 집중적으로 지원하는 인문학의 연구지원비를 단일화하여 다양한 전공의 연구자들에게 연구비를 주어 다양하게 연구하게 하는 것이 바람직하다고 할 수 있다.

다음으로는 열악한 환경에 비해 새롭게 제기되는 교과목의 개발이라고 할 수 있다. 현재 대학생들은 이미 문자언어보다 컴퓨터로 인해서 전자언어나 그림문자인 도상圖象언어에 더 익숙해져 있다. 그런데 모든 인문학 교수들이 학생들의 변화된 욕구에 만족을 주지 못하는 학문을 계속 고집하는 것은 문제가 있다고 할 수 있다. 교수들은 학생들에게 너무 세분화된 인문학의 전공을 계속 가르치기보다는 다양한 현재의 문화를 통합하고 과학기술을 응용한 인문학을 학문적으로 가르칠 수 있는 역량을 길러야 한다. 즉, 자연과학과 인문학, 사회과학과 인문학, 예술과 인문학, 그리고 과학기술이 인문학과 함께 융합된 교과목을 개발하여야 한다.

현재의 이런 현실에서 그 돌파구를 찾기 위해 첨단기술과 인문학의 접점을 찾으려는 노력이 일부 인문학자들 사이에서 다양하게 시도하고 있다. 이러한 시도를 진행하고 있는 교수들은 21세기 현재에 유행하는 게임, 웹툰, 만화, 웹소설, 무협소설, 에니메이션, 문화콘텐츠 등의 새롭게 등장한 장르를 연구하여 학생들에게 공부시켜야 한다. 필자가 근무하는 성결대학교 어문학부 국어국문학 전공에서도 2000학년도에 이러한 시대적 흐름에 발맞추어서 새로운 교과목으로 「문화콘텐츠론」, 「영상문학론」, 「인문경영론」, 「출판편집론」, 「방송구성론」, 「사이버문학의 이해」 등의 교과목을 개발하여 강의하였다.

3. 인문학 정체성의 원인과 그 본질

인문학 정체성의 원인은 너무나 세분화된 전공, 자료의 개방화, 디지털화와 인공지능의 문제, 인문학 효율성에 기반한 천시풍조 등을 통해서 살펴볼 수 있다.

먼저, 세분화된 전공으로 야기된 문제를 살펴보자. 현재 우리 한국 대학의 인문학은 전공별로 너무 세분화되어 있는 것 같은데, 현재의 복잡한 전공체계로도 부족하여 계속해서 인문학의 전공이 더욱 나누어지고 쪼개지려는 경향이 있다. 학과나 학회 그리고 연구소 등이 전문적으로 세분화되고 있는 경향은 특정 목적을 위해서는 바람직한 경향도 있지만, 거시적인 측면에서 학과나 학회와 연구소들이 서로 정보를 교환하고 의견을 나누는 통로인 학제간 연구가 더욱 필요하다고 생각한다. 그러므로 21세기에는 현재에 장려되고 있는 학제간 연구가 인문학에서 더욱 활성화될 필요가 있다.

다음, 자료의 개방화와 디지털로의 정보화의 문제를 살펴볼 수 있다. 현재 개인이 소장하고 있는 인문학의 자료 중에서 가치가 있다고 생각되는 자료를 공개하는 일이 급선무라고 할 수 있다. 이러한 자료가 공개되면 정보통신부나 문화관광부는 철저한 계획을 세워 전문가들의 자문을 얻어 인문학의 자료를 디지털로 정보화하는 작업을 수행해야 할 것이다. 현재 인문학 자료의 정보화 작업이 철저한 계획이 없이 주먹구구식으로 진행되는 경향이 있다. 이러한 행정 편의주의가 빨리 시정되어 인문학의 정보화 자료를 신뢰성 있게 디지털화하고 정보화하는 작업이 필요하다. 그래서 연구자들이 인문학 자료를 쉽게 찾아서 연구할 수 있도록 하는 효율성을 높이도록 해야 한다.

다음으로는 오늘날 인문학의 천시풍조와 인문학 논문의 가치평가를 반성할 필요가 있다. 인문학을 천시하는 풍조는 개화기 1880년 서양의 고등교육기관이 우리나라에 설립되면서부터 현재까지 지속되고 있다고 하여도 과언이 아니다. 이에 더하여 현재는 인문학자들이 쓰는 논문을 가치 평가하는 작업에 그 문제점이 드러나고 있다. 국내의 유명학술지에 발표하는 인문학의 논문가치를 '저명한 외국저널'에 게재하는 논문의 반쪽 혹은 반의 반 쪼가리로 평가하는 작금의 교수평가제도와 교육개혁은 학문적 사대주의와 잘못된 실용적 교육의 표본이라고 할 수 있다. 이러한 인문학의 천시풍조는 고등학교 학생의 학력평가에 까지도 이어져 있어 젊은 학생들이 희망찬 미래를 꿈꾸는 것을 방해하고 있다고 해도 과언이 아니다.

시험의 전문가를 양성하는데 치중하는 우리의 고등교육은 인문학을 외우고, 받아쓰며, 베끼는 학문으로 생각하게 했다고 해도 지나친 말이 아니라 할 수 있다. 현재 이 땅의 젊은이들은 상상력 결핍증에 걸린 '무늬'만 디지털 세대가 되고 있다. 스마트폰에서 게임을 잘하고 핸드폰 문자메세지를 빨리 보내는 기교보다 더 중요한 것은 '디지털 마인드'라고 할 수 있다. 문학적 상상력과 역사적 지식에 기반을 두지 않은 빈약한 디지털 문화는 속이 빈 강정이라고 할 수 있다.

국내학술지에 발표하는 인문학 논문 가치를 외국학술지에 발표하는 논문에 비해서 반의 반에 해당하는 가치의 논문 쪼가리로 평가하고 있다. 그리고 이 땅의 젊은이들에게 디지털 문화를 수동적으로 소비하게 하는 '재주넘는 곰' 노릇을 하게 하는 무늬만 디지털인 교육개혁은 근본적으로 수정되어야 할 것이다. '이겨라', '성공하라'는 구호에 발맞추어 '누가 치즈를 옮겼는지'만 찾아 헤매다가 결국 '부자아빠'가 되지 못해서 처세술의 낙오자가 되어버린 많은 사람들이 우리 사회에 존재하고 있다.

이들에게 인문학은 무소유의 충만함과 자유로움을 가르쳐 줄 수 있다. 인문학은 인간의 무늬이자 문양(文樣)이라고 할 수 있다. 우리의 인간이 지닌 유전자의 DNA처럼 다양한 무늬를 지니고 있다. 이것은 인간의 본질과 자연의 본질을 함께 설명하는 대자연의 숭고함이라 할 수 있다. 우리가 대자연의 숭고함을 보고 DNA의 모형을 추론하듯이 인간에 대해서 숭고함을 느껴야 한다. 인간의 숭고함과 대자연의 숭고함은 본질적으로는 같다고 할 수 있다. 인문학은 인간의 사상과 문화를 대상으로 하면서 인간의 숭고함을 공부하는 학문이다. 그러므로 인문학은 사회에 상처받은 영혼을 위로하며 병든 사회를 치유한다고 할 수 있다.

4. 학습자의 문제

대학의 인문교육에서 학습자의 감소 문제는 학부제 시행, 교양교육의 부실, 취업기회의 감소 등이 그 원인이 된다고 하겠다.

먼저, 우리나라 대학에서 실시되고 있는 기형적인 학부제 실시가 인문학과 기초과학을 무너지게 하는 주된 원인이 되고 있다. 제대로 된 학부제를 실시하려면 법학, 의학, 경영학과 같은 분야를 전문대학원으로 편성하고 학부에서는 인문학과 사회학과 자연과학 등의 기초적인 학문을 이수하게 하는 학부제를 실시해야 한다. 그런데 우리나라는 아무런 준비도 없이 학부제를 실시하니 기능적인 학문인 정보통신공학, 언론홍보학, 컴퓨터응용학과 등이 먼저 자리를 잡으려 하고 있다. 이런 학문들은 교육의 선진국에서는 제대로 뿌리를 내리지도 못하고 있다. 이런 학문에 수요자가 대거 몰려서 기초학문의 수요자는 거의 없다고 해도 과언이 아니다. 그러므로 기초학문과 응용학문을 함께 육성하는 학부제를 실시하여야 학문의 균형있는 발전이 이루어지고 기초학문인 인문학을 수입하는 수입국의 신세를 면할 수 있다고 생각한다. 현재〔한국의 2000년〕에 실시되는 학부제를 교육부는 전면적으로 수정하고 개편하여, 응용학문과 기초학문을 함께 살리는 방향으로 수정하여 실시하여야 한다.

다음, 지금까지 대학의 인문학 교양과목의 강사에 대한 비율이 너무 높아 인문교육의 부실을 초래했다고 할 수 있다. 교양교육의 강화가 인문교육을 살리는 지름길이 될 수 있다. 그리하여 일시적으로나마 고려대, 성균관대, 성결대, 한동대 등 일부 대학에서는 영어와 한자어漢字語 등을 필수과목으로 설정하여 운영하였다. 필자가 근무하는 성결대학교에서는 2000년 초기까지 실용으로 쓰이는 한자를 교양필수로 정해서 전교생에게 1년 동안 가르치고 있다. 학습자가 자발적으로 모이는 것은 아니지만 많은 학생들이 필수한자를 수강하고 있으니, 많은 교수와 강사들이 필요하게 되었다. 이 강좌는 한자어 기초학력이 부족한 학생에게 한자어 기초학력을 신장시켜 주고 한자어를 통해 인간 존중의 정신을 가르쳐 주고 있다.

교양과목은 각 대학의 상황에 맞게 다양하게 개발하는 것이 필요하다고 할 수 있겠다. 예를 들면 서울과 경기도의 대학교에서도 '서울(경기)문화의 이해'라는 교과목을 개발하여 문학, 역사, 철학, 행정 등을 전공하는 교수가 함께 강의하는 교과목을 개발할 필요가 있다. 이러한 교과목을 한국대학의 모든 대학의 특성에 맞추어서 다양하게 개발하여 각 대학의 교양과목으로 가르치는 것이 한국대학이 지닌 인문교육의 부재를 해소하며 인문교육을 강화시키는 한 방향이 되고 줄어드는 학습자를 확보할 수 있는 한 대안이 될 수 있다.

다음으로는 인문학을 전공한 학생들의 취업문제를 살펴볼 필요가 있다. 대학과 대학원을 졸업한 학생들의 취업률이 낮으니 인문학을 전공하는 학생이 줄어든다고 할 수 있다. 특히 대학원생의 경우 석사과정을 마친 학생이 박사과정으로 진학하는 비율이 해마다 떨어지고 있다고 한다. 2000년대에 와서는 명문대학의 인문학 박사과정마저도 정원에 미달이 되는 사태를 가져 왔다. 그 이유는 인문학을 전공한 학생들이 공학과 사회과학을 전공한 학생보다 졸업 후 진로가 불투명한 데 원인이 있다고 할 수 있다.

인문학과 인문정신이 21세기를 살아가는 현대인들에게 필요하다면 정부의 지원으로 인문학 전공자들의 일자리를 많이 만드는 것이 필요하다고 할 수 있다. 예를 들면 대학에서는 강의(정년)교수와 연구(정년)교수를 구분하여 인문학의 연구를 활성화시키는 동시에 인문학의 다양한 강의의 질을 높이고 개선하여 많은 수강생이 인문학 강좌에 자발적으로 찾아오도록 해야 하겠다.

그리고 항상 제기되는 문제이지만 지나치게 시간강사에 의존하는 현재의 강의를 전임교원에게 맡기는 문제를 신중하게 고려하여 시간강사의 신분을 일용직에서 교원의 신분으로 격상시키는 법을 제정〔2019년 8월 1일 제정됨〕해야 한다고 생각한다. 비정규직 교수를 줄이고 그 보수를 현실화시켜서 대학원 졸업 후 신분이 보장되면 인문학 전공자들이 늘어날 것이다.

5. 21세기 인문교육의 전망

21세기 인문교육의 전망을 인간의 인간 존중의 정신을 함양하는 인문교육의 긍정적인 면을 중심으로 예측해 보기로 한다.

한국의 한류문화가 1990년대부터 동남아시아에서 인기를 끌기 시작하였다. 한국에 거주하는 외교관과 외국인, 외국의 기자, 평론가, 지식인, 공무원 등 문화 중재자(Intermediaries)의 절대다수는 '한국 정부의 지원으로 한류가 만들어진 것'이라고 주장했다. 하지만 한류문화는 한국사회의 대중문화를 바탕으로 한국사회가 지닌 미디어의 전파현상(propagation)을 정부가 활용하고 현지인의 수용현상(reception)이 어울어져서 한국인의 주체성과 정체성으로 현재까지 성장하며 지속하고 있다.

한류문화와 마찬가지로 인문교육의 성장발전은 한국사회의 전파현상(propagation)과 함께 수용현상(reception)의 역할과 기능이 중요하다고 할 수 있다. 수출경제 기반으로 경제개발 5개년 계획을 통해 정부 주도로 발전한 한국경제처럼, 한류문화는 한국 정부가 1990년대 말에 시행한 문화산업진흥책의 현상과 결과라는 주장이 있다. 하지만 국가별로 인기가 있는 한국 드라마와 연예인도 달랐고, 좋아하는 이유도 달랐다. 수용현상으로 한류문화를 연구한 결과는 공통적으로 한류를 좋아하는 이유로 동아시아의 문화 정체성과 관련된 한국사회의 정서인 '정情'이나 상대에 대한 배려, 유교적 특성 등이 거론되었다. 이러한 상황은 한류문화가 현지인들에게 팬덤현상(fandom)처럼 수용현상이 중심이라는 사실을 증언하고 있다. 그러므로 한류문화가 1990년대부터 현재까지 동남아시아, 일본, 아시아, 미국, 유럽 등에서 세계적으로 성행하는 원인은 현지인의 수용현상과 함께 국력의 성장, 그리고 정부의 문화지원이라는 전파현상 등이 함께 힘을 모아 응축된 결과라고 해석할 수 있다. 이러한 사실을 인문교육은 주목할 필요가 있다.

오늘날의 인문교육은 21세기 한류문화가 성공한 모델을 따라서 전파현상과 수용현상을 함께 융합하여야만 발전할 수 있다. 최근에는 텔레비전에 방영된 동양고전인 '주역', '대학', '논어', '노자', '한국사', '삼국지' 등에 대해 많은 대중과 국민들이 관심을 가지고 시청하고 있다.

인문학의 한 범주인 철학과 문학 그리고 사학 등에 많은 시청자가 관심을 기울인 이유는 어디에 있을까? 대학에서 인문학은 설자리를 잃어 가는데, 이처럼 대학 밖에서 인문교육이 성행하고 있는 원인은 어디에 있을까? 그 이유는 인문학이나 고전문학이 무슨 인생의 지침서나 처세술의 한 방편으로 생각하여 취미생활처럼 생각해서 누구나 쉽게 접근하려고 하는 경향에 그 원인이 있다고도 할 수 있다. 그러나 보다 근본적인 이유는 사회에 아직도 인문학에 대한 기본적인 수요가 많이 존재하고 있기 때문이라 할 수 있다. 그러므로 우리 학자들은 너무 인기 위주와 재미 위주에 빠지지 않도록 주의하면서 인문학의 대중화에도 관심을 기울여야 할 것이다. 강의실 밖에서 성행하는 인문정신의 요구가 비록 취미 수준에 머물러 있다 하더라도 더욱 활성화시켜서 대학이라는 제도권에 그 수요를 흡수하는 방법을 찾아야 한다고 할 수 있다.

또, 인문학 전공의 학생감소는 인문학을 전공한 학생들이 법학, 경영학, 공학 등을 전공한 학생보다 취업률이 낮고 사회경쟁력이 뒤지는 데에 그 원인이 있다고 할 수 있다. 즉, 20세기 산업사회에서는 전공을 활용하는 지식인 경영, 법학, 공학 등의 학문이 인문학을 전공한 학생들보다 그 수요가 많았다고 볼 수 있다. 그러나 21세기 정보화사회에서는 급변하는 세계에 능동적으로 대처하는 유연한 자세가 필요하다고 할 수 있다. 이러한 자질은 인문교육의 중요한 목표인 자신과 조직에 주어진 문제를 능동적으로 해결하고, 외부의 환경능력에 능동적으로 적응할 수 있는 복합적인 능력을 기르는 데서 싹튼다고 할 수 있다. 이런 능력을 지닌 학생을 배출할 수 있는 주도적인 학문은 바로 인문학이고 인문교육이라 할 수 있다.

따라서 21세기 우리 사회에서는 인문학의 수요가 늘어나고 인문학을 전공하는 대학(원)생의 수가 점차 증가하고 인문학의 필요성과 그 경쟁력도 달라지고 강화될 것이다.

(『인문비평』제2호, 전국대학인문학연구소협의회, 2001)

문화콘텐츠 산업의 정책방향과 인력양성*

1. 문화콘텐츠와 국가경쟁력

최근 한류가 유행하고 있다. 우리나라는 겨울연가, 대장금, 천국의 계단 등의 드라마와 방탄소년단, 소녀시대, 슈퍼주니어, 동방신기, 빅뱅 등을 앞세운 K~POP이 아시아를 넘어 세계로 한류 열풍을 이끌어 가고 있다. 더불어 우리나라는 영화와 게임, 애니메이션, 한식 등도 세계시장에서 한류 열풍을 선도하며 계속 성장해서 세계의 주목을 받고 있다.

최근에 정부는 고성장 및 부가가치가 높은 문화콘텐츠산업을 창의력과 상상력을 토대로 창조경제 실현을 위한 핵심 동력으로 성장시켜 나가고 있다. 또한 창조경제 및 문화융성의 핵심인 콘텐츠산업의 중요성을 인식하고 정부의 역량을 집중하기 위해 2014년도 '문화산업진흥기본법[1]'과 '콘텐츠산업진흥법[2]'을 개정하고 2018년까지 문화재정을 연평균 11.2% 증액하여 정부재정 대비 2%까지 확대할 계획으로 있다.[3]

이 글은 문화콘텐츠와 관련한 국가경제의 발전과 그 교육의 필요

---

* 공동저자: 류해춘(국문학), 최정일(경영학)
1) 21세기의 고부가가치 산업으로 떠오른 문화산업을 지원하고 육성하는데 필요한 사항을 정하여 문화산업 발전의 기반을 조성하고 경쟁력을 강화함으로써 국민의 문화적 삶의 질을 향상시키고 국민경제의 발전에 이바지하기 위한 목적으로 제정되었다.
2) 콘텐츠산업의 진흥에 필요한 사항을 정함으로써 그 기반을 조성하고 경쟁력을 강화하기 위한 법(법률 제10369호).
3) 장우석·안중기, 「콘텐츠산업의 시장 현황과 시사점」, 『VIP REPORT』 15권, 12, 현대경제연구원, 2015, 2면.

성을 실증분석을 통해서 확인하려는 목적으로 작성하였다. 문화콘텐츠에 대한 일반 대중들의 관심이 높을수록, 문화콘텐츠가 부가가치가 높은 일자리를 창출하고, 한류의 열풍을 선도하면서 국가경제의 발전에 도움을 줄 수 있으며, 일반 대중들은 문화콘텐츠에 대한 관심과 그 내용에 대한 교육의 필요성을 희망할 것으로 유추할 수 있다. 여기서는 한국의 대학에서 문화콘텐츠와 관련된 교육의 필요성을 확인하여, 향후 우리나라 문화콘텐츠 산업의 지속적인 발전을 위한 정책 방향을 제시하고자 한다. 문화는 인류의 지적 활동양식을 표현하는 것으로 창의력을 바탕으로 상상력과 감성을 반영하여 고부가가치를 창출할 수 있어야 한다. 이러한 명제를 확인하기 위해 '문화콘텐츠⇒국가발전⇒교육의 필요성'이라는 연구모형으로 연구가설을 제시하고 설문조사를 통해 증명하고자 한다.

미국이나 일본 등의 나라처럼 문화콘텐츠 산업이 먼저 발달한 선진국과 마찬가지로 이제는 우리나라도 창의성을 바탕으로 문화산업을 이끌어가기 위해서 체계적인 실현정책의 필요성을 검토하여야 한다. 더불어 대학이나 민간의 교육기관뿐만 아니라 산·학·연이 일체가 되어 수준 높은 전문인력을 체계적으로 양성해야 한다. 세계시장에서 우리의 문화콘텐츠가 지속적으로 성장해 나가기 위해서는 창의성 있는 전문인력의 육성이 중요하며 정부의 적극적인 지원으로 혁신의 경제정책이 동반되어야 한다.

2. 문화산업의 인력양성과 그 정책

2.1. 문화산업의 이해

문화산업은 '문화산업진흥 기본법' 제2조에 의하면 문화상품의 기획·개발·제작·생산·유통·소비 등과 이에 관련된 서비스를 행하는 산업으로 규정하면서 다음과 같은 사항을 포함하고 있다.

~ 영화와 그에 관련된 산업
~ 음반·비디오물·게임물과 그에 관련된 산업
~ 출판·인쇄물·정기간행물과 그에 관련된 산업
~ 방송영상물과 그에 관련된 산업
~ 문화재와 그에 관련된 산업
~ 만화·캐릭터·애니메이션·에듀테인먼트·모바일문화콘텐츠·디자인·광고·공연·미술품·공예품과 그에 관련된 산업
~ 디지털문화콘텐츠의 수집·가공·개발·제작·생산·저장·검색·유통 등과 그에 관련된 서비스를 행하는 산업
~ 그 외 전통의상·식품 등 전통문화자원을 활용하는 산업으로 대통령령으로 정하는 산업들이 포함된다.

문화상품은 예술성·창의성·오락성·여가성·대중성(이하 "문화적 요소"라 한다)이 체화되어 경제적 부가가치를 창출하는 유·무형의 재화(문화콘텐츠)와 서비스 및 이들의 복합체를 말하며 콘텐츠는 부호·문자·음성·음향 및 영상 등의 자료 또는 정보를 말한다.[4] 문화콘텐츠는 고부가가치 산업으로 국가성장 동력의 역할을 주도할 수 있는 영화·게임·

---

4) 문화산업진흥 기본법(2008.3.28 개정) : www.lawnb.com/lawinfo/contents

애니메이션·만화·캐릭터·음악/공연·인터넷/모바일콘텐츠·방송 등을 포함하고 있다.[5]

문화콘텐츠는 1980년대 주윤발과 왕조현을 앞세운 홍콩 영화가 한국은 물론 아시아 전역에서 높은 인기를 끌었으며, '90년대 초에는 중국의 '판관 포청천' 등의 TV 드라마가 한국에서 높은 시청률을 기록하였다. 또한 '90년대 중반에는 일본의 대중음악과 애니메이션 등이 한국을 비롯하여 아시아 전역에 큰 영향을 주었다. 한국과 일본의 대중문화가 공식적으로 개방된 '90년대 후반 이후에는 겨울연가, 대장금, 천국의 계단 등의 한국 드라마와 소녀시대, 슈퍼주니어, 동방신기, 빅뱅 등을 앞세운 K~POP이 아시아를 넘어 세계로 한류열풍을 이끌어가고 있다.

문화콘텐츠 산업에 대해 한국은 정부 주도에서 서서히 민간참여의 폭을 넓히면서 민관연계형의 특성으로 발전시켜 왔다. 중국은 정부 주도로 국가와 민족을 위한 문화산업 육성이라는 목표로 발전해왔고, 일본은 민간 주도로 이미 발전해왔으며 정부가 이러한 기업들을 육성하면서 국가전략 산업으로 민관연계가 잘 형성되고 있다.[6]

우리나라의 문화콘텐츠 산업의 인력양성 정책을 살펴보면 주로 대학이나 대학원을 주축으로 정규 교육기관에서 이루어지고 있으나 일부 공공기관이나 민간의 비정규 교육기관에서도 전문인력의 양성을 위해 노력하고 있다.[7] 하지만 체계적인 교육프로그램 개발 및 해외 교육시스템 도입, 전문교육 기관육성, 산학협력을 통한 발전방안 등

---

5) 서병문, 「문화콘텐츠시대의 과학과 영상예술의 접목」, 『과학과 영상예술의 창조적 융합 심포지엄』, 문화콘텐츠진흥원, 2004.
6) 조소연, 「한·중·일 문화콘텐츠 인력양성정책 및 지원프로그램 비교 연구」, 외국어대학교 대학원(박사), 2012, 166~170면.
7) 류해춘, 「글로컬화와 인문학」, 『인문정책포럼』 11, 경제·인문사회연구회, 2011, 47면.

으로 우수한 전문인력을 양성하고 싶은 목표는 있으나 이를 위한 정책은 다소 미흡해 보인다.

문화콘텐츠산업을 육성하기 위한 5대 추진전략은 다음 〈표 1〉와 같다.

〈표 1〉 문화콘텐츠 육성을 위한 추진전략과 중점과제

1. 범국가적 콘텐츠산업 육성체계 마련	1. 콘텐츠산업 육성 추진체계 확립 2. 콘텐츠산업 투자 재원의 획기적 확충 3. 범정부 융합콘텐츠 개발(新시장창출)
2. 국가창조력 제고를 통한 청년일자리 창출	1. G20 창의 인재양성 2. 콘텐츠산업에 기반한 청년고용 확대 3. 창작여건 개선
3. 글로벌시장 진출 확대	1. 지역별 특성을 고려한 전략적 진출 강화 2. 글로벌 네트워크 구축 3. 글로벌 킬러 콘텐츠 집중 지원
4. 동반성장 생태계 조성	1. 기기~서비스~콘텐츠 동반성장 유도 2. 저작권 보호강화 및 이용 활성화 3. 사업자와 소비자간 공정경쟁 환경조성
5. 제작·유통·기술 등 핵심 기반 강화	1. 콘텐츠 제작 인프라 확충 2. 선진 유통기반 마련 3. 차세대 콘텐츠 선도기술(R&D) 개발

출처 : 장병완(2016) 장병완,[8]

2.2. 인력양성 교육의 필요성

창조경제시대에 문화콘텐츠 발전과 전문인력 양성을 위해 이병민(2013)은 문화콘텐츠의 창의적인 교육을 위해 향후 복수전공과 연계전공[9], 융합교육[10] 등을 실시하고 현장실습과 창의적인 교육과정 및 교

---

[8] 「문화기술 R&D의 문제점과 개선방안」, 『문화산업 R&D 정책자료집』, 2016, 4면.

과목 보완이 필요하며 다양한 교육이 조화를 이루는 특성화 교육이 필요하다고 했다.[11] 김기덕(2008)은 다양한 실험실습과 능력 있는 교수인력의 보강이 필요하다고 제시하였다.[12] 전성신·이원형(2013)은 문화[13]는 일상의 삶과 밀접하게 연결되어 있어 문화콘텐츠 담당자나 일반 대중 대다수는 문화콘텐츠 중 방송, 광고, 영화, 드라마, 게임, 애니메이션 등과 같은 영상 콘텐츠에 노출되어 있어 대학교육에서도 창의성 증진 콘텐츠 관련 교육의 필요성에 대해 많은 사람들이 인식하고 있다고 제시했다.[14]

김평수·박치완(2014)은 미래 가장 발전 가능성이 높은 콘텐츠산업의 우수한 인적자원을 확보하는 것이 주요 과제라고 제시하고, 대학 교육에서 융합교육을 실시하기 위해 미래형 문화콘텐츠를 생산할 수 있는 인재양성과 융합교육을 위한 기반을 마련하기 위한 노력이 필요하다고 주장했다.[15] 박정수(2006)는 지난 참여정부는 차세대 새로운 성장산업으로 정보통신기술(IT), 생명공학기술(BT), 환경공학기술(ET), 나노정밀기술(NT), 우주기술(ST)과 더불어 문화산업기술(CT)을 선정하고 '세계 문화산업 5대 강국 실현'을 목표로 제시하였다.[16]

---

9) 연계전공은 독자적인 학위가 수여되지는 않지만 학생들이 정해진 기준 이상의 교과목을 이수하게 되면 해당 전공을 이수한 것으로 인정받게 된다. 연계전공을 이수하면 심화전공 이수 또는 부전공 이수를 하지 않아도 졸업자격을 갖출 수 있다.
10) 통합교육에서 융합교육으로 시너지를 창출시키는 것으로 각기 다른 생각을 새로운 생각으로 만들어 가는 교육방식이다. 대화와 토론을 바탕으로 서로의 생각을 자유롭게 꺼내어 교류하고 각기 다른 생각을 창출하도록 이끌어 가는 교육이다.
11) 이병민, 「대학에서의 창의성 발현을 위한 문화콘텐츠 교육 개선방안 탐색」, 『한국콘텐츠학회논문지』 13권 4, 한국콘텐츠학회, 2013, 481면.
12) 김기덕, 「문화콘텐츠 연계전공 교육과정의 분석」, 『첨단문화기술연구』 4, 문화콘텐츠기술연구원, 2008, 12면.
13) '문화'는 한 사회의 정신적·물질적 발전 상태를 나타내며, 그 사회현상의 산출물은 방송, K~pop, 게임, 영화 등의 다양한 '문화콘텐츠'라는 형태로 표현된다.
14) 전성신·이원형, 「기술 변화에 따른 문화콘텐츠 관련학과 교육과정 개발」, 『디지털정책연구』 11권 3, 한국디지털정책학회, 2013, 304면.
15) 김평수·박치완, 「문화콘텐츠, 대학원 융합교육의 현재와 미래」, 『인문콘텐츠』 32, 인문콘텐츠학회, 2014, 97면.

최정일·장예진(2016)은 대학생들을 대상으로 설문조사를 통해 첨단 산업 중에서 가장 성장 가능성이 높을 것으로 예상되는 분야로 [그림 1]과 [그림2]와 같이 정보통신(27%)과 문화콘텐츠(20%) 순으로 성장 가능성을 높게 평가하였다. 또한 졸업 후 가장 취업하고 싶은 분야에 대해 문화콘텐츠(56.4%)와 정보통신(15.6%) 순으로 조사되어 문화콘텐츠 산업에 대한 대학생들의 높은 선호도를 알 수 있었다.[17]

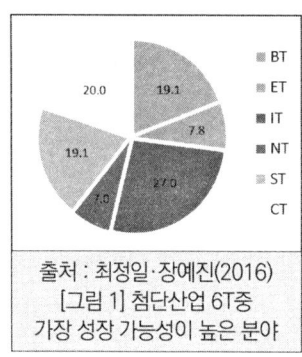

출처 : 최정일·장예진(2016)
[그림 1] 첨단산업 6T중
가장 성장 가능성이 높은 분야

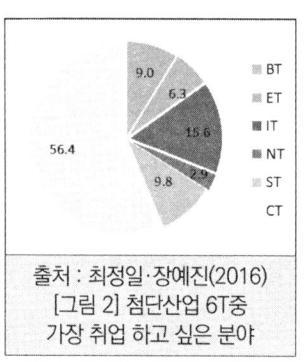

출처 : 최정일·장예진(2016)
[그림 2] 첨단산업 6T중
가장 취업 하고 싶은 분야

한류에 관한 문화콘텐츠 연구는 2000년대 초반 높은 한류 현상을 반영하면서 고수자(2002)의 한류 콘텐츠의 국제적 경쟁력에 관한 연구와 이문행(2003)의 한류의 생성 및 인기 요인에 관한 연구 등이 있었다. 초기 연구에서는 일본과 중국 등 아시아권에서 한류의 높은 인기 요인은 지리적으로 가까운 한자 문화권에 속해 있으며 정서적 공감대가 유사하여 높은 반응을 보인 것으로 제시하였다.[18] 한류 초기에는 한국 대중문화의 유행으로 인식했으나 시간이 흐르면서 한국과 한

---

16) 박정수, 「문화산업에의 IT 활용 확대와 표준화 과제」, 『산업경제분석』 연구보고서, 산업연구원, 2006, 27면.
17) 최정일·장예진, 「문화콘텐츠 산업의 활성화와 공연장 안전 및 보안 산업의 필요성」, 『융합보안 논문집』 16권 3호, 한국융합보안학회, 2016, 59~60면.
18) 이문행, 「중앙아시아에서 한류의 생성과 지속을 위한 방송의 역할」, 『한국방송 학회 학술대회 논문집』, 2003, 54면.

국인 그리고 한국 상품의 선호 현상으로 확산하여 한국의 상품을 구매하는 단계까지 발전하게 되었다. 당시 선행연구는 한류 문화상품의 활성화를 위해 우수한 품질의 문화콘텐츠 개발과 한류가 지속할 수 있도록 다양한 연구의 필요성을 제시하였다.

조인희와 이재혁(2007)은 중국 내 한류의 역사와 현황 및 문제점에 대해 살펴보고 한류로 인한 문화산업의 경제적 가치에 대해 평가하였다. 한류로 경제적 이익을 추구하기 위해서는 수준 높은 콘텐츠를 개발하여 사회적 효과와 경제적 효과를 동시에 얻어서 한류 문화에 대한 관심을 확대하는 방안이 필요하다고 주장하였다.[19] 2010년 이후에는 한류의 경제적 가치를 평가하고 한류 콘텐츠 관련 연구가 주류를 이루면서 조준현와 강흥중(2013)은 문화콘텐츠 수출 활성화 방안을 위해 한류 동향과 발전단계를 분석하고 각 국가별로 한류 확산에 따른 요인과 특성을 구분하여 분야별로 정리하였다.[20] 이찬도(2013)는 한류에 대해 단순한 콘텐츠 위주의 문화 수출이 아닌 한국 문화의 확산이라 정의하고 방송장르별 콘텐츠 경쟁우위 확보가 필요하다고 제시하였다. 방송콘텐츠의 수출경쟁력을 향상시키기 위해서는 다양한 전략이 필요하며 수준 높은 스토리개발, 제작기획, 마케팅, 정부지원 등이 필요하다고 주장했다.[21]

정광철 외(2014)은 중국 문화산업의 주요 이슈를 통해 영화, 방송드라마, 광고, 공연, 3D, CG/VFX 등 문화콘텐츠산업의 효율적인 마케팅 전략을 제시하였다. 중국내 문화산업 전문가들의 인터뷰와 면접을

---

19) 조인희·이재혁, 「한류, 중국시장에서의 성공에 관한 연구」, 『예술교육연구』 5권 1호, 2007, 81면.
20) 조준현, 강흥중, 「한류문화 확산에 따른 문화상품 수출활성화방안에 관한 연구」, 『관세학회지』 14권 1호, 2013, 271면.
21) 이찬도, 「방송한류콘텐츠 비즈니스의 대외경쟁력 제고 방안」, 『e~비즈니스 연구』, 14권 5호, 2013, 211면.

통해 최근 중국 문화산업은 미래 미디어산업의 활성화를 위해서 인터넷 온라인, 모바일 플랫폼 등 뉴미디어 정책으로 나아갔으며, 중국 정부가 온라인 동영상 업체를 적극적으로 육성하는 것으로 조사되었다. 또한 기존의 단순한 한국 콘텐츠 자체의 중국 수출보다는 한국 문화콘텐츠의 제작시스템, 기술, 인력 등 다양한 교류와 함께 중국 문화콘텐츠 공동제작 등을 통한 발전을 기대하고 있다.[22]

송종길(2014)은 한국 문화콘텐츠의 해외시장 진출을 활성화하기 위한 방안을 제시했으며 문화콘텐츠의 해외시장 수출에 대한 분석을 토대로 향후 다양한 진출방법에 대한 전략적 방안을 제시하였다.[23] 채지영(2012)은 최근 관심이 높은 온라인 플랫폼을 통한 콘텐츠 해외수출 확대방안에 관한 대안을 제시했으나 콘텐츠 분야별로 자세한 수출활성화 방안에 관한 연구는 더 필요하다고 분석했다.[24]

이 논문에서는 이러한 선행연구를 참고하여 수도권 대학생들을 대상으로 실제로 '문화콘텐츠에 대해 관심이 있는지?', '문화콘텐츠가 국가발전에 도움이 되는지?' 그렇다면 '대학에서 문화콘텐츠에 관한 교육의 필요성이 있는지?'에 대해 설문조사하고 통계 분석하였다. 이를 통해 실증분석 자료를 활용하여 선행연구와의 차별성과 객관성을 확보하고 대학에서 문화콘텐츠 관련 교육의 필요성을 강조하고자 하였다.

---

[22] 정광철, 조성룡, 노형신, 김경훈, 「한류 콘텐츠의 올바른 중국 시장진출 방안 연구~중국 문화산업 ISSUE 조사와 전문가 면접 수요조사를 중심으로」, 『한국과학예술포럼』, 16권, 2014, 387면.
[23] 송종길, 「한국 방송콘텐츠의 해외시장 진출전략 연구」, 『미디어와 공연예술연구』, 9권 1호, 2014, 1면.
[24] 채지영, 김규찬, 김혜미, 「국내 플랫폼을 통한 콘텐츠 해외수출 확대방안 연구」, 『한국문화관광연구원』 기본연구 42, 2014, 14~16면.

3. 연구모형과 독립변수의 설정

3.1. 자료수집

이 연구는 문화콘텐츠에 대한 이해와 대학교 내에서 문화콘텐츠 관련 교육의 필요성을 파악하기 위해 수도권에 있는 사회과학대학, 경영대학, 공과대학, 인문대학, 사범대학, 신학대학, 예술대학 등 문화콘텐츠 관련 전공과 무관한 대학생 500여 명을 대상으로 2016년 5월 2일부터 5월 13일까지 2주간에 걸쳐 설문지를 통해 자료의 조사를 진행하였다.

설문내용은 가설을 3개로 구분하여 "첫째, 문화콘텐츠에 관심이 있다. 둘째, 문화콘텐츠가 국가 발전에 도움이 된다. 셋째, 대학에서 문화콘텐츠관련 교육의 필요성이 있다." 등으로 구성하였다. 설문조사는 항목별 리커트 5점 척도[25]로 조사되어 신뢰도와 중요도 위주로 측정하였다.

3.2. 연구모형 및 가설설정

설문조사를 이용하여 신뢰도 분석과 탐색적 요인을 통계 분석하기 위해 SPSS WIN 18.0을 이용하였다. 대학에서 문화콘텐츠 관련 교육의 필요성을 파악하기 위해 [그림 3]과 같이 연구모형을 '문화콘텐츠·국가발전·교육의 필요성'으로 구분하여 작성하였다. 본 연구에서는 아래와 같이 연구가설을 설정하고 분석하였다.

---

[25] 렌시스 리커트(Rensis Likert)에 의해 1932년 개발되었으며 특정 대상에 대한 태도인 생각, 지각, 감정 등을 측정하기 위한 척도로써 표준화된 질문법으로 효과적인 설문조사가 가능하다. 응답범주에 명확한 서열성이 있어야 하며 설문지에서 문항들이 갖는 상대적인 강도를 결정한다. 예) (①매우 불만족 ~ ⑤매우 만족)

[그림 3] 연구모형

▶ 연구가설
1. 문화콘텐츠에 대한 관심이 높으면 문화콘텐츠가 성장할 것이고 국가 발전에 도움이 될 것이다.
2. 문화콘텐츠가 국가 발전에 도움이 되면 대학에서 문화콘텐츠 관련 교육의 필요성이 높아질 것이다.

▶ 각 연구가설[26]인 「문화콘텐츠」, 「국가발전」, 「교육의 필요성」 등을 조사하기 위해 설문조사에서 아래와 같이 「문화콘텐츠」에는 4개 문항, 「국가발전」에는 2개 문항, 「교육의 필요성」에는 2개 문항을 각각 제시하고 분석하였다.

첫째, "문화콘텐츠에 관심이 있다."에 대한 내용은 다음과 같다.
① 방송, 인터넷 및 모바일 콘텐츠, 광고, 영화, 게임, 애니메이션 등에 관심이 많다.[27]

---

[26] 연구가설이란 모수(母數)인 매개변수에 대한 예상, 주장, 추측 등이 지닌 둘 이상의 변수들 사이에서 일어나는 관계에 대한 연구자의 기대를 진술한 것이다. 즉, 연구자가 수행하는 연구문제에 대한 잠정적 해답이나 자료를 수집하기 전에 예측의 형태로 가설을 만들고 그 결과로 새로운 지식과 지침을 얻게 되는 것을 의미한다. (이훈영, 『통계학』, 도서출판 청람, 2009, 241면 참조)
[27] 박용재 외 3, 「차세대 융합형 콘텐츠산업 동향 및 사례」, 『전자통신동향분석』 26권 1호, 한국전자통신연구원, 2011, 10면.

② 문화 활동 중에서 대중음악 공연, 연극 및 오페라, 영화, 모바일 게임 등에 관심이 많다.
③ 평소 문화생활을 위해 대중음악 공연, 연극 및 오페라, 영화, 모바일 게임 등에 참여하고 있다.
④ 문화콘텐츠 관련기업으로 YG, SM, JYP, NC소프트, 파라다이스 등을 알고 있다.[28]

둘째, "문화콘텐츠가 국가발전에 도움이 된다."에 대한 내용은 다음과 같다.
① 문화콘텐츠 산업이 발전하면 고용확대를 통해 청년실업이 해소될 것으로 보인다.[29]
② 문화콘텐츠 산업이 발전하면 콘텐츠의 해외 판매 증가[30]로 국민소득 증대[31] 등이 가능할 것이다.

셋째, "대학에서 문화콘텐츠 관련 교육의 필요성이 있다."에 대한 내용은 다음과 같다.
① 문화콘텐츠산업의 활성화를 위해 전문가 육성, 다양한 콘텐츠 제작, 세계적인 기술력 등의 교육이 필요하다.[32]
② 문화콘텐츠 산업에 취업하기 위해서는 콘텐츠 관련 전문지식, 관

---

28) 최정일 외1, 「문화콘텐츠 관련 융복합 기업들의 주가동향 및 향후 투자가치 분석」, 『디지털융복합연구』 13권 11호, 한국디지털정책학회, 2015, 47면.
29) 강익희 외 5, 「콘텐츠 산업의 창의인력 육성과 일자리 창출 방안에 관한 연구」, 『연구보고서』 10권 51호, 한국콘텐츠진흥원, 2010, 225면.
30) 임명환, 「문화콘텐츠 산업의 동향과 전망 및 기술혁신 전략」, 『전자통신동향분석』 24권 2호, 한국전자통신연구원, 2009, 12면.
31) 권호영·김영수, 「한류 확산을 위한 전략과 정책 : 방송영상물을 중심으로」, 『KOCCA 연구보고서』 9권 1호, 한국콘텐츠진흥원, 2009, 150면.
32) 이지연·정윤경·이종범, 「창의인재 양성을 위한 진로교육 활성화 방안」, 『기본연구』 10권 3호, 한국직업능력개발원, 2010, 312면.

련 기업에 대한 정보, 주위의 조언 등이 필요하다.[33]

본 연구에서는 주요 가설의 검증에 앞서서 선행연구를 통해 조작적 정의와 측정항목을 도출하였으며 그에 대한 측정 도구의 신뢰성과 타당성을 분석하였다. 신뢰성 분석[34]은 표본의 특성이 얼마나 적합하게 이루어졌는지 확인하는 과정으로서 응답자들이 설문지 내용을 명확히 이해하고 일관성 있게 응답을 하고 있는 가를 검증하는 내적 일관성의 확인 과정이다.[35]

본 연구에서는 내적 일관성[36]을 확인할 수 있는 방법으로 사회과학 연구에서 대표적으로 사용되는 신뢰성 검사 방법[37]인 Chronbach's Alpha 계수[38]를 사용하여 실증분석을 시행하였다.

4. 실증분석과 독립변수의 상관성

〈표 2〉에서 Chronbach's Alpha 계수 값이 0.6 이상이기 때문에 이 연구에서 사용한 측정 도구들은 내적 일관성을 확보했다고 할 수

---

33) 이병민, 「대학에서의 창의성 발현을 위한 문화콘텐츠 교육 개선방안 탐색」, 『한국콘텐츠학회논문지』 13권 4호, 한국콘텐츠학회, 2013, 495면.
34) 한 대상을 여러 번 측정하거나 한 가지 측정도구로 반복 측정하였을 때 일관성 있는 결과가 나오는 것을 말하며, 이때 일관성 있는 결과가 산출될수록 그 척도의 신뢰성은 높은 것으로 평가한다.(출처 : SPSS 22)
35) 정충영·최이규, 『SPSS WIN을 이용한 통계분석』, 무역경영사, 2001, 251~265면.
36) 어떤 검사가 개발되거나 시행될 때 그 검사의 점수와 관련된 신뢰도를 분석하고 보고하는 것은 평가 전문가들의 중요한 책임 중의 하나이다. 신뢰도 분석은 '검사를 반복 시행하였을 때 발생하는 검사 점수의 일관성 정도를 측정하는 작업'이라고 정의할 수 있다.
37) 신뢰성 검사는 내적 일관성을 평가하기 위해 사용하며 이를 이용하여 해당 척도를 구성하고 있는 각 변수들의 신뢰성까지 평가할 수 있다. 일반적으로 알파계수는 0~1 사이의 값을 가지며 값이 높을수록 바람직하여 0.8~0.9 사이면 신뢰도가 상당히 높고, 0.7 이상이면 바람직하고, 0.6 이상이면 수용할 정도 수준으로 인식한다.
38) Nunnally(1978)은 『Psychometric Theory』의 예비연구에서 일반적으로 계수 값이 0.6 이상이면 신뢰성이 있으며, 실제 연구에서는 0.7 이상이면 신뢰성이 확보된다고 주장했다.

있다. 측정변수의 타당성 검증을 위해서 주성분 분석에 베리맥스방식(Varimax rotation)[39]을 이용하여 탐색적 요인분석을 실시하였다. 〈표 2〉에서 확인하였듯이 연구의 요인 적재량은 모두 기준치인 0.5 이상이며 같은 변수끼리 서로 묶여있다.

문화콘텐츠 항목에 있는 변수들의 Chronbach's Alpha 계수가 0.805로 나타났으며, 국가발전과 교육의 필요성의 변수들의 Chronbach's Alpha 계수가 각각 0.669와 0.643으로 나타나 각 항목 사이에 유의한 타당성을 보여주고 있다. 또한 각 항목별 변수들도 대부분 0.670 이상의 수치를 보이고 있어 동질성이 있는 변수끼리 잘 조합되어 있음을 확인하였다.

〈표 2〉 신뢰도 분석과 탐색적 요인분석 결과

요인	문화콘텐츠	국가발전	교육의 필요성	Cronbach's α
문화콘텐츠	0.747	0.134	0.032	0.805
	0.864	0.044	0.1	
	0.861	-.084	0.134	
	0.67	0.27	-.028	
국가 발전	0.08	0.148	0.827	0.669
	0.059	0.093	0.853	
교육의 필요성	0.097	0.891	0.029	0.643
	0.11	0.781	0.268	

Note : KMO=0.709 , Bartlett's =366.742 (p$<$0.001)

본 연구에서 실증분석을 통해 문화콘텐츠에 대한 관심이 국가발전에 도움이 되며 이에 대한 교육의 필요성에 미치는 영향을 미치는 것으로 확인하였다. 제시한 연구모형을 검증하기 위해 AMOS 18.0을

---

39) 요인분석의 회전방식에는 직각회전과 사각회전 2가지가 있는데, 직각회전은 요인 간에 상관이 없을 때 사용하는 것으로 주로 베리맥스(VariMax)를 주로 이용한다.

이용하여 구조방정식 모형을 사용하였다. 가설검증에 앞서 연구모형에 대한 최대우도법(MAximum likelyhood estimation)[40]을 통하여 검증하였다.

분석결과 =23.534(df=18, p=0.000), CFI=0.984(>0.9), NFI=0.937 (>0.9), RMR =0.043(<0.05), GFI=0.966(>0.9), RMSEA=0.043(<0.08)로 나타났다. 이는 적합도의 권장기준을 상회하므로 본 연구모형은 적합하다고 판단하고 가설검증을 실시하였다.

일반적으로 GFI(Goodness of Fit Index)는 데이터와 분석을 통해 도출된 데이터 간 차이의 비율에 기초하여 0.9 이상, NFI(Normed Fit Index)는 분석된 구조방정식 모델이 기초모델에 비해 얼마나 향상되었는지를 나타내는 지수로서 0.9 이상, RMR(Root Mean Square Residual)은 구조방정식 모델이 설명할 수 없는 원래 데이터의 부분에 대한 지수로 작으면 작을수록 좋아 0.05 이하, GFI는 0.9 이상, RMSEA(Root Mean Square Error of Approximation)는 모델을 표본이 아닌 모집단에서 추정할 때 기대되는 적합도로서 0.08 이하 산출될 경우 모형이 적합하다고 판단한다.

〈표 3〉 문화콘텐츠·국가발전·교육의 필요성과의 관계 분석

가설	경로	표준화계수[41]	P	검증
가설1	문화콘텐츠 ⇒ 국가발전	0.309	0.014	채택
가설2	국가발전 ⇒ 교육의 필요성	0.299	0.013	채택

....

40) 우도함수를 이용하여 모수인 매개변수를 추정하는 방법으로 어떤 모수가 주어졌을 때 원하는 값들이 나올 가능도를 최대로 만드는 모수를 선택하는 방법이다.
41) 각 항복별 단위를 통일시키는 작업을 표준화라고 하고 회귀계수의 단위를 통일시킨 것이 표준화 회귀계수이다. 표준화계수는 단위가 통일되어 있어 각각 계수의 크기나 부호 등의 비교가 가능하다. 종속변수(Y)와 독립변수(X)를 표준화 (Z)값을 계산하여 그 값을 이용하여 회귀분석을 했을 때 얻은 회귀계수로 베타(beta) 계수라고도 한다. (이훈영, 『통계학』, 도서출판 청람, 2009, 438면)

[그림 4] 연구모형의 분석 결과

연구가설의 검증결과는 〈표 3〉에서 '문화콘텐츠 ⇒ 국가발전' 관계를 분석해 보면 표준화계수가 0.309로 산출되어 두 가설의 관계가 양(+)의 값을 보이는 것으로 조사되었다. 또한 '국가발전 ⇒ 교육의 필요성'의 관계를 보면 표준화계수 값이 0.299로 국가발전을 위해 문화콘텐츠 교육의 필요성이 양(+)의 관계를 보이는 것으로 나타났다. 따라서 각 가설의 '문화콘텐츠 ⇒ 국가발전 ⇒ 교육의 필요성'의 관계가 각각 30% 가량 영향을 미치고 있어 서로 연관성이 있는 것으로 분석되었다.

이 가설의 검증결과는 연구모형 [그림 4]로 정리하였다. 대학생들 시각에서 문화콘텐츠에 대한 관심이 높을수록 국가발전에 도움이 되는 것으로 인식하고 있다. 그래서 대학이나 대학원 등의 교육기관에서 문화콘텐츠에 대한 체계적인 교육의 필요성이 절실하게 요구되는 것이다. 이 연구에서는 향후 창의성을 지닌 우수한 문화콘텐츠를 개발하여 콘텐츠의 중요성을 일반 대중들에게 널리 홍보하고 발전시켜 나간다면 청년들의 일자리 창출은 물론이고 국가경제 발전에 큰 도움이 되는 것으로 나타났다. 이러한 결과는 국가가 대학을 비롯한 다양한 공공 및 민간 교육기관을 통해서 문화콘텐츠와 관련한 전문인 양성의 교육을 효율적으로 실시하여 국가의 문화발전과 경제발전을 위한 장기적인 정책방향을 수립해야 한다는 명제를 다시 확인하였다고 할 수 있다.

5. 문화콘텐츠의 창의성과 경제발전

문화는 인류가 생산한 지식 체험활동의 총체물이면서 그 전통을 의미한다. 21세기의 인류는 지식정보화 사회의 문화를 바탕으로 한 문화콘텐츠로 상상력과 감성이 반영되고 고부가가치를 창출할 수 있어야 한다. 문화콘텐츠는 창조성, 상업성, 오락성, 대중성을 기본적인 특성으로 상상력과 창의력을 앞세우고 글로벌 시장에서 경제적 가치를 창출하는 문화상품으로 성장해가고 있다.

우리나라도 미국이나 일본 등 문화콘텐츠가 앞서 발달한 선진국과 같이 창조성을 중심으로 문화산업을 이끌어가기 위한 정책이 수립되어야 하고 산·학·연이 일체가 되어 수준 높은 전문인력을 양성해야 한다. 이를 위해서 대학과 대학원의 문화콘텐츠 관련 학과에서는 경쟁력이 있는 교육과정을 개설하고 유능한 전문인력을 배출하여 세계시장의 흐름에 앞서갈 수 있는 문화콘텐츠를 앞서서 개발해야 한다.

콘텐츠 개발에 필요한 창의력을 갖춘 전문인력과 미디어 기술을 활용할 수 있는 전문인력, 콘텐츠를 고부가가치[42] 상품으로 개발할 수 있는 전문인력 등이 교육기관에서 체계적으로 양성되어야 한다.[43] 이를 바탕으로 우리의 드라마와 영화, 대중음악, 게임, 애니메이션 등이 세계시장에서 한류 열풍을 선도하여 지속적으로 이끌어가야 한다.

문화콘텐츠가 세계적인 수준으로 성장하기 위해서는 인간이 지닌 창의성의 개발이 가장 우선되어야 한다. 창의성과 기술력을 갖춘 전문인력을 양성하기 위해서는 단기적인 교육과정보다는 대학 등 교육

---

[42] 부가가치는 생산 과정에서 새롭게 창출된 가치이다. 단순한 조립 생산은 부가가치가 적고 첨단 지식과 혁신이 창출되는 산업은 부가가치가 크다. 고부가가치 산업은 지식 기반 산업, 융복합 산업, 정보 산업 등의 산업이 주류를 이룬다.
[43] 전성신·이원형, 「기술 변화에 따른 문화콘텐츠 관련학과 교육과정 개발」, 『디지털정책연구』 11권 3호, 2013, 303면.

의 전문기관에서 중장기적이고 보다 체계적인 교육과정이 도입되어야 한다. 세계시장에서 한국 고유의 문화콘텐츠가 지속적으로 성장하기 위해서는 창의성이 있는 전문인력의 육성이 필요하며 정부와 대학의 적극적인 지원 정책이 동반되어야 할 것이다.

이 글에서는 문화콘텐츠와 국가발전 그리고 그 교육의 필요성을 실증분석을 통해 살펴보았다. 연구가설인 '문화콘텐츠 ⇒ 국가경제발전 ⇒ 교육의 필요성'의 연구모형을 검증하기 위해 구조방정식 모형을 사용하여 확인하였다. 그래서 문화콘텐츠 관련 교육의 필요성을 확인하였고 이제부터는 향후 우리나라 문화콘텐츠 산업의 정책 방향에 대해 제시하고자 한다.

향후 고부가가치 산업인 문화콘텐츠 산업을 발전시켜 나가기 위한 현실적인 방안으로 첫째, 융합형 콘텐츠 시장의 개발로 경제적 부가가치가 높은 그래픽산업을 육성한다. 둘째, 문화산업 및 서비스업 등을 융합한 콘텐츠로 가상현실기술을 개발한다. 셋째, 경쟁력이 높고 품질이 우수한 글로벌 한류 콘텐츠를 육성한다. 이를 통해 한국 고유의 문화콘텐츠를 세계화로 유도하고 한류열풍을 더욱 발전시켜 나가야 한다.[44] 해외로 진출하는 기업들을 위해 저작권 및 무역장벽을 해소하고 법률, 세무, 금융 등 지원체제를 마련해야 한다.

국내 우수한 문화콘텐츠를 만들어 지속적으로 시장에 공급하고 창작활동을 지원하기 위한 공공부문의 정책이 마련되어야 한다. 문화콘텐츠는 국가 핵심 산업으로 정부 차원에서 전략을 수립하고 체계적인 지원이 이루어져야 하며 K~pop을 앞세운 한국 문화콘텐츠가 세계적으로 확산하고 있어 정책적 관심과 지원이 집중되어야 한다.[45]

---

[44] 지상범, 「문화예술에서 문화산업콘텐츠 융합을 통한 발전방안 연구」, 중앙대학원 (석사), 2012, 5면.

한국의 K~Pop 열풍은 국가브랜드 이미지가 상승하는데 기여하고 세계적으로 한국에 대한 관심이 높아지는 계기가 되었다. 한국에서 국제적인 행사가 늘어나고 세계적으로 한국어를 공부하는 학생들이 증가하면서 한국을 배우기 위한 방문객이 한국을 찾아오고 있다. K~Pop 열풍으로 한국의 브랜드 가치가 상승하고 문화콘텐츠가 우수한 나라로 인식되면서 경제적 효과가 증가하고 있다.[46]

한국의 문화콘텐츠를 수출하고 활성화하기 위해서는 수준 높은 콘텐츠 개발과 정부지원 방안을 강화하고 다양한 문화상품을 개발해야 한다. 한류 열풍을 더욱 발전시켜 나가기 위해서는 영화 및 드라마 제작에 많은 투자가 필요하며, 문화콘텐츠를 IT산업과 결합하여 마케팅에 활용하고 문화상품의 저작권 보호 및 관리감독[47]을 강화하면서 이를 통한 관광상품 개발에도 관심을 기울여야 한다.

---

45) 권준원·권미영, 「공공부문에서의 정책적 지원을 통한 한국대중음악 발전 방안 연구」, 『문화예술경영 이론과 실제』 9권 1호, 한국문화예술경영학회, 2016, 135면.
46) 최현준, 「K~Pop 열풍에 따른 한국 대중음악 발전 방안 연구」, 단국대학교 공연예술학과, 2013, 5면.
47) 조준현·강흥중, 「한류문화 확산에 따른 문화상품 수출 활성화 방안에 관한 연구」, 『관세사학회지』 14권 1호, 2013, 271면.

[Ⅰ장] 한글의 창제와 한글문학의 형성과 그 전개과정

강신항, 『훈민정음연구』, 성균관대출판부, 2003.
김광순, 『고소설사』, 새문사, 2006.
김문기, 『한국고전시가의 지속과 변모』, 태학사. 2015.
김수업, 『배달문학의 갈래와 흐름』, 현암사, 1992.
김윤식 외 1, 『한국문학사』, 민음사, 1979.
김일렬, 『한국문학의 전통과 아름다움』, 새문사, 2006.
김학성, 『우리전통시가의 위상과 현대화』, 보고사, 2015.
류해춘, 『가사문학의 미학』, 보고사, 2009.
류해춘, 『시조문학, 선비들의 여가문화와 사랑의 사회학』, 보고사, 2023.
류해춘, 『시조문학의 정체성과 문화현상』, 보고사, 2017.
류해춘, 『한국문학사』, http:// www. kocw. net. 2019.
류해춘, 『한국시가의 맥락과 소통』, 역락, 2019.
류해춘, 『한글문학의 형성과 전개과정』(YouTube), 문화체육부, 2019.
박종국, 『훈민정음종합연구』, 세종학연구원, 2007.
사재동, 「훈민정음 창제, 실용의 불교문화학적 고찰」, 『국학연구논총』, 2010.
성기옥, 『한국시의 미학적 패러다임과 시학적 전통』, 소명출판, 2004.
이가원 외, 『한국학연구입문』, 지식산업사, 1981.
이기문, 『국어사개설』, 2006, 태학사.
임종찬, 『시조문학의 본질』, 대방출판사, 1986.
임형택, 『한국문학사의 시각』, 창작과 비평사, 1984.
장덕순, 『한국문학사』, 동화문화사, 1986.
정 광, 『한글의 발명』, 2015, 김영사.
조동일, 『한국문학통사』1~6, 지식산업사, 1985~2006.
조윤제, 『한국문학사』, 동국문학사, 1963.
최진원, 『국문학과 자연』, 성균관대학교출판부, 1986.
홍사만, 『국어 어휘의미의 사적변천』, 한국문화사, 2003.
황패강 외, 『한국문학연구입문』, 지식산업사, 1982.

[Ⅱ장] 한국문학의 새로운 길찾기와 정체성

신라노래의 새로운 형식과 한국시가의 정체성

『균여전』『삼국사기』『삼국유사』
김완진,『향가해독법연구』, 서울대출판부, 1980, 참조.
김형규,『고가요주석』, 일조각, 1977, 참조.
류열,『향가연구』, 박이정, 2003, 참조.
류해춘,「신라노래와 한국시가의 흐름」,『세계 한글문학 민족문학의 요람』, 2018.
박병채,『고려가요의 어석연구』, 이우출판사, 1978. 참조.
백철, 이병기,『국문학전사』, 신구문화사, 1957, 108~109면.
양주동,『여요전주』, 을유문화사, 1947, 참조.
양주동,『조선고가연구』, 박문서관, 1942, 참조.
윤석산,『용담유사 연구』, 민족문화사, 1987, 17면 참조.
윤영옥,『신라시가의 연구』, 형설출판사, 1980, 참조.
이임수,「「역대전리가」와 형성기의 가사문학고」,『우리말글』47호, 2009. 306면 참조.
장덕순,『한국문학사의 쟁점』, 집문당, 1986. 286~295면.
정렬모,『향가연구』, 사회과학원출판사, 1965, 16~17면.
정병욱,『시조문학사전』, 신구문화사, 1979, 1~862면.
정재호,『한국사문학의 이해』, 고려대학교 출판부, 1998. 74면.
조동일,『한국문학사통사』1권, 지식산업사, 128면, 참조.
조동일,『한국문통사2』, 지식산업사, 1988, 196~205 참조.
조윤제,『조선시가의 연구』, 을유문화사, 1948,참조
조윤제,『한국문학사』, 탐구당, 1985, 169~176면.
최철,『향가의 문학적 해석』, 연세대학교출판부, 1990, 참조.
홍기문,『향가해석』, 사회과학원, 1956, 참조.

영남지역 가사문학의 위상과 그 현대화

권영철,『규방가사각론』, 형설출판사, 1986, 9면.
김기탁,『서경가사연구』, 학문사, 1989, 21~43면.
김대행,『시가시학연구』, 이대출판부, 1991.참조.
김문기,「가사문학발생고」,『국어교육연구』4, 91~116면
김문기,『서민가사연구』, 형설출판사, 1983. 참조.

김인환, 「용담유사의 내용분석」, 『문학과 문학사상』, 열화당, 1978. 참조.
김학성, 『우리 전통시가의 위상과 현대화』, 보고사, 2015, 304~336면.
김흥규 외, 『고시조대전』, 고려대민족문화연구원, 2012, 참조.
류연석, 『한국가사문학사』, 국학자료원, 1994, 79면.
류해춘, 「16·17세기 사대부가사 연구」, 『가사문학의 미학』, 2009, 298면 참조
류해춘, 「17세기 가사에 나타난 선비의 성격변화」, 『문학과언어』 12집, 1991.
류해춘, 「규방가사에 나타난 놀이문화와 경제활동」, 『국학연구론총』 15집, 2015, 81~109면.
류해춘, 「동학가사에 나타난 근대의식과 남녀평등」, 『어문학』 140, 2018, 123~142면.
류해춘, 「시조와 가사의 향유방식과 그 관련양상」, 『시조학논총』 44집, 2016, 165~195면 참조.
류해춘, 「시조와 가사의 향유방식과 그 관련양상」, 『시조학논총』 44집, 2016, 165면.
류해춘, 「영남지역 가사문학의 위상과 현대화의 과제」, 『국제언어문학』 47호, 2020, 107면.
류해춘, 「임진왜란의 충격과 가사문학의 변모」, 『가사문학의 미학』, 2009, 457~487면.
박성의, 『한국가사문학의 이해』, 고려대학교출판부, 1998. 47~110 참조.
박연호, 『가사문학 장르론』, 다운샘, 2003, 42~55면.
박을수, 『한국시조대사전』, 아세아문화사, 1992, 참조.
백철, 이병기, 『국문학전사』, 신구문화사, 1957, 108~109면.
서원섭, 『가사문학연구』, 형설출판사, 1978. 참조
서원섭, 『한국시조연구』, 형설출판사, 1977.
성무경, 『가사의 시학과 장르실현』, 보고사, 2000 참조.
심재완, 『역대시조전서』, 세종문화사, 1972, 참조.
이능우, 『가사문학론』, 일지사, 1977, 13~25면.
이상원, 『조선후기가집연구』, 민족문화연구원, 2015, 참조.

동학가사에 나타난 근대의식과 남녀평등

한국정신문화연구원, 『동학가사』 I, II 1979.
김문기 주해, 『동학가사』①~⑥, 동학문화재단, 2009~2016.
김인환, 「용담유사의 내용분석」, 『문학과 문학사상』, 열화당, 1978.
김학동, 「개화사상과 저항의 한계성」, 『한국개화기시가 연구』, 시문학사, 1981.
류해춘, 『가사문학의 미학』, 보고사, 2009.
류해춘, 『시조문학의 정체성과 문화현상』, 보고사, 2017.

류탁일, 「찾아진 동학가사 100여 편과 그 책판」, 『부대신문』, 1974,11.11.
윤석산, 『용담유사 연구』, 민족문화사, 1987, p. 17.
이상보, 「김대비의 훈민가 연구」, 『무애 양주동박사 화갑기념논문집』, 탐구당, 1963.
정재호, 「동학가사에 대한 소고」, 『아세아연구』 38호, 1970.
정재호, 「용담유사의 근대적 성격」, 『근대문학의 형성과정』, 문학과 지성사, 1983, p 262.
조동일, 「개화기의 우국가사」, 『개화기의 우국문학』, 신구문화사, 1974.
조동일, 「가사에 전개된 종교사상 논쟁」, 『한국시가의 역사의식』, 문예출판사, 1993, p 182.
하성래, 「새로 찾은 동학 노래의 사상적 맥락」, 『문학사상』, 1975.5.

동학사상에 나타난 보국안민의 의미와 수사학

『용담유사』『동경대전』『맹자』(孟子, 盡心下)『고종실록』 47권, 1906.
『고종실록』 31권, 고종 31년 2월 15일 임술 4번째기사. 1894년
『성종실록』 135권, 성종 12년, 11월 5일, 乙亥 1번째기사, 1481년
『세조실록』 12권, 세조 4년 4월 24일 신사 1번째기사, 1458년
『세종실록』 3권, 세종 1년 2월 12일 정해 4번째기사, 1419년
『세종실록』 30권, 세종 7년 12월 8일 계유 1번째기사 1425년.
『숙종실록』 8권, 숙종 5년 3월 19일 甲寅 5번째기사 1679년.
『영조실록』 59권, 영조 20년 5월 23일 庚子 2번째기사 1744년.
『日省錄』, 高宗 元年(1864)
『정조실록』 16권, 정조 7년 7월 12일 신축 6번째기사 1783년
『태종실록』 3권, 1402.
한국고전종합DB, 『조선왕조실록』, https://db.itkc.or.kr/, 참조.
김문기 주해, 『동학가사1~6』, 동학문화재단, 2009~2016.
김용옥, 『동경대전』, 통나무, 2021.
김용욱, 『용담유사』, 통나무, 2022.
김인환, 「용담유사의 내용분석」, 『문학과 문학사상』, 열화당, 1978, pp6~28.
로만야곱슨(신문수 편역), 『문학 속의 언어학』, 문학과지성사, 1989.
류해춘, 「동학가사에 나타난 근대의식과 남녀평등」, 『어문학』140, 2018, P.123.
마이클 라이언(나병철, 이경훈 옮김), 『포스터 모더니즘 이후의 정치와 문화』, 갈무리,1996, 25면.
박준성, 「'제폭구민'·'보국안민'의 깃발을 들다」, 『내일을 여는 역사』 12호, 2003. 221~228면
윤석산, 『용담유사연구』, 민족문화사, 1987, pp1~263.

이돈화, 『천도교창건사』, 천도교 중앙종리원, 1933, 162면 참조.

이어령, 『시 다시 읽기』, 문학사상사, 1996, 25면.

정재호, 「용담유사의 근대적 성격」, 『근대문학의 형성과정』, 문학과 지성사, 1984, pp260~288.

조동일, 「개화기의 우국가사」, 『개화기의 우국문학』, 1974, pp,1~190.

한국정신문화연구원, 『동학가사』 1.2, 1979.

[Ⅲ장] 민족문학과 세계문학의 소통

한국문학과 튀르키예 문학에 나타난 동서양의 문화갈등

가라타니 고진, 『근대문학의 종언』(조영일 옮김), 도서출판B, 2006, 43~4면.

김남천, 「민속의 문학적 개념」, 『동아일보』, 1939. 5.19.

김동리, 「무녀도」, 『을화』, 문학사상사, 1986.

류해춘, 「한국과 터키문학에 나타난 동서양의 문화갈등」, 『한터문학 심포지움 발표문』, 2013, 222면~233면 참조.

오르한 파묵(이난아 옮김), 『내이름은 빨강』 1,2, 2004, 참조.

유기룡, 「김동리 문학작품에 나타난 원형적 상징의 연구」, 『어문론총』 33, 1999, 211~228면.

이난아, 「내 이름은 빨강에 나타난 동서양 갈등」, 『한국이슬람학회논총』 15~1호, 2005, 227~246면, 참조.

이난아, 「도시와 문학: 오르한 파묵의 「이스탄불~도시 그리고 추억」을 중심으로」, 『외국문학연구』 32, 2008, 201~224면.

이난아, 「주변부에서 중심으로 : 터키문학의 재인식」, 『세계문학비교연구』 제28, 2009, 95면~126면.

이난아, 「터키문학에 나타난 이슬람~기독교 문화갈등 및 충돌 연구」, 『중동연구』 25~2호, 375~408면 참조.

이난아, 『터키문학의 이해』, 월인, 2006, 19면, 참조.

장윤익, 「운명적 삶의 공간과 경주」, 『지역개발논총』 4, 2001, 1~13면.

전국역사교사모임, 『처음 읽는 터키사』, 휴머니스트, 2010, 287면~288면 참조.

홍기돈, 「김동리 문학을 이해하기 위한 몇 가지 코드」, 『작가세계』 67, 2005, 50~66면.

21세기 구술문화에 나타난 우스갯소리

『계서야담』 『동야휘집』 『속어면순』 『어우야담』 『용재총화』 『패관잡기』

고려대민족문화연구소, 『한국민속대관』 6, 1982.
김열규, 『한국인의 유머』, 중앙신서 26, 1978.
리상각, 『북간도 유머』, 미래문화사, 2000.
서정범, 『너덜별곡』, 도서출판 한나라, 1994.
조동일, 『구비문학의 세계』, 새문사, 1980.
한국구비문학회편, 『구비문학의 연행자와 연행양상』, 박이정, 1999.
한국고전연구회, 『한국인의 해학』 1~15권, 성도출판사, 1994.
한국구비문학회 편, 『구비문학과 인접학문』, 박이정, 2002.
월터 J. 옹, 『구술문화와 문자문화』, 문예출판사, 1995.

고전시가와 대중문화의 아름다운 공감

김춘수, 『김춘수시전집』, 민음사, 1994, 318면 참조 .
김춘수, 『처용단장』, 현대시학, 1969.
박남철, 『자본에 살으리랏다, 창작과 비평사, 1997, 127~128면.
박을수, 『한국시조대사전(상)』, 아세아문화사, 1991, 214면.
일 연, 『삼국유사』
서정주, 『미당서정주시전집』, 민음사, 1983, 631면.
신석초, 『신석초문학전집』, 융성출판, 1985, 220~229면 재수록.
심재완, 『교본역대시조전서』, 세종문화사, 1972, 219면 참조.
김문기, 『서민가사연구』, 형설출판사, 1982, 참조.
고미숙·임형택 편, 『한국고전시가선』, 창작과 비평사, 1997, 참조.
나정순, 『우리 고전 다시 쓰기~고전시가의 현대적 계승과 변용』, 삼영사, 2005, 319~355면.
맥루한, 『미디어의 이해~인간의 확장』(박정규 역), 커뮤니케이션북스, 1997, 518면 참조.
문화콘텐츠학회, 『문화콘텐츠입문(이러닝)』, 북코리아, 2006, 147~153면 참조.
박노준, 『향가여요의 정서와 변용』, 태학사, 2001, 270면 참조.
박성봉, 『대중예술의 미학』, 동연, 1995, 286면.
요한하이징아(이종인 옮김), 『호모루텐스』, 연암서가, 2011, 254면 참조.
임재해, 『민속문화론』, 문학과지성사, 1986, 43~46면 참조.
최규수, 『19세기 시조의 대중화론』, 보고사, 2005, 44~89면.
김혈조, 「한문고전의 대중화 방안 모색」, 『대동한문학』 31집, 2009. 133~157면 참조.
류해춘, 「대중예술의 미학으로 본 사설시조」, 『어문학』 59집, 1996, 107~127면.
류해춘, 「인문학 지식정보화의 현황과 그 발전방향」, 『인문비평』 3, 월인, 2002, 171~184면.

박경수, 「현대시의 고전시가 패러디 양상과 담론」, 『국제어문』 38집, 2006, 참조.
박애경, 「조선후기 시조의 통속화 과정과 양상 연구」, 연세대(박사), 1998, 참조.
윤채근, 「글로벌 시장경제와 콘텐츠화되는 아시아~한국 전통문학을 중심으로」, 『어문논집』 59, 2009, 268~284면 참조.
이정석, 「대중문화시대, 인문학과 문학연구의 방향에 대한 고찰」, 『우리문학연구』 19집, 2006, 471면 참조.
정우봉, 「국문학연구의 전문성과 대중성」, 『정신문화연구』75호, 1999, 27면 참조.

코로나19와 한국시의 질병에 대한 자아성찰

권성훈, 「교양 문학으로서 코로나19 시편의 생태적 상상력」, 『국제한인문학연구』 34집, 2022 127~151면
김성수, 「코로나19 팬데믹과 북한문학」, 『통일정책연구』 32집, 2023, 123~148면.
류해춘, 「코로나19와 한국시의 질병에 대한 인식양상」, 『한국문학인』, 2021(봄호).
송현주, 「전염병의 개념화 양상~코로나19를 중심으로~」, 『동서인문』 14, 2020, 103~129면
이혜원, 「환경전염병의 위기와 한국시의 대응양상」, 『문학과 환경』 19, 2020, 141~173면
오문석, 「시와 질병에 대한 몇 가지 메모」, 『문학들』 20집, 2010, 70~86면.
안영훈, 「삼국시대 재난과 문학」, 『동아시아고대학』 63집, 2021, 95~121면
이정현, 「생명정치와 디스토피아 문학」, 『어문논집』 73집, 2018, 233~268면
정유지, 「환유적 코로나 공포정치 해법에 대한 소고(小考)」, 『사회융합연구』 5집, 2021, 105~111면
최성민, 「질병의 낭만과 공포 - 은유로서의 질병~」, 『문학치료연구』 54집, 2020, 315~344면
한순미, 「세계를 바라보는 다초점 렌즈로서의 재난(인)문학」, 『동서비교문학저널』 50집, 2019, 287~308면
황임경, 「코로나19와 의료인문학 : 의료인문학의 역사와 과제」, 『작가들』 74집, 2020, 183~196면

[IV장] 한국인문학과 문화콘텐츠의 융합

컴퓨터 매개커뮤니케이션의 활용과 한국의 고전문학

김성곤, 『뉴미디어 시대의 문학』, 민음사, 1996.
김흥규, 「국문학 자료의 전산화 방법과 과제」, 『국어국문학』 제121호, 1998.
이용욱, 『사이버문학의 도전』, 토마토, 1996.
이채연, 「하이퍼미디어를 이용한 국어과 수업전략」, 한국어문학회, 1997.
전국대학정보전산기관협의회, 『가상대학의 현재와 미래(34차 총회 및 학술세미나)』, 1998.
홍성태 엮음, 『사이보그, 사이버컬쳐』, 문화과학사, 1997.
홍성태 엮음, 『사이버공간, 사이버문화』, 문화과학사, 1997.
한국어문학회, 『정보화시대, 국어국문학 연구의 방향과 과제』, 1998.
한국언론학회·한국사회학회 엮음 『정보화시대의 미디어와 문화』, 세계사, 1998.
한국정신문화연구원, 『21세기 정보화시대의 한국학(제10회 국제학술대회)』, 1998.
한국정신문화연구원, 『한국학자료의 전산화연구』, 1982.
도정일, 「인문학의 미래:몇 가지 모색」, 『인문학연구』 제3집, 경희대학교 인문학연구소, 1999.
최재목, 「인문학 위기에 대한 철학적 성찰」, 『인문연구』 38집, 영남대학교 인문학연구소, 2000.
홍성욱, 「실용성 콤플렉스 벗어나야 인문학이 산다」, 『신동아』, 2000년 4월호.
인문사회연구회, 『한국 인문교육 현황과 활성화 방안』, 2003.
인문콘텐츠학회, 『인문콘텐츠』 창간호, 2003.
전국대학 인문과학연구소 협의회, 『인문비평』 제1집~제3집, 2000~2002.

인문학 지식정보화의 현황과 그 발전방향

김 현, 「디지털 정보시대의 인문정책 방향」, 『한국인문정책의 방향과 과제』, 인문사회연구회, 2002.
류해춘, 「컴퓨터 매개 커뮤니케이션의 활용과 21세기의 한국 고전문학 연구」, 『어문학』 68, 1999.
이종수, 「21세기 한국학술진흥정책의 발전적 과제」, 『인문비평』 창간호, 2000.
전택수, 「지식 정보화시대에서의 사회생산함수와 인문학의 새로운 역할」, 『인문비평』 3호, 2002.
편집위원대담, 「우리 나라 인문학연구의 현황과 문제점」, 『인문비평』 창간호, 2000.

21세기초 한국대학의 인문교육 현황과 그 전망

류해춘, 「21세기초 한국대학 인문교육의 현황과 그 전망」, 『인문비평』 2, 월인,

2001, 참조.
정우봉, 「국문학연구의 전문성과 대중성」, 『정신문화연구』 75, 1999.
홍성욱, 「실용성 콤플렉스 벗어나야 인문학이 산다」, 『신동아』, 2000년 4월호.

문화콘텐츠 산업의 정책방향과 인력양성

강익희 외 5, 「콘텐츠 산업의 창의인력 육성과 일자리 창출 방안에 관한 연구」, 『연구보고서』 제10권 제51호, 한국콘텐츠진흥원, 2010, 1~305면.
권준원·권미영, 「공공부문에서의 정책적 지원을 통한 한국대중음악 발전 방안 연구」, 『문화예술경영 이론과 실제』 제9권 제1호, 한국문화예술경영학회, 2016, 135~161면.
권호영·김영수, 「한류 확산을 위한 전략과 정책 : 방송영상물을 중심으로」, 『KOCCA 연구보고서』 제9권 제1호, 한국콘텐츠진흥원, 2009, 1~291면.
김기덕, 「문화콘텐츠 연계전공 교육과정의 분석」, 『첨단문화기술연구』 제4권, 문화콘텐츠기술연구원, 2008, 1~13면.
김평수·박치완, 「문화콘텐츠, 대학원 융합교육의 현재와 미래」, 『인문콘텐츠』 제32호, 인문콘텐츠학회, 2014, 97~118면.
류해춘, 「글로컬화와 인문학」, 『인문정책포럼』 제11호, 경제·인문사회연구회, 2011, 44~48면.
박지애, 『근대대중매체와 잡가』, 역락, 2015, 209~226면.
박용재 외 3, 「차세대 융합형 콘텐츠 산업 동향 및 사례」, 『전자통신동향분석』 제26권 제1호, 한국전자통신연구원, 2011, 1~19면.
박정수, 「문화산업에의 IT 활용 확대와 표준화 과제」, 『산업경제분석』 연구보고서, 산업연구원, 2006, 26~35면.
서병문, 「문화콘텐츠시대의 과학과 영상예술의 접목」, 『과학과 영상예술의 창조적 융합 심포지엄』, 문화콘텐츠진흥원, 2004.
송종길, 「한국 방송콘텐츠의 해외시장 진출전략 연구」, 『미디어와 공연예술연구』, 제9권 제1호, 청운대학교 방송예술 연구소, 2014, 1~28면.
이문행, 「중앙아시아에서 한류의 생성과 지속을 위한 방송의 역할」, 『한국방송학회 학술대회 논문집』, 한국방송학회, 2003, 54~73면.
이병민, 「대학에서의 창의성 발현을 위한 문화콘텐츠 교육 개선방안 탐색」, 『한국콘텐츠학회논문지』 제13권 제4호, 한국콘텐츠학회, 2013, 481~496면.
이지연·정윤경·이종범, 「창의인재 양성을 위한 진로교육 활성화 방안」, 『기본연구』 제10권 제3호, 한국직업능력개발원, 2010, 1~332면.

이찬도, 「방송한류콘텐츠 비즈니스의 대외경쟁력 제고 방안」, 『e~비즈니스 연구』, 제14권 제5호, 국제 e~비즈니스학회, 2013, 211~228면.

이훈영, 『통계학』, 서울, 도서출판 청람, 2009, 1~528면.

임명환, 「문화콘텐츠 산업의 동향과 전망 및 기술혁신 전략」, 『전자통신동향분석』 제24권 제2호, 한국전자통신연구원, 2009, 1~13면.

장병완, 「문화기술 R&D의 문제점과 개선방안」, 『국회 문화산업 R&D 정책자료집』, 2016, 1~42면.

장우석·안중기, 「콘텐츠산업의 시장 현황과 시사점」, 『VIP REPORT』 제15권 제12호, 현대경제연구원, 2015, 1~24면.

전성신·이원형, 「기술 변화에 따른 문화콘텐츠 관련학과 교육과정 개발」, 『디지털정책연구』 제11권 제3호, 한국디지털정책학회, 2013, 299~304면.

정광철·조성룡·노형신·김경훈, 「한류 콘텐츠의 올바른 중국시장 진출 방안 연구」, 『한국과학예술포럼』 제16권, 한국전시산업융합연구원, 2014, 387~401면.

정충영·최이규, 『SPSS WIN을 이용한 통계분석』, 서울, 무역경영사, 2001, 1~435면.

조소연, 「한·중·일 문화콘텐츠 인력양성정책 및 지원프로그램 비교 연구」, 외국어대학교 대학원 박사학위, 2012, 1~186면.

조인희, 이재혁, 「한류, 중국시장에서의 성공에 관한 연구」, 『예술교육연구』 제5권 제1호, 한국예술교육학회, 2007, 81~91면.

조준현, 강흥중, 「한류문화 확산에 따른 문화상품 수출 활성화 방안에 관한 연구」, 『관세학회지』 제14권 제1호, 한국관세학회, 2013, 271~296면.

지상범, 「문화예술에서 문화산업콘텐츠 융합을 통한 발전방안 연구」, 중앙대학교대학원(박사), 2012, 1~72면.

채지영, 김규찬, 김혜미, 「국내 플랫폼을 통한 콘텐츠 해외수출 확대방안 연구」, 『기본연구』 42, 한국문화관광연구원, 2012, 1~143면.

최정일 외1, 「문화콘텐츠 관련 융복합 기업들의 주가동향 및 향후 투자가치 분석」, 『디지털융복합연구』 제13권 제11호, 한국디지털정책학회, 2015, 45~55면.

최정일 외1,, 「문화콘텐츠 산업의 활성화와 공연장 안전 및 보안 산업의 필요성」, 『융합보안 논문집』 제16권 제3호, 한국융합보안학회, 2016, 55~63면.

최현준, 「K~Pop 열풍에 따른 한국 대중음악 발전 방안 연구」, 단국대학교 공연예술학과(석사), 2013, 1~85면.

Nunnally, J. C.『Psychometric Theory』, McGraw~Hill. New York, 1978, pp.1~758.

백과사전 : ko.wikipedia.org/wiki

문화산업진흥 기본법 : www.lawnb.com/lawinfo/contents

ㄱ

가도화순 148 149
가문윤리 111
가사부재 85
가상대학 292 293 294 295 296 297
가설검증 346
가족공동체 267 268
가치개념 230 231
가행화세분 80
각자도생 171 185 269 271
감군은 24
감흥感興 93 123
갑오개혁 17 18 19 50 51 54
강호가도 95 98
강호사시가 26 62 84
개화계몽 55
검악포덕 153
경세제민 20 21 27 31 34 95 98 101 106 108 124 126 164 178 180
경영철학인 121
경창대회 92 126
계녀가류 111 112 115
고문헌 309 314 315
고부가가치 332 334 348 349
과장의 웃음 209 210 215 216 218 226
관동별곡 35 84 87
관습법 28
광수공양가 80
광제창생 153 154 159 172
교훈 34 39 42 99 103 108 110 111 115 116 118 129 148 149 155 217 265 277

구술문화 7 30 92 94 96 208 210 226
구어시대 245
국문문학 16 228
국태민안 158 163 164 178 180 181 185
균여전 68 69 72 74 77 79 80 82 89
기행가사 114
김남천 203
김덕령 140
김만중 39

ㄴ

나옹화상 86 92 94 96
남경조약 135
내방가사 36 46 47 50 107 108 109 110 111 115 116 118 123 126
내수도문 145
내적일관성
노계문학관 96
녹색문화 206
놀이문화 가사 114
늑대 190

ㄷ

다성소설 197 199
단형시 70 71 72 73 75 78 87 88 89 90
대일의식 120 139
대중매체 127 229 230 245 246 247 250 251 252
대중예술 232 236
도덕 39 99 101 103 104 108 111
도덕과 교화 99 101 103 104

독창성 40 41 231 236
동경대전 138 154 155 156 157 159 162 166 168 170 171 172 175
동도서기 117 128 135
동동 24 26 62 84
동학가사 7 118 119 120 128 130 131 139 143 144 157 160 172
동학교 117 130 148
동학농민운동 55 63 119 134 139 144 150 154 154 159 164 176 177 185 186 187
동학혁명 133
둘둘말이 116

ㄹ

리얼리즘 201 206

ㅁ

만민평등 121 137 143 146 147 151 152
만전춘 84 237
망해사 238 239 241
매개커뮤니케이션 12 358
맥루한 245
명동성당 263 264
모티프 99 102 103 241 242
뫼비우스의 띠 252
무극대도 133 134 160 172
무속의식 196
무오사화 31
문다부재 85
문자시대 245
문화콘텐츠 7 50 61 65 126 208 227 246 249 275 324 332 335 340 343 347 349

민권의식 117 128
민귀군경 162
민본정치 29
민유방본 162 163 166
민족문학 7 18 51 58 61 64 126
민중주의 132 151 164
밀레니엄 버그 5

ㅂ

바이러스 256 257 262 263 274 276
박남철 242 243
박인로 35 85 99 107 123
반묘화전가 109
반봉건주의 129 131
백신접종 274
병자호란 43
보개회향가 81
보국안민 142 144 153 155 158 159 163 164 165 166 169 170 173 175 177 185 187
보현십원가 74 77 78 79 80 81 83 89 90
봉산탈춤 50
봉선화가 109
부화부순 148 149
북경조약 153 186
분연시 70 71 72 74 77 79 84 88 89 90
불교가사 95 121
불우헌집 24 25 26
비판과 우국 100 101 104 105 106

ㅅ

사뇌가 68 70 71 73 74 88
사대부가사 94 97 98 99 101 103 106

　　　　107 115 122 123 126
사림파 31
사미인곡 35 39 87 103
사부 70 71 72 86 93 98
사설시조 45 46 53 234
사실주의 43 46 99
사씨남정기 39 41
사회긍정 209 210 218 226 227
사회부정 209 210 218 226 227
산수와 풍류 99 100 101 106 107
삼구육명 69 70 76
삼장육구 69
삼종지도 144
상원갑 133 134
상춘곡 26 62 87 94 95
상품화폐 43
생명파 59
생태주의자 272
샤머니즘 193 195 203 204 206
서경덕 33
서구의 소네트 77
서세동점 119 135 154 159
서술(敍述) 93 114 124
서정장시 93 98 123 124
서헌순 173
석보상절 22 62
선상탄 99 100 105 107 123
선재동자 80
선전선동 252
설공찬전 37
세계보건기구 253 254
소화笑話 208 209 213
속미인곡 35 36 39 87 103
수호조약 135 140
순망치한 153 169 186

순수문학 58 60 65
숭고한 웃음 209 210 218 226
시가교육 249
시문학파 59
시사평론 93 124 125 126
시용향악보 23 24 75
시절가조 93 124
시천주 144 145 151
신경향파 58 64
신단수 190
신도가 24 128 148 171
신동엽 256 272 273
신라노래 7 68 69 71 73 76 77 79 83 85 86 88 90
신방사 238
신변탄식 110 111 112 113 114 116
신약전서 196
실사구시 44 105
실용성 콤플렉스 359 361
실학정신 99 104 107 123
실현정책 153 154 159 164 165 166 168 170 176 177
십이제국인 133

ㅇ

아날로그 5 6 8 229 248 284
아놀드 토인비 66
악담의 웃음 209 210 223 226
악장가사 24 25 75
악학궤범 23 24 26 62 75
알베르트 까뮈 276
애국정신 106
액자소설 193 194 197
어우야담 212

언론홍보학 327
언문청 22
여기餘技 30 58 64
여행가방 198
역가현덕분 69 82
역대전리가 87 92 94 95 96 97 99 106 122
연장체 83 84 89
연행분위기 234
연행현장 46
열병신 256 258 259
예경제불가 80
예기청소 193 196
예치 29
오광대 50
오륜가 35 84 85
오르한 파묵 191 192 197 201 203 204 206
온유돈후 32 34
왕안석 167
외국저널 325
용담연원 153
용담유사 63 117 118 129 130 144 150 154 156 158 159 166 168 172 175 178 180
용비어천가 16 19 20 22 52 61 84
우스갯소리 7 208 209 210 211 212 215 223 225
원전原典 239 242 243 244 247 285
위민제해 178 182 183 185
유림가 24
유배가사 102 103
유사遺詞 118 129 130
유희성 233 234
윤선도 31

율격律格 70 97 123 124
율조律調 97
융합콘텐츠 336
은유의 수사학 157 165 166 172
을화 191 193 194 203
응용학문 327
이두형식 96
이소離騷 36 39
이스탄불 190 191 198 200 207
이원익 35
인내천 120 146 151 154 159 164 185 187
인문정신 251 328
인본주의 201 204
인포데믹 255
인플루엔자 261 262 263 264
일본의 하이쿠 77 92 126
임진왜란 43 105 106 107 139

ㅈ

자아실현 38 41 44 52 103 112
자율성 229 231 236
장시 35 70 71 72 85 86 87 88 89 90 92
재생원 263
적자생존 171 185
전기수 240
전문가객 45
전원사시가 84
전자도서관 280 290 297 299 300 310 314
전파매체 208 212 226 292
정과정 24 62
정과정곡 75 76
정국안민 178 184

정국안민 178 184
정극인 26 62 87 95
정보처리기술 283
정보화촉진기본법 303
정음청 22
정읍 24
정전正典 247 252
정철 36 39 87 103
정체성 7 68 69 71 72 79 87 90 200 205 245 239
제위보 77
제책술 199
제폭구민 154 158 159 163 164 176 177 183 185 186 187
조선문학가동맹 60
조선문학건설 59
종교가사 121
종교포덕 117 129
좌도난정 173
주사 258 259
주세붕 35 84
주지주의 58 59
중종반정 29
지신地神 190
지역축제 251
지적재산권 103
진주민란 132 154
집단면역 274
집현전 학자 22 52 61

ㅊ
찬기파랑가 74
참여문학 60
채수 37

처용 24 62 237 239 242 258 259
처용희 260
천변풍경 58
천연두 257 260
청구영언 26 46
청불주세가 81
청춘과부가 113
초사 93
칠거지악 144
칭찬여래가 80

ㅋ
카테드라 263
코로나19 254 256 257 263 268 273 274 275 277

ㅌ
태평광기 37
태평송 86 89
통신망 283 299 304

ㅍ
팔관회 206
포덕문 155 160 162 168 170
포스트모더니즘 205
표음문자 19 21
풍류 생활 114

ㅎ
하원갑 133 134 135
하회별신굿 50
한국선비문화센타 8
한국전산원 305
한글모 20 56

한류문화 65 127 329 330 339 350
한류열풍 335 349
한시체 93
한역가 68 71
한역시 79 82
해동가요 26
향찰 16 17 73 74 78 80 82 85 90 91 94
향촌공동체 266 267 268
허난설헌 109
허전 35
혁연정 78 79
현토 93
혹세무민 140 173
홍경래난 132 154
환곡還穀 132
환웅 190
환유의 수사학 156 158 163 176 185
황토현 120 141
훈구파 31
훈민정음 9 16 17 18 19 20 22 26 50 51 56 61 94
훈민정책 21
한글문학 7 16 18 20 22 25 27 30 36 40 44 47 51 61 63